आर॰ गुप्ता® कृत

वस्तुनिष्ठ
अर्थशास्त्र

प्रतियोगी परीक्षाओं हेतु
उपयोगी प्रश्नों का उच्चस्तरीय संकलन

लेखक:
डॉ॰ संजय कुमार
एम.ए. (अर्थशास्त्र), गोल्ड मेडलिस्ट, पी.एच.डी

रमेश पब्लिशिंग हाउस, नई दिल्ली

प्रकाशक

ओ॰पी॰ गुप्ता, **रमेश पब्लिशिंग हाउस**

प्रशासनिक कार्यालय

12-H, न्यू दरियागंज रोड, ऑफिसर्स मेस के सामने,
नई दिल्ली-110002 ☏ 23261567, 23275224, 23275124

E-mail: info@rameshpublishinghouse.com
Website: www.rameshpublishinghouse.com

विक्रय केन्द्र

• बालाजी मार्किट, नई सड़क, दिल्ली-6 ☏ 23253720, 23282525
• 4457, नई सड़क, दिल्ली-6, ☏ 23918938

Book Code: R-536

21st Edition : 1712

ISBN: 978-93-5012-667-7

HSN Code: 49011010

अनुक्रमणिका

वस्तुनिष्ठ अर्थशास्त्र

1

व्यष्टि अर्थशास्त्र (Micro Economics)

1. उपभोक्ता को एक निश्चित आय के खर्च से अधिकतम कुल उपयोगिता तब प्राप्त होती होगी जब–

A. खरीदी गई प्रत्येक वस्तु की सीमान्त उपयोगिता इकाई के बराबर हो

B. खरीदी गई प्रत्येक वस्तु की सीमान्त उपयोगिता का अपनी कीमत के साथ समान अनुपात हो

C. खरीदी गई प्रत्येक वस्तु की सीमान्त उपयोगिता का अपनी उत्पादन लागत के साथ समान अनुपात हो

D. खरीदी गई वस्तुओं की कीमतें समान हों ।

2. यदि कीमत–उपभोग वक्र ऋणात्मक है तो वह निम्न लिखित कारण अथवा कारणों से है–

1. प्रतिस्थापन प्रभाव की तुलना में ऋणात्मक आय प्रभाव अधिक प्रबल है।

2. प्रतिस्थापन प्रभाव ऋणात्मक है।

3. सम्बंधित वस्तु गिफिन वस्तु है।

उपर्युक्त कारणों में से –

A. केवल 1 सही है   B. 1 और 2 सही हैं

C. 2 और 3 सही हैं   D. 1 और 3 सही हैं

3. कार्डिनल उपयोगिता सिद्धान्त के लिए निम्नलिखित में से कौन–सी पूर्वधारणा आवश्यक है –

A. उपभोक्ता की विवेकशीलता

B. मुद्रा की स्थिर सीमान्त उपयोगिता

C. पूर्णतः प्रतियोगी बाजार

D. उपरोक्त सभी

4. यदि किसी वस्तु की मांग की कीमत लोच इकाई से कम है तो उसकी कीमत घटने का परिणाम होगा कि–

A. उसकी खरीदी जाने वाली मात्रा में अनुपात से कम परिवर्तन होगा

B. उसकी खरीदी जाने वाली मात्रा में अनुपात से अधिक परिवर्तन होगा

C. उस पर किए जाने वाले कुल व्यय में वृद्धि हो जाएगी

D. मांग वक्र खिसक जाएगा ।

5. मांग की आय लोच बराबर है–

A. $\dfrac{\text{उपभोक्ता की आय में परिवर्तन}}{\text{वस्तु की कीमत में आनुपातिक परिवर्तन}}$

B. $\dfrac{\text{वस्तु की मांगी गई मात्रा में आनुपातिक परिवर्तन}}{\text{उपभोक्ता की आय में आनुपातिक परिवर्तन}}$

C. $\dfrac{\text{वस्तु की कीमत में आनुपातिक परिवर्तन}}{\text{उपभोक्ता की आय में आनुपातिक परिवर्तन}}$

D. $\dfrac{\text{उपभोक्ता की आय में आनुपातिक परिवर्तन}}{\text{वस्तु की मांगी गई मात्रा में आनुपातिक परिवर्तन}}$

6. क्लासीकल अर्थशास्त्री 'जल–हीरा' विरोधाभास, ;क्पं. उवदकॅ.जमत च्ंतकवगद्ध को सुलझा नहीं पाए क्योंकि वे भेद नहीं कर सके–

A. AU और MU के बीच   B. MU और TU के बीच

C. AU और TU के बीच   D. MU और MC के बीच

7. दिए गए आरेख पर आधारित निम्नलिखित में से कौन–सा सूत्र बिन्दु R पर मांग की लोच को मापने के लिए उचित रहेगा–

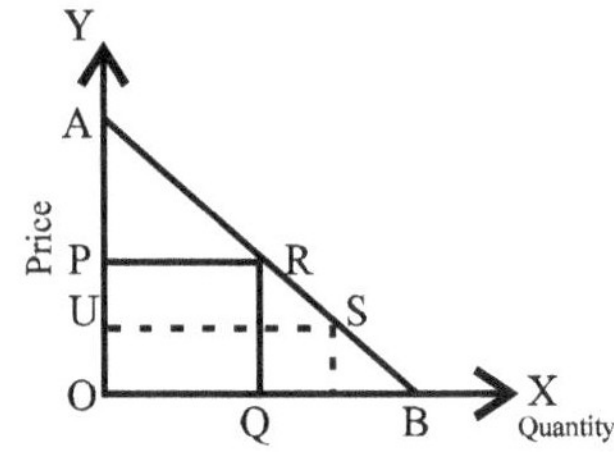

A. $\dfrac{RS}{SB} = \dfrac{RS}{RA} = \dfrac{OU}{PU}$

B. $\dfrac{RS}{RA} = \dfrac{RS}{SB} = \dfrac{PU}{OU}$

C. $\dfrac{RA}{RB} = \dfrac{OQ}{OB} = \dfrac{PA}{PO}$

D. $\dfrac{RB}{RA} = \dfrac{QB}{OQ} = \dfrac{OP}{PA}$

8. 'मांग का नियम' बताता है–
  A. पूर्ति और कीमत में सम्बन्ध
  B. लागत और कीमत के बीच सम्बंध
  C. मांग और कीमत के बीच सम्बंध
  D. कीमत और आय के बीच सम्बंध

9. सामान्यतः जब किसी वस्तु की कीमत घटती है तो–
  A. उस वस्तु की मांगी गयी मात्रा में वृद्धि होगी
  B. उस वस्तु की मांगी गयी मात्रा में कमी होगी
  C. उस वस्तु की मांगी गयी मात्रा में कोई परिवर्तन नहीं होगा
  D. उपरोक्त में से कोई नहीं

10. मांग के नियम के अन्तर्गत मांग वक्र का स्वरूप होता है–
  A. बायें से दायें नीचे की ओर ढालू
  B. बायें से दायें ऊपर की ओर ढालू
  C. दायें से बायें ऊपर की आरे ढालू
  D. क्षैतिज अक्ष के समानान्तर

11. यदि मांग में कमी ;कमबतमेंम पद कमउंदकद्ध हो जाए तो मांग वक्र–
  A. बायीं ओर विवर्तित हो जाएगा
  B. दायीं ओर विवर्तित हो जाएगा
  C. अपरिवर्तित रहेगा
  D. उपरोक्त सभी

12. प्रतिस्थापन्न वस्तु का उदाहरण है–
  A. कॉफी और दूध
  B. हीरा और गाय
  C. पेन और स्याही
  D. सरसों तेल और नारियल तेल

13. उपभोक्ता की आय में कमी होने पर निकृष्ट वस्तु की मांग–
  A. बढ़ती है
  B. घटती है
  C. अपरिवर्तित रहती है
  D. उपरोक्त सभी

14. दो पूरक वस्तुओं की स्थिति में, यदि एक वस्तु की कीमत में वृद्धि होती है तो–
  A. दूसरी वस्तु का मांग वक्र बायीं ओर विवर्तित हो जाता है
  B. दूसरी वस्तु का मांग वक्र दायीं ओर विवर्तित हो जाता है
  C. दूसरी वस्तु की कीमत में बढ़ोत्तरी हो जाती है
  D. उपरोक्त में से कोई नहीं

15. निकृष्ट वस्तु के संदर्भ में आय मांग वक्र का ढाल होता है–
  A. बायें से दायें ऊपर की ओर ढालू
  B. पीछे की ओर मुड़ा हुआ (Back wards sloping)
  C. बायें से दायें नीचे की ओर ढालू
  D. क्षैतिज

16. विलासिता वस्तु के सन्दर्भ में आय–मांग वक्र (income-demand curve) का ढाल होता है–
  A. धनात्मक ढालवाला
  B. आय के एक निश्चित स्तर तक बायें से दायें ऊपर की ओर ढालू
  C. क्षैतिज ढाल वाला
  D. ऊर्ध्वाधर ढाल वाला

17. किसी वस्तु की मांगी गयी मात्रा (change in quantity demanded) में परिवर्तन का अर्थ है–
  A. मांग वक्र का दायीं ओर विवर्तित (shift) हो जाना
  B. मांग वक्र का बायीं ओर विवर्तित (shift) हो जाना
  C. एक निर्धारित मांग वक्र पर ऊपर या नीचे की ओर गति
  D. उपरोक्त में से कोई नहीं

18. मांग में वृद्धि (increase in demand) का कारण है–
  A. आय में वृद्धि
  B. प्रतिस्थापन योग्य वस्तु भी कीमत में वृद्धि
  C. पूरक वस्तु की कीमत में कमी
  D. उपरोक्त सभी

19. यदि गिफिन वस्तु (Giffen good) की कीमत में कमी होती है तो–
  A. इसकी मांग पर कोई प्रभाव नहीं पड़ेगा
  B. मांग में कमी आ जाएगी
  C. मांग में वृद्धि हो जाएगी
  D. मांग में असामान्य रूप से परिवर्तन हो जाएगा।

20. मांग में विस्तार एवं संकुचन (Extension and Contraction) किसके कारण होता है–
A. उपभोक्ता की आय में परिवर्तन के कारण
B. उपभोक्ता के स्वाद में परिवर्तन के कारण
C. सम्बन्धित वस्तु की कीमत में परिवर्तन के कारण
D. उपरोक्त में से कोई भी नहीं

21. 'मांग में विस्तार' (Extension of demand) का अर्थ है–
A. कम कीमत पर वस्तु की अधिक मात्रा की मांग
B. ऊंची कीमत पर वस्तु की अधिक मात्रा की मांग
C. समान कीमत पर वस्तु की अधिक मात्रा की मांग
D. इनमें से कोई भी नहीं

22. ''बाजार कीमत'' होता है–
A. अल्पकालीन संतुलित कीमत
B. दीर्घकालीन संतुलित कीमत
C. मुक्त बाजार में प्रचलित औसत कीमत
D. बाजार में प्रचलित सभी कीमतों का औसत

23. मांग की लोच की गणना के लिए कौन-सा सूत्र प्रयुक्त होता है–

A. $\dfrac{\Delta Q}{\Delta P}$ B. $\dfrac{\Delta P}{\Delta Q}$

C. $\dfrac{\Delta Q}{\Delta P} \cdot \dfrac{P}{Q}$ D. $\dfrac{P}{Q}$

24. आयताकार अति परवलय (rectangular hyperbola) मांग–वक्र व्यक्त करता है–
A. मांग की इकाई लोच
B. पूर्णतः लोचदार मांग
C. पूर्णतः बेलोचदार मांग
D. अपेक्षाकृत लोचदार मांग

25. जब कीमत में प्रतिशत परिवर्तन की अपेक्षा मांग में प्रतिशत परिवर्तन कम होता है तो मांग की लोच होगी–
A. एक से कम   B. एक के बराबर
C. एक से अधिक   D. शून्य

26. जब किसी वस्तु की कीमत के घटने पर उसकी मांग–मात्रा इतनी बढ़ जाती है कि उस पर किए कुल व्यय में वृद्धि होती है तो मांग की लोच होगी–
A. इकाई से अधिक   B. इकाई से कम
C. इकाई के बराबर   D. उपरोक्त में से कोई नहीं

27. जब किसी वस्तु की कीमत के घटने से उस पर किए गए कुल व्यय में कमी होती है तो मांग की कीमत लोच होगी–
A. $e_p > 1$ B. $e_p < 1$
C. $e_p = 1$ D. $e_p = 0$

28. जब किसी वस्तु की कीमत के घटने से उस पर किए गए कुल व्यय में कोई परिवर्तन नहीं होता तो मांग की कीमत–लोच होगी–
A. $e_p > 1$ B. $e_p < 1$
C. $e_p = 1$ D. $e_p = 0$

29. आर्थिक सिद्धान्त में **लोच की अवधारणा** को सर्वप्रथम किसने प्रस्तुत किया–
A. मार्शल   B. माल्थस
C. केन्स   D. पीगू

30. यदि मांग वक्र क्षैतिज अक्ष के समानान्तर हो तो मांग की कीमत लोच होगी–
A. $e_p = $ अनन्त (∞) B. $e_p = 1$
C. $e_p = 0$ D. $e_p > 1$

31. दोनों अक्षों को काटने वाली एक सीधी मांग वक्र के मध्य बिन्दु पर कीमत लोच होती है–
A. $e_p = 1$ B. $e_p > 1$
C. $e_p = 0$ D. $e_p < 1$

32. मांग की चाप लोच (Arc Elasticity of Demand) मापने का सूत्र है–

A. $\dfrac{\Delta Q}{\Delta P} \cdot \dfrac{(P_1 + P_2)}{(Q_1 + Q_2)}$ B. $\dfrac{P_1 + P_2}{Q_1 + Q_2} \cdot \dfrac{1}{Q}$

C. $\dfrac{\Delta Q}{\Delta P} \cdot \dfrac{(Q_1 + Q_2)}{(P_1 + P_2)}$ D. $\dfrac{Q}{P}$

33. जब किसी वस्तु के लिए कीमत–उपभोग वक्र नीचे की ओर झुका हुआ होता है तो मांग की कीमत लोच होगी–
A. $e_p = 1$ B. $e_p > 1$
C. $e_p < 1$ D. $e_p < 0$

34. जब कीमत उपभोग वक्र (Price-Consumption Curve) क्षितिज के समानांतर सरल रेखा (horizontal straight line) हो तो इस स्थिति में मांग की कीमत लोच होगी–
A. $e_p = 1$ B. $e_p = 0$
C. $e_p > 1$ D. $e_p < 1$

35. ऊपर को चढ़ते हुए कीमत–उपभोग–वक्र (upward sloping price consumption curve) की स्थिति में मांग की कीमत लोच होगी–

A. $e_p > 1$
B. $e_p < 1$
C. $e_p = 0$
D. $e_p = 1$

36. मांग की आय लोच को व्यक्त किया जाता है–

A. $\dfrac{\text{मांग में प्रतिशत परिवर्तन}}{\text{आय में प्रतिशत परिवर्तन}}$

B. $\dfrac{\text{मांग में परिवर्तन}}{\text{आरंभिक मांग की मात्रा}}$

C. $\dfrac{\text{आय में प्रतिशत परिवर्तन}}{\text{मांग में प्रतिशत परिवर्तन}}$

D. $\dfrac{\text{आय में प्रतिशत परिवर्तन}}{\text{आरम्भिक आय}}$

37. मूल बिन्दु (orign) से होते हुए धनात्मक–ढाल वाले एंजिल वक्र (Engel curve) की स्थिति में मांग की आय लोच होगी–

A. इकाई के बराबर
B. इकाई से अधिक
C. इकाई से कम
D. शून्य

38. यदि आय में वृद्धि होने पर वस्तु पर व्यय की गयी आय का अनुपात समान रहता है तो वस्तु की आय लोच (Income Elasticity) होगी–

A. $e_i = 1$
B. $e_i = 2$
C. $e_i = 0$
D. $e_i = 3$

39. यदि आय में वृद्धि होने पर वस्तु पर व्यय की गयी आय का अनुपात बढ़ता है तो वस्तु की आय लोच होगी–

A. $e_i = 1$
B. $e_i > 1$
C. $e_i < 1$
D. $e_i = 0$

40. यदि आय में वृद्धि होने पर वस्तु पर व्यय की गयी आय का अनुपात घटता है तो वस्तु की आय लोच होगी–

A. $e_i > 1$
B. $e_i < 1$
C. $e_i = 1$
D. $e_i = 0$

41. सामान्य वस्तुओं (Normal Goods) की स्थिति में आय लोच होती है–

A. धनात्मक
B. ऋणात्मक
C. शून्य
D. इनमें से कोई नहीं

42. हीन अथवा निम्न पदार्थ (Inferior Goods) की स्थिति में आय लोच होती है–

A. ऋणात्मक
B. धनात्मक
C. शून्य
D. इनमें से कोई नहीं

43. विलासिता की वस्तुएं (Luxuries Goods) की स्थिति में मांग की आय लोच होती है–

A. इकाई से कम
B. इकाई से अधिक
C. इकाई के बराबर
D. शून्य

44. पूर्ण स्थानापन्न वस्तुओं के बीच प्रतिस्थापन लोच (Elasticity of Substitution) होती है–

A. अनन्त (infinity)
B. एक
C. शून्य
D. इनमें से कोई नहीं

45. वे वस्तुएं जो एक दूसरे की पूर्ण पूरक (perfect complements) होती हैं उनके बीच प्रतिस्थापन लोच होती है–

A. अनन्त
B. शून्य
C. एक
D. इनमें से कोई नहीं

46. दो स्थानापन्न वस्तुओं के बीच मांग की प्रतिलोच (cross elasticity of demand) होती है–

A. धनात्मक
B. ऋणात्मक
C. शून्य
D. इनमें से कोई नहीं

47. दो पूरक वस्तुओं के बीच मांग की प्रतिलोच होती है–

A. धनात्मक
B. ऋणात्मक
C. शून्य
D. इनमें से कोई नहीं

48. मांग फल $q = ap^b$ में मांग की कीमत लोच होती है–

A. a
B. q
C. b
D. ab

49. मछली की कीमत में गिरावट का प्रभाव मांस की मांग पर तुलनात्मक रूप से कम होगा, जबकि मुर्गी के गोश्त की कीमत में गिरावट का प्रभाव बकरे के मांस की मांग पर काफी अधिक होगा क्योंकि–

A. मुर्गी का गोश्त बकरे के मांस का अधिक अच्छा प्रतिस्थापन्न है बनिस्पत मछली के बदले मांस की तुलना में

B. मुर्गी का गोश्त तथा मछली पूरक वस्तुएं हैं

C. मांस तथा मछली एक–दूसरे के प्रतिस्थापन्न हैं

D. मुर्गी के गोश्त की तुलना में मांस मछली का अधिक अच्छा प्रतिस्थापन्न है।

50. यदि मांग की कीमत लोच 0.5 है तो कीमत में 10 प्रतिशत वृद्धि का परिणाम होगा–
A. मांग में 5% वृद्धि
B. मांग में 5% कमी
C. मांग में 0.5 इकाई की कमी
D. मांग में 0.5 इकाई की वृद्धि

51. निम्न में से कौन व्युत्पन्न मांग नहीं है–
A. एक बिक्रीकर्ता की कार
B. एक किसान द्वारा अपने बगीचे के लिए खरीदी गयी खाद
C. एक कार निर्माता द्वारा खरीदा गया टायर
D. एक–व्यक्ति द्वारा खरीदी गयी कमीज

52. एक नीचे की ओर गिरते हुए मांग वक्र के लिए कीमत लोच 1.50 है। जब कीमत में 20% की गिरावट आती है, तो वस्तु की मांगी गयी मात्रा में होगी–
A. 30% की कमी   B. 3% की वृद्धि
C. 3% की कमी   D. 30% की वृद्धि

53. एक विलासिता की वस्तु वह है जिसकी–
A. मांग में आय की अपेक्षा अधिक वृद्धि होती है
B. मांग में आय की अपेक्षा कम वृद्धि होती है
C. आय में गिरावट होने पर मांग में वृद्धि होती है
D. आय में वृद्धि होने पर मांग में गिरावट आती है।

54. एक वस्तु सुख–साधन (विलासिता) की श्रेणी में आती है यदि इसकी मांग की आय लोच है–
A. एक से कम   B. एक से अधिक
C. एक के समान   D. शून्य के बराबर

55. क्रमागत उपयोगिता ह्रास नियम–
A. लोच का प्रमाप प्रदान करता है
B. व्यक्त करता है कि मांग वक्र नीचे की ओर गिरता हुआ क्यों होता है
C. बताता है कि किसी वस्तु की कीमत में वृद्धि के परिणामस्वरूप उसकी सीमान्त उपयोगिता में कमी आती है
D. उपरोक्त सभी

56. जब $\dfrac{MU_x}{P_x} > \dfrac{MU_y}{P_y}$, तो उपभोक्ता को खरीदना चाहिए–
A. x की अधिक मात्रा तथा y की कम मात्रा
B. x की कम मात्रा तथा y की अधिक मात्रा
C. x की अधिक मात्रा तथा y की अधिक मात्रा
D. x की कम मात्रा तथा y की कम मात्रा

57. $Q = a - bP$ एक मांग फलन है। जब सीमान्त आगम शून्य होती है, तो मांग की कीमत लोच है–
A. 0   B. 1
C. b D. $b/9$

58. एक उपभोक्ता वक्र पर सभी बिन्दु–
A. उपयोगिता अधिकतमीकरण के बिन्दुओं का प्रतिनिधित्व करते हैं
B. उपयोगिता अधिकतमीकरण के बिन्दुओं का प्रतिनिधित्व नहीं करते हैं
C. आनंद बिन्दु है
D. परेटो आशावादिता के सूचक हैं।

59. यदि कीमत उपभोग वक्र वस्तु की सभी सम्बद्ध कीमतों के लिए समस्तरीय है तो इस वस्तु के लिए मांग वक्र है–
A. समस्तरीय
B. निश्चय ही ढला हुआ
C. सीधा
D. आयताकार हाइपरबोला

60. यदि Y की कीमत में परिवर्तन के लिए X की मांग की प्रतिलोच सकारात्मक है तो X और Y वस्तुएं हैं–
A. स्थानापन्न   B. परिपूरक
C. घटिया वस्तुएं   D. निम्न स्तरीय वस्तुएं

61. $Q = a\left(\dfrac{1}{P}\right)$ एक मांग फलन है जो हमें देता है–
A. एकात्मक लोचदार मांग वक्र
B. पूर्णतया लोचदार मांग वक्र
C. पूर्णतया लोचहीन मांग वक्र
D. उद्भव मांग वक्र का अवतल

62. राम दो वस्तुओं q_1 और q_2 के उपभोग द्वारा उपयोगिता प्राप्त करता है। निम्न में से कौन–सा सम्बंध उसके उपयोगिता फलन का प्रतिनिधित्व नहीं करेगा–
A. $U = 3q_1 + 2q_2$ B. $U = q_1 q_2$
C. $U = q_1 - q_2$ D. $U = q_1 + 3q_1 q_2$

63. यह मानते हुए कि मांग फलन $Q = 10 - 0.5P$ है, $P = 10$ पर मांग की लोच होगी–
A. 0.5   B. 1.0
C. 1.5   D. 2.0

64. यदि दो वस्तुओं में से एक वस्तु की कीमत में परिवर्तन होने से उनकी खरीदी जाने वाली मात्राओं में परिवर्तन होता है तो उनके बीच मांग की प्रति लोच होगी—
A. ऋणात्मक
B. धनात्मक
C. शून्य
D. एक

65. यह दत्त है कि X के लिए मांग तथा पूर्ति का समीकरण इस प्रकार है—
मांग : $P_x = 32 - 0.75x$, पूर्ति : $P_x = 2 + 0.50x$ तो संतुलन कीमत तथा मात्रा क्रमशः होगी—
A. 8 और 32
B. 14 और 32
C. 14 और 24
D. 8 और 24

66. मांग के नियम के अन्तर्गत सामान्य स्थिति में मांग वक्र—
A. नीचे की ओर झुका होता है
B. ऊपर की ओर चढ़ता है
C. आधार रेखा के समानान्तर होता है
D. आधार रेखा पर लम्ब होता है।

67. सम–सीमान्त उपयोगिता नियम का प्रतिपादन किसने किया—
A. गोसेन
B. जे॰बी॰ से
C. रिकार्डो
D. मार्शल

68. एक उपभोक्ता उस बिन्दु पर संतुलन में होता है—
A. $TU = P$
B. $MU = P$
C. $MU > P$
D. $MU < P$

69. सीमान्त उपयोगिता (MU) जब शून्य होती है तो कुल उपयोगिता—
A. अधिकतम होगी
B. घटती हुई दर से बढ़ेगी
C. घटती है
D. स्थिर रहती है।

70. एंजिल वक्र एक वस्तु की उन मात्राओं को बताता है जिसे उपभोक्ता खरीदना चाहता है विभिन्न—
A. कीमतों पर
B. आय स्तरों पर
C. आवश्यकताओं पर
D. मांग पर

71. हीरा–जल विरोधाभास की सर्वप्रथम किसने व्याख्या की थी—
A. हिक्स
B. मार्शल
C. एडम–स्मिथ
D. एलन

72. निम्नलिखित में से कौन–सी संयुक्त मांग है—
A. कॉफी और चाय
B. घी और तेल
C. टूथपेस्ट और ब्रश
D. पेन और पेंसिल

73. किसी वस्तु की मांग 30 इकाई से बढ़कर 45 इकाई हो जाती है, जब कीमत 12 रु॰ से घटकर 10 रु॰ रह जाती है, तो मांग की लोच होगी—
A. 0.6
B. 2.5
C. 3.0
D. 7.5

74. रैखिक मांग फलन पर मांग की कीमत लोच—
A. बढ़ती है जैसे–जैसे बिन्दु नीचे की ओर अग्रसर होती है
B. घटती है जैसे–जैसे बिन्दु नीचे की ओर अग्रसर होती है
C. y-अक्ष पर स्थित बिन्दु के लिए न्यूनतम होती है
D. सभी बिन्दुओं पर समान होती है।

75. मांग वक्र के विभिन्न बिन्दुओं पर मांग की कीमत लोच समान होती है, जब मांग वक्र—
A. एक सीधी रेखा होती है
B. नीचे गिरता हुआ वक्र होता है
C. आयतीय परिवलय वक्र होता है
D. वृत्त के आकार का होता है।

76. गोसन का प्रथम नियम है—
A. ह्रासमान सीमान्त उपयोगिता नियम
B. वृद्धिमान सीमान्त उपयोगिता नियम
C. सम–सीमान्त उपयोगिता नियम
D. कुल उपयोगिता नियम

77. जब दो वस्तुओं के बीच मांग की आड़ी मूल्य लोच शून्य होती है तब वे वस्तुएँ—
A. पूरक होती हैं
B. स्वतंत्र होती हैं
C. प्रतिस्थापन्न होती हैं
D. विलासिता की वस्तुएं होती हैं

78. उपभोक्ता संतुलन में होता है जब—
A. दी हुई आय पर उसका लाभ अधिकतम होता है
B. दी हुई आय पर उसका लाभ न्यूनतम होता है
C. दी हुई आय पर उसको अधिकतम उपयोगिता प्राप्त होती है
D. दी हुई कीमत और आय पर उसको अधिकतम उपयोगिता प्राप्त होती है।

79. एक फलन से तात्पर्य होता है–
A. एक वस्तु की मांग से
B. एक वस्तु की पूर्ति से
C. एक वस्तु की मांग तथा पूर्ति से
D. एक आश्रित चर तथा एक या अधिक स्वतंत्र चरों के बीच सम्बंध से

80. किसी सरल रेखा मांग वक्र जो दोनों अक्षों को काटता है के मध्य बिन्दु पर मांग की लोच का मान होगा–
A. 2.0   B. 1.5
C. 1.0   D. 0.5

81. यदि वस्तु की कीमत 20 रु० है तथा मांग की कीमत लोच 2.5 है, उत्पादक की सीमान्त आय होगी–
A. 8 रु०   B. 50 रु०
C. 12 रु०   D. 18.5 रु०

82. प्रतिस्थापन लोच (elasticity of substitution) की अवधारणा प्रस्तुत की थी–
A. मार्शल ने   B. कीन्स ने
C. शुल्ज ने   D. हिक्स ने

83. सीमान्त–उपयोगिता को जिस सूत्र से ज्ञात किया जा सकता है, वह है–
A. $MU_n = TU_n - TU_{n-1}$
B. $MU_n = TU_n + TU_{n-1}$
C. $MU_n = TU_1 + MU_2 + MU_n$
D. $MU_n = TU_n = MU_n$

84. अगर मांग वक्र दायीं ओर खिसकता है तो इसका अर्थ है–
A. वस्तु की कीमत गिरी है
B. मांग फलन उन्नत हुआ है
C. पूर्ति फलन उन्नत हुआ है
D. उपभोक्ता की वास्तविक आय घटी है।

85. लेमन का दूसरा गिलास एक प्यासे लड़के को अपेक्षाकृत कम सन्तुष्टि प्रदान करता है। यह एक स्पष्ट एवं निश्चित विचार है–
A. मांग के नियम का
B. घटती प्रत्यय के नियम का
C. घटती उपयोगिता के नियम का
D. पूर्ति के नियम का

86. तटस्थता वक्र विश्लेषण में दो वस्तुओं के विनिमय का अनुपात दर्शाया जाता है–
A. कीमत रेखा से
B. तटस्थता वक्र से
C. कीमत उपभोग वक्र से
D. आय उपभोग वक्र से

87. एक वस्तु की कीमत में परिवर्तन होने पर उसकी मांगी गयी मात्रा अपरिवर्तित रहने पर, मांग की लोच का गुणांक होता है–
A. एक से ज्यादा   B. एक से कम
C. शून्य   D. अनन्त

88. अर्थशास्त्र के अध्ययन का प्रारंभिक बिन्दु है–
A. उत्पादन   B. उपभोग
C. सीमितता   D. वितरण

89. वह विषय जो व्यष्टि अर्थशास्त्र में सम्मिलित नहीं है–
A. कल्याणकारी अर्थशास्त्र
B. कीमत सिद्धान्त
C. मुद्रा प्रसार
D. व्यक्तिगत निर्णयों द्वारा चुनाव

90. निम्न सूचना उपलब्ध है–

वस्तु	मात्रा	कीमत	सीमान्त उपयोगिता (MU)
Y	40	35	7
Z	30	55	?

यह परिकल्पना करते हुए कि उपभोक्ता Y व Z वस्तु से उपयोगिता अधिकतम करना चाहता है, Z वस्तु से प्राप्त सीमान्त उपयोगिता है–
A. 9   B. 11
C. 25   D. 10

91. A = B = 20 यूटिल्स कथन से तात्पर्य है–
A. उपयोगिता का क्रमवाचक माप
B. उपयोगिता का गणनावाचक माप
C. उपयोगिता का क्रमवाचक एवं गणनावाचक माप
D. उपरोक्त में से कोई नहीं

92. मांग की आय लोच ऋणात्मक होने पर, जैसे–जैसे आय घटती है, वस्तु की खरीदी गयी मात्रा–
A. गिरती है
B. बढ़ती है
C. अपरिवर्तित रहती है
D. पहले बढ़ती है फिर गिरती है।

93. पूर्ण बेलोचदार मांग में, जब कीमत 2 प्रतिशत से बढ़ती है तब मांग कम होती है–
A. 10 प्रतिशत से   B. 0 प्रतिशत से
C. 3 प्रतिशत से   D. 2 प्रतिशत से

94. निम्न में से एक सम–सीमान्त उपयोगिता को दर्शाने वाला समीकरण है–

A. $\dfrac{MU_a}{P_a} = \dfrac{MU_b}{P_b} = \dfrac{MU_c}{P_c}$

B. $MU_a \times P_a = MU_b \times P_b = MU_c \times P_c$

C. $\dfrac{MU_a}{P_a} > \dfrac{MU_b}{P_b} > \dfrac{MU_c}{P_c}$

D. $\dfrac{P_a}{MU_a} > \dfrac{P_b}{MU_b} > \dfrac{P_c}{MU_c}$

95. सीमान्त उपयोगिता (MU) सदैव–

A. बढ़ती है   B. घटती है
C. स्थिर रहती है   D. इनमें से कोई नहीं है।

96. अगर उपभोक्ताओं की आय बढ़ती है तो–

A. मांग वक्र स्थिर रहता है
B. मांग वक्र बाएं खिसक जाता है
C. मांग वक्र दाएं खिसक जाता है
D. मांग की कीमत लोच बढ़ जाती है।

97. मार्शल के अनुसार सीमान्त उपयोगिता ह्रास नियम निम्नलिखित स्तर पर लागू होता है–

A. मुद्रा पर उसी ढंग से लागू होता है जिस ढंग से अन्य वस्तुओं पर
B. बैंक मुद्रा के अलावा मुद्रा पर लागू नहीं होता
C. बैंक मुद्रा पर लागू नहीं होता लेकिन नकद मुद्रा पर लागू होता है
D. मुद्रा के अलावा सभी वस्तुओं पर लागू नहीं होता है।

98. कुल उपयोगिता वक्र–

A. हमेशा ऊपर उठता है
B. हमेशा नीचे गिरता है
C. पहले गिरता है और तब उठता है
D. पहले उठता है तब गिरता है।

99. स्थिर उपयोगिता के पथ को कहते हैं–

A. विस्तार पथ
B. उपयोगिता फलन
C. अनधिमान वक्र
D. मांग फलन

100. सूची-I को सूची-II के साथ सुमेलित कीजिए और सूचियों के नीचे दिए गए कूट का प्रयोग कर सही उत्तर चुनिए–

सूची-I	सूची-II
(a) मांग में विस्तार	1. उसी मांग वक्र पर बायीं ओर से दाहिनी ओर गति
(b) मांग में संकुचन	2. उसी मांग वक्र पर दायीं ओर से बायीं ओर गति
(c) मांग में वृद्धि	3. मांग वक्र का दाहिनी ओर स्थानान्तरण
(d) मांग में कमी	4. मांग वक्र का बायीं ओर स्थानान्तरण

	(a)	*(b)*	*(c)*	*(d)*
A.	1	2	3	4
B.	1	2	4	3
C.	3	4	1	2
D.	3	4	2	1

101. विवेकपूर्ण व्यवहार करने वाले एक उपभोक्ता के समक्ष X और Y वस्तुओं के विभिन्न सम्मिश्रण खरीदने का विकल्प है। जिनकी उसके लिए निम्नलिखित सीमान्त उपयोगिता सूचियां हैं–

इकाईयों की संख्या	प्राप्त सीमान्त-उपयोगिता	
	'X' वस्तु से	'Y' वस्तु से
1	10	7
2	9	6
3	8	5
4	7	4
5	6	3
6	4	2

यदि X और Y वस्तुओं की कीमत क्रमशः 2 रु० और 1 रु० हो तो उपभोक्ता अपनी जेब में उपलब्ध 15 रु० से खरीदना पसन्द करेगा–

A. 6 इकाइयां X की और 3 इकाइयां Y की
B. 5 इकाइयां X की और 5 इकाइयां Y की
C. 4 इकाइयां X की और 4 इकाइयां Y की
D. 5 इकाइयां X की और 2 इकाइयां Y की

102. यदि मांग वक्र आयताकार अतिपरवलय (Rectangular Hyperbola) मांग की कीमत लोच होगी–

A. 0.25   B. 0.75
C. 1.00   D. 0.50

103. निम्नलिखित आंकड़ों पर विचार कीजिए—

प्रति किग्रा॰ कीमत   *गेहूं की मांग*
(रु॰ में)   *(किग्रा॰)*
   12   5
   10   ?

जब गेहूं की कीमत 10 रु॰ प्रति किग्रा॰ है और उसकी मांग की लोच इकाई के बराबर है तो गेहूं की किग्रा॰ में मांग होगी—

A. 5.0   B. 6.0
C. 10.0   D. 12.0

104. एक वस्तु की मांग–वक्र के नीचे का कुल क्षेत्र मापता है—
A. सीमान्त उपयोगिता   B. कुल उपयोगिता
C. उपभोक्ता की बचत   D. उत्पादक की बचत

105. यदि दो मांग वक्र एक–दूसरे को काटते हैं तो कटान बिन्दु पर—
A. वे समान रूप से लोचदार होंगे
B. अपेक्षाकृत खड़ा वक्र अधिक लोचदार होगा
C. अपेक्षाकृत सपाट वक्र अधिक लोचदार होगा
D. उनके लोच की तुलना नहीं की जा सकती है।

106. पूर्ति वक्र की कीमत लोच एक के बराबर होगी जब—
A. वह धनात्मक अन्तः खण्ड के साथ एक सीधी रेखा है
B. वह ऋणात्मक अन्तः खण्ड के साथ एक सीधी रेखा है
C. वह मूल बिन्दु से गुजरती हुई एक सीधी रेखा है
D. वह क्षैतिज है।

107. कीमत लोच (e_p), आय लोच (e_i) तथा प्रतिस्थापन लोच (e_s) में सम्बंध स्थापित करने वाला सूत्र है—
A. $e_p = K_x \cdot e_i + (1 - K_x) e_s$
B. $e_i = K_x + (1 + e_p) e_s$
C. $e_p = K_x e_i + e_s$
D. $e_s = K_x e_i + (1 - K_x) e_p$

108. कार और पेट्रोल का उपभोग किया जाता है। यदि पेट्रोल की कीमत बढ़ती है तो कार की मांग घट जाती है क्योंकि कार और पेट्रोल की मांग है—
A. पूरक   B. प्रतिस्थापन
C. स्वतंत्र   D. इनमें से कोई नहीं

109. 'वैल्यू एण्ड कैपीटल' (Value and Capital) नामक पुस्तक के लेखक हैं—
A. हिक्स   B. मार्शल
C. कीन्स   D. कैनन

110. अनधिमान वक्र विश्लेषण (indifference curves analysis) आधारित है—
A. क्रमवाचक उपयोगिता (ordinal utility) की धारणा पर
B. गणनावाचक उपयोगिता (cardinal utility) की धारणा पर
C. (A) और (B) दोनों पर
D. इनमें से कोई नहीं

111. वस्तु X की वस्तु Y के लिए प्रतिस्थापन की सीमान्त दर (Marginal Rate of Substitution) को व्यक्त कर सकते हैं—

A. $MRS_{xy} = \dfrac{MU_x}{MU_y} = \dfrac{\Delta Y}{\Delta X}$

B. $MRS_{yx} = \dfrac{MU_x}{MU_y} = \dfrac{\Delta Y}{\Delta X}$

C. $MRS_{xy} = \dfrac{\Delta X}{\Delta Y}$

D. $MRS_{xy} = \dfrac{MU_y}{MU_x}$

112. अनधिमान वक्र विश्लेषण में उपभोक्ता के संतुलन की शर्त है—

A. प्रतिस्थापन की सीमान्त दर

$$(MRS_{xy}) = \frac{\text{वस्तु X की कीमत } (P_x)}{\text{वस्तु Y की कीमत } (P_y)}$$

B. $MRS_{xy} = \dfrac{P_y}{P_x}$

C. $MRS_{xy} = \dfrac{1}{P_x}$

D. $MRS_{xy} = \dfrac{1}{P_y}$

113. घटिया वस्तुओं के लिए आय प्रभाव होती है—
A. ऋणात्मक   B. धनात्मक
C. शून्य   D. इनमें से कोई नहीं

114. कीमत प्रभाव (Price Effect) होता है—
A. प्रतिस्थापन प्रभाव + आय प्रभाव
B. प्रतिस्थापन प्रभाव – आय प्रभाव
C. प्रतिस्थापन प्रभाव × आय प्रभाव
D. उपरोक्त में से कोई नहीं

115. मान लीजिए कि कोई उपभोक्ता दो वस्तुएं A और B खरीदता है। जब उपभोक्ता की आय में वृद्धि होने के साथ ही वस्तु A सस्ती हो जाती है तो यह देखने में आता है कि A का उपभोग घट गया है और B का उपभोग बढ़ गया है। यह इसलिए है कि–
A. आय प्रभाव ने प्रतिस्थापन प्रभाव पर प्रमुखता प्राप्त कर ली है
B. उपभोक्ता की वास्तविक आय घट गयी है
C. प्रतिस्थापन प्रभाव ने आय प्रभाव पर प्रमुखता प्राप्त कर ली है
D. वस्तु B, वस्तु A की पूर्ण स्थानापन्न नहीं है।

116. स्लट्स्की समीकरण सम्बंध रखता है–
A. उच्च स्तरीय वस्तुओं और निम्न स्तरीय वस्तुओं के वियोजन से
B. कीमत प्रभाव के आय प्रभाव तथा प्रतिस्थापन प्रभाव के वियोजन से
C. वस्तुओं के अनिवार्य तथा विलास वस्तुओं के बीच वियोजन से
D. वस्तुओं के ऊंची कीमत वाली और नीची कीमत वाली वस्तुओं के बीच वियोजन से

117. उपभोक्ता व्यवहार सिद्धान्त में निश्चितता की दशाओं के अन्तर्गत चयन के साथ निम्नलिखित में से किनका ताल्लुक है–
1. प्रकट अधिमान उपागम
2. मार्शल का कार्डिनलिस्ट उपागम
3. हिक्स का अनधिमान वक्र उपागम
नीचे दिए गए कूट की सहायता से सही उत्तर का चयन कीजिए–

कूट –
A. 1 और 2 सही हैं
B. 2 और 3 सही हैं
C. 1 और 3 सही हैं
D. 1, 2 और 3 सही हैं

118. उपभोक्ता बचत का क्षेत्र निम्न में सही तौर पर दर्शाया गया है–

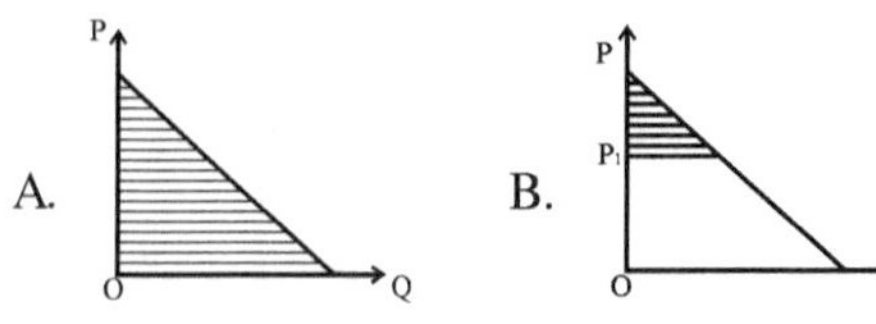

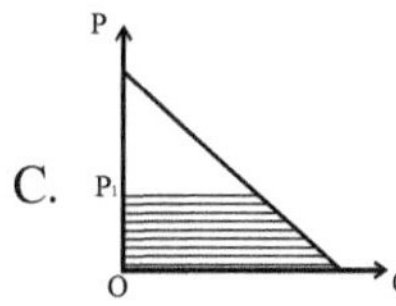
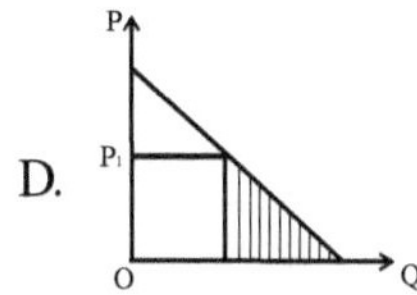

119. निम्नलिखित कारकों/वक्तव्यों पर विचार कीजिए–
1. आय प्रभाव और प्रतिस्थापन प्रभाव मिलकर उपभोक्ता की उस वस्तु की अधिक मात्रा को खरीदने की योग्यता और इच्छा में वृद्धि करते हैं जिसकी कीमत में गिरावट आ गयी है।
2. वस्तु के उत्पादन में वृद्धि
3. ह्रासमान सीमान्त उपयोगिता का नियम
जिनके कारण मांग वक्र नीचे की ओर प्रवण होता है, उनमें सम्मिलित हैं–
A. 2 और 3 सही हैं
B. 1 और 3 सही हैं
C. 1 और 2 सही हैं
D. 1, 2 और 3 सही हैं

120. इनमें से किस अर्थशास्त्री ने उदासीनता वक्रों का सर्वप्रथम प्रयोग किया–
A. मार्शल
B. सेम्युलसन
C. हिक्स
D. कुजनेट्स

121. कीमत रेखा पर सभी बिन्दु दर्शाते हैं–
A. बढ़ता हुआ कुल व्यय
B. घटता हुआ कुल व्यय
C. समान कुल व्यय
D. उपर्युक्त में से कोई नहीं

122. सामान्य वस्तु (Normal Goods) के मामले में प्रतिस्थापन प्रभाव–
A. धनात्मक होता है
B. ऋणात्मक होता है
C. शून्य होता है
D. उपरोक्त में से कोई नहीं

123. किस वक्र की सहायता से उपभोक्ता की मांग वक्र को प्राप्त किया जा सकता है–
A. आय–उपभोग वक्र
B. कीमत–उपभोग वक्र
C. एंजिल वक्र
D. उपरोक्त में से कोई नहीं

124. प्रकट अधिमान उपागम की मान्यता है–
A. मजबूत क्रम
B. कमजोर क्रम
C. असामंजस्य
D. उपरोक्त में से कोई नहीं

125. यदि दो वस्तुएं पूर्ण स्थानापन्न हों, तो उनके लिए खींचे गए अनधिमान वक्र की आकृति होगी–
A. L – आकार की
B. ∪ – आकार की
C. ∩ – आकार की
D. ऋणात्मक ढाल वाली सरल रेखा की तरह

126. आय प्रभाव का अध्ययन करते समय स्थिर माना जाता है–
A. उपभोक्ता की मौद्रिक आय को
B. उपभोक्ता की वास्तविक आय को
C. वस्तुओं की कीमत को
D. इन सभी को

127. उपभोक्ता की बचत का विचार सर्वप्रथम किसने दिया–
A. टॉसिंग
B. ड्यूपिट
C. मार्शल
D. कीन्स

128. पूर्णतया पूरक वस्तुओं की स्थिति में अनधिमान वक्र की आकृति होगी–
A. X – अक्ष के समानान्तर
B. नीचे को गिरती हुई
C. L – आकार की
D. ऊपर को चढ़ती हुई

129. निम्न में से कौन–सा कथन सही है–
A. घटिया वस्तुओं के सन्दर्भ में आय प्रभाव धनात्मक होता है जबकि प्रतिस्थापन प्रभाव ऋणात्मक होता है
B. घटिया वस्तुओं के सन्दर्भ में आय प्रभाव ऋणात्मक होता है जबकि प्रतिस्थापन प्रभाव धनात्मक होता है
C. घटिया वस्तुओं में आय प्रभाव एवं प्रतिस्थापन प्रभाव दोनों धनात्मक होते हैं
D. घटिया वस्तुओं में दोनों प्रभाव ऋणात्मक होते हैं

130. उपभोक्ता उस बिन्दु पर संतुलन में होता है जहां बजट रेखा उदासीनता वक्र को–
A. स्पर्श करती है
B. काटती है
C. दोनों समानान्तर होती हैं
D. उक्त में कोई नहीं

131. अगर कीमत उपभोग वक्र ऋणात्मक है तो–
A. मांग की लोच इकाई के बराबर है
B. वस्तु की मांग लोच इकाई से अधिक है

C. वस्तु की मांग की लोच इकाई से कम है
D. वस्तु की मांग की लोच शून्य है।

132. आय तथा प्रतिस्थापन प्रभावों की व्याख्या के लिए **'लागत अंतर'** विधि का अनुपालन निम्नलिखित अर्थशास्त्रियों में से किसने दिया है–
A. हिक्स
B. स्लटस्की
C. सेम्युलसन
D. ऐलन

133. आय तथा प्रतिस्थापन प्रभावों की व्याख्या के लिए **'आय में क्षतिपूरक परिवर्तन'** विधि का अनुपालन निम्नलिखित अर्थशास्त्रियों में से किसने दिया है–
A. स्लटस्की
B. हिक्स
C. सेम्युलसन
D. ऐलन

134. उपभोक्ता के संतुलन की निम्नलिखित में से कौन-सी एक सही शर्त है–

A. $MRS_{xy} = P_x \cdot P_y$
B. $MRS_{xy} = \dfrac{P_x}{P_y}$
C. $MRS_{xy} = \dfrac{P_y}{P_x}$
D. $MRS_{xy} = \dfrac{1}{P_x \cdot P_y}$

135. एंजिल के नियम के अनुसार खाद्य पदार्थों की मांग की लोच–
A. इकाई से कम होती है
B. इकाई के बराबर होती है
C. इकाई से अधिक होती है
D. अनन्त होती है।

136. अनधिमान वक्र उस समय असामान्य रूप का होगा जब चयन की समस्या होगी–
A. उन वस्तुओं में जो स्थानापन्न हों
B. उपभोग और बचत में
C. प्रतिभूतियों से प्राप्त आय और जोखिम में
D. उपभोग वस्तुओं और परिसम्पत्तियों में

137. एक अनधिमान वक्र दायीं ओर ढलुआ होता है क्योंकि एक वस्तु की अधिक मात्रा तथा दूसरी की कम मात्रा देती है–
A. वही सन्तुष्टि
B. अधिकतम सन्तुष्टि
C. अपेक्षाकृत अधिक सन्तुष्टि
D. घटता हुआ व्यय

138. उपभोक्ता की बचत को निम्न की सहायता से मापा जा सकता है–
A. कुल उपयोगिता वक्र
B. सीमान्त उपयोगिता वक्र
C. पूर्ति वक्र
D. उपरोक्त में से किसी से नहीं

139. कोई निर्दिष्ट अनधिमान मानचित्र दिखलाता है–
A. संतुष्टि का एक निर्दिष्ट स्तर
B. रूचियों और अधिमानों का एक निर्दिष्ट स्वरूप
C. संतुष्टि का औसत स्तर
D. उपर्युक्त सभी

140. निम्न में से कौन–सा एक सही सुमेलित नहीं है?
A. उद्घाटित अधिमान सिद्धान्त – सेम्युलसन
B. अनधिमान वक्र विश्लेषण – हिक्स
C. गणना वाचक उपयोगिता – रॉबिन्सन
D. आगत–निर्गत विश्लेषण – लियोन्तिफ

141. निम्न कथन में से कौन सही नहीं है–
A. एक अनधिमान वक्र पर भिन्न–भिन्न बिन्दु दो वस्तुओं के भिन्न–भिन्न संयोगों को प्रदर्शित करते हैं
B. उपभोग सम्भावना रेखा पर भिन्न–भिन्न बिन्दु दो वस्तुओं के भिन्न–भिन्न संयोग को प्रदर्शित करते हैं
C. अनधिमान वक्र पर समस्त बिन्दु सन्तोष (satisfaction) के समान स्तर को दर्शाते हैं
D. उपभोग सम्भावना रेखा पर समस्त बिन्दु सन्तोष के समान स्तर को प्रदर्शित करते हैं।

142. यदि कीमत उपभोग वक्र क्षैतिज हो तो X (जिसकी कीमत गिरती है) के लिए मांग की कीमत लोच होगी–
A. शून्य
B. एक
C. एक से अधिक
D. एक से कम

143. यदि कीमत उपभोग वक्र (PCC) ऋणात्मक ढाल वाला हो तो X के लिए मांग की कीमत लोच होगी–
A. एक
B. एक से अधिक
C. एक से कम
D. शून्य

144. संतरों के बाजार में, यदि अन्य बातें पूर्ववत् रहें, आय की वृद्धि से–
A. मांग वक्र पर एक ऊर्ध्वगामी संचलन होगा
B. पूर्ति वक्र पर एक ऊर्ध्वगामी संचलन होगा
C. मांग वक्र ऊपर की ओर खिसक जाएगा
D. मांग वक्र नीचे की ओर खिसक जाएगा।

145. मार्शल के विश्लेषण में उपयोगिता की योगात्मकता आधारित है–
A. विवेकशीलता एवं ह्रासमान सीमान्त उपयोगिता की मान्यता पर
B. उपयोगिता की गणनावाचकता तथा स्वतंत्रता की मान्यता पर
C. मुद्रा की सीमान्त उपयोगिता की स्थिरता तथा विभाज्यता की मान्यता पर
D. एकरूपता एवं सकर्मकता की मान्यता पर

146. पी॰ए॰ सैम्युअलसन द्वारा प्रतिपादित प्रकट अधिमान सिद्धान्त में निम्न में से कौन-सी एक मान्यता नहीं है?
A. उपभोक्ता के अधिमानों में सकर्मकता होती है
B. उपभोक्ता के व्यवहार में चयन की एकरूपता होती है
C. एक दी हुई आय से एक उपभोक्ता विवेकशील तरीके से व्यवहार करता हुआ अपनी संतुष्टि को अधिकतम करता है
D. उपभोक्ता प्रत्येक स्थिति में अधिक वस्तुओं के संयोगों को कम की तुलना में पसंद करता है।

147. मार्शल द्वारा प्रतिपादित उपभोक्ता की बचत का सिद्धान्त आधारित है–
A. अपूर्ण प्रतियोगिता की मान्यता पर
B. पूर्ण प्रतियोगिता की मान्यता पर
C. एकाधिकार की मान्यता पर
D. द्वयधिकार की मान्यता पर

148. परिवर्तनशील अनुपात के नियम का सम्बंध है–
A. अल्प काल से
B. दीर्घ काल से
C. (A) और (B) दोनों से
D. इनमें से कोई नहीं

149. एक नीचे की ओर ढालू समोत्पाद वक्र (Isoquants) पर स्थित सभी बिन्दु व्यक्त करता है–
A. उत्पादन की समान मात्रा
B. उत्पादन की भिन्न–भिन्न मात्रा
C. उपयोगिता की समान मात्रा
D. उपयोगिता की भिन्न–भिन्न मात्रा

150. यदि कोई उत्पादक श्रम की एक इकाई के लिए पूंजी की 4 इकाई त्यागने को तैयार है तो साधन श्रम की साधन पूंजी के लिए तकनीकी प्रतिस्थापन की सीमान्त दर ($MRTS_{LK}$) होगी–

A. 4 B. 1/4
C. 1/2 D. 2

151. निम्न में से कौन-सा सम्बंध सही है–

A. $MRTS_{LK} = \dfrac{MP_L}{MP_K}$

B. $MRTS_{LK} = \dfrac{MP_K}{MP_L}$

C. $MRTS_{LK} = \dfrac{1}{MP_K}$

D. $MRTS_{LK} = \dfrac{1}{MP_L}$

152. जब उत्पादन के दोनों साधन पूर्णतया स्थानापन्न होते हैं तो उनके बीच प्रतिस्थापन की सीमान्त दर होती है–
A. स्थिर B. परिवर्तनशील
C. शून्य D. इनमें से कोई नहीं

153. जब उत्पादन के दोनों साधन पूर्णतया स्थानापन्न हों तो समोत्पाद वक्र (Isoquants) की आकृति होती है–
A. सरल रेखा B. अवतल
C. उत्तल D. क्षैतिज

154. यदि उत्पादन के दोनों साधन पूर्ण पूरक हैं तो उनके मध्य प्रतिस्थापन लोच होगी–
A. शून्य B. इकाई के बराबर
C. इकाई से अधिक D. इनमें से कोई नहीं

155. यदि उत्पादन के दोनों साधन पूर्ण स्थानापन्न हैं तो उनके बीच प्रतिस्थापन लोच होगी–
A. अनन्त B. शून्य
C. एक D. इनमें से कोई नहीं

156. यदि उत्पादन फलन प्रथम कोटि का समरूप है तो हमें प्राप्त होता है–
A. स्थिर प्रतिफल B. वर्धमान प्रतिफल
C. ह्रासमान प्रतिफल D. इनमें से कोई नहीं

157. कॉब–डगलस उत्पादन फलन में दो साधनों के बीच प्रतिस्थापन की लोच होती है–
A. इकाई B. शून्य
C. इकाई से अधिक D. इकाई से कम

158. रेखीय समरूप उत्पादन फलन की स्थिति में विस्तार पथ (expansion path) की आकृति होती है–

A. मूल बिन्दु से गुजरती हुई एक सरल रेखा
B. क्षैतिज
C. मूल बिन्दु की ओर उत्तल
D. मूल बिन्दु की ओर अवतल

159. यदि उत्पादन संभावना वक्र मूल बिन्दु की ओर उन्नतोदर (convex) है तो लागू होता है–
A. वर्धमान प्रतिफल का नियम (Increasing Returns)
B. ह्रासमान प्रतिफल का नियम (Decreasing Returns)
C. स्थिर प्रतिफल का नियम (Constant Returns)
D. इनमें से कोई नहीं

160. उत्पादन सिद्धान्त में प्रसार पथ अनुरूप है–
A. एंजिल वक्र के B. कीमत उपभोग वक्र के
C. आय उपभोग वक्र के D. बजटीय तंगी के

161. यदि पूंजी 'K' को Y अक्ष तथा श्रम 'L' को X-अक्ष पर आलेखित किया जाए तो समलागत (Iso-cost) वक्र का ढाल होगा–
A. P_K/P_L B. P_L/P_K
C. $-P_L/P_K$ D. $-P_K/P_L$

162. निम्नलिखित वक्तव्यों पर विचार कीजिए–
1. समानमात्रा (Isoquant) वक्र की ढाल ऋणात्मक होती है।
2. समानमात्रा वक्र एक–दूसरे के समानान्तर होने चाहिए।
3. समानमात्रा वक्र एक–दूसरे को काट सकते हैं।
4. समानमात्रा वक्र मूल बिन्दु के प्रति उत्तल होते हैं।
उपर्युक्त वक्तव्यों में से
A. 1 और 2 सही हैं B. 1 और 3 सही हैं
C. 1 और 4 सही हैं D. 2 और 4 सही हैं

163. कॉब–डगलस के उत्पादन फलन $Y = AL^\alpha K^\beta$; $\alpha, \beta > 0$ पर विचार करते हुए सूची-I का सूची-II के साथ सुमेल कीजिए और सूचियों के नीचे दिए हुए कूट का प्रयोग करते हुए सही उत्तर का चयन कीजिए–

सूची-I	**सूची-II**
(a) वर्धमान अनुमापी प्रतिफल	1. $\alpha + \beta = 1$
(b) ह्रासमान अनुमापी प्रतिफल	2. $\alpha + \beta > 1$
(c) स्थिर अनुमापी प्रतिफल	3. $\alpha + \beta < 1$
(d) ह्रासमान कारक प्रतिफल	1. $\alpha, \beta < 1$

कूट–

	(a)	(b)	(c)	(d)
A.	2	3	1	4
B.	2	3	4	1
C.	3	2	4	1
D.	3	2	1	4

164. अल्पकालीन लागत वक्र प्रभावित होता है–
A. पैमाने के प्रतिफल के नियम से
B. परिवर्तनशील अनुपातों के नियम से
C. बाह्य और आन्तरिक बचतों से
D. इनमें से कोई नहीं

165. अर्थशास्त्र में उत्पादन है–
A. वस्तु का निर्माण
B. वस्तु में उपयोगिता का सृजन
C. उद्योगों की स्थापना
D. उपर्युक्त सभी

166. निम्न में से कौन–सा कॉब डगलस उत्पाद फलन है, यदि Q कुल उत्पाद, K पूंजी तथा L श्रम की मात्रा व्यक्त करता है–
A. $Q = A K^\alpha L^{\alpha-1}$ B. $Q = A K^\alpha L^{\alpha+1}$
C. $Q = A K^\alpha L^{1-\alpha}$ D. $Q = A K^\alpha L^\alpha$

167. एकरेखीय तथा समावयव (homogeneous) उत्पादन फलन का सम्बंध है–
A. स्थिर पैमाने के प्रतिफल का नियम
B. घटते हुए पैमाने के प्रतिफल का नियम
C. बढ़ते हुए पैमाने के प्रतिफल का नियम
D. इनमें से कोई नहीं

168. जब उत्पादन फलन समांग (homogeneous) होता है तो फर्म का विस्तार पथ–
A. बाएं से दाएं को ऊपर उठता हुआ वक्र होता है
B. बांए से दाएं नीचे को गिरता हुआ वक्र होता है
C. बांए से दाएं ऊपर को उठती हुई सरल रेखा जैसा होता है
D. बांए से दाएं नीचे को गिरती हुई सरल रेखा जैसा होता है ।

169. किसी उत्पादन फलन $Q = 101 \, L^{0.47} \, K^{0.53}$ के लिए पूंजी उत्पादन की लोच होगी–
A. 1·01
B. 0·47
C. 0·53
D. $\dfrac{0.47}{0.53}$

170. कॉब–डगलस उत्पादन फलन के घातांक मापक है–
A. आगत गहनता का
B. आगतों की उत्पादन लोच का
C. उत्पादन के साधनों का उत्पादन में अंशदान का
D. उपरोक्त सभी

171. रिज रेखाओं पर श्रम और पूंजी की सीमान्त उत्पादकता होती है–
A. धनात्मक   B. ऋणात्मक
C. शून्य   D. इनमें से कोई नहीं

172. केवल एक विशिष्ट उपयोग में आने वाले उत्पादन के साधन की अवसर लागत होती है–
A. अनन्त   B. बहुत अधिक
C. बहुत कम   D. शून्य

173. यदि उत्पादन के दो साधन पूर्ण प्रतिस्थापनीय हों तो प्रतिस्थापन लोच होगी–
A. अनन्त   B. अधिक
C. एक   D. शून्य

174. दो वस्तुओं के मध्य ह्रासमान सीमान्त प्रतिस्थापन की दर अनधिमान वक्र को बनाती है–
A. X-अक्ष के समानान्तर
B. Y-अक्ष के समानान्तर
C. मूल बिन्दु के प्रति उत्तल
D. मूल बिन्दु के प्रति अवतल

175. उत्पादन के आरंभिक अवस्था में वृद्धिमान प्रतिफल नियम क्यों कार्यशील होता है–
A. स्थिर साधन की अविभाज्यता
B. श्रम का बढ़ता हुआ विशिष्टीकरण
C. तकनीकी परिवर्तन
D. उपरोक्त (A) और (B) दोनों

176. समोत्पाद (Isoquant) वक्र का ढाल मापता है–
A. आगत कीमतों का अनुपात
B. पैमाने के प्रतिफल
C. घटते हुए सीमान्त प्रतिफल
D. सीमान्त उत्पादों का अनुपात

177. उत्पादन की द्वितीय अवस्था आरंभ होती है, जहां–
A. AP_L गिरना आरंभ करती है
B. MP_L गिरना आरंभ करती है
C. MP_L अधिकतम होती है
D. MP_L शून्य होती है ।

178. श्रम की मात्रा को एक इकाई से बढ़ाने पर एक फर्म पूंजी की दो इकाइयां त्याग करती है और फिर भी समान उत्पादन उत्पादित करती है तब MRT_{LK} है—
A. 1   B. 1/2
C. 2   D. 3

179. उत्पादन में 'अविभाजन शीलताओं' से उत्पादन फलन की प्रकृति होती है—
A. वृद्धि नियम की
B. ह्रास नियम की
C. स्थिर नियम की
D. नकारात्मक उत्पादन नियम की

180. पैमाने का उत्पाद वृद्धि नियम (Law of Increasing Returns to scale) लागू होने से उत्पादन के समस्त साधनों को दुगुना करने पर कुल उत्पादन—
A. दो गुने से अधिक हो जाता है
B. दो गुना हो जाता है
C. 50 प्रतिशत बढ़ जाता है
D. प्रभावित नहीं होता है।

181. श्रम के संदर्भ में उत्पादन की लोच (labour elasticity of output) इकाई के बराबर होगी, जब श्रम का औसत उत्पादन—
A. मजदूरी दर के बराबर है
B. पूंजी के औसत उत्पादन के बराबर है
C. श्रम के सीमान्त उत्पादन के बराबर है
D. श्रम के सीमान्त उत्पादन से अधिक है।

182. उत्पादन फलन $Y = LK$ —
A. द्वितीय कोटि का समाधान है
B. प्रथम कोटि का समाधान है
C. शून्य कोटि का समाधान है
D. असमघात है।

183. मान लीजिए कि उत्पादन (Y) पूंजी (K) का फलन है, तब उत्पादन का पूंजी लोच होगा—
A. $\dfrac{MP_K}{AP_K}$ B. $\dfrac{AP_K}{MP_K}$
C. $\dfrac{Y}{K}$ D. इनमें से कोई नहीं

184. उत्पादन फलन $X = AL^{3/5} K^{1/2}$ समघात है—
A. 1 से अधिक कोटि का
B. 1 कोटि का

C. 1 से कम कोटि का
D. शून्य कोटि का

185. एक दो–आगत स्थिति (K एवं L) में, यदि कोई एक आगत माना L एक उत्पादक को निःशुल्क प्राप्त हो रहा हो, तो साधन कीमत वक्र या उत्पादक का बजट वक्र है—
A. क्षैतिज
B. चरघातांकी
C. आयताकार अतिपरवलीय
D. L-आकार का

186. एक दिए हुए उत्पादन स्तर के लिए, एक फर्म लाभ अधिकतम करती है जबकि तकनीकी प्रतिस्थापन की सीमान्त दर, साधन की कीमत अनुपातों के बराबर हो। यह सिद्धान्त माना जाता है—
A. ह्रासमान सीमान्त उत्पादकता
B. वर्धमान सीमान्त उत्पादकता
C. सम–सीमान्त उत्पादकता
D. ह्रासमान प्रतिफल का नियम

187. यदि श्रम एवं पूंजी के किसी विशेष संयोग के लिए, पूंजी की सीमान्त उत्पादकता उत्पादन की 4 इकाई है तथा तकनीकी प्रतिस्थापन की सीमान्त दर प्रति इकाई श्रम के साथ 2 इकाई पूंजी हो, तो श्रम की सीमान्त उत्पादकता होगी—
A. 1/2   B. 4
C. 6   D. 8

188. सीमान्त उत्पाद वक्र, औसत वक्र के ऊपर स्थित होता है जब औसत उत्पाद
A. घट रहा होता है   B. बढ़ रहा होता है
C. स्थिर रहता है   D. इनमें से कोई नहीं

189. यदि AP_L धनात्मक लेकिन घट रहा हो तो MP_L
A. घट रहा होगा   B. शून्य होगा
C. ऋणात्मक होगा   D. उपरोक्त में से कोई नहीं

190. जब कुल उत्पाद अधिकतम होता है तो MP_L होगा—
A. शून्य   B. धनात्मक
C. ऋणात्मक   D. इनमें से कोई नहीं

191. समकोणीय समोत्पाद वक्र व्यक्त करता है—
A. स्थिर अनुपात वाला उत्पादन फलन
B. परिवर्तनशील अनुपात वाला उत्पादन फलन
C. समरूप उत्पादन फलन
D. इनमें से कोई नहीं

192. जब किसी फर्म का उत्पादन बढ़ता है तब उसकी औसत स्थिर लागत–
A. लगातार गिरती है
B. स्थिर रहती है
C. लगातार बढ़ती जाती है
D. पहले गिरती है फिर बढ़ती जाती है।

193. निम्न में से कौन–सा वक्र U-आकार का नहीं होता–
A. AFC वक्र
B. AVC वक्र
C. AC वक्र
D. MC वक्र

194. सीमान्त लागत औसत लागत के तब बराबर होती है जब औसत लागत–
A. न्यूनतम होती है
B. अधिकतम होती है
C. बढ़ती हुई होती है
D. गिरती हुई होती है।

195. अनुकूलतम फर्म वह है जिसकी–
A. औसत लागत न्यूनतम है
B. सीमान्त लागत न्यूनतम है
C. उक्त दोनों लागतें न्यूनतम हैं
D. जहां अधिकतम लाभ मिलता है।

196. दीर्घ काल में–
A. स्थिर लागतें नहीं होती हैं
B. परिवर्तनशील लागतें नहीं होती हैं
C. सामान्य लाभ नहीं होता है
D. पैमाने की मितव्ययितायें नहीं होती हैं।

197. स्थिर लागतें वे लागतें होती हैं–
A. जिन पर उत्पादकता ह्रासमान प्रतिफल लागू होता है
B. जिन्हें सीमान्त लागत आकलन में समाहित किया जाता है
C. जिनका उत्पादन वृद्धि से सम्बंध नहीं होता है
D. जो प्रतियोगी फर्म में अंतर्निहित होती है।

198. सीमान्त लागत स्वतंत्र होती है–
A. कुल लागत से
B. स्थिर लागत से
C. परिवर्तशील लागत से
D. औसत परिवर्तनशील लागत से

199. कुल स्थिर लागत वक्र की आकृति होती है–
A. क्षैतिज
B. उदग्र
C. उत्तल
D. अवतल

200. आयताकार अतिपरवलय (rectangular hyperbola) की आकृति वाला वक्र है–
A. AFC
B. AVC
C. ATC
D. MC

201. सीमान्त लागत की माप है–
A. $MC_n = TC_n - TC_{n-1}$
B. $MC_n = TC_n + TC_{n-1}$
C. $MC_n = TC_{n+1}$
D. $MC_n = TC_n + TC_{2n}$

202. सीमान्त लागत स्वतंत्र होती है–
A. स्थिर लागत से
B. परिवर्तनशील लागत से
C. औसत लागत से
D. इनमें से कोई नहीं

203. कुल परिवर्तनशील लागत वक्र पर मूल बिन्दु से खींची गयी रेखा की ढाल द्वारा प्राप्त होती है–
A. औसत परिवर्तनशील लागत वक्र
B. औसत स्थिर लागत वक्र
C. कुल लागत वक्र
D. सीमान्त लागत वक्र

204. इष्टतम फर्म (optimum plant) वह है जो उत्पादन करता है–
A. दीर्घकालीन औसत लागत वक्र के निम्नतम बिन्दु पर
B. अल्पकालीन औसत लागत वक्र के निम्नतम बिन्दु पर
C. दीर्घकालीन औसत लागत वक्र के गिरते हुए भाग पर
D. दीर्घकालीन औसत लागत वक्र के चढ़ते हुए भाग पर

205. 'बाहरी बचतों' की धारणा प्रस्तुत की–
A. मार्शल
B. कीन्स
C. कैनन
D. पीगू

206. निम्नलिखित में से कौन स्थिर लागत है–
A. श्रम लागत
B. कच्चे माल पर व्यय
C. परिवहन लागत
D. ऋण पर ब्याज

207. MC वक्र, AVC तथा ATC वक्रों को काटता है–
A. AVC तथा ATC वक्रों के गिरते हुए भाग को
B. AVC तथा ATC वक्रों को अलग–अलग बिन्दुओं पर
C. दोनों वक्रों के न्यूनतम बिन्दु पर
D. दोनों वक्रों के चढ़ते हुए भाग को

208. दीर्घकालीन औसत लागत वक्र आधारित है–
A. पैमाने के स्थिर प्रतिफल के सिद्धान्त पर
B. अधिक उत्पादन की हानियां एवं लाभ के सिद्धान्त पर
C. ह्रासमान प्रतिफल के सिद्धान्त पर
D. उपरोक्त सभी

209. कुल परिवर्तनशील लागत (TVC) तथा कुल लागत (TC) वक्र के बीच की दूरी बराबर होती है–
A. MC के
B. AVC के
C. TFC के
D. उपरोक्त में से कोई नहीं

210. निम्न में से कौन-सा वक्र 'U' आकार को होता है–
A. VC   B. MC
C. TC   D. FC

211. जब LAC वक्र, SAC वक्र के न्यूनतम बिन्दु पर स्पर्श करता है तब LAC वक्र की स्थिति होती है–
A. ऊपर को चढ़ते हुए
B. नीचे को गिरते हुए
C. अपने न्यूनतम बिन्दु पर
D. उपरोक्त में से कोई नहीं

212. अल्पकालीन लागत वक्र का सिद्धान्त आधारित है–
A. पैमाने के प्रतिफल के नियम पर
B. परिवर्तनशील अनुपातों के नियम पर
C. बाहरी एवं आन्तरिक बचतों तथा हानियों पर
D. इनमें से कोई नहीं

213. औसत स्थिर लागत को प्राप्त किया जा सकता है–
A. $AFC = \dfrac{TFC}{TS}$ B. $AFC = \dfrac{FC}{TU}$
C. $AFC = \dfrac{TC}{FC}$ D. $AFC = \dfrac{TFC}{TQ}$

214. घटते हुए प्रतिफल के अन्तर्गत TVC वक्र–
A. बढ़ती हुई दर से गिरता है
B. घटती हुई दर से उठता है
C. घटती हुई दर से गिरता है
D. बढ़ती हुई दर से ऊपर उठता है।

215. एक को छोड़कर सभी वक्रों की आकृति 'U' की तरह होती है, वह है–
A. AVC वक्र   B. AFC वक्र
C. AC वक्र   D. MC वक्र

216. मूल बिन्दु से गुजरती हुई सीधी रेखा जहां कुल परिवर्तनशील लागत वक्र को स्पर्श करती है वहां–
A. MC = AC   B. MC = AFC
C. MC = AVC   D. AC न्यूनतम है।

217. निम्नलिखित वक्तव्यों पर विचार कीजिए–
उत्पादन के संतुलन बिन्दु पर
1. समान मात्रा वक्र समान लागत वक्र को स्पर्श करता है।
2. MRTS बराबर है $\dfrac{P_L}{P_K}$ के
3. $\dfrac{MP_L}{P_L} = \dfrac{MP_K}{P_K}$
इन वक्तव्यों में–
A. केवल 1 सही है   B. 1 और 2 सही हैं
C. 2 और 3 सही हैं   D. 1, 2 और 3 सही हैं

218. एक फर्म को पता चलता है कि वस्तु की 99 इकाइयों के उत्पादन की कुल लागत 995 रु. है। 100 इकाइयों के उत्पादन की औसत लागत 10 रु. है इसका अर्थ है कि इस स्तर पर उत्पादन की सीमान्त लागत–
A. 1 रु. है   B. 10 रु. है
C. 5 रु. है   D. 11 रु. है

219. निम्नलिखित कथनों पर विचार कीजिए–
औसत उत्पादन और सीमान्त उत्पादन के मध्य समानता के बिन्दु पर औसत उत्पादन (AP)–
A. अधिकतम है।   B. न्यूनतम है।
C. स्थिर है।   D. बढ़ता हुआ है।
उपर्युक्त कथनों में से कौन–कौन से सही हैं?
A. 1 और 4   B. 2 और 4
C. 1 और 3   D. 2 और 3

220. जब सीमान्त लागत (MC), औसत लागत (AC) से कम है तो औसत लागत (AC) —
A. गिरती है   B. बढ़ती है
C. न्यूनतम है   D. शून्य है

221. जब कुल उत्पाद घट रहा होता है तो सीमान्त उत्पाद होता है–
A. ऋणात्मक   B. धनात्मक
C. शून्य   D. इनमें से कोई नहीं

222. पूर्ण प्रतियोगिता के अन्तर्गत मांग की प्रतिलोच होती है–
A. अनन्त   B. शून्य
C. इकाई के बराबर   D. इनमें से कोई नहीं

223. औसत आय (AR) की माप है–
A. $AR = \dfrac{TR}{Q}$ B. $AR = \dfrac{Q}{TR}$

C. $AR = TR \cdot Q$ D. $AR = \dfrac{1}{Q}$

224. यदि कोई विक्रेता अपनी वस्तु की विभिन्न इकाइयों को समान कीमत पर बेचता है तो उसकी औसत आय होती है–
A. कीमत के बराबर   B. कीमत से अधिक
C. कीमत से कम   D. इनमें से कोई नहीं

225. सीमान्त आय (MR) की माप है–
A. $MR = TR_n - TR_{n-1}$
B. $MR = TR_n + MR_{n+1}$
C. $MR = TR_1 + TR_2$
D. $MR = TR_{n+1} + TR_{n-2}$

226. अपूर्ण प्रतियोगिता के अन्तर्गत जब कुल आय बढ़ रही हो तो सीमान्त आय होती है–
A. धनात्मक   B. ऋणात्मक
C. शून्य   D. इनमें से कोई नहीं

227. जब कुल आय (TR) अधिकतम होती है तो सीमान्त आय (MR) होती है–
A. शून्य   B. अनन्त
C. इकाई के बराबर   D. इनमें से कोई नहीं

228. पूर्ण प्रतियोगिता की स्थिति में औसत आय होती है–
A. स्थिर   B. परिवर्तनशील
C. शून्य   D. इनमें से कोई नहीं

229. पूर्ण प्रतियोगिता की स्थिति में वस्तु की कीमत होती है–
A. औसत आय के बराबर
B. औसर आय (AR) से अधिक
C. औसत आय (AR) से कम
D. इनमें से कोई नहीं

230. पूर्ण प्रतियोगिता के अन्तर्गत AR और MR में सम्बंध होता है–
A. $AR = MR$ B. $AR > MR$
C. $AR < MR$ D. इनमें से कोई नहीं

231. यदि सीमान्त आय वक्र उद्गम बिन्दु की ओर उत्तल हो तो सीमान्त आय वक्र स्थित होता है–
A. औसत आय वक्र से आधी से अधिक दूरी पर
B. औसत आय वक्र से आधी से कम दूरी पर
C. क्षैतिज अक्ष के समानान्तर
D. इनमें से कोई नहीं

232. जब सीमान्त आय वक्र उद्गम बिन्दु की ओर अवतल (concave) होता है तो सीमान्त आय वक्र स्थित होता है–
A. औसत आय वक्र से अक्ष–Y की ओर आधी से कम दूरी पर
B. औसत आय वक्र से अक्ष–Y की ओर आधी से अधिक दूरी पर
C. औसत आय वक्र से अक्ष–Y की ओर आधी दूरी पर
D. इनमें से कोई नहीं

233. औसत आय (AR), सीमान्त आय (MR) तथा मांग की कीमत लोच (e) के बीच सम्बंध स्थापित करने वाला सूत्र है–
A. $e = \dfrac{AR}{AR - MR}$ B. $e = \dfrac{MR}{AR - MR}$
C. $e = \dfrac{AR}{MR - AR}$ D. $e = \dfrac{1}{AR - MR}$

234. जब मांग की कीमत लोच (e_p) इकाई के बराबर होती है तब सीमान्त आय (MR) होगी–
A. शून्य   B. इकाई के बराबर
C. इकाई से अधिक   D. इनमें से कोई नहीं

235. जब मांग की कीमत लोच (e_p) इकाई से अधिक होती है तब सीमान्त आय (MR) होगी–
A. शून्य   B. धनात्मक
C. ऋणात्मक   D. इनमें से कोई नहीं

236. जब मांग की कीमत लोच (e_p) इकाई से कम होती है तब सीमान्त आय (MR) होगी–
A. शून्य   B. धनात्मक
C. ऋणात्मक   D. इनमें से कोई नहीं

237. एकरेखीय मांग वक्र के मध्य बिन्दु पर सीमान्त आय होगी–
A. धनात्मक   B. ऋणात्मक
C. शून्य   D. इनमें से कोई नहीं

238. किसी फर्म के सन्तुलन के लिए आवश्यक है–
A. $MR = MC$ B. $MR > MC$
C. $MR < MC$ D. $MR = MC = 0$

239. आंशिक सन्तुलन विश्लेषण के प्रवर्तक हैं–
A. मार्शल   B. कीन्स
C. कैनन   D. पीगू

240. सामान्य संतुलन विश्लेषण (General Equilibrium Analysis) के प्रवर्तक हैं–
A. वालरस
B. मार्शल
C. फीशर
D. डाल्टन

241. पूर्ण प्रतियोगिता के अन्तर्गत फर्म के पदार्थ का मांग वक्र होता है–
A. ऋणात्मक ढाल वाला
B. धनात्मक ढाल वाला
C. क्षितिज के समानान्तर सरल रेखा
D. इनमें से कोई नहीं

242. पूर्ण प्रतियोगिता के अन्तर्गत फर्म के अल्पकालीन संतुलन की स्थिति में होता है–
A. $MR = AR = P$
B. $MR = AR > P$
C. $MR > AR$
D. $MR > AR > P$

243. पूर्ण प्रतियोगिता में फर्म के दीर्घकालीन सन्तुलन की स्थिति में होता है–
A. $P = MC > MR$
B. $P = LMC = MR = AR = SAC = $ निम्नतम LAC
C. $P > MC$
D. $MC > MR$

244. पूर्ण प्रतियोगिता के अन्तर्गत दीर्घकाल में एक फर्म अर्जित करता है–
A. केवल सामान्य लाभ
B. असामान्य लाभ
C. हानि
D. इनमें से कोई नहीं

245. घटते प्रतिफल का तात्पर्य है, गिरावट–
A. परिवर्तनशील संसाधन के औसत उत्पाद में
B. स्थिर संसाधन के सीमान्त उत्पाद में
C. सकल उत्पाद में
D. परिवर्तनशील संसाधन के सीमान्त उत्पाद में

246. निम्न में से कौन–सा सत्य है?
A. जब सीमान्त उत्पाद शून्य होता है तो सकल उत्पाद अधिकतम होता है
B. जब सीमान्त उत्पाद गिरता हुआ होता है तो सकल उत्पाद अधिकतम होता है
C. जब सीमान्त उत्पाद शून्य होता है तो सकल उत्पाद न्यूनतम होता है
D. जब सीमान्त उत्पाद शून्य होता है तो सकल उत्पाद बढ़ता है।

247. एक प्रतियोगी फर्म के लिए मांग वक्र होता है–
A. कुल आगम वक्र भी
B. औसत आगम (AR) वक्र भी
C. सीमान्त आगम (MR) वक्र भी
D. (A) और (B) दोनों

248. समलागत वक्र की ढाल मापता है–
A. तकनीकी प्रतिस्थापन की सीमान्त दर
B. प्रतिस्थानापन्न की सीमान्त दर
C. आगत कीमतों के अनुपात
D. आगतों का अनुकूलतम संयोग

249. जब मांग की कीमत लोच इकाई से कम होती है तो सीमान्त आय होती है–
A. धनात्मक
B. ऋणात्मक
C. अनिर्धार्य
D. अनन्त

250. जब दोनों मांग व पूर्ति वक्र का ढाल नीचे की ओर होता है और मांग वक्र पूर्ति वक्र की तुलना में अधिक गहरी है, तो संतुलन है–
A. मार्शल तथा वालरस दोनों के ही अर्थ में स्थिर
B. मार्शल तथा वालरस दोनों के ही अर्थ में अस्थिर
C. मार्शल के अर्थ में स्थिर तथा वालरस के अर्थ में अस्थिर
D. मार्शल के अर्थ में अस्थिर तथा वालरस के अर्थ में स्थिर

251. दीर्घकाल में, एक वस्तु की बाजार कीमत बराबर होती है उसके उत्पादन की न्यूनतम औसत लागत के, यदि यहां है–
A. पूर्ण प्रतियोगिता
B. एकाधिकार
C. अल्पाधिकार
D. एकाधिकारिक प्रतियोगिता

252. अल्पकाल में एक प्रतियोगी फर्म की पूर्ति वक्र है–
A. औसत परिवर्तनशील लागत–वक्र के न्यूनतम बिन्दु के ऊपर स्थित सीमान्त लागत वक्र का बढ़ता हुआ भाग
B. औसत परिवर्तनशील लागत वक्र के न्यूनतम बिन्दु से पहले स्थित सीमान्त लागत वक्र का घटता हुआ भाग
C. कुल लागत वक्र के उच्चतम बिन्दु के बाद सीमान्त लागत वक्र का बढ़ता हुआ भाग
D. उपर्युक्त में से कोई नहीं।

253. एक प्रतियोगी साम्य के अन्तर्गत उत्पादन संभावी सीमा तक (Production possibility frontier) का ढाल है–
A. फर्म का समलागत रेखा का ढाल
B. आगत कीमत अनुपात
C. सीमान्त उत्पादन अनुपात
D. कीमत रेखा का ढाल

254. दीर्घकाल में एक एकाधिकारी कीमत वसूल करेगा–
A. सीमान्त लागत के बराबर
B. सीमान्त लागत से कम
C. सीमान्त लागत से अधिक
D. हमेशा सीमान्त आय से अधिक

255. बाजार की किस अवस्था में सीमान्त लागत वक्र का उठता हुआ भाग फर्म के पूर्ति वक्र के रूप में प्रयुक्त किया जाता है–
A. एकाधिकार
B. अल्पाधिकार
C. पूर्ण प्रतियोगिता
D. उपरोक्त में से कोई नहीं

256. कॉब–डगलस उत्पादन फलन $Y = AK^{\alpha} L^{1-\alpha}$ एक उत्पादन तकनीक प्रदर्शित करता है जिसमें–
A. बढ़ता हुआ प्रतिफल पाया जाता है
B. घटता हुआ प्रतिफल पाया जाता है
C. स्थिर प्रतिफल पाया जाता है
D. इनमें से कोई नहीं

257. जिस भारतीय अर्थशास्त्री के साथ CES उत्पादन फलन सम्बंधित है, वह है–
A. बी॰एस॰ मिनहास
B. ए॰के॰ सेन
C. टी॰एन॰ श्रीनिवासन
D. बी॰के॰आर॰वी॰ राव

258. अल्पकाल में, एक पूर्ण प्रतियोगी फर्म के लिए जब कीमत में वृद्धि होती है तो–
A. लाभ समान रहता है
B. लाभ गिर जाता है
C. लाभ बढ़ जाता है
D. औसत लागत अन्ततः गिर जाती है।

259. जब समस्त–उत्पाद वक्र बढ़ती हुई दर से बढ़ता हो, तो–
A. औसत उत्पाद शून्य होता है
B. सीमान्त उत्पाद वक्र औसत उत्पाद वक्र के नीचे होता है

C. सीमान्त उत्पाद वक्र धनात्मक है परन्तु गिरता हुआ होता है
D. सीमान्त उत्पाद वक्र धनात्मक तथा बढ़ता हुआ होता है

260. उत्पादन बंदी बिन्दु किसका निम्नतम बिन्दु है?
A. औसत लागत वक्र
B. औसत परिवर्ती लागत वक्र
C. सीमांत लागत वक्र
D. इनमें से कोई नहीं

261. रैखिक प्रोग्रामन समान मात्रांए (Linear programming isoquant) दर्शाती हैं कि उत्पादन के घटकों के बीच–
A. प्रतिस्थापन संभावनाएं नहीं हैं
B. अनवरत प्रतिस्थापन संभावनाएं हैं
C. सीमित प्रतिस्थापन संभावनाएं हैं
D. इनमें से कोई नहीं

262. पूर्ण प्रतियोगिता के अधीन एक फर्म का मांग वक्र है–
A. अधोमुखी ढलवां
B. ऊर्ध्वमुखी ढलवां
C. x-अक्ष के समानान्तर
D. y-अक्ष के समानान्तर

263. एक CES प्रोडक्शन फंक्शन में सब्स्टीच्यूड की इलास्टिसिटी हमेशा क्या होगी?
A. एक के बराबर
B. एक से अधिक
C. एक से कम
D. कान्स्टेन्ट

264. औसत लागत में वृद्धि होगी, यदि–
A. MC बढ़ रही हो
B. MC गिर रही हो
C. MC स्थिर हो
D. MC, AC से कम हो

265. Input-Output Isoquant यह दर्शाते हैं कि फैक्टर्स ऑफ प्रोडक्शन के बीच–
A. निरन्तर सब्स्टीट्यूशन सम्भावनाएं होती हैं
B. सब्स्टीट्यूशन सम्भावनाएं नहीं होती हैं
C. सीमित सब्स्टीट्यूशन सम्भावनाएं होती हैं
D. इनमें से कोई नहीं

266. यदि एक उद्योग में पूर्ण कम्पटीशन की स्थितियां हों, तो उत्पाद के लिए मांग वक्र होगी–
A. डाउनवार्ड स्लोपिंग
B. अपवार्ड स्लोपिंग
C. x-अक्ष के समानान्तर
D. y-अक्ष के समानान्तर

267. लम्बी अवधि में–
A. चर लागत निर्धारित लागत की अपेक्षा अधिक दिखाई देगी

B. निर्धारित लागत चर लागत की अपेक्षा अधिक दिखाई देगी

C. सभी लागतें चर लागतें हैं

D. सभी लागतें निर्धारित लागतें हैं

268. यदि औसत कुल लागत गिर रही है तो—

A. सीमान्त लागत औसत कुल लागत से अवश्य ही कम होनी चाहिए

B. कुल लागत अवश्य ही गिर रही होगी

C. औसत निर्धारित लागत वक्र औसत चर लागत वक्र के ऊपर होगा

D. सीमांत लागत अवश्य ही औसत कुल लागत से अधिक होगी।

269. औसत निर्धारित लागत वक्र सदैव होगा—

A. आयताकार—अतिशयोक्ति

B. उद्गम—वक्र की ओर नीचे की ओर झुका हुआ उत्तल

C. नीचे की ओर झुकी हुई ढलवादार सीधी रेखा

D. क्षैतिज अक्ष के समानान्तर

270. एक घटिया वस्तु (Inferior Goods) पहचानी जाती है—

A. मांग की ऋणात्मक कीमत लोच से

B. मांग की धनात्मक कीमत लोच से

C. मांग की धनात्मक आय लोच से

D. मांग की ऋणात्मक आय लोच से

271. बॉमोल मॉडल फर्म के उद्देश्य को किस रूप में देखता है—

A. लाभ अधिकतमीकरण

B. बिक्री आय अधिकतमीकरण

C. उत्पादन अधिकतमीकरण

D. इनमें से कोई नहीं

272. इनपुट—आउटपुट का विश्लेषण सम्बन्धित है—

A. सैम्युलसन   B. वालरास

C. रिकार्डो   D. लियोन्टिफ

273. निम्न में से कौन-सा कथन सही नहीं है?

A. एक फर्म का अल्पकालीन पूर्ति वक्र उसके सीमान्त लागत वक्र का वह भाग है जो कि उसके औसत परिवर्तनशील लागत वक्र से ऊपर होता है

B. एक फर्म का अल्पकालीन पूर्ति वक्र उसके सीमान्त लागत वक्र का वह भाग है जो उसके औसत लागत वक्र से ऊपर होता है

C. उद्योग का अल्पकालीन पूर्ति वक्र अधोमुखी ढालू वाला नहीं हो सकता

D. उद्योग का अल्पकालीन पूर्ति वक्र ऊर्ध्वमुख या अधोमुख स्थानान्तरित हो सकता है।

274. एक—फर्म की अल्पावधि सीमांत लागत निम्नलिखित में से किसका कोई तत्व शामिल नहीं करती ?

A. कच्ची—सामग्री की लागतें

B. प्रबन्धकीय कर्मचारियों के वेतन

C. दैनिक आधार पर नियुक्त श्रमिकों की मजदूरी

D. उत्पादन में संलग्न—संचालन यंत्रों के लिए ईंधन की लागत

275. निम्नलिखित में से कौन सी पूर्ण—प्रतियोगिता के लिए अनिवार्य शर्त नहीं है ?

A. उद्योग में सजातीय उत्पादों का उत्पादन करती हुई फर्मो की अतिशय संख्या

B. फर्मो का स्वतंत्र प्रवेश एवं स्वतंत्र बहिर्गमन

C. ग्राहकों को आकर्षित करने के लिए विक्रयार्थ व्यय करने की आवश्यकता

D. सरकार द्वारा किए जाने वाले कृत्रिम प्रतिबंधों का अभाव

276. औसत आय (AR), सीमान्त आय (MR) और मांग की कीमत लोच (e_p) के बीच इस प्रकार का सम्बंध है कि—

A. AR और MR का योग (e_p) के बराबर बैठता है

B. AR और MR का अंतर (e_p) के विलोमतः आश्रित है

C. AR और e_p का अंतर MR के मान पर आश्रित है

D. जब AR = MR तो $e_p = 0$

277. विभेदक लागत स्थितियों के अन्तर्गत फर्मो के दीर्घकालीन संतुलन के लिए अपेक्षित है कि—

A. कीमत = सभी फर्मो की MC = सभी फर्मो की AC

B. सीमान्त फर्म की MC = कीमत = सभी फर्मो की AC

C. सभी फर्मो की MC = सीमान्त फर्म की AC = कीमत

D. सीमान्त फर्म की MC = सीमान्त फर्म की कीमत = सभी फर्मो की AC

278. पूर्ण प्रतियोगिता में दीर्घकाल में कीमत बराबर होगी—

A. न्यूनतम सीमान्त लागत के

B. न्यूनतम औसत लागत के

C. न्यूनतम औसत स्थिर लागत के

D. न्यूनतम औसत परिवर्तनशील लागत के

279. 'विक्रय-लागत' शब्द का प्रयोग सर्वप्रथम किस अर्थशास्त्री ने किया–
A. सैम्युलसन
B. मार्शल
C. जेवन्स
D. चेम्बरलीन

280. ब्रेक–इवेन बिन्दु (Break even point) क्या है–
A. वह स्थिति जब फर्म लाभ कमा रही हो
B. वह स्थिति जब फर्म को हानि हो रही हो
C. वह स्थिति जब फर्म को न लाभ हो और न हानि
D. इसका लाभ–हानि से कोई सम्बंध नहीं है।

281. किसी फर्म को अधिकतम लाभ तब प्राप्त होगा जब उसकी सीमान्त आय (MR)—
A. सीमान्त लागत (MC) के बराबर हो
B. औसत लागत के बराबर हो
C. औसत परिवर्तनशील लागत के बराबर हो
D. कुल लागत के बराबर हो

282. अल्पकाल–में एक फर्म उत्पादन तब बन्द कर देगी जबकि–
A. कीमत, AVC से कम हो
B. कीमत, AVC के बराबर हो
C. कीमत, AVC से अधिक हो
D. कीमत, AC के बराबर हो।

283. सीमान्त लागत वक्र उस समय पूर्ति वक्र होते हैं जबकि–
A. प्रतिस्पर्धा शुद्ध हो
B. प्रतिस्पर्धा एकाधिकारिक हो
C. प्रतिस्पर्धा अपूर्ण हो
D. प्रतिस्पर्धा का अभाव हो

284. पूर्ण प्रतियोगिता के अन्तर्गत बाजार कीमत को प्रभावित कर सकता है–
A. कोई एक क्रेता
B. कोई एक विक्रेता
C. दोनों क्रेता और विक्रेता
D. न क्रेता न विक्रेता

285. सीमान्त फर्म वह है जो–
A. मूल्य के गिरने पर सबसे पहले उद्योग छोड़ेगा
B. मूल्य के गिरने पर सबसे अन्त में उद्योग छोड़ेगा
C. अपना धंधा जारी रखने हेतु सबसे पहले मूल्य कम कर देगा
D. इनमें से कोई नहीं।

286. उस अर्थशास्त्री का नाम बताइए, जिसने कीमत निर्धारण में समय को महत्व दिया–
A. रिकार्डो
B. पीगू
C. रॉबिन्सन
D. मार्शल

287. विक्रेता बाजार वह स्थिति है जिसमें विक्रेता–
A. संख्या में अधिक होते हैं
B. व्यापारिक छूट देने को बाध्य होते हैं
C. बाजार में वर्चस्व स्थापित करने में सफल होते हैं
D. कीमत पर प्रभाव डालने में सफल नहीं हो पाते हैं।

288. पूर्ण तथा अपूर्ण प्रतियोगिता में अंतर दर्शाता है–
A. AR वक्र
B. MR वक्र
C. AC वक्र
D. MC वक्र

289. जब औसत आगम (AR) वक्र पर मांग की लोच इकाई के बराबर होती है तो सीमान्त आगम (MR) का मान होता है–
A. $MR = AR$
B. $MR > AR$
C. $MR = \infty$
D. $MR = 0$

290. बाजार में स्थिर सन्तुलन हेतु मांग वक्र की ढाल–
A. पूर्ति वक्र की ढाल के बराबर होना चाहिए
B. पूर्ति वक्र की ढाल से कम होना चाहिए
C. पूर्ति वक्र की ढाल से अधिक होना चाहिए
D. उपरोक्त सभी

291. पूर्ण प्रतियोगिता व दीर्घकाल में फर्म द्वारा अर्जित असामान्य लाभ तिरोहित हो जाने का कारण है–
A. औसत लागत वक्र का ऊंचा उठ जाना
B. उद्योग में नई फर्मों के प्रवेश के प्रभाव के कारण
C. उत्पादकों की लाभ अर्जन की इच्छा न होना
D. सरकार द्वारा सारे लाभ को अभिज्ञप्त कर लेना

292. अनुभव आधारित गवेषणाओं से यह स्पष्ट होता है कि दीर्घकालीन औसत लागत वक्र का आकार होता है–
A. U के समान
B. L के समान
C. उल्टे J के समान
D. J आकार का

293. किसमें फर्म का और उद्योग का औसत आय वक्र एक ही होता है–
A. अल्पाधिकार में
B. पूर्ण प्रतियोगिता में
C. द्वयधिकार में
D. एकाधिकार में

294. उत्पादन में घटती लागतें के परिणाम हैं–
A. आन्तरिक मितव्ययिताओं का आन्तरिक अमितव्ययिताओं से अधिक होना

B. बाह्य मितव्ययिताओं का बाह्य अमितव्ययिताओं से अधिक होना

C. आन्तरिक मितव्ययिताओं का बाह्य अमितव्ययिताओं से अधिक होना

D. बाह्य मितव्ययिताओं का होना

295. पूर्ण प्रतियोगिता में अल्पकाल में एक फर्म परिवर्तित कर सकती है–

A. उत्पादन का पैमाना

B. उत्पादन का क्षेत्र

C. तकनीकी–सम्मिश्रण

D. परिवर्तनशील आदान संरचना

296. पूर्ण प्रतियोगिता में मांग गिरने पर कीमत बढ़ेगी यदि उत्पादन निम्न दशा में हो रहा हो–

A. पैमाने का वृद्धिमान नियम

B. स्थिर नियम

C. ह्रास नियम

D. इनमें से कोई नहीं

297. कुल लाभ अधिकतम होंगे जबकि–

A. TR समान है TC के

B. TR तथा TC वक्र समानान्तर हों

C. TR तथा TC वक्र समानान्तर हों तथा TC अधिक हो TR से

D. TR तथा TC वक्र समानान्तर हों तथा TR अधिक हो TC से

298. $MR = AR = MC = P = AC$ द्वारा दीर्घकालीन संतुलन प्रकट होता है–

A. प्रतियोगी फर्म का   B. अल्पाधिकारी फर्म का

C. एकाधिकारी फर्म का   D. इनमें से कोई नहीं

299. उत्पादनकर्त्ता की बचत है निम्न में अन्तर के बराबर–

A. कीमत एवं सीमान्त लागत

B. औसत आय एवं सीमान्त आय

C. सीमान्त लागत एवं सीमान्त आय

D. औसत आय एवं कुल आय

300. एक फर्म द्वारा किसी उत्पादन के साधन को क्रय करने में हुई लागत कहलाती है–

A. स्पष्ट लागत

B. अस्पष्ट लागत

C. स्थिर लागत

D. परिवर्तनशील लागत

301. दीर्घकाल (Long-run) में पूर्ण प्रतियोगिता के अन्दर सभी उत्पादकों के लिए कौन–सा सूत्र सही है–

A. $SAC > P$ B. $SAC < P$

C. $SAC = P$ D. $SMC > P$

302. पूर्ण प्रतियोगी फर्म निम्नलिखित रेखाचित्र में किस बिन्दु पर सन्तुलन में होगा–

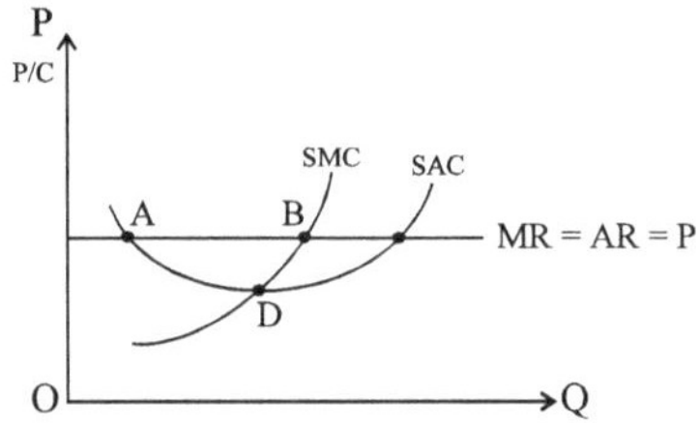

A. D पर   B. A पर

C. B पर   D. C पर

303. निम्न में से कौन–सी शर्त पूर्ण प्रतियोगिता के लिए आवश्यक नहीं है–

A. विक्रेताओं एवं क्रेताओं का बाहुल्य

B. उद्योग में फर्मों का स्वतंत्र प्रवेश एवं निकासी

C. वस्तु की समरूपता

D. अत्यधिक विज्ञापन व्यय

304. गिफन वस्तु की कीमत में कमी से–

A. मांग स्थिर रहती है

B. मांग में भी कमी आ जाती है

C. मांग में वृद्धि हो जाती है

D. मांग में असामान्य रूप से परिवर्तन आ जाता है।

305. यदि कोई विक्रेता विशेष किसी पूर्ण प्रतियोगी बाजार में अपनी बिक्री दुगुनी करना चाहे तो वह–

A. अपने उत्पाद की गुणवत्ता सुधारेगा

B. अपनी कीमत घटाकर आधी करेगा

C. वह सिर्फ बिक्री के लिए दुगुनी मात्रा रखेगा

D. अपने उत्पाद की श्रेष्ठता का विज्ञापन करेगा।

306. पूर्ण प्रतियोगी बाजार में फर्म के औसत और सीमान्त आय वक्र संपाती होते हैं क्योंकि–

A. फर्म कीमत ग्राही होती है

B. स्थिर अनुमापी प्रतिफल होते हैं

C. कुछ कारकों के स्थिर प्रतिफल होते हैं

D. यह लाभ अधिकतमीकरण की शर्त है।

307. लाभ के अधिकतमीकरण के लिए सीमान्त आय को आवश्यक रूप से सीमान्त लागत के बराबर किया जाना चाहिए–
   A. एकाधिकार के अन्तर्गत परन्तु अन्य प्रकार के बाजारों में नहीं
   B. पूर्ण प्रतियोगिता के अन्तर्गत, परन्तु अन्य प्रकार के बाजारों में नहीं
   C. पूर्ण प्रतियोगिता और एकाधिकार दोनों के ही अन्तर्गत परन्तु अन्य प्रकार के बाजारों में नहीं
   D. किसी भी प्रकार के बाजार में

308. निम्नलिखित कथनों पर विचार कीजिए–
एक फर्म को सन्तुलन में होने के लिए–
   A. $MR = MC$
   B. MC वक्र, MR वक्र को सन्तुलन बिन्दु पर अनिवार्यतः नीचे से काटता है।
   C. $TR = TC$
उपर्युक्त में से कौन–सा कथन सही है–
   A. 1 और 2   B. 1 और 3
   C. 2 और 3   D. 1, 2 और 3

309. पूर्ण प्रतियोगिता के अन्तर्गत उद्योग का पूर्ति वक्र–
   A. औसत लागत वक्रों के ऊर्ध्वाधर योग से व्युत्पन्न होता है
   B. औसत लागत वक्रों के क्षैतिज योग से व्युत्पन्न होता है
   C. सीमान्त लागत वक्रों के ऊर्ध्वाधर योग से व्युत्पन्न होता है
   D. सीमान्त लागत वक्रों के क्षैतिज योग से व्युत्पन्न होता है।

310. पैमाने के स्थिर प्रतिफल के अन्तर्गत योग प्रमेय तब लागू होता है जब उत्पादन के कारकों का भुगतान किया जाता है, उनकी–
   A. सीमान्त उत्पादकता के अनुसार
   B. औसत उत्पादकता के अनुसार
   C. कुल उत्पादकता के अनुसार
   D. उपरोक्त सभी

311. यदि नीचे गिरते हुए मांग वक्र और ऊपर उठते हुए पूर्ति वक्र वाले विशुद्ध रूप से प्रतियोगी बाजार में उत्पादन की प्रति इकाई पर एक विशिष्ट उत्पाद कर लगाते हैं तब–
   A. कीमत कर की मात्रा के बराबर बढ़ती है
   B. कीमत में कर की मात्रा से कम वृद्धि होती है
   C. कीमत में कर की मात्रा से अधिक वृद्धि होती है
   D. कीमत समान रहती है।

312. एकाधिकार की स्थिति में मांग की प्रति लोच होती है–
   A. बहुत कम   B. बहुत अधिक
   C. अनन्त   D. इनमें से कोई नहीं

313. एकाधिकार में होता है–
   A. $P = MC$ B. $P > MC$
   C. $P < MC$ D. इनमें से कोई नहीं

314. एक सरल रेखा मांग वक्र की दशा में एकाधिकारी अपने उत्पादन के स्तर को निश्चित करेगा–
   A. मांग वक्र के मध्य बिन्दु के नीचे किसी भी बिन्दु पर
   B. मांग वक्र के मध्य बिन्दु पर
   C. मांग वक्र के मध्य बिन्दु से ऊपर स्थित किसी भी बिन्दु पर
   D. इनमें से कोई नहीं

315. अल्पकाल में एकाधिकारी को होता है–
   A. सदैव लाभ
   B. सदैव हानि
   C. न लाभ न हानि
   D. लाभ भी हो सकता है और हानि भी।

316. एकाधिकारी फर्म का दीर्घकालीन सन्तुलन उस उत्पादन मात्रा पर होता है जहाँ–
   A. दीर्घकालीन औसत लागत घट रही होती है
   B. दीर्घकालीन औसत लागत बढ़ रही होती है
   C. दीर्घकालीन औसत लागत न्यूनतम होती है\
   D. इनमें से कोई नहीं

317. एकाधिकारी को दीर्घकाल में प्राप्त होता है–
   A. सामान्य लाभ   B. असामान्य लाभ
   C. हानि   D. इनमें से कोई नहीं

318. जब एक विक्रेता एक वस्तु को विभिन्न उपभोक्ताओं को भिन्न–भिन्न कीमतों पर बेचता है तो इसे कहते हैं–
   A. कीमत–विभेदीकरण   B. उत्पाद–विभेदीकरण
   C. A और B दोनों   D. इनमें से कोई नहीं

319. जब कोई एकाधिकारी किसी पदार्थ की प्रत्येक इकाई को भिन्न–भिन्न कीमतों पर बेचता है तो इसे कहते हैं–
   A. प्रथम कोटि का कीमत विभेदीकरण

B. द्वितीय कोटि का कीमत विभेदीकरण
C. तृतीय कोटि का कीमत विभेदीकरण
D. इनमें से कोई नहीं

320. जब किसी वस्तु के उपभोक्ताओं अथवा क्रेताओं को एकाधिकारी दो या दो से अधिक मार्केटों अथवा वर्गों में विभाजित करता है और इन विभिन्न मार्केटों के उपभोक्ताओं से भिन्न–भिन्न कीमतें प्राप्त करता है तो इसे कहते हैं–
A. प्रथम कोटि का कीमत विभेदीकरण
B. द्वितीय कोटि का कीमत विभेदीकरण
C. तृतीय कोटि का कीमत विभेदीकरण
D. इनमें से कोई नहीं

321. कीमत–विभेदीकरण लाभकारी होता है जब–
A. दोनों मार्केटों में मांग की कीमत लोच भिन्न–भिन्न हो
B. दोनों मार्केटों में मांग की कीमत लोच समान हो
C. (A) और (B) दोनों
D. इनमें से कोई नहीं

322. जब कोई उत्पादक अपने पदार्थ को किसी विदेशी मार्केट में स्वदेश की तुलना में कम कीमत पर बेचता है तो इसे कहते हैं–
A. राशिपातन (Dumping)   B. कीमत–विभेदीकरण
C. उत्पाद–विभेदीकरण   D. इनमें से कोई नहीं

323. यदि साधन बाजार में प्रति स्पर्धा पाई जाती है तो साधन की माँग बराबर होगी–
A. MRP   B. MPP
C. VMP   D. MR

324. निम्नलिखित में से कौन–सा लर्नर के एकाधिकारी शक्ति के माप का द्योतक नहीं है–

A. $\dfrac{P-MR}{P}$ B. $\dfrac{P-MC}{P}$

C. $\dfrac{1}{e}$ D. $\dfrac{P-AC}{AC}$

325. मूल्य विभेद संभव है–
A. केवल एकाधिकारी की स्थिति में
B. केवल एकाधिकारी प्रतिस्पर्धा में
C. केवल पूर्ण स्पर्धा में
D. बाजार के किसी भी रूप में

326. विभेदीकारी मूल्य तब लाभदायक होता है, जब–
A. मांग की लोच अनन्त हो
B. विभिन्न बाजारों में मांग की लोच अलग–अलग होती है
C. मांग की लोच इकाई हो
D. विभिन्न बाजारों में मांग की लोच समान हो

327. कॉब–वेब सिद्धान्त निम्नलिखित अवस्था की व्याख्या कर सकता है–
A. स्थिर संतुलन   B. अस्थिर संतुलन
C. तटस्थ संतुलन   D. उपर्युक्त सभी

328. एकाधिकारी अपने उत्पादन को उस की कीमत पर बेचना चाहेगा, जहां मांग की लोच–
A. शून्य हो   B. इकाई से कम हो
C. इकाई से अधिक हो   D. अनंत हो

329. शुद्ध एकाधिकार में निहित है कि उसके उत्पाद की मांग की आड़ी लोच हो
A. इकाई
B. इकाई से अधिक पर अनंत से कम
C. शून्य
D. अनन्त

330. एकाधिकारी की शक्ति की कोटि की माप किस–किस के बीच अन्तर से की जाती है–
A. औसत आगम (AR) और औसत लागत (AC)
B. औसत आगम (AR) और सीमान्त लागत (MC)
C. औसत आगम (AC) और सीमान्त लागत (MC)
D. औसत आगम (AC) और सीमान्त लागत (MR)

331. 'योग प्रमेय–सिद्धान्त' किसने विकसित किया था–
A. वीजर ने   B. विक्स्टीड ने
C. बॉम वावर्फ ने   D. कार्ल मेंगर ने

332. जब एकाधिकारी की सीमान्त लागत 6 रु. हो और कीमत 10 रु. हो तो एकाधिकारी शक्ति की माप होगी–
A. 0.4   B. 6.0
C. 0.6   D. 4.0

333. प्रथम श्रेणी का विभेदात्मक एकाधिकार का विचार किसने दिया था–
A. पीगू   B. रॉबिन्सन
C. मार्शल   D. चेम्बरलिन

334. वस्तु बाजार में एकाधिकार का अर्थ है–
A. मात्र एक विक्रेता
B. बाजार में प्रवेश पर रोक
C. स्थानापन्न वस्तु का अभाव
D. उपरोक्त सभी

335. कल्पना कीजिए कि अधिकतम लाभ प्राप्त करने वाला एक एकाधिकारी अल्पकालीन संतुलन में है। जब अतिरिक्त साधनों को जुटाने के लिए सरकार एकाधिकारी पर 5 लाख रू० प्रति वर्ष एक मुश्त कर लगा देती है। इस नीति का एकाधिकारी पर तुरन्त प्रभाव ऐसा होगा कि वह–
A. उत्पादित मात्रा को घटा देगा और बाजार कीमत बढ़ जाएगी
B. उत्पादित मात्रा बढ़ा देगा और बाजार कीमत गिर जाएगी
C. उत्पादन स्थिर रखेगा और कीमत पर कोई प्रभाव नहीं पड़ेगा
D. काम बंद कर देगा।

336. द्विपक्षीय एकाधिकार के अन्तर्गत कीमत एवं उत्पादन की मात्रा होती है–
A. अनिश्चित B. निश्चित
C. (A) और (B) दोनों D. इनमें से कोई नहीं

337. "Theory of Monopolistic Competition" के लेखक हैं–
A. चैम्बरलिन B. कीन्स
C. मार्शल D. कैनन

338. "The Economics of Imperfect Competition" के लेखक हैं–
A. राबिन्सन B. चैम्बरलिन
C. कीन्स D. कैनन

339. एकाधिकारिक प्रतियोगिता के अन्तर्गत एक व्यक्तिगत फर्म की मांग वक्र होती है–
A. बायें से दायें नीचे की ओर ढालू
B. बायें से दायें ऊपर की ओर ढालू
C. दायें से बायें ऊपर की ओर ढालू
D. इनमें से कोई नहीं

340. एकाधिकारिक प्रतियोगिता में एक फर्म का दीर्घकालीन संतुलन होता है जब–

A. मांग वक्र, औसत लागत वक्र को स्पर्श करता है
B. मांग वक्र, औसत लागत वक्र को निम्नतम बिन्दु पर काटता है
C. मांग वक्र, औसत लागत वक्र को निम्नतम बिन्दु पर स्पर्श करता है
D. इनमें से कोई नहीं

341. एकाधिकारिक प्रतियोगिता तथा अल्पाधिकार एक से हैं, जिसके संदर्भ में–
A. गैर कीमत प्रतियोगिता
B. फर्मों में गहन पारस्परिक आत्मनिर्भरता
C. विकुंचित मांग वक्र विश्लेषण
D. फर्मों की संख्या

342. एक एकाधिकारी के लिए–

A. $MR = AR\left(1 - \dfrac{1}{e}\right)$ B. $MR = AR\left(1 + \dfrac{1}{e}\right)$

C. $MR = AR(1 - e)$ D. $MR = AR(1 + e)$

343. एक विशेष वस्तु के एकाधिकारी उत्पादक के लिए मांग की विभिन्न लोचों वाले दो बाजार हैं। यदि दोनों बाजारों में मांग की निजी कीमत लोचें e_1 और e_2 हैं और e_1, e_2 से अधिक है, दो बाजारों में उसके द्वारा ली जा रही कीमतें P_1 और P_2 इस प्रकार होंगी–
A. $P_1 = P_2$
B. $P_1 > P_2$
C. $P_1 < P_2$
D. $P_1 \cdot P_2 = 1$

344. एकाधिकारी प्रतियोगिता के चैम्बरलिन के सिद्धान्त की एक प्रमुख मान्यता है कि–
A. प्रत्येक फर्म के लिए मांग वक्र समान होंगे और लागत वक्र भिन्न–भिन्न होंगे
B. प्रत्येक फर्म के उत्पाद समूह की अन्य के लिए निकट स्थानापन्न हैं
C. प्रत्येक समूह में बहुत कम फर्में हैं
D. प्रत्येक फर्म अपने कार्यों से अपेक्षा करती है कि अपने विरोधियों को प्रभावित करे

345. मोनोपोलिस्टिक कम्पटीशन के अन्तर्गत एक इन्डस्ट्री के लिए डायग्राम में फर्म के लिए डिमाण्ड कर्व dd' तथा इन्डस्ट्री के लिए डिमाण्ड कर्व DD' दर्शाता है, अतः dd' डिमाण्ड कर्व निम्न में से क्या होगा–

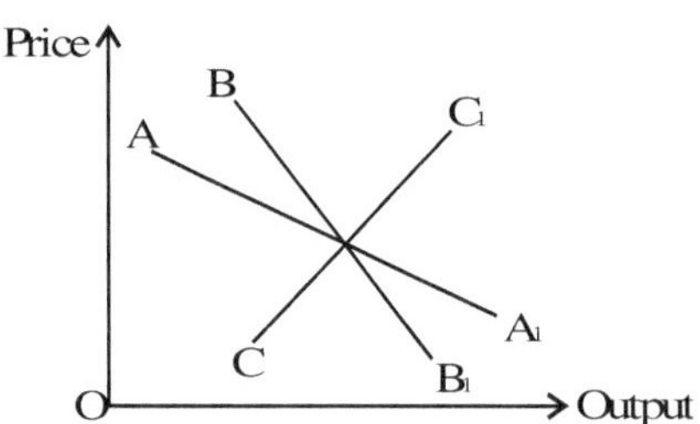

A. BB'
B. AA'
C. CC'
D. इनमें से कोई नहीं

346. एकाधिकारी की स्थिति में कुल आय में अभिवृद्धि होती है, जैसे—जैसे निर्गतों में ह्रास होता जाता है; तब मांग की लोच होती है—
A. एक के बराबर
B. एक से कम
C. एक से अधिक
D. शून्य

347. किसी एकाधिकारी की मांग वक्र की तुलना में एक एकाधिकारी प्रतियोगी की मांग वक्र है—
A. अधिक लोचीय और अधिक स्थिर
B. कम लोचीय और अधिक स्थिर
C. कम लोचीय और कम स्थिर
D. अधिक लोचीय और कम स्थिर

348. रोश चाइल्ड के अनुसार एकाधिकार शक्ति की मात्रा आधारित है—
A. मांग की कीमत लोच पर
B. मांग की कीमत प्रतिलोच पर
C. किसी फर्म और उद्योग के मांग वक्र की प्रवणता पर
D. अधिमान्य लाभ पर

349. जिस वस्तु बाजार में केवल एक क्रेता तथा एक विक्रेता है, कहा जाता है—
A. द्विपक्षीय एकाधिकार
B. द्वयाधिकार
C. क्रेताधिकार
D. विक्रेताधिकार

350. एकाधिकारात्मक प्रतियोगिता में हम उम्मीद करते हैं—
A. मांग की निम्न आड़ी लोच
B. मांग की शून्य आड़ी लोच
C. मांग की अनन्त आड़ी लोच
D. मांग की उच्च आड़ी लोच

351. अतिरेक क्षमता रहते हुए भी साम्य होता है—
A. पूर्ण प्रतियोगिता में
B. गला—काट प्रतियोगिता में

C. एकाधिकार में
D. क्रेता—एकाधिकार में

352. एकाधिकारी के दीर्घकाल में संतुलन के लिए निम्न में से कौन—सी दशा उपर्युक्त है—
A. $MC = MR < AR$
B. $MC = MR = AC = AR$
C. $MC = MR = P > AR$
D. $MC = MR < AC$

353. एकाधिकारी लाभ पर एकमुश्त करारोपण (Advalorems Tax) का भार—
A. सारा का सारा उत्पादक पर पड़ेगा
B. सारा का सारा उपभोक्ता पर पड़ेगा
C. उत्पादक की अपेक्षा उपभोक्ता पर अधिक पड़ेगा
D. उत्पादक और उपभोक्ता के मध्य बराबर—बराबर वितरित होगा।

354. एकाधिकारात्मक प्रतिस्पर्धा में एक फर्म दीर्घकालीन संतुलन में है—
A. दीर्घकालीन औसत लागत वक्र के न्यूनतम बिन्दु पर
B. दीर्घकालीन औसत लागत वक्र के नीचे गिरते हुए खण्ड में
C. दीर्घकालीन औसत लागत वक्र के ऊपर उठते हुए खण्ड में
D. जब कीमत सीमान्त लागत के बराबर हैं

355. "Competition Among the Few" पुस्तक के लेखक हैं—
A. विलियम फेलनर
B. मार्शल
C. हिक्स
D. रॉबिन्सन

356. जहां विक्रेता अपनी वस्तु को अनेक बाजारों में बेचता हो तो संतुलन के लिए निम्न को समान करना होगा—
A. विभिन्न बाजारों की औसत आय
B. विभिन्न बाजारों की सीमान्त आय
C. विभिन्न बाजारों की सकल आय
D. विभिन्न बाजारों में उत्पादों की सीमान्त कीमत

357. उस वस्तु की जिससे उपभोक्ता को अधिक बचत मिलती है, मांग होगी—
A. कम लोचदार
B. इकाई लोचदार
C. अधिक लोचदार
D. पूर्णतया लोचदार

358. उत्पादन के द्वितीय चरण में जिसमें केवल एक चर परिवर्तनशील हो—

A. सीमान्त उत्पादन घट रहा होता है किन्तु ऋणात्मक नहीं

B. औसत उत्पादन ऋणात्मक होता है

C. औसत उत्पादन बढ़ रहा होता है

D. औसत उत्पादन धनात्मक है एवं सीमान्त उत्पादन बढ़ रहा है।

359. बाजार संरचना के किन प्रारूपों के अन्तर्गत फर्म का अपने उत्पाद के मूल्य पर कोई नियंत्रण नहीं होता—

A. एकाधिकार

B. एकाधिकारात्मक प्रतियोगिता

C. अल्पाधिकार

D. पूर्ण प्रतियोगिता

360. औसत वक्र के लिए कौन—सा दूसरा नाम दिया जाता है—

A. लाभ वक्र B. मांग वक्र

C. औसत लागत वक्र D. उदासीनता वक्र

361. एक एकाधिकारी अपने लाभों को अधिकतम कर पाता है जब—

A. उसका उत्पादन अधिकतम होता है

B. वह ऊंची कीमत वसूल करता है

C. उसकी औसत लागत न्यूनतम होती है

D. उसकी सीमान्त लागत सीमान्त आगम के बराबर होती है।

362. किसी विकल्प को त्यागने पर किसी लागत को जाना जाता है—

A. उत्पादन लागत B. भौतिक लागत

C. वास्तविक लागत D. अवसर लागत

363. निम्न में से किसे Planned Curve कहा जायेगा—

A. दीर्धकालीन औसत लागत वक्र

B. अल्पकालीन औसत लागत वक्र

C. औसत परिवर्तनशील लागत वक्र

D. औसत कुल लागत वक्र

364. अल्पकाल में कुल लागत स्थायी लागत तथा परिवर्तनशील लागत में बांटी जाती है। निम्न में से कौन—सी परिवर्तनशील लागत है—

A. कच्चे माल की लागत

B. उपकरणों की लागत

C. पिछले ऋणों पर देय ब्याज

D. भवन के किराये का भुगतान

365. निम्न में से कौन एक आर्थिक गतिविधि है—

A. एक पूण्यार्थ दवाखाने द्वारा प्रदत्त चिकित्सा सुविधाएं

B. अपने बच्चे को घर में स्वयं पढ़ाना

C. घर का काम करती एक गृहणी

D. रेडियो पर संगीत श्रवण

366. एक फर्म का औसत आगम 20 रु॰ है तथा औसत लागत 16 रु॰ है तो फर्म को प्राप्त होता है—

A. सामान्य लाभ B. शुद्ध लाभ

C. सकल लाभ D. अधि सीमान्त लाभ

367. निम्नलिखित कथनों में से कौन सा एक सही है? ऐन्जिल वक्र गिफिन—वस्तुओं के लिए—

A. धनात्मक प्रवण (Positively Sloped) है

B. ऋणात्मक प्रवण (Negatively sloped) है

C. उदग्र (Vertical) है

D. क्षैतिज (Horizontal) है

368. अपवाद स्वरूप मांग वक्र वह होता है जिसका—

A. झुकाव ऊपर दाएं ओर होता है

B. झुकाव नीचे दाएं ओर होता है

C. झुकाव ऊपर बाएं ओर होता है

D. X-अक्ष के समानान्तर होता है।

369. मध्यवर्ती उपभोग हेतु मांग पैदा होती है—

A. उपभोक्ता परिवार में

B. केवल सरकारी उपक्रम में

C. केवल निगमित उपक्रम में

D. अर्थव्यवस्था के सभी उत्पादकीय क्षेत्रों में

370. एक उत्पादनकर्त्ता का उद्देश्य है—

A. अधिकतम कीमत पर बेचना

B. हानि को न्यूनतम एवं लाभों को अधिकतम करना

C. एकाधिकारी की स्थिति को प्राप्त करना

D. कम लागत पर उत्पादन करना

371. सबसे अधिक कुशलतम फर्म की निम्नतम होती है—

A. सीमान्त लागतें B. औसत लागतें

C. स्थिर लागतें D. परिवर्तनशील लागतें

372. पैमाने के बढ़ते हुए प्रतिफल की दशा में एक फर्म का सन्तुलन असंगत है यदि बाजार—

A. अपूर्ण प्रतिस्पर्धी है B. अल्पाधिकारी है

C. एकाधिकार है D. पूर्ण प्रतियोगी है

373. निम्न में से किस स्थिति में एक एकाधिकारी अधिकतम लाभ प्राप्त करेगा–

सीमान्त आगम (रु०)	सीमान्त लागत (रु०)
A. 2.00	1.00
B. 2.00	2.50
C. 2.40	2.40
D. 3.00	1.50

374. एक मांग वक्र का सम्बंध किससे नहीं है–
A. वस्तु की कीमत
B. समय अन्तराल
C. प्रतिस्थापन वस्तु की कीमत
D. दिया हुआ बाजार

375. अन्य बातें समान रहने पर पूर्ति में वृद्धि का कारण होता है–
A. वस्तु की कीमत में वृद्धि
B. उत्पादन तकनीक में सुधार
C. उपभोक्ता की आय में वृद्धि
D. विक्रेता की आय में वृद्धि

376. तटस्थता वक्र का ढाल इंगित करता है–
A. तटस्थता का स्तर
B. कीमत अनुपात
C. प्रतिस्थापन की घटती हुई सीमान्त दर
D. इनमें से कोई नहीं

377. किसी भी वस्तु की आवश्यकता संतुष्ट करने की क्षमता को परिभाषित किया जा सकता है–
A. मांग द्वारा
B. उपयोगिता द्वारा
C. उपभोग द्वारा
D. उत्पादक द्वारा

378. STC कभी भी LTC से कम नहीं हो सकती है। यह कथन–
A. सदैव सत्य है
B. अधिकांशतः सत्य है
C. कभी–कभी सत्य है
D. कभी सत्य नहीं है।

379. दोनों अक्षों की ओर बढ़ते हुए एक सीधी रेखा वाले मांग वक्र के लिए कीमत उपभोग वक्र–
A. बराबर गिरता है
B. बराबर बढ़ता है
C. बढ़ता है फिर गिरता है
D. गिरता है फिर बढ़ता है

380. सीमान्त उपयोगिता वक्र X-अक्ष के नीचे होगा जब–
A. सीमान्त उपयोगिता ऋणात्मक है
B. सीमान्त उपयोगिता शून्य है
C. सीमान्त उपयोगिता धनात्मक है
D. सीमान्त उपयोगिता स्थिर है।

381. निम्नलिखित में से क्या एकाधिकारिक प्रतियोगिता में लागू नहीं होता है–
A. अधिक क्रेता एवं विक्रेता
B. वस्तु विभिन्नता
C. बिक्री बढ़ाने के लिए प्रचार
D. किंक मांग वक्र

382. वस्तु बाजार में एकाधिकार (Monopoly in the Commodity Market) का अर्थ है–
A. मात्र एक विक्रेता
B. बाजार में प्रवेश पर रोक
C. एक नजदीकी विकल्परहित वस्तु का एकमात्र विक्रेता
D. उपर्युक्त सभी

383. पूर्ण प्रतियोगिता में एक फर्म का AR वक्र–
A. X-अक्ष के समानान्तर होता है
B. Y-अक्ष के समानान्तर होता है
C. मूल बिन्दु के प्रति उत्तल होता है
D. मूल बिन्दु के प्रति अवतल होता है।

384. निम्नलिखित में से कौन–सी शर्त पूर्ण प्रतियोगिता के लिए आवश्यक नहीं है–
A. विक्रेताओं एवं क्रेताओं का बाहुल्य
B. फर्मों का स्वतंत्र प्रवेश एवं निकासी
C. वस्तु–समरूपता
D. अत्यधिक विज्ञापन व्यय

385. पैमाने का उत्पाद वृद्धि नियम (Law of Increasing Returns to Scale) लागू होने से उत्पादन के समस्त साधनों को दोगुना करने पर कुल उत्पादन–
A. दो गुने से अधिक हो जाता है
B. दो गुना हो जाता है
C. 50 प्रतिशत बढ़ जाता है
D. प्रभावित नहीं होता है।

386. औसत लागत (Average Cost) का अर्थ है–
A. औसत इकाइयों की लागत
B. अन्तिम इकाई की लागत

C. कुल लागत ÷ कुल उत्पादन
D. कुल उत्पादन ÷ कुल लागत

387. जब किसी एक फर्म का उत्पादन बढ़ रहा होता है, तब इसकी औसत स्थिर लागत (AFC)—
A. लगातार घटती है
B. समान रहती है
C. लगातार बढ़ती है
D. घटती है और फिर बढ़ती है।

388. ह्रासमान–प्रतिफल नियम (Law of Diminishing Returns) प्रभावशाली होते ही, परिवर्तनशील उत्पादन कारक (Variable Factor of Production) की औसत उत्पत्ति–
A. घटना प्रारंभ कर देती है
B. स्थिर रहती है
C. बढ़ती है तथा अधिकतम होने के बाद गिरती है
D. पहले घटती है और फिर बढ़ती है।

389. सम–उत्पाद (Isoproduct) वक्र खींचने के लिए–
A. X-अक्ष पर एक वस्तु की मात्रा तथा Y-अक्ष पर दूसरी वस्तु की मात्रा लेते हैं
B. X-अक्ष पर उत्पादन के एक कारक की मात्रा तथा Y-अक्ष पर उत्पादन के दूसरे कारक की मात्रा लेते हैं
C. X-अक्ष पर उत्पादन के कारक की मात्रा तथा Y-अक्ष पर वस्तु के उत्पादन की मात्रा लेते हैं
D. कुछ भी ले सकते हैं।

390. जब उत्पादन लागत शून्य हो, तो एकाधिकार में संतुलन उस स्तर पर होगा जहाँ माँग वक्र की लोच–
A. एक से अधिक हो
B. एक के बराबर हो
C. एक से कम हो
D. अन्नत (Infinity) हो

391. उपभोक्ता तटस्थता वक्र (Indifference Curve) मूल बिन्दु की ओर उन्नतोदर (Convex to the Origin) होता है, क्योंकि–
A. X वस्तु की कीमत बढ़ती है
B. X वस्तु की सीमान्त उपयोगिता घटती है
C. MRS_{xy} घटती है
D. MRS_{xy} बढ़ती है।

392. निम्न में से कौन–सी विशेषता उपभोक्ता तटस्थ वक्रों (Consumer's Indifference Curves) की नहीं है–

A. दाईं ओर ढलान (Slope Downward to Right)
B. धुरी की ओर उन्नतोदर (Convex to Origin)
C. एक दूसरे को नहीं काटते (Do not Cross Each Other)
D. उपयोगिता की संख्यात्मक माप (Cardinal Measurement of Utility)

393. सीमान्त उपयोगिता सदैव–
A. बढ़ती है   B. घटती है
C. स्थिर रहती है   D. इनमें से कोई नहीं

394. कीमत–विभेद का परिणाम होगा–
A. उत्पादन में वृद्धि
B. उत्पादन में कमी
C. उत्पादन में कोई परिवर्तन नहीं
D. इनमें से कोई नहीं

395. उपभोक्ता की बचत को इस नाम से भी जाना जाता है–
A. विक्रेता का आधिक्य   B. विभेदात्मक आधिक्य
C. क्रेता का आधिक्य   D. तटस्थता आधिक्य

396. निम्नलिखित वस्तुओं में किसकी मांग की कीमत लोच सबसे कम है–
A. कार   B. नमक
C. चाय   D. मकान

397. मांग की लोच प्रदर्शित करती है–
A. मांगी गयी मात्रा में परिवर्तन
B. मांगी गयी मात्रा में परिवर्तन की दर
C. कीमतों में परिवर्तन
D. आय में परिवर्तन

398. गिफिन वस्तु की कीमत में कमी से–
A. मांग स्थिर रहती है
B. मांग में भी कमी आ जाती है
C. मांग में वृद्धि हो जाती है
D. मांग में असामान्य रूप से परिवर्तन आ जाता है।

399. अल्पकाल में एकाधिकारी–
A. लागतों के बराबर ही आय प्राप्त करता है
B. हानियां सहन करता है
C. लाभ प्राप्त करता है
D. उपर्युक्त सभी

400. व्यष्टि अर्थशास्त्र अध्ययन करता है कि कैसे स्वतंत्र, मुक्त उद्यम अर्थव्यवस्था निर्धारित करती है—
A. वस्तुओं की कीमतें
B. सेवाओं की कीमतें
C. आर्थिक संसाधनों की कीमतें
D. उपर्युक्त सभी

401. एकाधिकारात्मक प्रतियोगिता में निम्न स्थिति पायी जाती है—
A. $MC < P$
B. $MC > P$
C. $MC = P$
D. उपरोक्त सभी

402. आय प्रभाव का विश्लेषण करते समय क्या स्थिर माना जाता है—
A. उपभोक्ता की मौद्रिक आय
B. उपभोक्ता की वास्तविक आय
C. वस्तुओं की कीमतें
D. उपरोक्त सभी

403. अगर श्रम की मात्रा में एक इकाई बढ़ाने पर फर्म पूंजी की दो इकाई घटाकर वही उत्पादन कर सकती है, तो सीमान्त तकनीकी प्रतिस्थापन दर (MRTS) है—
A. 1/2
B. 2
C. 1
D. 4

404. यदि किसी वस्तु की कीमत बदलने पर उसकी मांग स्थिर रहती है, तो मांग की कीमत लोच है—
A. एक से अधिक
B. एक से बराबर
C. एक से कम
D. शून्य

405. 'The Wealth of Nations' पुस्तक का लेखक कौन था—
A. डेविड रिकार्डो
B. ए॰सी॰ पीगू
C. एडम स्मिथ
D. रिचर्ड स्टोन

406. एक विक्रेता जो अनेक बाजारों में माल बेचता है, लाभ को अधिकतम तभी कर सकता है जब वह बराबर करे—
A. हर बाजार में सीमान्त आय
B. हर बाजार में औसत आय
C. हर बाजार में कुल आय
D. हर बाजार में कुल लागत

407. दीर्घकाल में सभी लागतें—
A. परिवर्तनशील होती हैं
B. स्थिर होती हैं
C. स्थिर तथा परिवर्तनशील दोनों होती हैं
D. न्यूनतम होती हैं।

408. सीमान्त लागत निकालने का सूत्र है—
A. $MC = \dfrac{\Delta P}{\Delta Q}$
B. $MC = \dfrac{\Delta Q}{\Delta TC}$
C. $MC = \dfrac{\Delta TC}{\Delta Q}$
D. $MC = \dfrac{TC}{Q}$

409. पूर्ण प्रतियोगी बाजार में X वस्तु की कीमत 10 रु. है। 200 वीं इकाई की बिक्री से सीमान्त आगम होगा—
A. 2,000 रु॰
B. 200 रु॰
C. 210 रु॰
D. 10 रु॰

410. जब बाजार में खरीददारों की संख्या बहुत अधिक हो और विक्रेताओं की संख्या बहुत कम हो, तो वह निम्न रूप से जाना जाता है—
A. एकाधिकार
B. अल्पाधिकार
C. अपूर्ण प्रतियोगिता
D. पूर्ण प्रतियोगिता

411. उत्पत्ति ह्रास नियम निम्न पर लागू होता है—
A. उद्योग
B. उत्पादन के सभी क्षेत्र
C. कृषि
D. इनमें से कोई नहीं

412. यदि अन्य बातें समान रहें, पूर्ति मात्रा में कमी बाजार में निम्न को संचालित करती है—
A. ऊंचा मूल्य
B. नीचा मूल्य
C. मांग का संकुचन
D. मांग का विस्तार

413. संतुलन बिन्दु पर उदासीनता वक्र की ढाल होती है—
A. कीमत रेखा के ढाल से अधिक
B. कीमत रेखा के ढाल के बराबर
C. कीमत रेखा के ढाल से छोटा
D. इनमें से कोई नहीं

414. उदासीनता वक्र विश्लेषण की अवधारणा को वैज्ञानिक स्पर्श निम्न द्वारा दिया गया—
A. फिशर
B. एजवर्थ
C. स्लस्टिस्की
D. मार्शल

415. उपभोक्ता की बचत निम्न की सहायता से मापी जाती है—
A. कुल उपयोगिता वक्र
B. सीमान्त उपयोगिता वक्र
C. पूर्ति वक्र
D. इनमें से कोई नहीं

416. कुल उपयोगिता वक्र—
A. हमेशा ऊपर उठता है
B. हमेशा नीचे गिरता है
C. पहले गिरता है और तब उठता है
D. पहले उठता है तब गिरता है।

417. सामान्यता सीमान्त उपयोगिता अतिरिक्त उपभोग के साथ–
A. बढ़ती है
B. घटती है
C. समान रहती है
D. कभी बढ़ती है कभी घटती है

418. निम्न में से अधिक मांग की लोच कौन रखती है–
A. बिना स्थानापन्न वाली वस्तु
B. स्थानापन्न वाली वस्तु
C. वह वस्तु जिस पर आय का एक छोटा अंश खर्च होता है
D. वह वस्तु जिसका उपभोग स्थगित नहीं किया जा सकता है।

419. आवश्यकता का अर्थ है–
A. वस्तु की प्राप्ति की इच्छा का होना
B. साधनों का होना
C. व्यय करने की तत्परता का होना
D. इनमें से सभी

420. विक्रय लागत किस बाजार अवस्था में होती है–
A. एकाधिकार
B. प्रत्येक बाजार
C. पूर्ण प्रतियोगिता
D. अपूर्ण प्रतियोगिता

421. एक उत्पादक की स्वयं की पूंजी का ब्याज है–
A. अवसर लागत
B. समय लागत
C. स्थिर लागत
D. अव्यक्त लागत

422. यदि 10 इकाइयों की कुल लागत 550 रुपया है तथा 11 इकाइयों की कुल लागत 600 रु. हो तो सीमान्त लागत होगी–
A. 60 रु.
B. 50 रु.
C. 110 रु.
D. 200 रु.

423. निम्न में से कौन–सा समीकरण सही है–
A. $AC = AVC + MC + AFC$
B. $AC = AVC + AFC$
C. $AC = AVC + MC$
D. $AC = AVC + TC$

424. 'प्रतिनिधि फर्म' का विचार किसने दिया–
A. कीन्स
B. पीगू
C. रॉबिन्सन
D. मार्शल

425. यदि उसी कीमत पर पहले से अधिक मांग की जा रही है, तो इसे कहते हैं–
A. मांग में विस्तार
B. मांग में वृद्धि
C. मांग में संकुचन
D. मांग में कमी

426. मानवीय आवश्यकताएं होती हैं–
A. सीमित
B. असीमित
C. स्थिर
D. गत्यात्मक

427. एकाधिकारी तय कर सकता है–
A. उत्पादन की मात्रा तथा कीमत, दोनों एक साथ
B. उत्पादन की मात्रा अथवा कीमत, दोनों में से कोई एक
C. उत्पादन की मात्रा तथा कीमत, दोनों में से कोई नहीं
D. इनमें से कोई नहीं

428. मूल्य विभेद संभव है–
A. केवल एकाधिकार की स्थिति में
B. केवल एकाधिकारी प्रतिस्पर्धा में
C. केवल पूर्ण स्पर्धा में
D. बाजार के किसी भी रूप में

429. कीमत रेखा पर सभी बिन्दु दर्शाते हैं–
A. बढ़ता हुआ कुल व्यय
B. घटता हुआ कुल व्यय
C. समान कुल व्यय
D. इनमें से कोई नहीं

430. पूर्ण एवं अपूर्ण प्रतियोगिता में अन्तर दर्शाता है–
A. AR वक्र
B. MC वक्र
C. AC वक्र
D. TC वक्र

431. एकाधिकारिक स्पर्धा की वह विशेषता जिसके कारण एक फर्म का लाभ दीर्घकाल में शून्य हो जाता है, वह है–
A. वस्तु विभेद
B. मूल्य नेतृत्व
C. बाजार शक्ति
D. स्वतंत्र प्रवेश

432. अल्पकाल में, एक पूर्ण प्रतियोगी फर्म के लिए, जब कीमत में वृद्धि होती है, तो–
A. लाभ में परिवर्तन नहीं होता है
B. लाभ कम हो जाता है
C. लाभ बढ़ जाता है
D. औसत लागत अन्ततः कम हो जाती है।

433. अल्पकाल में पूर्ण प्रतियोगिता के अन्तर्गत जब फर्म का लाभ अधिकतम होता है, तब फर्म उत्पादन करती है–
A. वृद्धिमान प्रतिफल नियम के अन्तर्गत
B. स्थिर प्रतिफल नियम के अन्तर्गत

C. ह्रासमान प्रतिफल नियम के अन्तर्गत
D. इनमें से कोई नहीं

434. तटस्थता वक्र विश्लेषण में, एक वस्तु की कीमत में कमी के परिणाम स्वरूप
A. केवल प्रतिस्थापन प्रभाव होता है
B. केवल आय प्रभाव होता है
C. आय और प्रतिस्थापन दोनों प्रभाव होते हैं
D. इनमें से कोई नहीं

435. किसी वस्तु के लिए सीमान्त आय स्थिरांक है, इससे सम्बंधित मांग फलन पर मांग की लोच होगी–
A. इकाई   B. अनंत
C. अनिर्धार्य   D. शून्य

436. निम्न में से कौन सा एक प्रावैगिक मांग फलन है–
A. $D_t = a + b\,P_t$ B. $D_t = a + b\,P_{t-1}$
C. $D_t = a + b\,\Delta P_t$ D. $D_{t-1} = a + b\,P_{t-1}$

437. यदि वस्तु की कीमत 20 रू. है तथा मांग की लोच 2.5 है, उत्पादक की सीमान्त आय होगी–
A. 8 रू.   B. 50 रू.
C. 12 रू.   D. 18.5 रू.

438. केवल एक विशिष्ट उपयोग में आने वाले उत्पादन के साधन की अवसर लागत–
A. अनंत होती है   B. बहुत अधिक होती है
C. बहुत कम होती है   D. शून्य होती है

439. मांग फलन $D_x = a + b\,P_x$ में मांग का स्वायत्त भाग बराबर है–
A. a B. $a + b$
C. b D. शून्य

440. उत्पादन के विभिन्न स्तरों पर कुल परिवर्तनशील लागत–
A. बढ़ती है   B. घटती है
C. स्थिर रहती है   D. शून्य रहती है

441. निम्नलिखित में से किसने एकाधिकार प्रतियोगिता के सिद्धान्त का प्रतिपादन सबसे पहले किया था–
A. मार्शल   B. चैम्बरलिन
C. हिक्स   D. रॉबिन्सन

442. पूर्ण प्रतियोगिता के अन्तर्गत दीर्घकाल में किसी फर्म को संतुलन की दशा में मिलेगा–
A. सामान्य लाभ   B. शुद्ध लाभ
C. शुद्ध हानि   D. इनमें से कोई नहीं

443. 100 इकाईयों की कुल उत्पादन लागत 900 रू० है और इन्हें पूर्ण–प्रतियोगिता की दशा में बेचने पर 1000 रू० प्राप्त होते हैं। 105 वीं इकाई की बिक्री से प्राप्त सीमांत आय (Marginal Revenue) होगी–
A. 13   B. 15
C. 18   D. 10

444. एकाधिकारी उस बाजार में बेचना चाहेगा जहां–
A. मांग की लोच इकाई से अधिक होती है
B. मांग की लोच इकाई के बराबर है
C. मांग की लोच इकाई से कम है
D. मांग की लोच शून्य है।

445. यदि सीमान्त उत्पादन धनात्मक है, तो कुल उत्पादन–
A. बढ़ेगा   B. घटेगा
C. स्थिर रहेगा   D. शून्य होगा

446. अन्य बातों के समान रहने पर यदि एक परिवार की आय में वृद्धि होती है तो एक वस्तु के प्रति उसकी मांग में वृद्धि हो जाती है। इस बढ़ी हुई मांग को दर्शाया जा सकता है–
A. मांग वक्र के ऊपर किसी दिशा में परिवर्तन से
B. मांग वक्र के दायीं ओर गति से
C. मांग वक्र के बायीं ओर गति से
D. मांग वक्र के दायीं ओर खिसक जाने से

447. समरूप लागत स्थितियों वाले पूर्ण प्रतियोगी उद्योग की तुलना में एक एकाधिकारी–
A. अधिक मात्रा में उत्पादन करता है
B. कम मात्रा में उत्पादन करता है
C. समान मूल्य प्राप्त करता है
D. कम मूल्य प्राप्त करता है।

448. प्रतिनिधि फर्म वही है जो–
A. पुरानी हो एवं प्रबंध में कुशल हो
B. आंतरिक एवं बाह्य बचतें प्राप्त करती हो
C. पर्याप्त सफल हो
D. उपरोक्त सभी

449. नई फर्मों के प्रवेश पर प्रभावपूर्ण रूकावटें होती हैं–
A. पूर्ण प्रतियोगिता में   B. एकाधिकार में
C. अल्पाधिकार में   D. किसी में नहीं

450. "Theory of Price" के लेखक हैं–
A. हिक्स   B. स्टिगलर
C. सैम्युलसन   D. रार्बटसन

451. पैमाना रेखा से तात्पर्य है–
A. बजट रेखा
B. समोत्पाद वक्र
C. समलागत वक्र
D. विस्तार पथ

452. प्रारंभिक अवस्था में फर्म की औसत इकाई लागत कम होती है–
A. आंतरिक मितव्ययताओं के कारण
B. उत्पादन की कुशलता के कारण
C. उत्पादन वृद्धि नियम के कारण
D. उपरोक्त सभी

453. उपभोक्ता की बचत का आधार है–
A. तटस्थता वक्र सिद्धान्त
B. सीमान्त विश्लेषण
C. मांग का नियम
D. उपरोक्त सभी

454. किस अर्थव्यवस्था में उपभोक्ता सम्राट कहा जाता है–
A. गांधीवादी
B. समाजवादी
C. पूंजीवादी
D. मिश्रित

455. सूची-I का सूची-II के साथ सुमेल कीजिए और नीचे दिए गए कूट का प्रयोग करते हुए सही उत्तर का चयन कीजिए–

सूची-I	सूची-II
(a) बिक्री आय अधिकतमीकरण	1. सायर्ट एवं मार्च
(b) प्रवेश निरोध कीमत निर्धारण	2. बोमल
(c) प्रबंधकीय विवेक	3. बेन
	4. विलियमसन

कूट–

	(a)	(b)	(c)
A.	2	3	4
B.	2	1	3
C.	3	4	2
D.	4	1	3

456. अनिश्चितता वहन करने के लाभ के सिद्धान्त के प्रतिपादक हैं–
A. नाइट
B. क्लार्क
C. हाले
D. शुम्पीटर

457. रिकार्डो के अनुसार भूमिपति को लगान भूमि की निम्न विशेषता के कारण मिलता है–
A. अविनाशी एवं मूलभूत शक्तियों के कारण
B. भूमि की स्थिरता के कारण
C. भूमि की कुशलता के कारण
D. प्रकृति के उपहार के कारण

458. लगान है–
A. वर्तमान आय – हस्तान्तरण आय
B. वर्तमान आय + हस्तान्तरण आय
C. वर्तमान आय + पहले की आय
D. उपर्युक्त में से कोई नहीं

459. लाभ के लगान सिद्धान्त के प्रतिपादक हैं–
A. मार्शल
B. रिकार्डो
C. मिल
D. वाकर

460. आभास लगान का सबसे पहले प्रयोग किसने किया–
A. मार्शल
B. एडम स्मिथ
C. कीन्स
D. रिकार्डो

461. श्रम की पूर्ति वक्र होता है–
A. पीछे मुड़ता हुआ होता है
B. ऊर्ध्व होता है
C. ऊपर उठता हुआ होता है
D. क्षैतिज होता है

462. निम्न चित्र में कौन-सा क्षेत्र जॉन रॉबिन्सन के अनुसार शोषण को व्यक्त करता है–

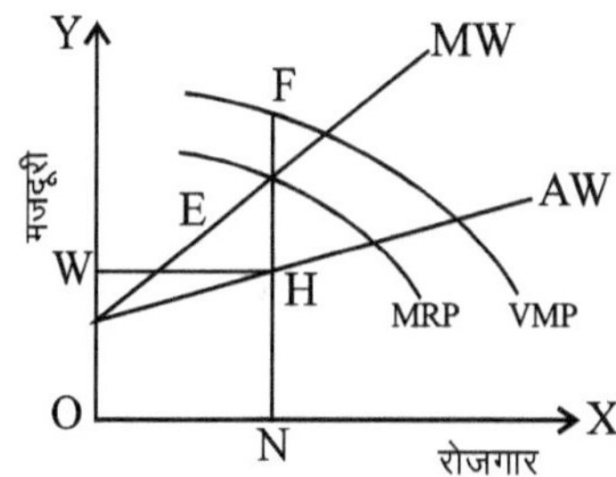

A. EF
B. EH
C. NH
D. FH

463. अर्द्धलगान होता है–
A. कुल आय – कुल स्थिर आय
B. कुल आय – कुल परिवर्तनशील लागत
C. कुल आय – कुल स्थिर लागत
D. कुल आय – कुल लाभ

464. रिकार्डो के अनुसार अधिसीमांत भूमि वह है–
A. जिस पर लगान प्राप्त होता है
B. लगान नहीं प्राप्त होता है
C. लागत से अधिशेष प्राप्त होता है
D. इनमें से कोई नहीं

465. हस्तान्तरण आय से अभिप्राय है–
   A. साधन के स्थानान्तरण की लागत
   B. कुल आगम – कुल लागत
   C. वर्तमान उपयोग में साधन की आय
   D. वैकल्पिक सर्वोत्तम उपयोग में साधन की आय

466. नाइट के अनुसार लाभ है–
   A. अपने स्वामित्व वाले कारकों का अन्तर्निहित प्रतिफल है
   B. नवप्रवर्तन का पुरस्कार है
   C. जोखिम तथा अनिश्चितता वहन का पुरस्कार है
   D. गत्यात्मक परिस्थिति का परिणाम है।

467. जोखिम वहन करने का लाभ सिद्धान्त किस अर्थशास्त्री का है–
   A. शुम्पीटर   B. नाइट
   C. हाले   D. क्लार्क

468. निम्नलिखित को निकालने के लिए एक नैतिक मूल्यगत निर्णय लेना आवश्यक है–
   A. रूपान्तरण–वक्र
   B. ग्रैंड उपयोगिता संभावना वक्र
   C. उपभोग संविदा वक्र
   D. सामाजिक कल्याण फलन

469. कीमत दृढ़ता (Price Rigidity) का विचार किसने दिया–
   A. चेम्बरलिन   B. विलियम्सन
   C. एजवर्थ   D. स्वीजी

470. रिकार्डो के लगान सिद्धान्त के अनुसार लगान–
   A. कीमत का निर्धारण करता है
   B. उत्पादन लागत का एक अंश होता है
   C. कीमत द्वारा निर्धारित होता है
   D. उत्पत्ति के सभी साधनों को प्राप्त होता है।

471. लाभ के नव–प्रवर्तन सिद्धान्त के जनक हैं–
   A. शुम्पीटर   B. हाले
   C. क्लार्क   D. नाइट

472. विकुंचित मांग वक्र परिकल्पना के प्रतिपादक कौन हैं–
   A. कूर्नो   B. एजवर्थ
   C. स्वीजी   D. चेम्बरलिन

473. घटिया माल (Inferior Goods) घटिया है –
   A. प्रत्येक उपभोक्ता के लिए
   B. कुछ उपभोक्ताओं के लिए, जबकि दूसरों के लिए नहीं

   C. अधिकतर उपभोक्ताओं के लिए
   D. सम्पूर्ण समुदाय (Community) के लिए

474. निम्नलिखित अल्पाधिकार के प्रारूपों में कौन **'मूल्य जड़ता'** की व्याख्या करता है–
   A. कीमत नेतृत्व   B. कीमत युद्ध
   C. विकुंचित मांग वक्र   D. अधिकतम विक्रय

475. विकुंचित मांग वक्र मॉडल के अन्तर्गत अल्पाधिकारी
   A. परस्पर निर्भरता को स्वीकार करते हैं
   B. कपट–संधि नहीं करते
   C. कीमतों को स्थिर रखने का प्रयास करते हैं
   D. उपर्युक्त सभी करते हैं।

476. अन्य बातों के समान रहने पर, यदि सामान्य मूल्य स्तर में 25% की और मौद्रिक मजदूरी में 10% की वृद्धि हुई हो तब वास्तविक मजदूरी लगभग–
   A. 35% बढ़ेगी   B. 35% घटेगी
   C. 15% बढ़ेगी   D. 15% घटेगी

477. सीमान्त उत्पादकता सिद्धान्त के अनुसार, किसी उत्पादन–साधन की कीमत बहुत निकट होती है–
   A. उसके सीमान्त आय उत्पाद के मान के
   B. सीमान्त उत्पाद के मूल्य के
   C. प्रतिनिधि फर्म के सीमान्त उत्पाद के मान के
   D. सीमान्त साहसोद्यमी की उत्पादिता के

478. कपटपूर्ण अल्पाधिकार में–
   A. केवल अनकहे समझौते किये जाते हैं
   B. केवल लिखित समझौते किये जाते हैं
   C. प्रत्येक विक्रेता कीमत अग्रणी होता है
   D. प्रत्येक फर्म प्रबल फर्म होती है।

479. उत्पादन रूपान्तरण वक्र (Product Transformation Curve) का मूल्य बिन्दु के प्रति नतोदर होने का कारण है–
   A. सीमान्त उत्पादन रूपान्तरण दर क्रमशः बढ़ती जाती है जैसे–जैसे वक्र पर ऊपर से नीचे की ओर जाया जाता है
   B. सीमान्त उत्पादन रूपान्तरण दर क्रमशः घटती जाती है जैसे–जैसे वक्र पर ऊपर से नीचे की ओर जाया जाता है
   C. सीमान्त उत्पादन रूपान्तरण दर वक्र के सभी बिन्दुओं पर समान रहती है
   D. सीमान्त उत्पादन रूपान्तरण दर प्रत्येक बिन्दु पर अनन्त होती है

480. ''अर्थशास्त्र एक सिद्धान्त की अपेक्षा एक पद्धति है।'' यह विचार किसने व्यक्त किया है–

A. ह्यूम   B. हिक्स
C. कीन्स   D. मिल

481. पूर्ण प्रतियोगिता श्रम बाजार की दशा में निम्नलिखित में से कौन-सा सही है–

A. मजदूरी दर श्रम के सीमान्त उत्पादन के बराबर होती है

B. मजदूरी दर श्रम के औसत उत्पादन के समान होती है

C. मजदूरी दर औसत आगम उत्पादकता के समान होती है

D. मजदूरी दर बराबर होती है श्रम के सीमान्त उत्पादन आय (MRP) के

482. ''बर्गसन मापदण्ड'' सम्बंधित है–

A. कल्याण अर्थशास्त्र से
B. श्रम अर्थशास्त्र से
C. विकास अर्थशास्त्र से
D. अंतर्राष्ट्रीय अर्थशास्त्र से

483. ऊंची मजदूरी दर पर श्रम का पूर्ति वक्र कभी–कभी पीछे की ओर मुड़ सकता है। इस संदर्भ में निम्नलिखित कथनों में से कौन-सा कथन सही नहीं है–

A. यह विचार काल्पनिक है तथा वास्तविकता से परे है

B. ये केवल अल्पकाल में ही सत्य होता है

C. इसका अर्थ यह है कि ऊंची मजदूरी दर पर आय प्रभाव ऋणात्मक हो जाता है

D. इसका अर्थ यह है कि ऋणात्मक आय–प्रभाव प्रतिस्थापन–प्रभाव से अधिक प्रभावी हो जाता है।

484. एफ.एच. नाइट की 'अनिश्चितता' की अवधारणा के संबंध में निम्न में से कौन-सा कथन सही नहीं है–

A. इसमें सभी प्रकार की जोखिमें आती हैं

B. इसमें केवल वे जोखिमें आती हैं जिनका सांख्यिकीय अनुमान/मान नहीं लगाया जा सकता

C. इसमें केवल ऐसी जोखिमें आती हैं जो प्रावैगिक दशाओं में ही उत्पन्न होती हैं

D. यह अवधारणा सामान्य लाभ पर लागू नहीं होती

485. आभास लगान (Quasi Rent) क्या है–

A. यह भूस्वामी द्वारा भूमि के उपयोग के लिए मिलने वाली आय है

B. यह भूस्वामी को मिलने वाली वह आय है जो भूमि की सीमितता के कारण मिलती है

C. यह उत्पादन के साधन के स्वामी की वह आय है जो अल्पकाल और दीर्घकाल दोनों में समान रहती है

D. यह किसी भी साधन के स्वामी को अल्पकाल में प्राप्त होने वाली आय है जो साधन की निश्चित पूर्ति के कारण प्राप्त होती है।

486. 'लगान–किसी साधन की स्थानान्तरण आय से अतिरिक्त प्राप्त होने वाली आय को कहते हैं।' यह विचार दिया–

A. रिकार्डो ने   B. मार्शल ने
C. मिल ने   D. रॉबिन्सन ने

487. निम्नलिखित में से किसने लगान के निर्धारण के लिए अवसर लागत का उपयोग किया है–

A. डेविड रिकार्ड   B. मार्शल
C. रॉबिन्सन   D. पीगू

488. किंक्ड मांग रेखा (Kinked demand curve) का ऊपरी भाग सापेक्षतया–

A. अधिक बेलोचदार होता है
B. कम लोचदार होता है
C. पूर्ण रूप से बेलोचदार होता है
D. पूर्ण लोचदार होता है

489. एजवर्थ–बॉक्स मानचित्र में, दो उपभोक्ताओं के तटस्थ–वक्रों के स्पर्शक बिन्दुओं के बिन्दु–पथ को जाना जाता है–

A. आय–उपयोग वक्र   B. रिज रेखाएं
C. संविदा वक्र   D. प्रसार पथ

490. 'परस्पर निर्भरता' का अर्थ है कि प्रत्येक फर्म–

A. ऐसी वस्तु का उत्पादन करती है जो प्रतिद्वन्दी फर्मों के उत्पाद से मिलता–जुलता तो होता है परन्तु समरूप नहीं होता है

B. ऐसी वस्तु का उत्पादन करती है जो प्रतिद्वन्दी के उत्पादन के समरूप होती है

C. अपनी मूल्य नीति निर्धारित करते समय अपने प्रतिद्वन्दियों की प्रतिक्रिया का ध्यान रखती है

D. अपने उत्पादन के प्रति पूर्णतया लोचदार मांग का सामना करना होता है

491. कपटपूर्ण अल्पाधिकार (Collusive Oligopoly) में–

A. अनकहे समझौते किए जाते हैं
B. कोई समझौते नहीं किए जाते हैं

C. प्रत्येक विक्रेता कीमत नेता होता है
D. इनमें से कोई नहीं

492. परेटो के कल्याण के अधिकतमीकरण के लिए क्या एक सत्य है–
A. इससे अनेक अनुकूलतम बिन्दु प्राप्त होते हैं
B. इससे केवल एक अनुकूलतम बिन्दु प्राप्त होता है
C. यह मूल्यगत निर्णय पर आधारित है
D. यह उपयोगिता के मापनीय विचार पर आधारित है।

493. वितरण के सिद्धान्त का सम्बन्ध है–
A. विभिन्न व्यक्तियों में आय के वितरण से
B. विभिन्न समुदायों के बीच आय के वितरण से
C. सम्पत्ति तथा आय के न्यायपूर्ण वितरण से
D. उत्पादन के साधनों के स्वामियों के बीच आय के वितरण से

494. चैम्बरलिन के समूह संतुलन के विचार की आलोचना किसने की–
A. हिक्स ने B. रॉबिन्सन ने
C. सेम्युलसन ने D. स्टिगलर ने

495. वितरण की व्याख्या के लिए सबसे अधिक महत्त्वपूर्ण सिद्धान्त कौन–सा है–
A. सीमान्त उत्पादकता सिद्धान्त
B. मांग व पूर्ति का सिद्धान्त
C. प्रतिष्ठित सिद्धान्त
D. इनमें से कोई नहीं

496. लगान के आधुनिक सिद्धान्त का विचार सबसे पहले किसने दिया–
A. कीन्स B. मार्शल
C. रॉबिन्सन D. रिकार्डो

497. उत्पादन कारक की स्थिर पूर्ति पर मिलने वाले अल्पकालीन प्रतिफल को कहते हैं–
A. क्षमता का लगान
B. शुद्ध लगान
C. अर्द्ध–लगान (आभास लगान)
D. भेदात्मक लगान

498. सीमान्त भौतिक उत्पाद मूल्य (VMP) तथा सीमान्त आय उत्पाद (MRP) समान रहते हैं, जब–
A. वस्तु की कीमत स्थिर रहती है
B. उत्पाद अपरिवर्तित रहती है
C. वस्तु की कीमत गिरती है
D. इनमें से कोई नहीं

499. अगर श्रम की इकाइयां बढ़ाने से श्रम का औसत उत्पाद (Average Product of Labour स्थिर बना रहे, तो श्रम का सीमान्त उत्पाद (Marginal Product of Labour)—
A. स्थिर रहेगा B. बढ़ेगा
C. घटेगा D. शून्य हो जाएगा

500. आर्थिक लगान (Economic) होता है–
A. एक आधिक्य (Surplus) न कि लागत (Cost)
B. एक लागत न कि आधिक्य
C. लागत तथा आधिक्य दोनों ही
D. न आधिक्य न लागत

501. सामान्य–संतुलन मॉडल (General Equilibrium Model) में समस्त–बाजारों का क्या रूप माना जाता है–
A. एकाधिकारात्मक
B. अल्पविक्रेताधिकारात्मक
C. एकाधिकारात्मक प्रतिस्पर्धा
D. पूर्ण प्रतिस्पर्धात्मक

502. साधन के एक इकाई के दूसरे स्थिर साधन से जोड़ने पर जो अतिरिक्त उत्पादन उत्पन्न होता है, उसे कहते हैं–
A. सीमान्त भौतिक उत्पाद (MPP)
B. सीमान्त आय उत्पाद (MRP)
C. सीमान्त आय लागत (MRC)
D. सीमान्त आय (MR)

503. साधन बाजार में जब कोई फर्म अपूर्ण प्रतियोगिता में होता है, तो MRP घटता है क्योंकि–
A. MP घटती है
B. MR घटती है
C. AR घटती है
D. MR और वस्तु की कीमत घटती है।

504. किसी भी उत्पादन के साधन का सीमान्त–आगम उत्पादन (MRP) बराबर है–
A. $MPP \times MR$ B. $MPP \times P$
C. $MPP \times AR$ D. $MRP \times MR$

505. किसी भी उत्पादन के साधन का VMP बराबर है–
A. $MPP \times MR$
B. $MPP \times Price$
C. $MPP \times AR$
D. $MRP \times MR$

506. उपभोक्ताओं के बीच उत्पादों के बंटवारे में दक्षता होती है जबकि—
A. तकनीकी प्रतिस्थानापन्नता की सीमान्त दर बराबर होती है
B. उपभोक्ताओं की सीमान्त प्रतिस्थानापन्नता की सीमान्त दर बराबर होती है
C. $P = MC$
D. $P_x = MU_x$

507. परेटो अनुकूलतम वितरण को प्राप्त करने के लिए, वस्तुओं का वितरण इस प्रकार होना चाहिए जिससे कि—
A. विभिन्न व्यक्तियों के लिए दो वस्तुओं के बीच MRS भिन्न हो
B. एक व्यक्ति की दो वस्तुओं के बीच MRS दूसरों की तुलना में अधिक होता है
C. सभी व्यक्तियों के लिए दो वस्तुओं के बीच MRS समान होता है
D. इनमें से कोई नहीं

508. यदि किसी को बिना खराब स्थिति में लाए हुए किसी अन्य को अधिक अच्छी स्थिति में लाना संभव न हो तो ऐसी स्थिति है—
A. अकुशल   B. कुशल
C. अनुकूलतम   D. पैरेटो अनुकूलतम

509. एक अर्थव्यवस्था में 2 वस्तुएं X और Y तथा 2 मनुष्य A और B हों तो उत्पादन और आदान–प्रदान में सामान्य संतुलन होता है, जहां—

A. $MRT_{xy} = \dfrac{P_x}{P_y}$

B. $\dfrac{(MRS_{xy})_A}{(MRS_{xy})_B} = \dfrac{P_x}{P_y}$

C. $(MRS_{xy})_A = (MRS_{xy})_B$

D. $(MRS_{xy})_A = (MRS_{xy})_B = MRT_{xy}$

510. बाह्यताओं की विद्यमानता से संसाधनों के आवंटन में अकुशलता की संभावना है क्योंकि—
A. इनमें ऐसी लाभ तथा हानि होती है जिनको कोई वहन नहीं करता
B. बाजारी मांग तथा पूर्ति बाह्य लाभ तथा लागतों को उद्घाटित नहीं करते
C. ये एकाधिकार से सम्बन्धित होते हैं
D. इनमें से कोई नहीं

511. एक किंक्ड मांग वक्र में एक सीमान्त आय वक्र शामिल है, जो—
A. टूटा हुआ है
B. किंक है
C. सहज और नियत है
D. मांग वक्र को आर–पार काटता है।

512. हिक्स द्वारा निष्पादित प्रतिपूर्ति (Compensation) मानदण्ड का प्रयोग निम्न में से किसमें होता है—
A. कल्याण सम्बंधी सिद्धान्त
B. किराया सम्बंधी सिद्धान्त
C. उपयोगिता सम्बंधी सिद्धान्त
D. उत्पादिता सम्बंधी सिद्धान्त

513. विभेदकारी एकाधिकार में कीमत विभेद की स्थिति में, निरपेक्ष रूप से मापी गयी, बाजार-I में मांग लोच 5 तथा बाजार-II में 2.5 हो, तब दोनों बाजारों में कीमतें एक दूसरे से किस प्रकार सम्बंधित है—
A. बाजार I में कीमत बाजार II में कीमत की 2/3 है
B. बाजार I में कीमत बाजार II में कीमत की 3/4 है
C. बाजार I में कीमत बाजार II में कीमत की 1/2 है
D. बाजार I में कीमत बाजार II में कीमत के बराबर है।

514. किसी क्षेत्र में एक अकेले शीतगार के सामने किसानों की एक लम्बी कतार उदाहरण है—
A. एकाधिकार का
B. अल्पाधिकार का
C. एकक्रेताधिकार का
D. एकाधिकारात्मक प्रतियोगिता का

515. काल्डर–हिक्स मुआवजा निष्कर्ष के अनुसार–आर्थिक नीति–में परिवर्तन करने से समाज–कल्याण में अभिवृद्धि होती है, यदि—
A. फायदे में रहने वाले लोग घाटे में रहने वालों की भरपाई कर सकें

B. घाटे में रहने वाले लोग फायदे में रहने वालों को पुरानी स्थिति में ही बने रहने के लिए प्रेरित करने के लिए लाभकारी घूस दे सकें

C. फायदे में रहने वाले लोग घाटे में रहने वालों के घाटे की भरपाई कर सकें और फिर भी स्वयं पहले की अपेक्षा बेहतर आर्थिक स्थिति में रहें

D. इनमें से कोई नहीं

516. रिकार्डो के लगान सिद्धान्त के अनुसार लगान की उत्पत्ति का कारण है–

A. भूमि की उर्वरता

B. भूमि की कमी

C. भूमि की उर्वरता के बीच अन्तर

D. इनमें से कोई नहीं

517. जान रॉबिन्सन के लगान के आधुनिक सिद्धान्त का कथन है कि लगान भूमि के इस्तेमाल के लिए की गयी वास्तविक अदायगी और–

A. उसके एकाधिकारी अर्जनों का अंतर है

B. उसके अंतरण अर्जनों का अंतर है

C. उसके सीमान्त अर्जनों का अंतर है

D. उसके औसत अर्जनों का अंतर है।

518. सूची-I का सूची-II के साथ सुमेल कीजिए और नीचे दिए गए कूट का प्रयोग करते हुए सही उत्तर का चयन कीजिए–

सूची-I	**सूची-II**
(a) बिक्री आय अधिकतमीकरण	1. सायर्ट एवं मार्च
(b) प्रवेश निरोध कीमत निर्धारण	2. बोमल
(c) प्रबंधकीय विवेक	3. बेन
	4. विलियमसन

कूट–

	(a)	(b)	(c)
A.	2	3	4
B.	2	1	3
C.	3	4	2
D.	4	1	3

519. क्रेताधिकारी एक ऐसी बाजार स्थिति है जिसमें–

A. केवल एक ही विक्रेता होता है

B. कुछ क्रेता तथा कुछ विक्रेता होते हैं

C. केवल एक ही क्रेता होता है

D. अनेक क्रेता तथा अनेक विक्रेता होते हैं।

520. किस प्रकार की बाजार प्रणाली में सामूहिक सौदेबाजी मजदूरी को प्रभावित करने में सफल नहीं होगी–

A. पूर्ण प्रतियोगिता

B. अपूर्ण प्रतियोगिता

C. एकाधिकार

D. एक–क्रेताधिकार

521. रिकार्डो के अनुसार 'सीमान्त भूमि' (Marginal land) का अर्थ है–

A. लगान रहित भूमि

B. कुल लागत बराबर कुल आय

C. कोई आधिक्य उपलब्ध नहीं

D. उपर्युक्त सभी

522. एक द्वि–अधिकार (Duopoly) संतुलन उत्पादन के सन्दर्भ में अनुपात $\dfrac{\text{द्वि–अधिकार उत्पादन}}{\text{प्रतियोगी उत्पादन}}$ है

A. 1 के बराबर   B. 1 से अधिक

C. 1/4 के बराबर   D. 2/3 के बराबर

523. परिसीमा कीमत निर्दिष्ट करती है–

A. वह कीमत जो नई फर्मों के प्रवेश को रोकती है

B. वह अधिकतम कीमत जिसे वसूलने की फर्म को अनुमति होती है

C. वह कीमत जो फर्म के लाभ का अधिकतमीकरण करती है

D. वह कीमत जिस पर फर्म लागत के ऊपर अधिशेष अर्जित करने लगती है।

524. बाजार विफलता उत्पन्न नहीं हो सकती है–

A. पैमाने की बढ़ते हुए प्रतिफल की दशा में

B. सार्वजनिक वस्तुओं की दशा में

C. उपभोग बाह्यताओं की दशा में

D. आय असमानताओं की दशा में

525. यदि VMP > MRP > P तब होगा–

A. एकाधिकारात्मक शोषण

B. एक्रेताधिकारात्मक शोषण

C. (A) और (B) दोनों

D. इनमें से कोई नहीं

उत्तरमाला

1	2	3	4	5	6	7	8	9	10
B	D	D	A	B	B	D	D	A	A
11	12	13	14	15	16	17	18	19	20
A	D	A	B	B	B	C	D	B	C
21	22	23	24	25	26	27	28	29	30
A	A	C	A	A	A	B	C	A	A
31	32	33	34	35	36	37	38	39	40
A	A	B	A	B	A	A	A	B	B
41	42	43	44	45	46	47	48	49	50
A	A	B	A	B	A	B	C	A	B
51	52	53	54	55	56	57	58	59	60
D	D	A	B	B	A	B	A	A	A
61	62	63	64	65	66	67	68	69	70
C	C	B	A	D	A	D	B	A	B
71	72	73	74	75	76	77	78	79	80
C	C	C	B	C	A	B	D	D	C
81	82	83	84	85	86	87	88	89	90
C	D	A	B	C	B	C	C	C	B
91	92	93	94	95	96	97	98	99	100
B	B	B	A	B	C	D	D	C	A
101	102	103	104	105	106	107	108	109	110
D	C	B	A	C	C	A	A	B	A
111	112	113	114	115	116	117	118	119	120
A	A	A	A	A	B	D	B	B	C
121	122	123	124	125	126	127	128	129	130
C	B	B	A	D	C	B	C	D	A
131	132	133	134	135	136	137	138	139	140
B	B	B	B	A	C	A	B	B	C
141	142	143	144	145	146	147	148	149	150
D	B	B	C	B	C	B	A	A	A
151	152	153	154	155	156	157	158	159	160
A	A	A	A	A	A	A	A	A	C
161	162	163	164	165	166	167	168	169	170
C	C	A	B	B	C	A	C	C	B
171	172	173	174	175	176	177	178	179	180
C	D	A	C	D	D	A	C	A	A
181	182	183	184	185	186	187	188	189	190
C	B	A	A	A	C	D	B	D	A
191	192	193	194	195	196	197	198	199	200
D	D	A	A	A	A	C	B	A	A
201	202	203	204	205	206	207	208	209	210
A	A	A	A	A	D	C	D	C	B
211	212	213	214	215	216	217	218	219	220
C	B	D	D	B	C	D	C	C	A

221	222	223	224	225	226	227	228	229	230
A	A	A	A	A	A	A	A	A	A
231	232	233	234	235	236	237	238	239	240
A	A	A	A	B	C	C	A	A	A
241	242	243	244	245	246	247	248	249	250
C	A	B	A	D	A	B	C	B	C
251	252	253	254	255	256	257	258	259	260
A	A	D	D	A	C	A	C	D	B
261	262	263	264	265	266	267	268	269	270
C	C	D	A	B	A	C	A	A	D
271	272	273	274	275	276	277	278	279	280
B	D	B	B	C	B	C	B	D	C
281	282	283	284	285	286	287	288	289	290
A	A	A	D	A	D	C	A	D	C
291	292	293	294	295	296	297	298	299	300
B	B	D	A	D	A	D	A	A	A
301	302	303	304	305	306	307	308	309	310
C	C	D	B	C	A	D	A	D	A
311	312	313	314	315	316	317	318	319	320
B	A	B	C	D	A	B	A	A	B
321	322	323	324	325	326	327	328	329	330
A	A	A	D	A	B	D	C	C	B
331	332	333	334	335	336	337	338	339	340
B	A	A	D	C	A	A	A	A	A
341	342	343	344	345	346	347	348	349	350
B	B	C	B	B	C	D	B	A	D
351	352	353	354	355	356	357	358	359	360
B	A	A	B	A	B	A	A	D	B
361	362	363	364	365	366	367	368	369	370
D	D	A	A	D	C	B	A	D	B
371	372	373	374	375	376	377	378	379	380
B	D	C	D	A	C	B	A	B	A
381	382	383	384	385	386	387	388	389	390
D	D	A	D	A	C	A	A	B	B
391	392	393	394	395	396	397	398	399	400
C	D	B	A	C	B	B	B	D	D
401	402	403	404	405	406	407	408	409	410
A	C	B	D	C	A	A	C	D	B
411	412	413	414	415	416	417	418	419	420
B	A	B	B	B	D	B	B	D	D
421	422	423	424	425	426	427	428	429	430
D	B	B	D	B	B	B	A	C	A
431	432	433	434	435	436	437	438	439	440
D	C	C	C	B	B	C	D	A	A
441	442	443	444	445	446	447	448	449	450
B	A	D	A	A	D	B	D	B	B

451	452	453	454	455	456	457	458	459	460
B	D	D	C	A	A	A	A	D	A
461	462	463	464	465	466	467	468	469	470
A	D	B	A	D	C	C	D	D	C
471	472	473	474	475	476	477	478	479	480
A	C	A	C	D	D	A	B	A	C
481	482	483	484	485	486	487	488	489	490
D	A	A	A	D	D	C	A	C	C
491	492	493	494	495	496	497	498	499	500
D	A	D	D	A	C	C	A	A	A
501	502	503	504	505	506	507	508	509	510
D	A	D	A	B	B	C	D	D	B
511	512	513	514	515	516	517	518	519	520
A	A	C	C	C	C	B	A	C	C
521	522	523	524	525					
D	D	A	D	C					

————

1. आय तथा उत्पादन के साम्य बिन्दु पर–
   A. नियोजित विनियोग = वास्तविक विनियोग
   B. विनियोग = सकल निजी बचतें
   C. उपभोग = विनियोग
   D. उपभोग = नियोजित विनियोग

2. ड्यूसेनबरी के अनुसार, गृहस्थ अपने उपभोग को आधारित करते हैं–
   A. सकल आय पर
   B. पुरानी अधिकतम आय पर
   C. सापेक्ष आय पर
   D. स्थायी आय पर

3. यदि उपभोग 220 रुपए हो, आय 250 रुपए हो तो औसत बचत प्रवृत्ति (APS) होगी–
   A. 0.12
   B. 0.01
   C. 0.81
   D. 1.20

4. निम्नलिखित में से कौन–सा एक बचत फलन 5 के विनियोग गुणक (Investment multiplier) से संगत है–
   A. $S = -28 + 0.25\,Y$
   B. $S = -40 + 0.75\,Y$
   C. $S = -60 + 0.20\,Y$
   D. $S = -75 + 0.60\,Y$

5. स्फीति संबद्ध गतिरोध (Stag flation) उस स्थिति को बताती है जिसकी विशेषताएं हैं–
   A. अवस्फीति (Deflation) तथा बढ़ती हुई बेरोजगारी
   B. मुद्रास्फीति तथा बढ़ता हुआ रोजगार
   C. मुद्रास्फीति तथा बढ़ती हुई बेरोजगारी
   D. स्थिर रोजगार तथा अवस्फीति

6. यदि रैखिक उपभोग फलन का अधोमुखी समानान्तर स्थानान्तरण हो तो निवेश गुणक–
   A. घटेगा
   B. बढ़ेगा
   C. दो गुना हो जाएगा
   D. अपरिवर्तित रहेगा

7. निम्न में से किस अर्थशास्त्री ने आर्थिक स्थिति के स्तर के निर्धारक के रूप में प्रभावी मांग का सर्वप्रथम उल्लेख किया–
   A. डी॰ रिकार्डो
   B. माल्थस
   C. मार्शल
   D. केन्स

8. यदि सीधी रेखा वाला उपभोग फलन ऊर्ध्व अक्ष को किसी धनात्मक मूल्य पर काटता है तो इसका तात्पर्य होता है कि–
   A. MPC स्थिर रहती है तथा APC बढ़ता है, जैसे–जैसे प्रयोज्य आय का स्तर बढ़ता जाता है
   B. MPC तथा APC बढ़ती है, जैसे–जैसे प्रयोज्य आय का स्तर बढ़ता जाता है
   C. MPC स्थिर रहती है, तथा APC घटती है, जैसे–जैसे प्रयोज्य आय का स्तर बढ़ता जाता है
   D. MPC तथा APC गिरती है, जैसे–जैसे प्रयोज्य आय का स्तर बढ़ता जाता है

9. निम्न में से एक अर्थशास्त्री ने स्फीति के सम्बन्ध में एक अलग–अलग वस्तु अन्तराल तथा संसाधन के अस्तित्व पर जोर दिया–
   A. बेन्ट हैनसन
   B. केन्स
   C. सेम्युलसन
   D. फ्रीडमैन

10. उपभोग और व्यय योग्य आय के बीच में आनुपातिक सम्बंध है, यदि–
    A. MPC > APC
    B. MPC < APC
    C. MPC = APC
    D. MPC = 1

11. कौन–सा वक्र मजदूरी के प्रतिशत और बेकारी की दर में सकारात्मक सम्बंध दर्शाता है–
    A. समान लागत वक्र
    B. समोत्पाद वक्र
    C. व्यापार अनधिमान वक्र
    D. फिलिप्स वक्र

12. यदि बचत की दर 10% है, पूंजी–उत्पाद अनुपात 4 तथा प्रतिवर्ष जनसंख्या वृद्धि की दर 1% है तो आय वृद्धि की दर क्या होगी–

A. 2.5% B. 1.0%
C. 10% D. 4%

13. वे सिद्धान्त जो उपभोग और आय के बीच आनुपातिक सम्बन्धों को व्यक्त करते हैं–

A. सकल तथा स्थायी आय सिद्धान्त
B. सकल तथा सापेक्ष आय सिद्धान्त
C. सकल तथा जीवन–चक्र सिद्धान्त
D. सापेक्ष तथा स्थायी आय सिद्धान्त

14. जब नियोजित बचत $= -40 + 0.20\,Y$ और नियोजित निवेश 60 रु. है तो आय का संतुलन स्तर है–

A. 100 रु. B. 400 रु.
C. 500 रु. D. 1000 रु.

15. फिलिप का वक्र किसके बीच सम्बन्ध बतलाता है–
A. मुद्रास्फीति की दर और वास्तविक मजदूरी
B. मुद्रास्फीति की दर और बेरोजगारी की दर
C. नकदी मजदूरी और रोजगार की दर
D. वास्तविक मजदूरी और रोजगार की दर

16. स्थायी आय संकल्पना के अनुसार–
A. स्थायी आय की सभी वृद्धियां बचा ली जाती हैं
B. स्थायी आय की सभी वृद्धियां खर्च कर ली जाती हैं
C. अस्थायी आय की सभी वृद्धियां बचा ली जाती हैं
D. अस्थायी आय की सभी वृद्धियां खर्च कर ली जाती हैं।

17. यदि MPC = 0.6 है तो निवेश गुणांक होगा–
A. 1.67 B. 2.5
C. 6.0 D. 4.0

18. लागत जन्य स्फीति उत्पन्न होती है जब समस्त–
A. मांग वक्र दायीं ओर झुकता है
B. मांग वक्र बायीं ओर झुकता है
C. पूर्ति वक्र दायीं ओर झुकता है
D. पूर्ति वक्र बायीं ओर झुकता है

19. वास्तविक संतुलन प्रभाव सिद्धान्त का प्रतिपादन किया–
A. पीगू B. मार्शल
C. फिशर D. कीन्स

20. राशिपातन (Dumping) नीति का उद्देश्य है–
A. आयात बढ़ाना

B. निर्यात बढ़ाना
C. विदेशी बाजार में वस्तुओं का मूल्य कम करना
D. इनमें से कोई नहीं

21. स्थायी आय का विचार है–
A. कीन्स B. फ्रीडमैन
C. ड्यूसनबरी D. मार्शल

22. ''मुद्रास्फीति अन्यायपूर्ण और मुद्रा संकुचन अनुपयुक्त, इन दोनों में मुद्रा संकुचन अधिक बुरा है'' यह कथन किसका है–
A. कीन्स B. फ्रीडमैन
C. फिशर D. राबर्टसन

23. मुद्रास्फीति के नियंत्रण में कौन-सा उपाय सहायक होता है–
A. बैंक दर में कटौती
B. बैंक दर में वृद्धि
C. खुले बाजार में प्रतिभूतियों का क्रय
D. (A) और (C) दोनों

24. 'पूर्ति अपनी मांग उत्पन्न करती है' किसका विचार है–
A. पीगू B. मार्शल
C. से D. फिशर

25. मुद्रास्फीति से समाज में मिलती है–
A. आर्थिक विषमता B. आर्थिक समानता
C. सामाजिक लाभ D. सरकारी लाभ

26. निम्नलिखित में से क्या Crowding out effect से सम्बंधित है–
A. निजी विनियोग में वृद्धि के कारण सार्वजनिक विनियोग में कमी
B. सार्वजनिक व्यय में वृद्धि के परिणामस्वरूप निजी उपभोग तथा विनियोग में कमी
C. सार्वजनिक विनियोग में कमी के कारण निजी विनियोग में वृद्धि
D. निजी उपभोग में वृद्धि के कारण सार्वजनिक व्यय में वृद्धि

27. 'प्रदर्शन प्रभाव' के सम्बंध में निम्नलिखित में से कौन–सा सही नहीं है–
A. यह बचत की प्रवृत्ति को कम करता है
B. यह स्फीतिक दबाव पैदा करता है
C. यह भुगतान शेष में असंतुलन पैदा करता है
D. यह बेरोजगारी की दशा को प्रोत्साहित करता है।

28. स्फीतिक दबाव के अंतर्गत घरेलू बचत–
   A. पर कोई प्रभाव नहीं पड़ता
   B. घटती है
   C. बढ़ती है
   D. इनमें से कोई नहीं

29. मुद्रास्फीति अधिकांशतः लाभान्वित करती है–
   A. बचत बैंक खाताधारी को
   B. ऋणियों को
   C. जीवन बीमाधारी को
   D. मुद्रा संग्रहकर्त्ता को

30. गुणक व्यक्त करता है–
   A. विनियोग और आय के सम्बंध को
   B. विनियोग और उपभोग के सम्बंध को
   C. विनियोग वृद्धि और आय वृद्धि के सम्बंध को
   D. विनियोग वृद्धि और उपभोग वृद्धि के सम्बंध को

31. त्वरक सिद्धान्त का प्रतिपादन किया–
   A. कॉलिन क्लार्क ने   B. जे॰एम॰ केन्स ने
   C. आर॰एफ॰ हैरोड ने   D. पी॰ए॰ सैम्युलसन ने

32. गुणक की अवधारणा सर्वप्रथम दी–
   A. कॉन ने   B. केन्स ने
   C. हिक्स ने   D. हैरड ने

33. यदि सीमांत बचत प्रवृत्ति 0.2 हो तो गुणक का मान होगा–
   A. 2.0   B. 1.25
   C. 4.0   D. 5.0

34. शुद्ध विनियोग से–
   A. केवल समग्र प्रभावी मांग में वृद्धि होती है
   B. केवल अर्थव्यवस्था की उत्पादन क्षमता में वृद्धि होती है
   C. समग्र प्रभावी मांग में तथा अर्थव्यवस्था की उत्पादन क्षमता दोनों में वृद्धि होती है
   D. केवल पूंजीक्षय की ही भरपाई कर पाता है।

35. फ्रीडमैन के अनुसार, दीर्घकालीन फिलिप्स वक्र का स्वरूप होगा–
   A. बायें से दायें नीचे को गिरता हुआ
   B. बायें से दायें को उठता हुआ
   C. X-अक्ष के लम्बवत्
   D. Y-अक्ष के लम्बवत्

36. गुणक का सम्बंध–
   A. सीमान्त बचत प्रवृत्ति से अप्रत्यक्ष होता है
   B. सीमान्त बचत प्रवृत्ति से प्रत्यक्ष होता है
   C. सीमान्त उपभोग प्रवृत्ति से अप्रत्यक्ष होता है
   D. आयकर की दरों से प्रत्यक्ष होता है

37. केन्स जिस मुद्रास्फीति से बहुत अधिक चिंतित थे वह थी–
   A. मांग–प्रेरित मुद्रास्फीति
   B. लागत–जन्य मुद्रास्फीति
   C. संरचनात्मक मुद्रास्फीति
   D. स्फीतिक अवसाद

38. स्फीति अवसाद का आशय है–
   A. उत्पाद की घटती मात्रा के साथ कीमत वृद्धि
   B. उत्पाद की वृद्धिमान मात्रा के साथ कीमत वृद्धि
   C. उत्पाद की घटती मात्रा के साथ कीमत–स्थायित्व
   D. उत्पाद की वृद्धिमान मात्रा के साथ कीमत–स्थायित्व

39. स्फीति की गति और बेरोजगारी की दर में विपरीत सम्बंध होता है। इस पर अनुभवाश्रित तथ्यों के आधार पर बल दिया–
   A. हिक्स ने   B. सैम्युलसन ने
   C. जॉन रॉबिन्सन ने   D. फिलिप्स ने

40. मूल्य स्फीति के बिना पूर्ण रोजगार संभव है यदि समग्र मांग–
   A. GNP के बराबर हो
   B. वास्तविक GNP से नीचे हो
   C. संभाव्य GNP के बराबर हो
   D. NNP से नीचे हो

41. 'त्वरण सिद्धान्त' से तात्पर्य है कि–
   A. अगर उपभोग त्वरित होता है तो विनियोग भी त्वरित होगा
   B. अगर बचत में वृद्धि होती है तो विनियोग त्वरित होगा
   C. अगर GNP घटता है तो विनियोग त्वरित होगा
   D. अगर निवेश में वृद्धि होती है तो राष्ट्रीय आय में वृद्धि होगी।

42. मुद्रा–स्फीति के संरचनात्मक दृष्टिकोण के अनुसार स्फीति होती है, क्योंकि–
   A. अर्थव्यवस्था के विभिन्न क्षेत्रों में संतुलित विकास नहीं होता है

B. देश में बिकने वाला उत्पादन और निर्यात के लिए किया जाने वाला उत्पादन भिन्न–भिन्न दरों से बढ़ता है

C. उपभोग वस्तुओं का उत्पादन करने वाले उद्योगों की विकास गति पूंजीगत वस्तुओं का उत्पादन करने वालों से तेज/धीमी होती है

D. उपरोक्त सभी

43. मौद्रिक मजदूरी–दर में कटौती केन्सियन विचार के अनुसार श्रम के लिए रोजगार के अवसर नहीं बढ़ाती क्योंकि—

A. इससे श्रमिकों की उत्पादकता कम हो सकती है

B. इससे अन्य साधनों के स्थान पर श्रम का उपयोग नहीं बढ़ता

C. इससे प्रभावी मांग नहीं बढ़ती

D. इससे श्रम आंदोलन हो सकता है जो मजदूरी में कटौती समाप्त करने की मांग कर सकता है।

44. आय–सिद्धान्त प्रस्तुत करने में कीन्स का दृष्टिकोण—

A. स्थैतिक था

B. तुलनात्मक स्थैतिक था

C. हिक्स के अर्थ में प्रावैगिक था

D. हैरॉड के अर्थ में प्रावैगिक था

45. आय में वृद्धि के साथ–साथ उपभोग की सीमान्त–प्रवृति घटती जाती है। यह सम्बंध कीन्स के सिद्धान्त में महत्त्वपूर्ण होते हुए भी निम्नलिखित से संशोधित हो जाता है—

A. सापेक्ष आय परिकल्पना

B. स्थायी आय परिकल्पना

C. जीवन–चक्र परिकल्पना

D. उपरोक्त तीनों

46. नीचे दिये गये आरेख में उपभोग फलन CC प्रदर्शित है। केन्सीय परिप्रेक्ष्य से सम्बंधित बचत फलन प्रदर्शित होगा—

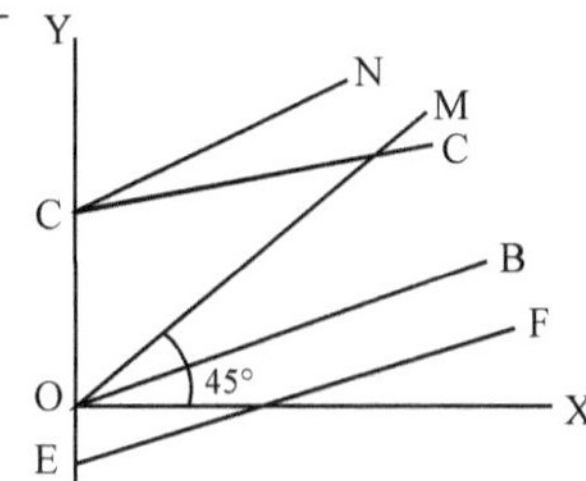

A. CN से

B. OM से

C. OB से

D. EF से

47. केन्स की, पूंजी की सीमान्त क्षमता की अवधारणा के सम्बंध में निम्न में से कौन-सा कथन–गलत है–

A. यह निवेश से मिलने वाली वर्तमान आय है

B. यह निवेश से मिलने वाली वर्तमान आय और उसकी लागत का अंतर है

C. यह निवेश से होने वाली प्रत्याशित आय है

D. यह वर्तमान ब्याज दर के बराबर होती है।

48. निम्न में से कौन-सा कथन केन्सीय उपभोग फलन के लिए सत्य नहीं है–

A. सीमान्त उपभोग प्रवृति स्थिर होती है

B. औसत उपभोग प्रवृति स्थिर होती है

C. MPC, APC से अधिक होती है (MPC > APC)

D. MPC < APC

49. निम्न में से कौन एक पूर्ण रोजगार के लिए बाधक है–

A. लोचदार मजदूरी दर   B. से का बाजार नियम

C. प्रभावी श्रम संघ   D. लोचदार ब्याज दर

50. निम्न में से कौन-सा कथन–आय गुणक के लिए सही नहीं है–

A. इसका मान सीमान्त बचत प्रवृति पर निर्भर करता है

B. यह केवल स्वायत्त निवेश के लिए क्रियाशील होता है

C. यह आय का निवेश से सम्बंध स्थापित करता है

D. अल्पकाल में इसका मान स्थिर रहता है

51. क्लासिकीय समष्टि–अर्थशास्त्र में जो चर आय को उपभोग और बचत में विभाजित करता है वह है–

A. सीमांत उपभोग प्रवृति

B. मजदूरी दर

C. लगान

D. ब्याज दर

52. निम्न कारणों में से किससे मांग प्रेरित स्फीति नहीं होती–

A. मुद्रापूर्ति में वृद्धि   B. सरकारी व्यय में वृद्धि

C. बजट घाटा   D. उच्चतर करारोपण

53. ''जनरल थ्योरी ऑफ–इम्प्लायमेंट इन्ट्रेस्ट एण्ड मनी'' प्रकाशित हुई–

A. 1923 में   B. 1930 में

C. 1936 में   D. 1945 में

54. निम्नलिखित में से कौन एक पूर्ण रोजगार की प्राप्ति में बाधक है–

A. गैर लोचशील ब्याज दर

B. लोच शील कीमतें

C. लोचशील मजदूरी दर

D. ऐच्छिक बेरोजगारी

55. निम्नलिखित में से कौन एक गुणक के मान में रिसाव का कारण होगा–

A. बिक्री कर दर में कमी

B. आय कर दर में सामान्य कमी

C. उपभोग वस्तुओं के मूल्य में कमी

D. आयात में वृद्धि

56. निम्नलिखित में से कौन-सा एक कथन केन्स के उपभोग फलन के लिए सत्य है–

A. आय बढ़ने के साथ उपभोग समान मात्रा में बढ़ता है

B. आय बढ़ने के साथ उपभोग आनुपातिक रूप से बढ़ता है

C. उपभोग में वृद्धि, आय में वृद्धि से तीव्र होती है

D. उपभोग में वृद्धि आय वृद्धि से कम तीव्रता से होती है।

57. केन्स के रोजगार सिद्धान्त में पूर्ण रोजगार का अर्थ है–

A. श्रम का पूर्ण रोजगार

B. पूंजी का पूर्ण रोजगार

C. प्राकृतिक संसाधनों का पूर्ण रोजगार

D. सभी संसाधनों का पूर्ण रोजगार

58. निम्नलिखित में से कौन-सा एक प्रतिष्ठित अर्थशास्त्र के लिए सत्य नहीं है–

A. बाजार में पूर्ण प्रतियोगिता होती है

B. कीमतें स्थिर हैं

C. 'से' का बाजार नियम क्रियाशील है

D. ब्याज दर पूंजी बाजार में संतुलन स्थापित करती है।

59. कीन्स का रोजगार व आय का सिद्धान्त जुड़ा है–

A. ऐच्छिक बेरोजगारी से

B. संरचनात्मक बेरोजगारी से

C. अनैच्छिक बेरोजगारी से

D. स्वरोजगार से

60. उपभोक्ता आय में हुई वृद्धि का 20 प्रतिशत बचत करते हैं। गुणक का मान होगा–

A. 2   B. 4

C. 5   D. 2

61. Disguised unemployment की अवधारणा को सबसे पहले विकसित किया था–

A. रॉबिन्सन ने   B. शुल्ज ने

C. सेन ने   D. नर्क्स ने

62. रैटचेट प्रभाव (Ratchet Effect) का अर्थ है–

A. आय–वृद्धि के साथ सीमांत उपभोग प्रवृत्ति घटती है

B. आय–वृद्धि के साथ सीमांत उपभोग प्रवृत्ति अपरिवर्तित रहती है

C. आय वृद्धि के साथ सीमांत उपभोग प्रवृत्ति बढ़ती है

D. इनमें से कोई नहीं

63. उपभोग पर 'रैटचेट प्रभाव' (Ratchet Effect) के प्रतिपादक हैं–

A. ड्यूसेन बेरी   B. कीन्स

C. हिक्स   D. क्लार्क

64. उपभोग फलन दीर्घ एवं अल्पकाल दोनों में होते हैं–

A. रैखिक

B. अ–रैखिक व नीचे गिरते हुए

C. ∩ – आकार के

D. ∪ – आकार के

65. कीन्स के सिद्धान्त में प्रभावी मांग वहां होगी जहां–

A. सकल मांग फलन अधिकतम मान प्राप्त कर लेता है

B. जहां सकल मांग फलन तथा सकल पूर्ति फलन के बीच ऊर्ध्व दूरी अधिकतम होती है

C. जहां केवल पूर्ण रोजगार होता है

D. जहां सकल मांग कीमत तथा सकल पूर्ति कीमत परस्पर बराबर होते हैं

66. निम्नलिखित में से लागत–प्रेरित स्फीति का कारण कौन–सा है–

A. उपभोग व्यय में वृद्धि   B. करों में कमी

C. मांग में वृद्धि   D. मजदूरी में वृद्धि

67. मुद्रास्फीति को रोकने के लिए क्या किया जाना चाहिए–

A. घाटे की वित्त व्यवस्था

B. मुद्रा की पूर्ति में विस्तार

C. साख मुद्रा का विस्तार

D. मुद्रा की पूर्ति में कमी

68. Trade-off परिभाषित करता है–

A. दो देशों के बीच व्यापार का न होना

B. वस्तुओं का बहुधा व्यापार दर

C. X के लिए Y की प्रतिस्थापन दर

D. सरकार द्वारा व्यापार पर प्रतिबंध

69. यदि नियोजित निवेश की अपेक्षा नियोजित बचत अधिक है, तो उत्पादन–
   A. बढ़ेगा
   B. घटेगा
   C. अपरिवर्तित रहेगा
   D. अनिश्चित रहेगा।

70. सरकारी व्यय में वृद्धि के कारण समग्र मांग में भी उतनी ही वृद्धि हो जाएगी, यदि क्राउडिंग–आउट प्रभाव–
   A. 100 प्रतिशत है
   B. 1 प्रतिशत है
   C. 1 प्रतिशत से 100 प्रतिशत के बीच है
   D. शून्य प्रतिशत है।

71. बेरोजगारी की प्राकृतिक दर वह दर है जो–
   A. पूर्ण रोजगार पर प्रचलित होती है
   B. 6 से 8 प्रतिशत के बीच है
   C. संरचनात्मक परिवर्तन का परिणाम है
   D. उपरोक्त सभी

72. रोजगार की उस स्थिति को जिसमें कृषि श्रम की सीमान्त उत्पादकता शून्य होती है, कहा जाता है–
   A. संरचनात्मक बेरोजगारी
   B. मौसमी बेरोजगारी
   C. चक्रीय बेरोजगारी
   D. प्रच्छन्न बेरोजगारी

73. दिया गया है: Y = आय, C = उपभोग, S = बचत, c = MPC अगर गुणक का मूल्य 2.5 और C = 100 + cY हो, तो तब–
   A. $S = 100 + 0.6Y$
   B. $C = 100 + 0.6Y$
   C. $S = 100 + 0.4Y$
   D. $C = 100 + 0.4Y$

74. समष्टि अर्थशास्त्र सम्बंधित है–
   A. वस्तुओं एवं सेवाओं के उत्पादन स्तर से
   B. सामान्य कीमत स्तर से
   C. आय की वृद्धि से
   D. उपरोक्त सभी

75. कीन्स का आर्थिक विश्लेषण है–
   A. दीर्घकालीन व गतिमान
   B. दीर्घकालीन व स्थिर
   C. अल्पकालीन व गतिमान
   D. अल्पकालीन व स्थिर

76. MPC का मूल्य होता है–
   A. एक से अधिक लेकिन दो से कम
   B. एक
   C. एक से कम लेकिन शून्य से अधिक
   D. इनमें से कोई नहीं

77. अगर MPC = 0.75 है तो गुणक का मान होगा–
   A. 5
   B. 4
   C. 3
   D. 2

78. यदि $C = 150 + 0.8Y$
   $I = 50$
   तो संतुलन में राष्ट्रीय आय क्या होगी–
   A. 2000 रु०
   B. 1000 रु०
   C. 3000 रु०
   D. 5000 रु०

79. सरकारी बजट संतुलित होने की अवस्था में सरकारी खर्च में 100 करोड़ रुपये की बढ़ोत्तरी करने पर राष्ट्रीय आय में कितनी वृद्धि होगी–
   A. 500 करोड़ रु०
   B. 100 करोड़ रु०
   C. शून्य
   D. –100 करोड़ रु०

80. समीकरण $C = 20 + 0.90\,Y$ में उपभोग का पूर्वानुमान है–
   A. 90 जब Y = 100
   B. 100 जब Y = 90
   C. 110 जब Y = 100
   D. 180 जब Y = 200

81. जब मौद्रिक सकल उत्पाद 1,100 रु० है और वास्तविक सकल राष्ट्रीय उत्पाद 1000 रु० है, तो सकल राष्ट्रीय उत्पाद अवस्फीतक (Deflator) है–
   A. 9.09
   B. 90.91
   C. 1.11
   D. 110

82. दो क्षेत्रीय मॉडल में संतुलन स्थापित हो जाता है जब–
   A. बचत = निवेश
   B. उपभोग + निवेश = उत्पादन का मूल्य
   C. नियोजित बचत = नियोजित निवेश
   D. कुल व्यय = व्यापारिक क्षेत्र की बिक्री आय

83. जब नियोजित बचत $= -40 + 0.20\,Yd$ और नियोजित निवेश = 60, तो आय का संतुलन स्तर होगा–
   A. 100 रु०
   B. 400 रु०
   C. 500 रु०
   D. 1000 रु०

84. जीवन–चक्र परिकल्पना के अनुसार उपभोग सम्बंधित है–
   A. वर्तमान आय से
   B. पिछली उच्चतम आय से
   C. प्रत्याशित जीवन अवधि में मिलने वाली आय से
   D. व्यक्ति के जीवन–काल में कीमत–सम्बंधित

आशाओं से

85. उपभोग और उपभोग योग्य–आय में आनुपातिक सम्बंध होता है–
A. जब उपभोग योग्य आय के सभी स्तरों पर औसत उपभोग प्रवृत्ति एक जैसी हो
B. जब उपभोग फलन मूल बिन्दु से आरंभ होती हुई सरल रेखा है
C. जब MPC और APC आय के सभी स्तरों पर बराबर है
D. उपर्युक्त सभी

86. गुणक का सूत्र है–

A. $K = \dfrac{1}{1 - \dfrac{\Delta C}{\Delta Y}}$ B. $K = 1 - \dfrac{\Delta C}{\Delta Y} \cdot \Delta C$

C. $\dfrac{\Delta C}{\Delta Y} = K$ D. $K = \dfrac{Y}{1 - \dfrac{\Delta C}{\Delta Y}}$

87. स्फीति अंतराल को दूर किया जा सकता है–
A. शुद्ध Tax Revenue और सरकारी व्यय में समान बढ़ोत्तरी से
B. सरकारी व्यय में वृद्धि और शुद्ध Tax Revenue में ह्रास से
C. शुद्ध Tax Revenue और सरकारी व्यय में समान ह्रास से
D. Tax Revenue में ह्रास से

88. आधार भूत समीकरण $Y = C + I$ किसकी Thesis के केन्द्रीय विचार की व्याख्या करता है–
A. मार्शल   B. कीन्स
C. माल्थस   D. कैनन

89. फिलिप्स वक्र के अनुसार ट्रेड–ऑफ पाया जाता है–
A. मुद्रा प्रसार एवं बेरोजगारी के बीच
B. ब्याज दर एवं निवेश के बीच
C. आर्थिक वृद्धि एवं बेरोजगारी के बीच
D. कर की दर व आय के बीच

90. निम्न को निवेश व्यय नहीं माना जाता है–
A. नए मकान की खरीद
B. उत्पादक बहु–उपयोगी वस्तु पर खर्च
C. व्यापार की माल तालिकाओं में वृद्धि
D. कम्पनी के प्लांट का विस्तार

91. मध्यवर्ती उपभोग हेतु मांग–पैदा होती है–

A. उपभोक्ता परिवार में
B. केवल सरकार उपक्रम में
C. केवल निगमित उपक्रम में
D. अर्थव्यवस्था के सभी उत्पादकीय क्षेत्रों में

92. ओकन का नियम (Okun's Law) सम्बंध बतलाता है निम्न के बीच–
A. रोजगार एवं संवृद्धि
B. कर की दर एवं कर से प्राप्त आय
C. बेरोजगारी एवं संवृद्धि
D. मुद्रा प्रसार एवं बेरोजगारी

93. कीन्सीय अर्थशास्त्र में, एक निश्चित कुल निवेश व्यय पर बचत प्रवृत्ति में वृद्धि होने के परिणाम स्वरूप–
A. बचत मात्रा में गिरावट आएगी
B. आय में गिरावट आएगी
C. ब्याज दर में वृद्धि होगी
D. आय में वृद्धि होगी

94. कीन्स के सामान्य सिद्धान्त में, निवेश तथा बचत को मुख्यतया निम्नलिखित में परिवर्तन के जरिए बराबरी पर लाया जाता है–
A. ब्याज दर   B. मुद्रा का आय वेग
C. राष्ट्रीय आय   D. कीमतों का स्तर

95. बलात् बचत का अभिप्राय है–
A. व्यक्तिगत आय तथा धन पर कर
B. आयकर दाताओं पर आरोपित अनिवार्य जमा
C. निजी क्षेत्र के कर्मचारियों के भविष्य निधि अंशदान
D. कीमतें बढ़ने के फलस्वरूप उपभोग में घटत

96. निम्नलिखित कथनों पर विचार कीजिए–
सामान्य कीमत–स्तर में बढ़ोत्तरी हो सकती है–
1. मुद्रा की आपूर्ति में वृद्धि
2. उत्पादन के समग्र स्तर में गिरावट
3. प्रभावी मांग में वृद्धि
उपर्युक्त कथनों में से–
A. 1 सही है   B. 1 और 2 सही हैं
C. 2 और 3 सही हैं   D. 1, 2 और 3 सही हैं

97. यदि कीमत–स्तर में वृद्धि की आशा हो तो निवेश को बढ़ावा मिलेगा क्योंकि–
A. पूंजीगत पदार्थों के उत्पादन में बढ़ोत्तरी होगी
B. पूंजी के प्रत्याशित प्रतिफल में वृद्धि हो जाएगी
C. लोग अपेक्षाकृत अधिक बचत करेंगे जिससे ब्याज दर गिर जाएगी

D. पूंजीगत पदार्थों की उत्पादन लागत में गिरावट आ जाएगी।

98. कीन्स के अनुसार सीमान्त उपभोग प्रवृत्ति–
A. कभी भी इकाई से अधिक नहीं होगी
B. इकाई से अधिक हो सकती है
C. कभी भी औसत उपभोग प्रवृत्ति से अधिक नहीं हो सकती
D. सीमान्त उपभोग प्रवृत्ति ऋणात्मक होगी।

99. अतिगुणक से अभिप्राय है–
A. गुणक और त्वरक की अन्योन्य क्रिया
B. सीमान्त उपभोग प्रवृत्ति का अन्योन्य
C. पूंजी उत्पाद अनुपात
D. बजट गुणक

100. IS-LM मॉडल के प्रतिपादक हैं–
A. हिक्स
B. मोडिग्लियानी
C. सेम्युलसन
D. कीन्स

101. मान लीजिए MPC गिरती है तथा IS- वक्र बायीं ओर स्थानान्तरित होता है। तब अन्य बातें समान रहने पर क्या घटित होता है–
A. संतुलन का स्तर नीचे हो जाता है
B. संतुलन का स्तर ऊच्चतर हो जाता है
C. संतुलन में कोई परिवर्तन नहीं होता है
D. केवल ब्याज की दर घट जाती है।

102. सूची-I का सूची-II के साथ सुमेलित कीजिए और सूचियों के नीचे दिए गए कूट का प्रयोग कर सही उत्तर चुनिए–

सूची-I	*सूची-II*
(a) जीवन चक्र अवधारणा	1. कीन्स
(b) स्थायी आय अवधारणा	2. ड्यूजेनबरी
(c) निरपेक्ष आय अवधारणा	3. फ्रीडमैन
(d) सापेक्ष आय अवधारणा	4. मोडिग्लियानी

कूट–

	(a)	(b)	(c)	(d)
A.	4	3	1	2
B.	4	3	2	1
C.	3	2	1	4
D.	3	2	4	1

103. निम्नलिखित कथनों पर विचार कीजिए–
अप्रत्याशित मुद्रास्फीति से सम्भवतः लाभान्वित हो सकते हैं–
1. कर्जदार
2. जीवन बीमा पॉलिसी धारक
3. वे व्यक्ति जिनकी कम्पनियों के पास सावधि जमाएं हैं।
इन कथनों में से–
A. केवल 1 सही है
B. 1 और 2 सही हैं
C. 1, 2 और 3 सही हैं
D. 2 और 3 सही हैं

104. एक वस्तु विनिमय अर्थव्यवस्था में 10 वस्तुओं के लिए सापेक्ष कीमतें होंगी–
A. 100
B. 60
C. 45
D. 40

105. उपभोक्ता अपनी आय में हुई वृद्धि का 20 प्रतिशत बचाता है तो गुणांक का मान होगा–
A. 2
B. 4
C. 5
D. 8

106. आय स्फीति (Income Inflation) से अभिप्राय है–
A. समग्र मांग कम है समग्र पूर्ति से
B. अर्थव्यवस्था के कुछ क्षेत्रों में कीमत वृद्धि से
C. अर्थव्यवस्था में मौद्रिक आय में वृद्धि से
D. अर्थव्यवस्था में पूर्ण रोजगार के बाद कीमत वृद्धि से

107. यदि आय के सब स्तरों पर MPC = APC है तो इसके समकक्ष उपभोग फलन होगा–
A. $c = a + by$
B. $c = by$
C. $c = by^2$
D. $c = a + by^2$

108. निवेश का त्वरक सिद्धान्त निवेश की वर्तमान दर को–
A. ब्याज की दीर्घकालीन दर से सम्बद्ध करता है
B. ब्याज की अल्पकालीन दर से सम्बद्ध करता है
C. उत्पादन के वर्तमान स्तर से सम्बद्ध करता है
D. बचत के स्तर से सम्बद्ध करता है।

109. यदि MPS बढ़ती है तो उत्पादन का संतुलन स्तर–
A. बढ़ेगा
B. कम होगा
C. स्थिर रहेगा
D. अनिश्चित रहेगा

110. समीकरण $0.5y + 50i - 240 = 0$ है–
A. उपभोग फलन का समीकरण
B. निवेश फलन का समीकरण

C. IS फलन का समीकरण

D. LM फलन का समीकरण

111. दिया गया है–

$C = 50 + 0.5\ Y$

$I = 80$

$G = 100$

आय का संतुलन स्तर है–

A. 460   B. 560

C. 230   D. 360

112. केन्स के अनुसार निम्नलिखित में से कौन–सा एक अनैच्छिक बेरोजगारी का मूलभूत कारण है–

A. वस्तुओं तथा सेवाओं की मांग में कमी

B. देश में कार्य–उपलब्धता वाले अन्य भागों की ओर प्रवसन करने में श्रमिकों की अनिच्छा

C. आवश्यक कुशलताओं के न होने के कारण व्यवसायों में परिवर्तन करने में असमर्थता

D. इनमें से कोई नहीं

113. एक बेरोजगार व्यक्ति को परिभाषित किया जा सकता है–

A. जो कार्य नहीं करता है

B. जो काम चाहता है परन्तु काम नहीं मिलता है

C. जो अपनी योग्यता से नीचे के काम में लगा है

D. इनमें से कोई नहीं

114. निम्नलिखित में से कौन–सा एक सही सुमेलित नहीं है–

A. स्फीतिकारी अन्तराल : केन्ज

B. नकद संतुलन उपागम : पीगू

C. त्वरक–गुणक विश्लेषण : हिक्स

D. विनिमय का समीकरण : मार्शल

115. निम्नलिखित कथनों पर विचार कीजिए–

चिर–प्रतिष्ठित अर्थशास्त्रियों का विश्वास था कि अर्थव्यवस्था में बेरोजगारी बनी रहेगी–

1. श्रम की बचत करने वाली तकनीकी प्रगति के कारण।

2. वस्तुओं की मांग में अपर्याप्तता के कारण।

3. अर्थव्यवस्था की स्वतंत्र क्रिया में सहकारी हस्तक्षेप के कारण

उपर्युक्त कथनों में से कौन सही है–

A. 1, 2 और 3   B. 1 और 2

C. 2 और 3   D. केवल 2

116. MPC का मान है–

A. $\dfrac{\Delta C}{\Delta Y}$ B. $\dfrac{\Delta Y}{\Delta C}$

C. $\dfrac{1}{\Delta C}$ D. $\dfrac{1}{\Delta Y}$

117. कौन सत्य है–

A. MPC + MPS = 1   B. MPC + MPS > 1

C. MPC + MPS < 1   D. MPC + MPS = 0

118. निरपेक्ष आय परिकल्पना के प्रतिपादक हैं–

A. केन्स   B. मार्शल

C. फ्रीडमैन   D. मोडिग्लानी

119. स्थायी आय परिकल्पना (Permanent Income Hypothesis) के प्रतिपादक हैं–

A. फ्रीडमैन   B. कीन्स

C. डूसनबरी   D. मोडिग्लानी

120. त्वरण गुणांक का सूत्र है–

A. $\Delta I/\Delta C$ B. $\dfrac{\Delta C}{\Delta I}$

C. $\dfrac{1}{\Delta I}$ D. $\dfrac{1}{\Delta C}$

121. त्वरक (Accelerator) का मूल्य होता है–

A. सदैव एक से अधिक   B. सदैव एक से कम

C. सदैव शून्य   D. इनमें से कोई नहीं

122. निवेश का नकदी–प्रवाह सिद्धान्त (cash-flow theory) के प्रतिपादक हैं–

A. डूसनबरी   B. हिक्स

C. कीन्स   D. फ्रीडमैन

123. निवेश का नवक्लासिकी सिद्धान्त विकसित किया–

A. जोर्गनसन ने   B. हिक्स ने

C. माल्थस ने   D. पीगू ने

124. क्लासिकी विचारधारा के अनुसार अर्थव्यवस्था में पाया जाता है–

A. हमेशा पूर्ण रोजगार   B. हमेशा अल्प रोजगार

C. (A) और (B) दोनों   D. इनमें से कोई नहीं

125. APS बराबर है–

A. APC – 1   B. 1 – APC

C. 1 – MPC   D. MPS – 1

126. MPS का मान है–

A. $\Delta S/\Delta Y$ B. $\Delta C/\Delta Y$

उत्तरमाला

1	2	3	4	5	6	7	8	9	10
A	C	D	C	C	D	B	A	B	C
11	12	13	14	15	16	17	18	19	20
D	A	B	C	B	B	B	D	A	B
21	22	23	24	25	26	27	28	29	30
B	A	B	C	A	B	D	B	B	C
31	32	33	34	35	36	37	38	39	40
A	A	D	C	C	A	A	A	B	B
41	42	43	44	45	46	47	48	49	50
A	D	C	D	D	D	A	C	C	B
51	52	53	54	55	56	57	58	59	60
D	D	C	A	D	D	D	B	C	C
61	62	63	64	65	66	67	68	69	70
D	D	A	A	D	D	D	C	B	D
71	72	73	74	75	76	77	78	79	80
A	D	B	D	D	C	B	B	B	A
81	82	83	84	85	86	87	88	89	90
A	A	C	C	D	A	A	B	A	C
91	92	93	94	95	96	97	98	99	100
D	C	B	A	A	D	B	A	A	A
101	102	103	104	105	106	107	108	109	110
A	A	A	C	C	C	B	C	B	C
111	112	113	114	115	116	117	118	119	120
A	A	B	B	A	A	A	A	A	A
121	122	123	124	125	126				
A	A	A	A	B	A				

___

3 राष्ट्रीय आय (National Income)

1. किसी देश की राष्ट्रीय आय से तात्पर्य है–
A. सरकार द्वारा कमाये गये धन से
B. उत्पादन के विभिन्न साधनों के आयों के योग से
C. विदेशी मुद्रा से
D. किसी से नहीं

2. निवल राष्ट्रीय उत्पाद (NNP) से आशय है–
A. कुल राष्ट्रीय उत्पाद में से मूल्यह्रास निकालने से जो बचता है
B. कुल राष्ट्रीय उत्पाद में अप्रत्यक्ष कर जोड़ने पर जो योगफल होता है
C. उत्पादन के साधनों को मिलने वाले भुगतानों का योगफल
D. इनमें से कोई नहीं

3. 'देश की उत्पादन व्यवस्था से वर्ष भर में प्रवाहित होकर अंतिम उपभोक्ता के हाथों में जाने वाली वस्तुओं तथा सेवा में अथवा देश की पूंजीगत वस्तुओं के स्टॉक में शुद्ध वृद्धि को राष्ट्रीय आय कहते हैं।'' यह परिभाषा किस अर्थशास्त्री की है–
A. साइमन कुजनेट्स   B. मार्शल
C. पीगू   D. फिशर

4. Y = C + I है–
A. एक समीकरण   B. एक पहचान
C. एक सूत्र   D. एक फलन

5. निजी उपभोग व्यय कहलाएगा–
A. NNP   B. GDP
C. PI   D. PDI

6. राष्ट्रीय उत्पाद में गणना की जाती है–
A. सभी वस्तुएं
B. वे वस्तुएं जिनका बाजार में विनिमय होता है
C. वे वस्तुएं जिनका बाजार में विनिमय होता है किन्तु उत्पादकों द्वारा उपभोग नहीं किया जाता

D. बाजार में विनिमय हो तथा उत्पादकों द्वारा अपने उपभोग के लिए रखी गयी हो।

7. सामाजिक लेखांकन में किसे चुना जा सकता है–
A. GNP
B. NNP
C. NI अथवा PI
D. उपरोक्त में से कोई नहीं

8. $\dfrac{\text{वास्तविक राष्ट्रीय आय}}{\text{जनसंख्या}} = ?$
A. निजी आय
B. प्रति व्यक्ति आय
C. प्रति व्यक्ति वास्तविक आय
D. इनमें से कोई नहीं

9. साइमन कुजनेट्स के अनुसार राष्ट्रीय आय मापने की विधियां हैं–
A. दो   B. तीन
C. चार   D. पांच

10. राष्ट्रीय आय के आकलन में निम्नलिखित में से कौन–सा दोहरी गणना का उदाहरण है–
A. उपभोक्ता द्वारा चावल का उपभोग
B. नर्स को किया गया भुगतान
C. कपड़ा उद्योग द्वारा बिजली का उपभोग
D. उपभोक्ता द्वारा बिजली का उपभोग

11. घरेलू साधन आय (GFI) में केवल निम्न की गणना की जाती है–
A. केवल गैर निवासी उत्पादकों की
B. एक देश की भौगोलिक सीमा के अन्तर्गत आने वाले सभी उत्पादकों की
C. केवल विदेशी उत्पादकों की
D. उपरोक्त सभी

12. शुद्ध राष्ट्रीय उत्पाद (NNP) है–
A. सकल राष्ट्रीय उत्पाद + अप्रत्यक्ष कर
B. सकल राष्ट्रीय उत्पाद – अप्रत्यक्ष कर
C. सकल राष्ट्रीय उत्पाद – घिसावट व्यय
D. इनमें से कोई नहीं

13. आर्थिक विकास की माप के लिए निम्नलिखित में से कौन सी बेहतर माप है–
A. रोजगार
B. निर्यात का आकार
C. ग्रामीण उपभोग
D. राष्ट्रीय आय

14. दोहरी गणना से आशय है–
A. उत्पाद की एक से अधिक बार गणना
B. उत्पाद की विभिन्न स्तरों पर गणना
C. उत्पाद एवं भुगतान दोनों की गणना
D. उत्पाद का मौद्रिक मूल्य

15. प्रयोज्य आय (Disposable Income) है–
A. राष्ट्रीय आय
B. मूल्यह्रास को घटाने के बाद बची राष्ट्रीय आय
C. प्रत्यक्ष करों और वितरित लाभों को घटाने के बाद बची राष्ट्रीय आय
D. प्रत्यक्ष करों तथा अवितरित लाभों को घटाने और अन्तरण अदायगियों को जोड़ने के बाद राष्ट्रीय आय

16. मध्यवर्ती वस्तुएं GDP में शामिल नहीं की जाती क्योंकि–
A. ऐसी वस्तुओं की परिभाषा करना कठिन है
B. ऐसी वस्तुओं का प्रत्यक्षतः उपभोग नहीं होता
C. उनका मूल्य निर्धारित नहीं किया जा सकता
D. उनसे दोहरेपन की समस्या पैदा होती है।

17. राष्ट्रीय लाभांशों तथा आय में केवल अंतिम उपभोक्ताओं द्वारा प्राप्त सेवाएं सम्मिलित होती हैं। चाहे वे भौतिक या मानवीय वातावरण से प्राप्त हों। इस प्रकार एक पियानों या ओवरकोट जो मेरे लिए इस वर्ष बनाया गया है इस वर्ष की आय का भाग नहीं हैं वरन् पूंजी में वृद्धि है। केवल इन वस्तुओं द्वारा मेरे लिए इस वर्ष की गई सेवाएं ही आय हैं। यह परिभाषा किसकी है–
A. कुजनेट्स
B. मार्शल
C. पीगू
D. फिशर

18. राष्ट्रीय आय की गणना कितनी अवधि के लिए की जाती है–
A. एक वर्ष
B. दो वर्ष
C. तीन वर्ष
D. पांच वर्ष

19. किसी विकासशील अर्थव्यवस्था में राष्ट्रीय आय अनुमान में अर्थशास्त्रियों को सामना करना पड़ता है–
A. केवल अवधारणा की समस्याओं का
B. केवल सांख्यिकीय समस्याओं का
C. उक्त दोनों समस्याओं का
D. दोनों में से किसी का नहीं

20. राष्ट्रीय आय की गणना होती है–
A. प्रचलित कीमतों पर
B. प्रचलित एवं स्थिर दोनों कीमतों पर
C. स्थिर कीमतों पर
D. मूल्यानुपातों पर

21. सकल राष्ट्रीय उत्पाद (GNP) बराबर होता है–
A. प्रयोज्य आय
B. शुद्ध राष्ट्रीय उत्पाद + घिसावट व्यय
C. सकल राष्ट्रीय उत्पाद – घिसावट व्यय
D. इनमें से कोई नहीं

22. राष्ट्रीय आय मापने की सर्वोत्तम विधि है–
A. उत्पाद + व्यय विधि
B. उत्पाद विधि
C. आय विधि
D. कोई नहीं

23. भारत में राष्ट्रीय आय का अनुमान लगाने वाली संस्था है–
A. केन्द्रीय सांख्यिकी संगठन
B. नीति आयोग
C. वित्त आयोग
D. NSSO

24. राष्ट्रीय आय का हिस्सा नहीं है–
A. मजदूरी
B. लाभ
C. ब्याज
D. पेंशन, बेकारी भत्ता

25. स्थिर कीमतों पर राष्ट्रीय आय किस प्रकार प्रकट की जा सकती है–

A. $\dfrac{\text{चालू कीमतों पर राष्ट्रीय आय}}{\text{चालू वर्ष का कीमत सूचकांक}} \times 100$

B. $\dfrac{\text{चालू कीमतों पर राष्ट्रीय आय}}{\text{आधार वर्ष का कीमत सूचकांक}}$

$\times$ चालू वर्ष का कीमत सूचकांक

C. $\dfrac{\text{चालू कीमतों पर राष्ट्रीय आय}}{\text{आधार वर्ष का कीमत सूचकांक}} \times 100$

D. इनमें से कोई नहीं

26. राष्ट्रीय आय में दोहरी गणना का परिहार किया जाता है—

A. वित्तीय अंतरणों को अलग करके

B. सकल राष्ट्रीय उत्पाद की माप के लिए वर्धित मूल्य विधि का उपयोग करके

C. पहले से उत्पादित वस्तुओं के बाजार मूल्य को अलग करके

D. उन वस्तुओं को छोड़ देने से जो कि बाजार विनियोग में नहीं आती हैं।

27. निम्नलिखित कारकों में से कौन-सा कारक सकल राष्ट्रीय उत्पाद में प्रत्यक्ष रूप में वृद्धि करेगा—

A. ब्याज दर में वृद्धि   B. बजट में अतिरेक

C. विनियोग में वृद्धि   D. राष्ट्रीय ऋण में कमी

28. केन्स के पूर्व जिस अर्थशास्त्री ने बेरोजगारी की समस्या पर विचार किया वह है—

A. मिल   B. नट विकसेल

C. ए॰सी॰ पीगू   D. रॉबिन्सन

29. सकल राष्ट्रीय उत्पाद की गणना में हम सम्मिलित नहीं करते—

A. निजी उपभोग व्यय

B. सकल निजी विनियोग

C. सार्वजनिक उपक्रमों द्वारा उत्पादित वस्तुएं एवं सेवाएं

D. हस्तांतरण भुगतान

30. वैयक्तिक आय (PI) बराबर होती है—

A. राष्ट्रीय उत्पाद – घिसावट

B. शुद्ध राष्ट्रीय आय –अप्रत्यक्ष कर + आर्थिक अनुदान

C. व्यय योग्य आय + वैयक्तिक प्रत्यक्ष कर

D. इनमें से कोई नहीं

31. यदि बाजार मूल्यों पर राष्ट्रीय आय में परिदान (Subsidy) जोड़ दिया जाए और अप्रत्यक्ष कर हटा दिया जाए तो वह राशि बराबर होगी—

A. साधन कीमतों पर राष्ट्रीय आय के

B. बाजार मूल्यों पर समग्र घरेलू उत्पाद के

C. बाजार मूल्यों पर शुद्ध राष्ट्रीय उत्पाद के

D. वैयक्तिक आय के

32. निम्न मदों में से कौन सकल राष्ट्रीय आय की गणना में सम्मिलित किया जाएगा—

1. कंपनी द्वारा लाभांश का भुगतान

2. पुराने भवन की विक्रय आय

3. सरकार द्वारा वृद्धावस्था पेंशन

4. कम्पनी द्वारा नई पूंजी का निर्गम

A. 1 तथा 4   B. 1 तथा 3

C. 1, 3 और 4   D. केवल 1

33. राष्ट्रीय आय का सामान्य रूप से अर्थ है—

A. बाजार मूल्य पर शुद्ध राष्ट्रीय उत्पाद

B. बाजार मूल्य पर सकल राष्ट्रीय उत्पाद

C. साधन लागत पर सकल राष्ट्रीय उत्पाद

D. साधन लागत पर शुद्ध राष्ट्रीय उत्पाद

34. NDP को प्राप्त करने के लिए GDP में से किसको घटाया जाता है—

A. मूल्य ह्रास   B. अप्रत्यक्ष कर

C. प्रत्यक्ष कर   D. अनुदान

35. निम्न में से कौन–सा दोहरी गणना का उदाहरण है—

A. देश में विद्युत का उपभोग

B. एक सीमेन्ट उद्योग द्वारा विद्युत का उपभोग

C. एक उपभोक्ता को फल का विक्रय

D. एक वकील द्वारा अपने मुवक्किल से फीस लेना

36. GNP और GDP में अंतर है—

A. सकल विदेशी विनियोग का

B. शुद्ध विदेशी विनियोग का

C. शुद्ध निर्यात का

D. विदेशों से शुद्ध साधन आय का $(X - M)$

37. निम्नलिखित में से कौन–सी विधि सकल राष्ट्रीय उत्पाद के आकलन की विधि नहीं है—

A. उत्पाद प्रत्यागम   B. मूल्यवर्धित प्रत्यागम

C. आय प्रत्यागम   D. वित्तीय प्रत्यागम

38. यदि सकल निवेश शून्य हो जाए तो निम्न में से कौन राष्ट्रीय आय को शून्य होने से रोकता है—

A. उपभोग   B. गुणक

C. बैंकदर   D. आयात

39. राष्ट्रीय ऋण पर देय ब्याज सम्मिलित होता है—

A. GNP में   B. NNP में

C. व्यक्तिगत आय में   D. राष्ट्रीय आय में

40. जब NNP में से सभी प्रकार के वैयक्तिक करों और शुद्ध निवल बचत को घटाया जाता है तथा हस्तांतरण आय को जोड़ा जाता है, तब जो राशि मिलती है, उसे—
A. वैयक्तिक बचत कहते हैं
B. वैयक्तिक आय कहते हैं
C. राष्ट्रीय आय कहते हैं
D. व्यय योग्य आय कहते हैं।

41. बाजार मूल्य पर सकल राष्ट्रीय उत्पाद की गणना में निम्न में से किसको सम्मिलित नहीं किया जाता है—
A. मजदूरी और वेतन
B. अवकाश प्राप्त व्यक्तियों को दी गयी पेंशन
C. अप्रत्यक्ष कर
D. उपदान (Subsidy)

42. नीचे दिए गए कथनों को ध्यानपूर्वक पढ़िये:
1. जब मानव संसाधन को शिक्षा तथा स्वास्थ्य के द्वारा विकसित किया जाता है, तब इसे मानव पूंजी निर्माण कहते हैं।
2. मानव पूंजी में निवेश, भौतिक पूंजी की ही भाँति प्रतिफल प्रदान करता है।
उपरोक्त कथनों में से कौन-सा/से कथन सत्य है/हैं?
A. केवल 1   B. केवल 2
C. 1 और 2 दोनों   D. न तो 1 और न ही 2

43. 'वास्तविक राष्ट्रीय आय' में वृद्धि होती है, जबकि—
A. आवश्यक वस्तुओं की कीमतें बढ़ जाती हैं
B. लोगों की बचतें बढ़ जाती हैं
C. अर्थव्यवस्था में मुद्रा की पूर्ति बढ़ जाती है
D. अर्थव्यवस्था में कुल उत्पादन बढ़ जाता है।

44. द्विक्षेत्रीय प्रारूप में आय का चक्रीय प्रवाह प्रदर्शित करता है—
A. घरेलू तथा व्यापारिक क्षेत्रों के बीच बहाव
B. घरेलू तथा व्यापारिक क्षेत्रों द्वारा रखी गयी धन की मात्रा
C. घरेलू तथा व्यापारिक क्षेत्रों द्वारा की गयी बचतें
D. इनमें से कोई नहीं

45. साधन लागत पर राष्ट्रीय उत्पाद को कहा जाता है—
A. शुद्ध राष्ट्रीय उत्पाद   B. सकल राष्ट्रीय उत्पाद
C. राष्ट्रीय आय   D. व्यक्तिगत आय

46. इनमें से कौन—सा राष्ट्रीय उत्पाद में सम्मिलित नहीं किया जाएगा—
A. किसान द्वारा अपने उपभोग के लिए उत्पादित गेहूँ
B. स्वयं के उपभोग के लिए निर्मित मकान
C. एक व्यक्ति द्वारा दूसरे को बेचा गया पुराना मकान
D. एक फर्म द्वारा निर्मित मशीनें

47. औसत जीवन स्तर में परिवर्तनों की माप की जाती है—
A. वास्तविक प्रति व्यक्ति आय से
B. वास्तविक मजदूरी दर से
C. मौद्रिक आय से
D. आय में श्रम के अंश से

48. राष्ट्रीय आय के आंकड़े होते हैं—
A. पूर्ण सही   B. वास्तविक
C. अनुमान   D. आय में श्रम के अंश से

49. आर्थिक क्रियाकलापों के संदर्भ में प्राथमिक क्षेत्र में सम्मिलित हैं:
1. वानिकी   2. पशुपालन
3. व्यापार एवं परिवहन   4. खनन
A. केवल 1   B. 1 और 3
C. 1, 2 और 3   D. 1, 2 और 4

50. साइमन कुजनेट्स की राष्ट्रीय आय की परिभाषा मिलती है—
A. मार्शल से   B. एडम स्मिथ से
C. फिशर से   D. इनमें से कोई नहीं

51. आकार में सबसे बड़ा किसको माना जाएगा—
A. राष्ट्रीय आय   B. NNP_{FC}
C. GNP   D. वैयक्तिक आय

52. शुद्ध समीकरण कौन सा है—
A. $GNP = C + I + G + (X - M)$
B. $GNP = C - I - G + (X - M)$
C. $GNP = C + I + G - (X - M)$
D. $GNP = C + I + G - (X - M)$

53. ''राष्ट्रीय आय में केवल उन्हीं वस्तुओं एवं सेवाओं को सम्मिलित किया जाता है जिन्हें द्रव्य से मापा जा सकता है'' यह किसने परिभाषित किया—
A. मार्शल   B. फिशर
C. पीगू   D. कैनन

54. आय गणना के आधार पर सकल राष्ट्रीय उत्पाद की गणना करने में सम्मिलित नहीं है –

A. मजदूरी (Wages)   B. लगान (Rent)
C. कर (Taxes)   D. लाभ (Profit)

55. सामाजिक लेखाविधि किसने प्रतिपादित की–

A. रिचर्ड स्टोन   B. फिशर
C. पीगू   D. मार्शल

56. राष्ट्रीय आय तथा आर्थिक कल्याण के परस्पर सम्बंध की व्याख्या सर्वप्रथम किसने की–

A. एडम स्मिथ   B. रिकार्डो
C. मार्शल   D. पीगू

57. निम्न में गलत क्या है–

A. राष्ट्रीय आय = उपभोग + बचत
B. राष्ट्रीय आय = उपभोग + विनियोग
C. राष्ट्रीय आय = बाजार कीमत पर कुल घरेलू व्यय
D. राष्ट्रीय आय = सकल राष्ट्रीय उत्पाद

58. राष्ट्रीय आय का आकलन करते समय निम्न में से किसे सम्मिलित नहीं किया जाता–

A. किराये की आय   B. मजदूरी व वेतन
C. ब्याज और लाभ   D. पेंशन

59. कौन सा सही है–

A. $PI = NNP$ B. $PI < DPI$
C. $PI = NI$ D. $PI > DPI$

60. एक अर्थव्यवस्था में व्यक्तियों की वास्तविक मांग किससे निर्धारित होती है–

A. सकल राष्ट्रीय उत्पाद
B. निवल राष्ट्रीय उत्पाद
C. राष्ट्रीय उत्पाद
D. व्यय–योग्य वैयक्तिक आय

61. आर्थिक क्रियाकलापों के अंतर्गत तृतीयक क्षेत्रक में सम्मिलित हैं–

1. व्यापार
2. परिवहन
3. बीमा
4. संचार
5. विनिर्माण

A. 1, 2 और 3   B. 2, 4 और 5
C. 3, 4 और 5   D. 1, 2, 3 और 4

62. इस आर्थिक क्रिया में वेतन या लाभ के उद्देश्य से की गई क्रियाओं के लिए पारिश्रमिक का भुगतान किया जाता है, इसमें सरकारी सेवा सहित वस्तु या सेवाओं का उत्पादन शामिल है। ऊपर कही गई बात किस प्रकार की आर्थिक क्रिया के संदर्भ में है।

A. बाजार क्रियाएँ
B. गैर-बाजार क्रियाएँ
C. बाजार एवं गैर-बाजार क्रियाएँ दोनों के लिए
D. इनमें से कोई नहीं

63. साधन लागत पर निवल घरेलू उत्पाद बराबर है–

A. बाजार कीमत पर सकल घरेलू उत्पाद – घिसावट
B. बाजार कीमत पर सकल घरेलू उत्पाद – परोक्ष कर + सहायता (Subsidy)
C. बाजार कीमत पर निवल राष्ट्रीय उत्पाद – विदेश से प्राप्त शुद्ध आय
D. साधन लागत पर निवल राष्ट्रीय उत्पाद + निर्यात – आयात

64. भारत में सकल घरेलू उत्पाद की गणना का काम किस मंत्रालय के द्वारा कराया जाता है?

A. वित्त मंत्रालय
B. वाणिज्य और उद्योग मंत्रालय द्वारा
C. केन्द्रीय सांख्यिकीय एवं कार्यक्रम कार्यान्वयन मंत्रालय
D. गृह मंत्रालय

65. प्रति व्यक्ति आय राष्ट्रीय आय की अपेक्षा अधिक तेजी से बढ़ेगी यदि–

A. कीमत स्तर स्थिर रहे
B. आय का वितरण समान रहे
C. जनसंख्या स्थिर रहे
D. इनमें से कोई नहीं

66. अन्य बातें स्थिर रहें तो निम्नलिखित में से किसके द्वारा राष्ट्रीय कल्याण (National Welfare) में गिरावट आएगी–

A. राष्ट्रीय आय की स्थिर संवृद्धि दर
B. आय के वितरण की विषमता में कमी
C. औद्योगिक प्रदूषण में वृद्धि
D. जनसंख्या की वृद्धि दर में गिरावट

67. उपभोग + बचत बराबर है–
A. उपभोग्य वैयक्तिक आय के
B. शुद्ध वैयक्तिक आय के
C. प्रति व्यक्ति वास्तविक आय के
D. राष्ट्रीय आय के

68. प्रति व्यक्ति आय बढ़ती है जब–
A. GNP जनसंख्या की तुलना में धीमी गति से बढ़ती है
B. GNP और जनसंख्या समान गति से बढ़ती है
C. GNP जनसंख्या की तुलना में अधिक गति से बढ़ती है
D. GNP नहीं बढ़ती और जनसंख्या धीमी गति से बढ़ती है।

69. दोहरी गणना का प्रभाव है–
A. राष्ट्रीय उत्पादन को समझना
B. राष्ट्रीय आय का अति अनुमान करना
C. राष्ट्रीय उत्पादन की विकृति
D. राष्ट्रीय उत्पादन के विषय में भ्रमित निष्कर्ष निकालना।

70. साधन लागत पर NDP बराबर है–
A. साधन लागत पर NDP – विदेशों से प्राप्त शुद्ध साधन आय
B. राष्ट्रीय आय + विदेशों से प्राप्त शुद्ध साधन आय
C. राष्ट्रीय आय + मूल्यहास
D. राष्ट्रीय आय + अप्रत्यक्ष कर – अनुदान

71. बाजार मूल्यों पर GNP शामिल नहीं करती है–
A. अनुदान
B. अप्रत्यक्ष कर
C. मूल्यहास
D. वेतन व मजदूरी

72. निम्न में से कौन-सा हस्तांतरित भुगतान नहीं है–
A. बच्चों को दिया जाने वाला जेब खर्च
B. सार्वजनिक ऋण पर ब्याज
C. घरेलू नौकर को दिया गया भुगतान
D. एक गृहणी को दिया गया भुगतान

73. राष्ट्रीय आय में शामिल नहीं है–
A. खाद पर अनुदान
B. मूल्यहास
C. घरेलू सेवा के लिए भुगतान
D. एक मुख्यमंत्री का वेतन

74. सार्वजनिक ऋण पर ब्याज–
A. NNP का अंश परन्तु NI का अंश नहीं
B. NI का अंश परन्तु PI का अंश नहीं
C. NI का अंश नहीं परन्तु PI में सम्मिलित
D. इनमें से कोई नहीं

75. दिए हुए हैं –
GNP में प्रतिशत परिवर्तन = 1.8
जनसंख्या में प्रतिशत परिवर्तन = 0.5
कीमत स्तर में प्रतिशत परिवर्तन = 1.3
वास्तविक प्रति व्यक्ति GNP में सन्निकट प्रतिशत परिवर्तन क्या है?
A. शून्य
B. 0.5
C. 1.0
D. 1.3

76. बाजार कीमत पर GNP 300 रु. है। विदेशों से प्राप्त शुद्ध आय 30 रु. है। परोक्ष कर 30 रु. व उत्पादन सहायता 10 रु. है। साधन लागत पर GDP है–
A. 250
B. 270
C. 310
D. 330

77. आय विधि के आधार पर सकल राष्ट्रीय उत्पाद की गणना करने में सम्मिलित नहीं है–
A. मजदूरी
B. कर
C. लगान
D. लाभ

78. हस्तान्तरण आय राष्ट्रीय आय में सम्मिलित नहीं होते हैं क्योंकि–
A. इनको सम्मिलित करने का अर्थ है दोहरी गणना
B. जिनको हस्तान्तरण भुगतान मिलता है उनका वर्तमान उत्पादन में कोई योगदान नहीं होता
C. इससे केवल आय का एक जेब से दूसरी जेब में हस्तान्तरण होता है
D. उपरोक्त सभी प्रासंगिक है।

79. उत्पादन विधि से राष्ट्रीय आय की गणना करने में निम्न में से कौन-सा सम्मिलित नहीं किया जाता है–
A. पुनः स्थापन मूल्य
B. मध्यवर्ती वस्तुओं का मूल्य
C. स्थायी पूंजी का हास
D. अन्तिम परिष्कृत माल का मूल्य

80. जब सकल निवेश धनात्मक है तो निवल निवेश होगा–

A. ऋणात्मक
B. शून्य
C. धनात्मक
D. इनमें से कोई नहीं

81. GNP की गणना में निम्न को नहीं जोड़ा जाना चाहिए–

A. लगान से प्राप्त आय
B. ब्याज का भुगतान
C. लाभांश
D. सरकार द्वारा अन्तरण भुगतान

82. राष्ट्रीय आय निम्न राशि से बाजार मूल्यों पर शुद्ध राष्ट्रीय उत्पाद से अलग होती है–

A. सम्पूर्ण विश्व से चालू अन्तरण
B. शुद्ध अप्रत्यक्ष कर
C. राष्ट्रीय ऋण पर ब्याज
D. वह अलग नहीं होती

83. GNP, मौद्रिक मूल्य है–

A. वस्तुओं व सेवाओं के स्टॉक का
B. अन्तिम वस्तुओं व सेवाओं का जो एक वर्ष में उत्पादित की गयी
C. केवल बाजार में बेचने के लिए उत्पादित वस्तुओं का मूल्य
D. इनमें से कोई नहीं

84. जैसे–जैसे देश का विकास होता है, हम देख सकते हैं कि–

A. राष्ट्रीय आय में प्राथमिक क्षेत्र का सापेक्षिक प्रतिशत योगदान घटता है
B. कृषि क्षेत्र का राष्ट्रीय आय में निरपेक्ष भाग बढ़ता है
C. द्वितीयक और तृतीयक क्षेत्र का योगदान घटता है
D. इनमें से कोई नहीं

85. भारत में प्रति व्यक्ति आय की गणना करने के लिए किस आधार वर्ष का इस्तेमाल किया जाता है?

A. 2004-05
B. 2011-12
C. 2001-2002
D. 2014-15

86. वास्तविक और संभाव्य GNP के अंतराल की मात्रा निम्नलिखित का माप है–

A. स्फीति अंतराल का
B. अवस्फीति अन्तराल का
C. बचत–निवेश अंतराल का
D. बेरोजगारी की प्राकृत दर का

87. कीन्सीय अर्थशास्त्र में, एक निश्चित कुल निवेश व्यय पर बचत प्रवृत्ति में वृद्धि होने के परिणामस्वरूप–

A. बचत मात्रा में गिरावट आएगी
B. आय में गिरावट आएगी
C. ब्याज दर में वृद्धि होगी
D. आय में वृद्धि होगी

88. मध्यवर्ती वस्तुएं GNP में सम्मिलित नहीं की जाती क्योंकि–

A. उनसे दोहरेपन की समस्या पैदा होती है
B. उनका मूल्य निर्धारित नहीं किया जा सकता
C. ऐसी वस्तुओं की परिभाषा करना कठिन है
D. ऐसी वस्तुओं का प्रत्यक्षतः उपभोग नहीं होता

89. यदि किसी देश की अर्थव्यवस्था में कृषि क्षेत्र का योगदान घट रहा है तो इसका क्या मतलब निकाला जा सकता है?

A. देश विकसित बनने की दिशा में बढ़ रहा है
B. देश अल्प विकसित बनने की दिशा में बढ़ रहा है
C. कोई मतलब नहीं निकाला जा सकता है
D. देश की आर्थिक वृद्धि रुक गई है

90. एक बंद अर्थव्यवस्था के लिए जिसमें विदेशी व्यापार नहीं है, निम्नलिखित में से कौन–सा एक सही है–

A. GDP = GNP
B. GDP > GNP
C. GDP < GNP
D. इनमें से कोई नहीं

91. भारत के सकल घरेलू उत्पाद (GDP) में प्राथमिक क्षेत्र का कितना योगदान है?

A. 20%
B. 35%
C. 60%
D. 10%

92. GNP अन्तराल है–

A. GNP और NNP के बीच
B. GNP और मूल्यह्रास के बीच
C. GNP और GDP के बीच
D. सम्भावित और वास्तविक GNP के बीच

93. राष्ट्रीय आय की गणना में किसे नहीं जोड़ा जाता है?

A. वस्तुओं और सेवाओं का मूल्य
B. बेचे गए पुराने फ्रिज का मूल्य
C. गृहिणी की सेवाओं को
D. B और C दोनों

94. कौन समीकरण गलत है–
   A. NNP = GNP + घिसावट
   B. NNP = GNP – घिसावट
   C. GNP = NNP + घिसावट
   D. इनमें से कोई नहीं

95. NNP_{FC} + उत्पादन – अप्रत्यक्ष कर = ?
   A. NNP_{MP} B. GNP_{FC}
   C. GDP_{FC} D. GNP_{MP}

96. भारत की अर्थव्यवस्था में सबसे अधिक योगदान कौन देता है?
   A. सेवा क्षेत्र   B. विनिर्माण क्षेत्र
   C. कृषि क्षेत्र   D. छोटे गृह उद्योग

97. निवेश दर 12 प्रतिशत तथा जनसंख्या वृद्धि दर 2 प्रतिशत तथा पूंजी–उत्पाद अनुपात 3:1 होने पर प्रति व्यक्ति आय में वृद्धि दर होगी–
   A. 2%   B. 4%
   C. 6%   D. 3%

98. निम्न में से कौन राष्ट्रीय आय में प्रत्यक्ष रूप में वृद्धि करेगा–
   A. ब्याज दर में वृद्धि
   B. बजट में अतिरेक
   C. विनियोग में वृद्धि
   D. राष्ट्रीय ऋण में कमी

99. वास्तविक शेष प्रभाव (Real Balance Effect) की सर्वाधिक आलोचना की है–
   A. पिटिन्किन
   B. पीगू
   C. फिशर
   D. फ्रीडमैन

100. योजना आयोग एक संस्था है–
   A. संवैधानिक
   B. परामर्शवादी
   C. कानूनी
   D. वाणिज्यिक

उत्तरमाला

1	2	3	4	5	6	7	8	9	10
B	A	A	D	D	B	D	B	B	C
11	**12**	**13**	**14**	**15**	**16**	**17**	**18**	**19**	**20**
B	C	D	A	D	D	D	A	C	B
21	**22**	**23**	**24**	**25**	**26**	**27**	**28**	**29**	**30**
B	A	A	D	A	B	C	C	D	C
31	**32**	**33**	**34**	**35**	**36**	**37**	**38**	**39**	**40**
A	A	D	A	B	D	D	A	C	D
41	**42**	**43**	**44**	**45**	**46**	**47**	**48**	**49**	**50**
B	C	D	A	C	C	A	B	D	C
51	**52**	**53**	**54**	**55**	**56**	**57**	**58**	**59**	**60**
C	A	C	C	D	D	D	D	D	D
61	**62**	**63**	**64**	**65**	**66**	**67**	**68**	**69**	**70**
D	A	B	C	C	C	A	C	B	A
71	**72**	**73**	**74**	**75**	**76**	**77**	**78**	**79**	**80**
A	A	B	C	C	B	B	D	B	C
81	**82**	**83**	**84**	**85**	**86**	**87**	**88**	**89**	**90**
D	B	B	A	B	C	B	A	A	A
91	**92**	**93**	**94**	**95**	**96**	**97**	**98**	**99**	**100**
A	D	D	A	A	A	A	C	A	B

④ मुद्रा और बैंकिंग (Money and Banking)

1. Theory of Price के लेखक हैं–
   A. हिक्स
   B. स्टिगलर
   C. सैम्युलसन
   D. राबर्टसन

2. ब्याज का नवीन प्रतिष्ठित सिद्धान्त है–
   A. तरलता पसन्दगी सिद्धान्त
   B. कीन्स का सिद्धान्त
   C. उधार देय सिद्धान्त
   D. इनमें से कोई नहीं

3. ब्याज दर का निर्धारण उस बिन्दु पर होता है जहां पर–
   A. IS तथा LM वक्र एक दूसरे को काटते हैं
   B. न्यूनतम होते हैं
   C. IS वक्र अधिकतम होता है
   D. इनमें से कोई नहीं

4. आधुनिक मुद्रा परिमाण सिद्धान्त के प्रतिपादक कौन माने जाते हैं–
   A. फिशर
   B. कीन्स
   C. फ्रीडमैन
   D. पेटिंकिन

5. मुद्रा का कार्य है–
   A. मूल्य का संचय
   B. विनिमय का माध्यम
   C. मूल्य मापन
   D. इनमें से कोई नहीं

6. चयनात्मक साख नियंत्रण तथा मात्रात्मक साख नियंत्रण की विधियां हैं–
   A. एक–दूसरे के विकल्प
   B. एक दूसरे के प्रतियोगी
   C. एक दूसरे के पूरक
   D. दोनों में कोई सम्बंध नहीं है।

7. वास्तविक संतुलन प्रभाव सिद्धान्त का प्रतिपादन किया–
   A. पीगू
   B. मार्शल
   C. फिशर
   D. कीन्स

8. गर्म मुद्रा है–
   A. जिसका बाह्य मूल्य तेजी से बढ़ रहा हो
   B. जिसका बाह्य मूल्य तेजी से गिर रहा हो
   C. जो कीमती धातुओं की बनी हो
   D. इनमें से कोई नहीं

9. निम्न में से कौन-सा मौद्रिक नीति का उपकरण है–
   A. राजकीय व्यय
   B. जनता से ऋण लेना
   C. बैंक दर
   D. करारोपण

10. गैर बैंक वित्तीय संस्थाओं के अन्तर्गत आते हैं–
    A. केवल विकास बैंक
    B. LIC और UTI
    C. GIC और इसकी सहायक इकाइयां
    D. उपरोक्त सभी

11. तरलता पसन्दगी सिद्धान्त किसने दिया–
    A. फिशर
    B. मार्शल
    C. विक्सेल
    D. कीन्स

12. ब्याज के बट्टा सिद्धान्त के जनक हैं–
    A. सीनियर
    B. फिशर
    C. वाम बावर्क
    D. मार्शल

13. सट्टा प्रयोजन के लिए मुद्रा मांग निर्भर करती है–
    A. आय पर
    B. ब्याज पर
    C. विनियोग पर
    D. बचत पर

14. ब्याज के आधुनिक सिद्धान्त के अन्तर्गत जिन दो सिद्धान्तों का संश्लेषण किया गया है वे हैं–
    A. शास्त्रीय सिद्धान्त और तरलता अधिमान सिद्धान्त
    B. शास्त्रीय सिद्धान्त और त्याग का सिद्धान्त
    C. शास्त्रीय सिद्धान्त और ऋण योग्य कोष सिद्धान्त
    D. उपरोक्त में से कोई नहीं

15. तरलता जाल की स्थिति में ब्याज की दर होती है–
    A. शून्य
    B. न्यूनतम
    C. अधिकतम
    D. सभी

16. फिशर का पुराना समीकरण है–

   A. $P = \dfrac{MV + M_1V_1}{T}$ B. $P = \dfrac{MV}{T}$

   C. $P = \dfrac{KR}{M}$ D. $P = \dfrac{T}{MV}$

17. बैंक दर होती है–
  A. जिसे व्यापारिक बैंक निर्धारित करता है
  B. ब्याज की दण्ड ब्याज दर होती है
  C. वह दर जिस पर केन्द्रीय बैंक प्रतिभूतियों की पुनर्कटौती करता है
  D. ब्याज की बाजार दर होती है

18. विकासशील देशों में साख नियंत्रण का कौन-सा उपाय सर्वाधिक प्रभावी होता है–
  A. बैंक रेट
  B. खुले बाजार की क्रियाएं
  C. परिवर्तनशील आरक्षित अनुपात
  D. इनमें से कोई नहीं

19. बैंक के नकद अनुपात कोष में वृद्धि होने पर–
  A. मुद्रा की पूर्ति में वृद्धि होगी
  B. मुद्रा की पूर्ति कम हो जाएगी
  C. मुद्रा की पूर्ति पर कोई प्रभाव नहीं पड़ता
  D. इनमें से कोई नहीं

20. मुद्रा पूर्ति M_2 क्या है–
  A. नोट एवं सिक्के तथा मांग जमा
  B. नोट, सिक्के, मांग जमा तथा डाकघर की बचत राशियां
  C. (A) तथा (B)
  D. इनमें से कोई नहीं

21. मुद्रा के आकस्मिक कार्य हैं–
  A. मूल्य संचय   B. मूल्य मापन
  C. मूल्य का हस्तान्तरण   D. साख का आधार

22. मुद्रा स्फीति नियंत्रण में कौन–सा उपाय सहायक होता है–
  A. बैंक दर में कटौती
  B. बैंक दर में वृद्धि
  C. खुले बाजार में प्रतिभूतियों का क्रय
  D. (A) और (B) दोनों

23. निम्नलिखित में से कौन–सा न्यूनतम तरल है–
  A. ट्रेजरी बिल   B. अचल सम्पत्ति
  C. विनिमय पत्र   D. बाहरी चैक

24. मुद्रा के मूल्य में परिवर्तन का माप करते हैं–
  A. प्रतिभूति कीमत सूचकांक
  B. उपभोक्ता मूल्य सूचकांक
  C. थोक मूल्य सूचकांक
  D. उत्पादन सूचकांक

25. मुद्रा बाजार के असंगठित भाग में है–
  A. सहकारी बैंक   B. क्षेत्रीय ग्रामीण बैंक
  C. वित्त निगम   D. साहूकार

26. केन्द्रीय बैंक का सर्वाधिक महत्त्वपूर्ण कार्य है–
  A. सरकार का प्रतिनिधि   B. नोट निर्गमन
  C. बैंकों का बैंक   D. साख का नियंत्रण

27. ऋण योग्य राशियों के ब्याज निर्धारण सिद्धान्त में मांग वक्र में शामिल किया जाता है–
  A. बचत एवं साख
  B. उपभोग, संचय एवं विनियोग
  C. निर्निवेश
  D. इनमें से कोई नहीं

28. 10 रुपयें का नोट है–
  A. प्रतिनिधि कागज मुद्रा
  B. परिवर्तनीय कागज मुद्रा
  C. अपरिवर्तनीय कागज मुद्रा
  D. अधिदिष्ट मुद्रा

29. फिशर का मुद्रा मूल्य सिद्धान्त किस पर आधारित है–
  A. मुद्रा के चलन पर   B. मुद्रा के परिमाण पर
  C. कीमत स्तर पर   D. व्यापार की मात्रा पर

30. जिन देशों में लोगों को बैंकिंग आदत नहीं है या बैंकिंग विकास कम होता है वहां साख सृजन का कार्य होगा–
  A. अधिक
  B. कम
  C. केन्द्रीय बैंक की नीतियों पर निर्भर
  D. स्पष्ट रूप से कुछ नहीं कहा जा सकता

31. कौन-सा कथन ठीक है–
  A. बैंक साख सृजन अपनी पूर्व परिसम्पत्तियों के आधार पर करते हैं
  B. बैंक साख सृजन अपनी नकदी जमाओं के आधार पर करते हैं
  C. अपनी प्रतिभूतियों के आधार पर करते हैं
  D. इनमें से कोई नहीं

32. $P = \dfrac{KR}{M}\left[c + h(1 - c)\right]$ यह समीकरण किसका है–

A. फिशर   B. पीगू

C. राबर्टसन   D. फ्रीडमैन

33. वर्तमान में राष्ट्रीय स्तर पर ग्रामीण साख का संचालन करने वाली सर्वोच्च संस्था है–

A. R.B.I.   B. नाबार्ड

C. S.B.I.   D. इनमें से कोई नहीं

34. भारत में साख नियंत्रण की कौन–सी विधि अधिक प्रभावी है–

A. गुणात्मक   B. मात्रात्मक

C. बैंक दर   D. इनमें से कोई नहीं

35. किसे नोट छापने का एकाधिकार है–

A. रिजर्व बैंक   B. वाणिज्यिक बैंक

C. एक्जिम बैंक   D. वित्त मंत्रालय

36. रिजर्व बैंक की स्थापना कब हुई–

A. 1935   B. 1940

C. 1923   D. 1950

37. ब्याज के समय अधिमान्य सिद्धान्त के प्रतिपादक हैं–

A. विक्सेल   B. बावर्क

C. मार्शल   D. फिशर

38. ''मुद्रा वह है जो मुद्रा का कार्य करे'' किसका कथन है–

A. हिक्स   B. वाकर

C. सेलिगमैन   D. ट्रिफिन

39. आधुनिक मुद्रा के परिमाण सिद्धान्त के संस्थापक हैं–

A. फिशर   B. फ्रीडमैन

C. पीगू   D. कीन्स

40. केन्द्रीय बैंक का सर्वाधिक महत्त्वपूर्ण कार्य है–

A. सरकार का एजेन्ट   B. नोट निर्गमन

C. साख नियंत्रण   D. उपरोक्त सभी

41. किसने कहा कि ब्याज तरलता त्याग का पुरस्कार है–

A. हैन्सन   B. केन्स

C. मार्शल   D. सीनियर

42. सर्वाधिक तरल मुद्रा है–

A. M_1 B. M_2

C. M_3 D. M_4

43. तरलता जाल की स्थिति तब होती है जब मुद्रा मांग की लोच–

A. पूर्ण लोचदार होती है

B. पूर्ण बेलोचदार होती है

C. इकाई से अधिक हो

D. इकाई से कम लोचदार हो

44. सर्वाधिक तरल है–

A. शेयर   B. ऋणपत्र

C. मुद्रा   D. सोना

45. भारत में सबसे बड़ा राष्ट्रीयकृत बैंक है–

A. RBI   B. SBI

C. CBI   D. न्यू बैंक ऑफ इंडिया

46. फिशर के समीकरण में कुल मुद्रापूर्ति है–

A. MV   B. $MV + M^1 V^1$

C. M   D. इनमें से कोई नहीं

47. निम्नलिखित में से किस बैंक ने 'iwatch' बैंकिंग प्रोजेक्ट लॉन्च किया है?

A. एसबीआई   B. आईसीआईसीआई

C. एचडीएफसी   D. पीएनबी

48. कीमत स्तर एवं मुद्रा के मूल्य में सम्बंध होता है–

A. सीधा सम्बंध   B. विपरीत सम्बंध

C. घनिष्ठ सम्बंध   D. कोई सम्बंध नहीं

49. मुद्रा पूर्ति के सम्बंध में कौन-सा कथन सत्य है–

A. मुद्रा पूर्ति ब्याज दर से निर्धारित होती है

B. मुद्रा पूर्ति वाणिज्यिक बैंकों से नियंत्रित होती है

C. मुद्रा पूर्ति में सिक्के, नोट तथा बैंक जमाएं आती हैं

D. मुद्रा पूर्ति का नियंत्रण केन्द्रीय बैंक करता है।

50. मुद्रा बाजार का कार्य क्षेत्र है–

A. अल्पकालीन ऋण   B. दीर्घकालीन ऋण

C. मध्यकालीन ऋण   D. इनमें से कोई नहीं

51. निम्नलिखित कथन किसका है? ''ब्याज पूंजी के एक निश्चित समय के लिए परित्याग करने का पुरस्कार है''–

A. मार्शल   B. नाइट

C. बेन्थम   D. केन्स

52. जिन वस्तुओं का बाजार में कोई मूल्य नहीं होता, वे हैं–

A. आर्थिक   B. अनार्थिक

C. प्रकृति प्रदत्त उपहार   D. टिकाऊ

53. यथार्थ मूल्य युक्त मुद्रा को कहते हैं–

A. प्रादिष्ट मुद्रा   B. पदार्थ मुद्रा

C. निकट मुद्रा   D. महंगी मुद्रा

54. निम्नलिखित में से साख नियंत्रण की कौन-सी गुणात्मक नियंत्रण विधि है–
 A. बैंक दर
 B. CRR में परिवर्तन
 C. चयनात्मक साख नियंत्रण
 D. उपरोक्त सभी

55. कीन्स द्वारा दी गयी परिभाषा के अनुसार 'सक्रिय शेष' वह मुद्रा है जो रखी जाती है–
 A. लेन–देन के उद्देश्य से
 B. पूर्वोपाय उद्देश्य से
 C. लेन–देन तथा सट्टेबाजी के उद्देश्य से
 D. लेन–देन तथा पूर्वोपाय के उद्देश्य से

56. LM अनुसूची मौद्रिक संतुलन की एक अनुसूची है जहां–
 A. मुद्रा की पूर्ति वस्तुओं के लिए मांग के बराबर होती है
 B. मुद्रा की पूर्ति मुद्रा की मांग के बराबर होती है
 C. मुद्रा की मांग वस्तुओं के लिये मांग के बराबर होती है
 D. मुद्रा की लेन–देन तथा सतर्कता मांग मुद्रा की परिकल्पी मांग के बराबर होती है।

57. भारतीय मुद्रा बाजार के अन्तर्गत निम्नलिखित नहीं है–
 A. सहकारी बैंक
 B. वाणिज्य बैंक
 C. भारतीय औद्योगिक विकास बैंक
 D. विदेशी विनिमय बैंक

58. निम्नलिखित में से कौन ठीक है–
 A. RBI एक राजकीय वाणिज्य बैंक है
 B. RBI एक सार्वजनिक औद्योगिक बैंक है
 C. RBI एक राष्ट्रीय केन्द्रीय बैंक है
 D. RBI एक समाजकीय बैंक है।

59. भारतीय मौद्रिक प्राधिकरण का मतलब है–
 A. वित्त मंत्रालय   B. योजना आयोग
 C. RBI   D. इनमें से कोई नहीं

60. स्टेट बैंक की स्थापना किसकी संस्तुति पर हुई–
 A. ग्रामीण बैंकिंग जांच आयोग
 B. श्राफ समिति
 C. गोरवाला समिति
 D. बैंकिंग जांच आयोग

61. किसी अर्थव्यवस्था में निम्नलिखित में से किस एक के साथ मुद्रा गुणक बढ़ता है?
 A. नकदी–रिजर्व अनुपात में वृद्धि
 B. सांविधिक तरलता अनुपात में वृद्धि
 C. जनसंख्या की बैंकिंग आदत में वृद्धि
 D. देश की जनसंख्या में वृद्धि

62. चौदह बड़े वाणिज्य बैंकों का राष्ट्रीयकरण किया गया था–
 A. जुलाई, 1969 में   B. अगस्त, 1970 में
 C. जुलाई, 1968 में   D. जनवरी, 1969 में

63. भारतीय रिजर्व बैंक कौन-सा नोट नहीं जारी करता है–
 A. सौ रुपये का   B. पचास रुपये का
 C. दो रुपये का   D. एक रुपये का

64. वाणिज्य बैंकों को अग्रिम देते समय, भारतीय रिजर्व बैंक वाणिज्य बैंक से लेती है–
 A. जमादर   B. उधार दर
 C. बैंक दर   D. इनमें से कोई नहीं

65. निम्नलिखित में से किसे बैंक नहीं कहेंगे–
 A. प्रादेशिक सहकारी बैंक
 B. बैंक ऑफ मदुरा
 C. स्टेट बैंक ऑफ पटियाला
 D. प्रादेशिक वित्तीय निगम

66. मुद्रा के प्राथमिक कार्य (Primary Functions) कितने हैं?
 A. एक   B. दो
 C. तीन   D. चार

67. मिल्टन फ्रीडमैन ने अपने मुद्रा का परिमाण सिद्धान्त को निम्नलिखित की व्याख्या कहा है–
 A. उत्पादन एवं आय   B. मूल्य स्तर
 C. मुद्रा की पूर्ति   D. मुद्रा की मांग

68. यदि किसी वर्ष मुद्रा की आय चलन गति तीन हो तो अर्थव्यवस्था में कुल मुद्रा भंडार होगा–
 A. वास्तविक सकल राष्ट्रीय उत्पाद का 1/3
 B. तीन महीने की राष्ट्रीय आय
 C. वर्ष की मौद्रिक आय का 1/3
 D. वास्तविक सकल राष्ट्रीय उत्पाद का तीन गुना

69. निम्न में से कौन निकट–मुद्रा नहीं है–
 A. सावधि जमा
 B. बचत और उधार हिस्सा पूंजी
 C. ट्रेजरी बिल
 D. बैंकों के पास मांग जमा

70. हिक्स–हैन्सन विश्लेषण जो निवेश बचत वक्र और तरलता–मुद्रा पूर्ति वक्र की सहायता से किया गया है, यह बतलाता है कि जिन दोनों बाजारों में एक साथ साम्य होता है, वे हैं–
  A. वस्तु बाजार और साधन बाजार
  B. मुद्रा बाजार और साधन बाजार
  C. मुद्रा बाजार और स्टॉक बाजार
  D. मुद्रा बाजार और वस्तु बाजार

71. केन्स के अनुसार मुद्रा की मांग निर्भर करती है–
  A. केवल आय स्तर पर
  B. आय स्तर एवं ब्याज दर पर
  C. केवल ब्याज दर पर
  D. ब्याज दर व प्रत्याशाओं पर

72. निम्नलिखित में से कौन-सी संस्था आर्थिक विकास के लिए दीर्घकालीन वित्तीय सहायता नहीं देती–
  A. अंतर्राष्ट्रीय मुद्रा कोष
  B. विश्व बैंक
  C. अंतर्राष्ट्रीय विकास संघ
  D. एशियाई विकास बैंक

73. कैम्ब्रिज समीकरण $M = KPY$, में K का तात्पर्य है–
  A. मुद्रा के परिचालन वेग से
  B. मुद्रा के परिचालन वेग के विलोम से
  C. मुद्रा के आय वेग से
  D. इनमें से कोई नहीं

74. यद्यपि ब्याज की दर मुद्रा की मांग और पूर्ति में साम्य के द्वारा निर्धारित होती है, तथापि कभी–कभी मुद्रा की पूर्ति में वृद्धि भी ब्याजदर को घटा नहीं पाती। यह विचार दिया–
  A. नट विक्सेल ने   B. कीन्स ने
  C. बाम बावर्क ने   D. फिशर ने

75. RBI का राष्ट्रीयकरण हुआ–
  A. 1935 में   B. 1949 में
  C. 1991 में   D. 1956 में

76. निम्नलिखित में से कौन एक भारत के निर्गमित ट्रेजरी बिल की परिपक्वता अवधि नहीं है–
  A. 91 दिन   B. 182 दिन
  C. 273 दिन   D. 364 दिन

77. भारत में निम्न में से किस राज्य में बैंकों की शाखायें सर्वाधिक हैं–
  A. महाराष्ट्र   B. गुजरात
  C. पश्चिमी बंगाल   D. उत्तर प्रदेश

78. 'तरलता जाल' यह दर्शाता है कि–
  A. ब्याज की दर और गिरेगी
  B. ब्याज की दर और नहीं गिर सकती
  C. ब्याज की दर में अवश्य वृद्धि और ऋणपत्रों के मूल्यों में अवश्य गिरावट होनी चाहिए
  D. ब्याज की दर अवश्य गिरनी चाहिए और ऋणपत्रों के मूल्यों में वृद्धि होनी चाहिए।

79. 'बुरी मुद्रा अच्छी मुद्रा को चलन से बाहर कर देती है' यह कथन निम्न में से किसका है–
  A. मार्शल   B. क्राउथर
  C. ऐली   D. ग्रेशम

80. एक वस्तु विनिमय अर्थव्यवस्था में 10 वस्तुओं के लिए सापेक्ष कीमतें होंगी–
  A. 100   B. 60
  C. 45   D. 40

81. मुद्रा के परिमाण सिद्धान्त का कैम्ब्रिज दृष्टिकोण मुद्रा के निम्न कार्य पर अधिक बल देता है–
  A. मूल्य संग्रह
  B. विनिमय का माध्यम
  C. लेखा की इकाई
  D. विलम्बित भुगतान का आधार

82. वैधानिक तरलता अनुपात के कम करने पर निम्न में से क्या होगा–
  A. सरकार बैंकों से पहले की अपेक्षा अधिक उधार ले सकेगी
  B. सरकार व्यापारिक बैंकों को ज्यादा प्रतिभूतियां बेच सकेगी
  C. निजी क्षेत्र पहले की अपेक्षा कम साख प्राप्त कर पायेगा
  D. सरकार व्यापारिक बैंकों को पहले की अपेक्षा कम प्रतिभूतियां बेच पायेगी।

83. जब केन्द्रीय बैंक खुले बाजार में प्रतिभूतियों को बेचता है तो इससे संभव है कि–
  A. मुद्रा पूर्ति और ब्याज दर में वृद्धि हो
  B. मुद्रा पूर्ति का विस्तार और ब्याज दर में कमी हो
  C. मुद्रा पूर्ति में संकुचन तथा ब्याज दर में वृद्धि हो
  D. मुद्रा पूर्ति में संकुचन तथा ब्याज दर में कमी हो

84. निम्नलिखित में से कौन–सा कथन मुद्रा की मांग के सम्बंध में सत्य है–
   A. आय के स्तर से धनात्मक रूप से सम्बंधित तथा ब्याज की दर से ऋणात्मक रूप से सम्बंधित
   B. आय के स्तर तथा ब्याज की दर से ऋणात्मक रूप से सम्बंधित
   C. आय के स्तर तथा ब्याज की दर से धनात्मक रूप से सम्बंधित
   D. आय के स्तर से ऋणात्मक रूप से सम्बंधित तथा ब्याज की दर से धनात्मक रूप से सम्बंधित

85. निम्न में से किसको मुद्रा की पूर्ति का विस्तृत माप माना जाता है–
   A. M_1 B. M_2
   C. M_3 D. M_4

86. M_3 को परिभाषित किया जाता है–
   A. जनता के पास मुद्रा + मांग जमा
   B. M_1 + डाकघरों के पास बचत जमा राशियां
   C. M_2 + बैंकों के पास सावधि जमा राशियां
   D. M_1 + बैंकों के पास सावधि जमा राशियां

87. यदि अन्य बातें समान हों तो मुद्रा की पूर्ति में वृद्धि का परिणाम होगा–
   A. आय का ऊंचा स्तर तथा ब्याज का ऊंचा स्तर
   B. आय का नीचा स्तर तथा ब्याज दर का नीचा स्तर
   C. आय का ऊंचा स्तर तथा ब्याज दर का नीचा स्तर
   D. आय का नीचा स्तर तथा ब्याज दर का ऊंचा स्तर

88. निम्न में से कौन देशी बैंकों के वर्ग में नहीं आता है–
   A. महाजन   B. सर्राफ
   C. क्षेत्रीय गामीण बैंक   D. शेट्टी

89. नाबार्ड (NABARD) की स्थापना की गयी है–
   A. किसानों को ऋण प्रदान करने के लिए
   B. कृषि साख संस्थाओं को पुनर्वित्त प्रदान करने के लिए
   C. कृषि विकास में सहायता के लिए
   D. उपर्युक्त सभी कार्यों के लिए

90. वैधानिक तरलता अनुपात (SLR) में वृद्धि का परिणाम होता है–
   A. बैंकों के पास कम नकदी
   B. सरकार को अधिक संसाधनों की प्राप्ति
   C. बैंकों की लाभदायकता में कमी
   D. उपरोक्त सभी

91. ब्याज निर्धारण के आधुनिक सिद्धान्त की व्याख्या की जाती है–
   A. LM वक्र द्वारा
   B. IS वक्र द्वारा
   C. IS और LM वक्र द्वारा
   D. इनमें से कोई नहीं

92. केन्सीय सिद्धान्त के अनुसार मुद्रा की मांग में वृद्धि होने पर–
   A. मूल्य स्तर बढ़ जाता है
   B. उपभोग वस्तुओं की मांग बढ़ जाती है
   C. निवेश मांग बढ़ जाती है
   D. बांडों की मांग घट जाती है

93. कीन्स के ब्याज दर निर्धारण सिद्धान्त में मुद्रा की पूर्ति वक्र सदैव होता है–
   A. लम्बवत्   B. नीचे गिरता हुआ
   C. ऊपर उठता हुआ   D. क्षैतिज

94. यदि अर्थव्यवस्था में वास्तविक राष्ट्रीय आय और मुद्रा का परिमाण स्थिर है तो कैम्ब्रिज समीकरण में K में वृद्धि का परिणाम होगा–
   A. निरपेक्ष मूल्य–स्तर में कमी
   B. निरपेक्ष मूल्य–स्तर में वृद्धि
   C. सापेक्ष मूल्य–स्तर में कमी
   D. सापेक्ष मूल्य–स्तर में वृद्धि

95. कीन्स के सिद्धान्त के अनुसार मुद्रा–पूर्ति में परिवर्तन आय को निम्नांकित माध्यम से प्रभावित करता है–
   A. उपभोग मांग में परिवर्तन
   B. ब्याज दर में परिवर्तन
   C. तरलता पसंदगी में परिवर्तन
   D. घरेलू क्षेत्र के व्यय निर्णयों में परिवर्तन

96. प्राचीन मुद्रा का परिमाण सिद्धान्त जो $MV = PT$ समीकरण से व्यक्त किया जाता है, निम्न की व्याख्या नहीं करता–
   A. मुद्रा की पूर्ति में परिवर्तन का उत्पादन पर प्रभाव
   B. मुद्रा की पूर्ति में परिवर्तन का सापेक्ष मूल्यों पर प्रभाव
   C. मुद्रा की पूर्ति में परिवर्तन का ब्याज दर पर प्रभाव
   D. उपर्युक्त सभी

97. जब तरलता अधिमान निरपेक्ष हो जाता है तो इसका अर्थ है कि–

A. अब मुद्रा वांछनीय नहीं है
B. अब आय अधिकतम हो गयी है
C. पूर्ण रोजगार की स्थिति है
D. मुद्रा पूर्ति में वृद्धि ब्याज दर को प्रभावित नहीं कर सकती है

98. मुद्रा एक परिसम्पत्ति है। इसकी मांग निर्भर करती है–
A. उस आय पर जो इसके धारक को प्राप्त होती है
B. इसकी क्रय शक्ति पर
C. मुद्रा एवं दूसरी परिसम्पत्तियों के प्रत्याशित आय पर
D. अर्थव्यवस्था में वित्त की उपलब्धता पर

99. मुद्रा की मांग की ब्याज के प्रति अनन्त लोच–
A. एक सामान्य अनुभव है
B. एक कभी न पाया जाने वाला अनुभव है
C. इस बात का द्योतक है कि ब्याज दर के घटने की संभावना है
D. इस बात का द्योतक है कि ब्याज दर को और नीचे नहीं लाया जा सकता है।

100. निम्न में से कौन वाणिज्य बैंक की देयता नहीं है–
A. सावधि जमा
B. प्रतिभूति धारण
C. केन्द्रीय बैंक से लिए गए ऋण
D. दूसरे बैंकों की जमा

101. निम्न में से कौन-सा कथन गलत है–
A. उच्च शक्ति मुद्रा अर्थव्यवस्था में कुल मुद्रा पूर्ति का महत्त्वपूर्ण भाग होती है
B. उच्च शक्ति मुद्रा अर्थव्यवस्था में मुद्रा प्रसार को आधार प्रदान करती है
C. उच्च शक्ति मुद्रा को नियंत्रित नहीं किया जा सकता
D. उच्च शक्ति मुद्रा को नियंत्रित किया जा सकता है।

102. मुद्रा–पूर्ति के बारे में आधुनिक विचार के अनुसार निम्न में से कौन–सा कथन सही नहीं है–
A. मुद्रा पूर्ति का सिद्धान्त पूंजी सिद्धान्त का एक अंग है
B. मुद्रा पूर्ति एक बाह्य तत्व है
C. आधार मुद्रा, सरकार और केन्द्रीय बैंक द्वारा निर्गमित होती है
D. सहायक मुद्रा का परिमाण केन्द्रीय बैंक द्वारा नियमित किया जा सकता है।

103. निम्नलिखित में से कौन–सा वाक्य सही नहीं है?
A. आरबीआई 1 जनवरी, 1935 को राष्ट्रीयकृत हुआ था।
B. आरबीआई का मुख्यालय दिल्ली में है
C. आरबीआई भारत में विदेशी मुद्रा का संरक्षक है
D. आरबीआई के 4 डिप्टी गवर्नर्स होते हैं।

104. यदि फिशर के मुद्रा परिमाण सिद्धान्त समीकरण में सभी चरों का मान दो गुना कर दिया जाय तो कीमत स्तर–
A. अपरिवर्तित रहेगा
B. आधा हो जाएगा
C. दुगुना हो जाएगा
D. चौगुना हो जाएगा

105. केन्स के मुद्रा की मांग के बारे में त्रुटिपूर्ण होने का क्या कारण है–
A. उसने मुद्रा की मांग को दो अलग–अलग भागों में व्यक्त किया
B. उसने मुद्रा की मांग की ब्याज लोच को असीमित बताया
C. उसने परिसम्पत्ति के रूप में मुद्रा को केवल एक ही विकल्प, बांड पर विचार किया
D. उपरोक्त सभी कारण

106. 'ब्याज–विशुद्ध रूप से एक मौद्रिक चर है।' यह विचार–
A. ऋण योग्य कोष सिद्धान्त का है
B. तरलता अधिमान सिद्धान्त का है
C. बचत–निवेश सिद्धान्त का है
D. त्याग सिद्धान्त का है।

107. कीन्स के अनुसार, विनियोक्ता बॉण्ड की अपेक्षा मुद्रा को अपने पास रखना पसन्द करेंगे जबकि वे उम्मीद करते हैं कि–
A. ब्याज की दर में गिरावट आयेगी
B. ब्याज की दर में वृद्धि होगी
C. बाण्ड की कीमतों में वृद्धि होगी
D. ब्याज की दर स्थिर रहेगी

108. IS-वक्र निम्नलिखित में से किन संयोगों को दर्शाता है–
A. ऊंची ब्याज दर तथा नीचे आय स्तर के बीच
B. ऊंची ब्याज दर तथा ऊंचे आय स्तर के बीच
C. ऊंची ब्याज दर तथा ऊंचे विनियोग स्तर के बीच
D. ऊंची ब्याज दर तथा नीचे बचत स्तर के बीच

109. निम्नलिखित में से किसने मुद्रा को कल्याण के नापने का पैमाना बनाया–
A. जे.एस. मिल
B. मार्शल
C. रॉबिन्सन
D. ए.सी. पीगू

110. मुद्रा का परिमाण सिद्धान्त एक–
A. स्थैतिक सिद्धान्त है
B. प्रावैगिक सिद्धान्त है
C. तुलनात्मक स्थैतिक सिद्धान्त है
D. तथ्य का कथन है

111. 'सामान्यतः व्यक्ति आय के एक निश्चित अंश को मुद्रा शेष के रूप में रखना चाहते हैं, यह कथन सम्बंधित है–
A. फिशर के समीकरण से
B. केम्ब्रिज समीकरण से
C. मिल्टन फ्रीडमैन से
D. लार्ड केन्स से

112. उत्पादक परिसम्पत्ति के रूप में मानव सम्पत्ति को मुद्रा के सिद्धान्त में उपयोग करने का श्रेय दिया जाता है–
A. ए.के. सेन को   B. केन्स को
C. फ्रीडमैन को   D. जानसन को

113. विकास मॉडल में मुद्रा का प्रयोग सर्वप्रथम किया–
A. हैरॉड ने   B. डोमर ने
C. रॉबिन्सन ने   D. टॉबिन ने

114. निम्नलिखित में से कौन नजदीकी मुद्रा नहीं है–
A. बचत जमा
B. बचत एवं उधार हिस्सा पूंजी
C. ट्रेजरी बिल
D. मांग जमा

115. तरलता जाल की स्थिति को किसने विकसित किया–
A. केन्स   B. फ्रीडमैन
C. फिशर   D. पीगू

116. निम्न में से साख/वित्त की कौन सी मांग सबसे अधिक ब्याज लोच वाली है–
A. दीर्घकालीन निवेश   B. अल्पकालीन निवेश
C. कार्यशील पूंजी   D. स्टॉक सम्भरण

117. कीन्स के विश्लेषण में मुद्रा की मांग निर्भर करती है–
A. केवल ब्याज दर पर
B. केवल आय पर
C. सम्पदा तथा ब्याज दर दोनों पर
D. आय तथा ब्याज दर दोनों पर

118. IS-LM प्रारूप निर्धारित करता है साथ–साथ साम्य–
A. आय तथा ब्याज की दर में
B. आय तथा उपभोग में
C. आय तथा कीमतों में
D. स्फीति तथा बेरोजगारी में

119. उच्च शक्ति मुद्रा का परिमाण नहीं प्रभावित होता–
A. सरकार की बजट सम्बंधी नीति से
B. केन्द्रीय बैंक के पास विदेशी विनिमय परिमाण से
C. बैंकों द्वारा केन्द्रीय बैंक से लिए गए ऋण से
D. बैंकों में जनता की जमा से

120. निम्नलिखित सम्पत्तियों को तरलता के आधार पर अवरोही क्रम (Descending Order) में रखिए–
1. मांग जमा   2. निगम प्रतिभूतियां
3. चलन मुद्रा   4. सावधि जमा
नीचे दिए गए कूट से सही उत्तर चुनिए–
A. 1, 3, 2, 4   B. 3, 4, 1, 2
C. 3, 1, 2, 4   D. 4, 1, 3, 2

121. निम्नलिखित में से कौन–सा एक साख नियंत्रण का उपाय नहीं है–
A. बैंक दर
B. साख–जमा अनुपात
C. नकद कोष अनुपात
D. वैधानिक तरलता अनुपात

122. "मुद्रा एक परिसम्पत्ति (Asset) है इसकी मांग दूसरी परिसम्पत्तियों की मांग के साथ ही निर्धारित होती है।" यह विचार दिया–
A. टॉबिन ने   B. हिक्स ने
C. कीन्स ने   D. फ्रीडमैन ने

123. निम्नलिखित मदों में से कौन–सी एक मद M_3 का भाग नहीं है–
A. चलन में मुद्रा
B. बैंकों के पास मांग जमा
C. बैंकों के पास सावधिक जमा
D. गैर–बैंकीय वित्तीय संस्थाओं के पास जमा

124. रिजर्व मुद्रा (Reserve money) में सम्मिलित होते हैं–
A. केवल बैंकों में सावधि जमा
B. जनता की चलन मुद्रा तथा बैंकों के पास नकदी
C. केवल बैंकों के पास नकदी
D. बैंकों के पास नकदी तथा डाकघर बचत–बैंक जमा

125. भारत में नोट जारी करने की क्या प्रणाली है–
A. निश्चित प्रत्ययी प्रणाली
B. आनुपातिक कोष प्रणाली
C. न्यूनतम कोष प्रणाली
D. इनमें से कोई नहीं

126. मुद्रा परिणाम सिद्धान्त के कैम्ब्रिज समीकरण में यदि कुल उत्पाद (Y) और मुद्रा (M) दोनो अपरिवर्तित रहें और 'K' में वृद्धि हो जाए तो—
   A. निरपेक्ष मूल्य स्तर गिर जाएगा
   B. निरपेक्ष मूल्य स्तर बढ़ जाएगा
   C. सापेक्ष मूल्य स्तर गिर जाएगा
   D. सापेक्ष मूल्य स्तर बढ़ जाएगा

127. प्रतिष्ठित सिद्धान्त के अनुसार ब्याज–दर का निर्धारण होता है—
   A. मुद्रा की मांग और पूर्ति से
   B. बचत की मांग और पूर्ति से
   C. ऋण योग्य राशि की मांग और पूर्ति से
   D. इनमें से कोई नहीं

128. इनमें सबसे तरल परिसम्पत्ति कौन–सी है—
   A. स्वर्ण   B. शेयर
   C. मुद्रा   D. प्रतिभूति

129. नकद कोष अनुपात (CRR) का निर्धारण होता है—
   A. बाजार की शक्तियों द्वारा
   B. वाणिज्य बैंकों द्वारा
   C. मौद्रिक अधिकारी द्वारा
   D. उपरोक्त सभी द्वारा

130. ब्याज दर में वृद्धि के लिए कौन–सी स्थिति उत्तरदायी है—
   A. सामान्य कीमत स्तर में वृद्धि
   B. जीवन स्तर में वृद्धि
   C. मुद्रा की मांग में वृद्धि
   D. मुद्रा की पूर्ति में वृद्धि

131. साख सृजन की प्रक्रिया का परिणाम होता है—
   A. वास्तविक राष्ट्रीय आय में वृद्धि
   B. देश की वास्तविक सम्पत्ति में वृद्धि
   C. मुद्रा की पूर्ति में वृद्धि
   D. राष्ट्रीय ऋण में कमी

132. "A Treatise of Money" पुस्तक किसने लिखी—
   A. सेलिगमेन   B. केन्स
   C. क्राउथर   D. किनली

133. भारत में पहला क्षेत्रीय ग्रामीण बैंक कब स्थापित हुआ—
   A. 1951   B. 1955
   C. 1975   D. 1980

134. नकद–शेष समीकरण से कौन सम्बंधित है—
   A. मार्शल, पीगू और फिशर
   B. मार्शल, पीगू और रॉबर्टसन
   C. हिक्स, एलन और हैन्सन
   D. एडम स्मिथ, माल्थस और रिकार्डो

135. भारतीय स्टेट बैंक की स्थापना कब हुई—
   A. जुलाई, 1960   B. अगस्त, 1955
   C. जुलाई, 1955   D. जून, 1955

136. औद्योगिक वित्त व्यवस्था हेतु कौन-सी संस्था भारत में पहले स्थापित हुई—
   A. भारतीय औद्योगिक वित्त निगम
   B. भारतीय इकाई प्रन्यास
   C. राज्य वित्त निगम
   D. राज्य औद्योगिक विकास निगम

137. कृषि क्षेत्र की दीर्घकालीन साख–आवश्यकताओं के लिए विशिष्ट संस्था कौन-सी है—
   A. राज्य सहकारी बैंक   B. क्षेत्रीय ग्रामीण बैंक
   C. केन्द्रीय सहकारी बैंक D. भूमि विकास बैंक

138. किस उद्देश्य के लिए तरलता पसंदगी है—
   A. लेन–देन उद्देश्य   B. सतर्कता उद्देश्य
   C. सट्टा उद्देश्य   D. इनमें से सभी

139. मुद्रा का मूल्य क्या है—
   A. वस्तु का मूल्य
   B. निर्देशांक
   C. मुद्रा की क्रय शक्ति
   D. मुद्रा का परिमाण सिद्धान्त

140. भारत की मौद्रिक नीति का निर्णय कौन करता है?
   A. भारतीय रिजर्व बैंक   B. भारत का बैंकिंग संघ
   C. मौद्रिक नीति समिति   D. NITI आयोग

141. विनिमय का समीकरण किसके समीकरण को कहा जाता है—
   A. फिशर   B. कीन्स
   C. मार्शल   D. रॉबर्टसन

142. एक चैक किस प्रकार की जमाओं के लिए लिखा जाता है—
   A. मियादी जमायें   B. आवर्ती जमायें
   C. मांग जमायें   D. इनमें से सभी

143. नाबार्ड की स्थापना कब हुई–
A. 1981   B. 1982
C. 1983   D. 1984

144. एक के अतिरिक्त मौद्रिक नीति के निम्न उद्देश्य हैं–
A. आर्थिक विकास   B. सीमित व्यापार
C. कीमत स्थायित्व   D. पूर्ण रोजगार

145. मांग जमाओं–
A. पर ब्याज नहीं मिलता है
B. इन्हें चैक द्वारा कभी भी निकाला जा सकता है
C. मुद्रा पूर्ति में इनका प्रतिशत अधिक है
D. उपरोक्त सभी

146. फिशर का विनिमय समीकरण स्थापित करता है–
A. मुद्रा और कीमतों के बीच प्रत्यक्ष सम्बंध
B. मुद्रा और कीमतों के बीच प्रतिलोम सम्बंध
C. मुद्रा की कीमतों के बीच प्रत्यक्ष एवं आनुपातिक सम्बंध
D. मुद्रा और कीमतों के बीच प्रतिलोम एवं आनुपातिक सम्बंध

147. एक रुपये के नोट पर हस्ताक्षर होते है–
A. RBI के गवर्नर के
B. वित्त मंत्री के
C. सचिव वित्त मंत्रालय के
D. भारत के राष्ट्रपति के

148. कीन्स के अनुसार ब्याज दर निर्धारित होती है–
A. मुद्रा बाजार में   B. पूंजी बाजार में
C. (A) और (B) दोनों में   D. सरकार द्वारा

149. लोगों में बैंकिंग का आदत बढ़ने पर जमा गुणक–
A. घटता है   B. बढ़ता है
C. स्थिर रहता है   D. इनमें से कोई नहीं

150. मुद्रा के लिए कौन–सा लक्षण आवश्यक नहीं है–
A. हिसाब–किताब की इकाई
B. मूल्य का संचय
C. भुगतान के लिए सामान्य–स्वीकार्य होना
D. आन्तरिक मूल्य का होना

151. निम्नलिखित में से कौन क्षेत्रीय ग्रामीण बैंकों को नियंत्रित करता है?
A. भारतीय रिजर्व बैंक   B. नाबार्ड
C. ग्रामीण विकास विभाग   D. राज्य सरकार

152. निम्नलिखित में किन–किन स्थितियों में मुद्रा की पूर्ति में वृद्धि संतुलन आय पर कोई प्रभाव नहीं डालती है–
A. LM तीव्र रूप से ढालदार है और IS सापेक्ष रूप से चपटा है
B. LM लम्बवत् है और IS का तीव्र ढाल है
C. LM तीव्र रूप से ढालदार है और IS लम्बवत् है
D. LM सापेक्ष रूप से IS की तरह ही चपटा है।

153. LM वक्र पर स्थित प्रत्येक बिन्दु मुद्रा बाजार में दर्शाता है–
A. असंतुलन   B. सन्तुलन
C. उपर्युक्त दोनों   D. इनमें से कोई नहीं

154. मुद्रा
A. एक उत्पादन का साधन (Factor of Production) है
B. उत्पादन के साधनों को प्राप्त करने का माध्यम है
C. उत्पादन का एक एजेन्ट है
D. इनमें से कोई नहीं

155. बहु–बैंक सिस्टम (Multi-Bank System) में–
A. मात्र एक बैंक साख विस्तार करता है
B. कुछ बैंक निक्षेप विस्तार (Deposits Extension) करता है
C. सभी बैंक मिलकर निक्षेप विस्तार करते हैं
D. इनमें से कोई नहीं

156. MV = PT में 'V' तथा M = KPT में 'K' –
A. एक ही हैं
B. परस्पर सम्बंध नहीं है
C. एक–दूसरे पर निर्भर हैं
D. एक दूसरे के अन्योन्य हैं

157. निम्नलिखित में से कौन–सा कार्य वाणिज्यिक बैंकों का नहीं है–
A. कर्ज देना
B. निक्षेप (Deposits) स्वीकार करना
C. नोट जारी करना
D. विनिमय पत्रों (Bills of Exchange) को भुनाना

158. तरलता पाश (Liquidity Trap) से अभिप्राय है–
A. पूर्णतः लोचहीन तरलता अधिमान वक्र
B. पूर्णतः लोचदार तरलता अधिमान वक्र
C. इकाई लोचयुक्त तरलता अधिमान वक्र
D. इकाई से कम लोचयुक्त तरलता अधिमान वक्र

159. निम्नलिखित में से कौन–सा कथन वाणिज्यिक बैंक के बैलेन्सशीट की सही परिभाषा (Correct Definition of Balance Sheet) है–
   A. यह उसकी लेनदारियों (Assets) तथा देनदारियों (Liabilities) का लेखा है
   B. यह उसकी लाभ–हानि का लेखा है
   C. यह कारोबार की मात्रा का विवरण है
   D. यह बैंक के विदेशी विनिमय (Foreign Exchange) के कारोबार का विवरण है

160. निम्नलिखित में से कौन सा एक राष्ट्र के मुद्रा चलन में कमी नहीं करेगा?
   A. एक राष्ट्र के निर्यात में वृद्धि
   B. घरेलू मुद्रा–प्रसार की दर में अधिक वृद्धि अपेक्षाकृत उस राष्ट्र के व्यावसायिक साझेदारों के
   C. घरेलू ब्याज दरों में कमी
   D. विदेशी ब्याज दरों में वृद्धि

161. बिल, बांड तथा इक्विटीज को तरलता के क्रमानुसार संजोया गया है? कौन सा सही क्रम है–
   A. बांड, बिल, इक्विटीज   B. इक्विटीज, बांड, बिल
   C. बांड, इक्विटीज, बिल   D. बिल, बांड, इक्विटीज

162. लोग हाथ में मुद्रा क्यों रखते हैं उसका एक कारण है कि मुद्रा–
   A. में आन्तरिक मूल्य है
   B. ऋण भुगतान के लिए अत्यधिक सुलभ साधन है
   C. विनिमय के माध्यम के रूप में निष्क्रिय भूमिका है
   D. ही केवल पूर्णतः तरल परिसम्पत्ति है।

163. ब्याज दर में परिवर्तन निम्नलिखित उद्देश्य से रखी जाने वाली मुद्रा की मात्रा को बहुत प्रभावित नहीं करती है–
   A. लेन–देन उद्देश्य
   B. सावधानी उद्देश्य
   C. (A) और (B) दोनों
   D. सट्टा उद्देश्य (Speculative Motive)

164. निम्नलिखित में से कौन–सा भारतीय पूंजी बाजार का अंग नहीं है–
   A. BSE   B. NSE
   C. SEBI   D. RBI

165. चालू खाता जमाओं (Current Account Deposits) के बारे में क्या सत्य नहीं है–
   A. वे M_1 में सम्मिलित की जाती हैं

B. वे M_3 में सम्मिलित की जाती हैं
   C. उन पर अनियंत्रित चेक (Unrestricted Cheque) लिखे जा सकते हैं
   D. उन पर ब्याज मिलता है

166. SLR होता है–
   A. लिमिटेड कम्पनियों पर न्यूनतम कोष रखने के दबाव का तरीका
   B. भारतीय रिजर्व बैंक का साख नियंत्रण का तरीका
   C. CRR का दूसरा नाम
   D. इनमें से कोई नहीं

167. वाणिज्यिक बैंकों द्वारा दी जाने वाली निम्नलिखित सेवाओं में से कौन–सी फीस आधारित सेवा नहीं है–
   A. मर्चेंट बैंकिंग
   B. विनियोजन (Investment) सलाह
   C. प्रारंभिक सार्वजनिक पूंजी निर्गमन के लिए बैंकर
   D. कार्यशील पूंजी के लिए ऋण

168. मुद्रा के परिमाण सिद्धान्त की आधुनिक व्याख्या किसने की है–
   A. सैम्युलसन   B. कीन्स
   C. शुम्पीटर   D. फ्रीडमैन

169. केन्सीय अर्थशास्त्र में मौद्रिक नीति की संचरण प्रक्रिया होगी–
   A. ब्याज दर के द्वारा   B. प्रत्यक्ष खरीदारी द्वारा
   C. धन प्रभाव के कारण   D. उपभोग प्रभाव के कारण

170. भारत में मुद्रा की पूर्ति बढ़ जायेगी यदि–
   A. रिजर्व बैंक के पास स्वर्ण की मात्रा बढ़ जाती है
   B. सरकार के पास स्वर्ण एवं रजत की मात्रा बढ़ जाती है
   C. रिजर्व बैंक जनता से उधार लेता है
   D. रिजर्व बैंक सरकार को ऋण देता है

171. निम्न समीकरण बतलाने वाले थे–
$$P = \frac{KR}{M}$$
   A. मार्शल   B. मिल
   C. पीगू   D. केन्स

172. एक देश की करेंसी के बाह्य मूल्य में गिरावट से घरेलू कीमतें–
   A. बढ़ती हैं   B. बढ़ती हैं या घटती हैं
   C. घटती हैं   D. अपरिवर्तित रहती हैं

173. मुद्रा पूर्ति की स्थिर विकास दर इंगित करती है।
A. मुद्रा की पूर्ति में स्थिर दर से वृद्धि
B. मुद्रा की मात्रा को स्थिर रखना
C. मुद्रा की पूर्ति में जबर्दस्त वृद्धि करना
D. मुद्रा की पूर्ति में शून्य दर से वृद्धि करना

174. अगर सभी नयी निर्गमित मुद्रा बचा ली जाये तो—
A. केवल निरपेक्ष मूल्यों में वृद्धि होगी
B. कीमतें बढ़ सकती हैं यदि मुद्रा के चलन वेग में वृद्धि हो
C. उसी के बराबर समय जमा बढ़ जाएगी
D. उसी के बराबर मांग जमा बढ़ जाएगी

175. मुद्रा का प्रतिष्ठित सिद्धान्त ने यह माना है कि—
A. जितनी मुद्रा बढ़ेगी विकास होगा
B. अधिक मुद्रा से कोई विकास नहीं होगा, केवल स्फीति ही होगी
C. अधिक मुद्रा से वास्तविक एवं सापेक्षिक मूल्य बढ़ेंगे
D. मंदी में मुद्रा के चलन वेग कम होने से मंदी दूर होगी

176. व्यापारिक बैंकों के लिए SLR होता है—
A. नकदी का वह प्रतिशत जो नियमानुसार बैंक अपने पास रखते हैं
B. बैंक दर जो सन्दर्भ दर भी है
C. बैंकों की तरल देयता के विरुद्ध सरकारी एवं अन्य स्वर्ण जैसी प्रतिभूतियों का अनुपात
D. रिजर्व मुद्रा

177. अगर बैंक साख निर्गमन बढ़ाना चाहते हैं तो—
A. उन्हें ब्याज दर जमा राशि बढ़ाने के लिए ऊंची करनी चाहिए
B. उन्हें ब्याज की दर घटानी चाहिए
C. उन्हें अपने नकद कोष को बढ़ाना चाहिए
D. उन्हें निवेशों पर ऋण मांगने के लिए दबाव बनाना चाहिए

178. संकीर्ण मुद्रा है—
A. M_1 B. M_2
C. M_3 D. M_4

179. M_3 के अन्तर्गत भारत में पोस्ट ऑफिस जमा को सम्मिलित न करने का कौन—सा कारण नहीं है—
A. पोस्ट ऑफिस जमा साख सृजन का आधार नहीं बनती

B. पोस्ट ऑफिस, निकासी गृह (clearing house) के सदस्य नहीं होते
C. पोस्ट ऑफिस, रिजर्व बैंक को हर सप्ताह आंकड़े नहीं दे पाते
D. पोस्ट ऑफिस में जमा राशियां अधिक नहीं होती

180. मुद्रा का निम्नलिखित में से कौन—सा कार्य उसे वर्तमान तथा भविष्य के बीच की कड़ी बनने में सहायक होता है—
A. मूल्य की माप   B. मूल्य का संचय
C. विनिमय का माध्यम   D. मूल्य का अंतरण

181. मुद्रा के निम्नलिखित में से किस कार्य को उसके प्रासंगिक कार्य की श्रेणी में रखा जा सकता है—
A. विनिमय माध्यम के रूप में काम करना
B. मूल्य के माप के रूप में काम आना
C. स्थगित अदायगी के रूप में काम आना
D. इनमें से कोई नही

182. भारत में विदेशी विनिमय बैंकों का मुख्य लक्षण है—
A. भारत में निक्षेपों का जुटाव
B. विश्व के विभिन्न भागों में शाखाओं का विस्तार
C. भारत के विदेशी व्यापार का वित्तीयन
D. कमजोर वर्गों को ऋण देना

183. नीचे केन्द्रीय बैंक के अतिरिक्त अन्य बैंकों की सूची दी गयी है। इनमें से कौन मुद्रा का सृजन कर सकते हैं—
A. वाणिज्यिक बैंक   B. औद्योगिक विकास बैंक
C. कृषि बैंक   D. विनिमय बैंक

184. गैर बैंकिंग वित्तीय कंपनियों (NBFCs) के लिए निम्न में से कौन—सा कथन सही नहीं है?
A. NBFCs सेटलमेंट सिस्टम और भुगतान के अंशों को नहीं बनाती है।
B. NBFCs डिमांड ड्रॉफ्ट को स्वीकार नहीं करती है
C. NBFCs के कार्य बैंक के समान हैं
D. NBFCs उधार देती हैं तथा निवेश करती हैं

185. देश को निम्नलिखित में से किस परिस्थिति में सस्ती मुद्रा नीति का अनुसरण करना चाहिए—
A. अदायगी शेष प्रतिकूल हो
B. कीमतें बढ़ रही हों
C. स्वर्ण के देश से बाहर जाने की आशंका हो
D. रोजगार का स्तर नीचा हो

186. वर्ष 1982 से, निम्नलिखित में से कौन सी वित्तीय संस्था भारत में ग्रामीण उधार की पूर्ति एवं उसकी समग्र देखभाल में सबसे बड़ी भूमिका निभा रही हैं—

A. सहकारी उधार समितियां

B. क्षेत्रीय ग्रामीण बैंक

C. नाबार्ड

D. सार्वजनिक क्षेत्र के बैंक

187. बैंकों के पास रखे मांग जमा को मुद्रा माना जाता है क्योंकि वे—

A. सामान्यतया भुगतान के साधन के रूप में स्वीकार होते हैं

B. रोकड़ से अधिक तरल होते हैं

C. सरकार के अधिकार में रहते हैं

D. बैंक प्रबन्धक उनकी व्यवस्था कुशलतापूर्वक करते हैं।

188. यह मानते हुए कि मुद्रा की मांग की ब्याज–लोच 5% है और शेष बातें यथापूर्व है, यदि मुद्रा की आपूर्ति उसकी मांग से 5% अधिक है तो बाजार संतुलन स्थापित करने के लिए उसकी ब्याज–दर में कितनी गिरावट होना जरूरी है—

A. 2.5%   B. 5%

C. 10%   D. 15%

189. जहां तक ब्याज दरों में परिवर्तनों का प्रश्न है, सबसे संवेदनशील मुद्रा–बाजार है—

A. बिल बाजार   B. असंगठित मुद्रा बाजार

C. शीघ्रावधि मुद्रा बाजार   D. संपार्श्विक कर्ज बाजार

190. एकल बैंकिंग प्रणाली बड़ी लोकप्रिय है—

A. इंग्लैंड में   B. जापान में

C. भारत में   D. स॰ रा॰ अमेरिका में

191. भारतीय रिजर्व बैंक के दिशा-निर्देशों के अनुसार, बैंकिंग क्षेत्र में 'अस्वामिक जमा' (deposits) वे जमा हैं जिन पर पिछले कम से कम .... वर्षों से किसी के द्वारा दावा नहीं किया गया है।

A. 12 वर्ष   B. 20 वर्ष

C. 10 वर्ष   D. 16 वर्ष

192. खुले बाजार की कार्रवाईयों का सिद्धान्त यह मानकर चलता है कि—

A. बैंक निक्षेपों तथा वैधमुद्रा, दोनों के संचलन–वेगों के बीच कोई सम्बंध नहीं है

B. वैध मुद्रा का संचलन–वेग बैंक निक्षेपों के संचलन–वेग से अधिक है

C. बैंक निक्षेपों का संचलन–वेग वैध मुद्रा के संचलन–वेग से अधिक है

D. बैंक निक्षेपों तथा वैध मुद्रा का संचलन–वेग स्थिर होता है।

193. भारत में वाणिज्यिक बैंकों के सांविधानिक तरलता अनुपात (SLR) को निम्नलिखित उच्चतम स्तर तक बढ़ाया जा सकता है—

A. 20%   B. 25%

C. 35%   D. 40%

194. निम्नलिखित में से किस मद को उच्च शक्ति मुद्रा नहीं माना जा सकता—

A. RBI के पास वाणिज्यिक बैंकों का जमा

B. वाणिज्यिक बैंकों को RBI द्वारा उधार

C. RBI के पास 'अन्य–निक्षेप'

D. वाणिज्यिक बैंकों द्वारा दी गयी उधार राशियां

195. यदि मुद्रा की आपूर्ति में कोई बहिर्जात–वृद्धि होती है तो—

A. व्यवहार शेषों के लिए मांग बढ़ जाएगी

B. सट्टा प्रयोजनों के लिए उपलब्ध मुद्रा की मात्रा में वृद्धि हो जाएगी

C. एहतियाती शेषों पर कोई प्रभाव नहीं पड़ेगा

D. लोग बंध पत्र बेचने की कोशिश करेंगे जिससे बंध–पत्रों की कीमत गिर जाएगी

196. उधार–गुणक (deposit multiplier) होता है—

A. नकद आरक्षित अनुपात का व्युत्क्रम

B. नकद आरक्षित अनुपात के बराबर

C. (A) और (B) दोनों

D. इनमें से कोई नहीं

197. निम्नलिखित में से किस बात से वाणिज्यिक बैंकों की आरक्षितियों में बढ़ने की प्रवृत्ति पैदा होगी—

A. बैंक दर में वृद्धि

B. RBI द्वारा खुले बाजार में सरकारी प्रतिभूतियों की बिक्री

C. RBI द्वारा खुले बाजार में सरकारी प्रतिभूतियों की खरीद

D. बैंक दर में कटौती

198. कीन्स के अनुसार, मुद्रा की व्यवहार मांग, L को इस प्रकार व्यक्त किया जा सकता है—

A. $L = K(Y)$ B. $L = I(r)$

C. $L = K(Y) + I(r)$ D. $L = Y - I$

199. मुद्रा की आपूर्ति यथावत् रहने पर, यदि मुद्रा की मांग में वृद्धि होती है तो–
A. कीमत स्तर में गिरावट आ जाएगी
B. ब्याज की दर में वृद्धि हो जाएगी
C. ब्याज की दर में कमी हो जाएगी
D. आय और रोजगार के स्तर में वृद्धि हो जाएगी

200. कब मुद्रा पूर्ति में एक वृद्धि, नाममात्र के सकल घरेलू उत्पाद पर अन्य प्रभाव रखती है?
A. यदि वेग घट रहा है
B. यदि वेग अपरिवर्तित (Unchanged) है
C. यदि वेग बढ़ रहा है
D. यदि सरकारी व्यय भी बढ़ रहे हैं

201. मुद्रास्फीति को नियंत्रित करने के लिए केन्द्रीय बैंक को चाहिए कि–
A. सरकारी प्रतिभूतियों की बिक्री करे और बैंक दर को घटा दे
B. सरकारी प्रतिभूतियों की बिक्री करे और बैंक दर को बढ़ा दे
C. सरकारी प्रतिभूतियों की खरीद करे और बैंक दर को बढ़ा दे
D. सरकारी प्रतिभूतियों की खरीद करे और बैंक दर को घटा दे ।

202. मुम्बई स्टॉक एक्सचेंज के संवेदी –सूचकांक का आधार वर्ष है–
A. 1985-86   B. 1980-81
C. 1978-79   D. 1970-71

203. यदि कीमत–स्तर में वृद्धि की आशा हो तो निवेश को बढ़ावा मिलेगा क्योंकि–
A. पूंजीगत पदार्थों के उत्पादन में बढ़ोत्तरी होगी
B. पूंजी के प्रत्याशित प्रतिफल में वृद्धि हो जाएगी
C. लोग अपेक्षाकृत अधिक बचत करेंगे जिससे ब्याज दर गिर जाएगी
D. इनमें से कोई नहीं

204. IS-LM विश्लेषण ढांचे में प्रसारवादी मौद्रिक नीति के अन्तर्गत मुद्रा पूर्ति वृद्धि का परिणाम होगा–
A. IS-वक्र का दाहिनी ओर खिसकना
B. LM-वक्र का दाहिनी ओर खिसकना
C. IS-वक्र का बायीं ओर खिसकना
D. LM-वक्र का बायीं ओर खिसकना

205. यदि नकद आरक्षण अनुपात 40% है और वाणिज्यिक बैंकों को सरकारी व्यय के परिणामस्वरूप 15 करोड़ रु. की ताजा नकदी की प्राप्ति होती है, तो वाणिज्यिक बैंकों द्वारा दिए गए ऋणों में वृद्धि होगी–
A. 37.5 करोड़ रु.   B. 40.00 करोड़ रु.
C. 60.00 करोड़ रु.   D. 30.50 करोड़ रु.

206. दिए गए बैंकों के समूह में राष्ट्रीयकरण का सही कालानुक्रम कौन–सा है–
A. SBI, RBI, 14 बैंक, 6 बैंक
B. RBI, SBI, 6 बैंक, 14 बैंक
C. RBI, SBI, 14 बैंक, 6 बैंक
D. SBI, RBI, 6 बैंक, 14 बैंक

207. खुला बाजार कार्रवाई से अभिप्राय है–
A. अनुसूचित बैंकों द्वारा RBI से ऋण लेना
B. वाणिज्यिक बैंकों द्वारा उद्योग और व्यापार क्षेत्रों को ऋण देना
C. RBI सरकारी प्रतिभूतियों का क्रय और विक्रय
D. जमा संग्रहण

208. RBI बैंकरों के बैंक के रूप में कार्य करता है। इसका अर्थ है–
1. अन्य बैंक RBI के पास अपनी जमा रखते हैं।
2. आवश्यकता के समय RBI वाणिज्यिक बैंकों को ऋण देता है।
3. RBI वाणिज्यिक बैंकों को मौद्रिक विषयों पर परामर्श देता है।
कूट:
A. 2 और 3   B. 1 और 2
C. 1 और 3   D. 1, 2 और 3

209. तरलता अधिमान निर्दिष्ट करता है–
A. उस सीमा को जहां तक निवेशक अपनी परिसम्पत्ति को मुद्रा में रखना पसन्द करता है
B. RBI की अन्य वित्तीय संस्थाओं में शेयरधारिता को
C. समुदाय के स्वर्ण के लिए अधिमान को
D. समुदाय की पूंजीगत वस्तुओं के लिए प्रभावशाली मांग को

210. निम्नलिखित कथनों पर विचार कीजिए–IS और LM वक्रों का प्रतिच्छेदन मेल खाता है–
1. वास्तविक क्षेत्र में संतुलन से
2. मौद्रिक क्षेत्र में संतुलन से
3. आवश्यक रूप से तरलता जाल से
4. वालरास के सामान्य संतुलन से

इन कथनों में से

A. 1 और 3 सही हैं   B. 1 और 2 सही हैं
C. 2, 3 और 4 सही हैं   D. 1, 2, 3 और 4 सही हैं

211. सट्टेबाजी के लिए मुद्रा की मांग होती है—
A. ब्याज निर्धारक   B. ब्याज निर्धारित
C. आय निर्धारक   D. आय निर्धारित

212. प्रबन्धित करेंसी कही जाती है—
A. करेंसी जिसकी विनिमय दर आसानी से प्रबन्धित हो सके
B. करेंसी जिसके आन्तरिक मूल्य को करेंसी की पूर्ति बढ़ा या घटाकर प्रबन्धित किया जा सकता है
C. करेंसी जो प्रबन्धित की जानी है यदि प्रचलित विनिमय–दर को प्रभावित करने के लिए देश की सरकार किसी–न–किसी रूप में हस्तक्षेप करती है
D. अवस्फीति की अवस्था में करेंसी का नियतांश जो केन्द्रीय बैंक द्वारा प्रबन्धित किया जाना होता है

213. निम्न कथनों पर विचार कीजिए–भारत में मुद्रा की पूर्ति बढ़ायी जा सकती है यदि–
A. भारतीय रिजर्व बैंक संचलन के लिए अधिक कागजी मुद्रा जारी कर देता है
B. व्यावसायिक बैंक अपनी साख क्रियाओं में वृद्धि करते हैं
C. केन्द्र सरकार राज्यों को अधिक अनुदान देती है
D. भारत सरकार RBI से अधिक उधार लेती है
इनमें से
A. 1, 2 और 3 सही हैं   B. 2, 3 और 4 सही हैं
C. 1, 3 और 4 सही हैं   D. 1, 2 और 4 सही हैं

214. मुद्रा की आय गति निर्भर करती है—
A. जनता द्वारा मौद्रिक आय के व्यय की बारम्बारता पर
B. मुद्रा के अर्जन और व्यय की बारम्बारता पर
C. वह गति जिससे मुद्रा का स्टॉक आय कमाने वालों की ओर से अंतिम उत्पाद के उत्पादक की ओर गतिशील होता है
D. अंतिम उत्पाद खरीदने के लिए जनता के नकदी अधिमान पर

215. कौन–सी विधि केन्द्रीय बैंक द्वारा गुणात्मक साख नियंत्रण के साधन के रूप में प्रयुक्त की जा सकती है—
A. बैंक दर नीति

B. खुले बाजार की क्रियाएं
C. मार्जिन की आवश्यकता में परिवर्तन
D. आरक्षित अनुपात में परिवर्तन

216. निम्नलिखित में से कौन-सा युग्म सही सुमेलित है—
A. क्षेत्रीय ग्रामीण बैंक – व्यावसायिक बैंकों द्वारा प्रायोजित
B. अग्रणी बैंक – रिजर्व बैंक द्वारा प्रायोजित
C. नाबार्ड – विश्व बैंक द्वारा प्रायोजित
D. शीर्ष सहकारी बैंक – एशियाई विकास बैंक द्वारा प्रायोजित

217. नरसिंहम कमेटी I का सम्बंध था—
A. बैंकिंग क्षेत्र संबंधी सुधारों से
B. पूंजी बाजार सम्बंधी सुधारों से
C. गैर–बैंकिंग संस्थाओं सम्बंधी सुधारों से
D. बीमा–क्षेत्र सम्बंधी सुधारों से

218. लीड बैंक योजना का प्रमुख उद्देश्य है कि—
A. बड़े बैंक प्रत्येक जिले में अपने कार्यालय खोलने का प्रयास करें
B. विभिन्न राष्ट्रीयकृत बैंकों में कड़ी प्रतिस्पर्धा हो
C. एक–एक बैंक सघन विकास के लिए पृथक्–पृथक् जिलों को अपनाएं
D. सभी बैंक अपने पास जमा राशि जुटाने के लिए गहन प्रयास करें

219. यदि ब्याज की दर शून्य से अधिक है, तो इसका अर्थ होता है कि—
A. वर्तमान वस्तुओं और भावी वस्तुओं का हमेशा समान मूल्य होता है
B. वर्तमान वस्तुओं का मूल्य भावी वस्तुओं के मूल्य से कम होता है
C. वर्तमान उपभोग का मूल्य–भावी उपभोग से अधिक होता है
D. वर्तमान उपभोग का मूल्य भावी उपभोग से कम होता है।

220. मान लें कि किसी अर्थव्यवस्था में मुद्रास्फीति स्थिर है और मुद्रा की मांग आय और ब्याज–दर का फलन है तब अगर आय का स्तर बढ़ता है तो—
A. मुद्रा की मांग के परिमाण में कमी और ब्याज की दर में वृद्धि होगी

B. मुद्रा की मांग के परिमाण में वृद्धि और ब्याज की दर में वृद्धि होगी

C. मुद्रा की मांग के परिमाण में कमी और ब्याज की दर में कमी होगी

D. मुद्रा की मांग के परिमाण में वृद्धि और ब्याज की दर में कमी होगी

221. मुद्रा की मांग का पोर्टफोलियो सिद्धान्त यह मानकर चलता है कि व्यक्ति—

A. जोखिम की परवाह नहीं करता

B. जोखिम के प्रति तटस्थ होता है

C. जोखिम से प्यार करता है

D. जोखिम के प्रति अनिच्छुक रहता है

222. यदि ब्याज दर बढ़ेगी तो बांडधारी लोग—

A. बांडों पर पूंजीगत लाभ प्राप्त करेंगे

B. बांडों पर पूंजीगत हानि उठायेंगे

C. बेचना चाहते हुए भी ग्राहक नहीं ढूंढ पायेंगे

D. इनमें से कोई नहीं

223. यदि मुद्रा की मांग पूर्ण ब्याज लोचदार हो तो प्रसारण मौद्रिक नीति की कारगरता होती है—

A. अधिकतम   B. साधारण

C. अत्यन्त निम्न   D. शून्य

224. फीशर का सिद्धान्त लागू होता है—

A. दीर्घकाल में   B. अल्पकाल में

C. (A) और (B) दोनों में   D. इनमें से कोई नहीं

225. $P = \dfrac{M}{KT}$ समीकरण है—

A. पीगू का   B. मार्शल का

C. राबर्ट्सन का   D. केन्स का

226. नकदी शेष समीकरण में शामिल होता है—

A. अन्तिम वस्तुओं से सम्बंधित लेन–देन

B. सभी प्रकार के लेन–देन

C. (A) और (B) दोनों

D. इनमें से कोई नहीं

227. साख नियंत्रण के उपाय के रूप में परिवर्ती रिजर्व अनुपात (CRR) को अपनाने का सुझाव सर्वप्रथम दिया—

A. केन्स ने   B. मार्शल ने

C. पीगू ने   D. फिशर ने

228. किसने बताया कि मुद्रा की लेन–देन मांग ब्याज दर पर निर्भर करती है—

A. केन्स ने   B. फिशर ने

C. बोमल ने   D. इनमें से कोई नहीं

229. बांड की कीमत और बाजार ब्याज की दर के बीच सम्बंध होता है—

A. प्रतिलोम   B. सीधा

C. (A) और (B) दोनों   D. इनमें से कोई नहीं

230. मुद्रा की मांग के स्टॉक सैद्धान्तिक मत (Inventory Theoretic Approach) के प्रतिपादक हैं—

A. बोमल   B. केन्स

C. टॉबिन   D. फिशर

231. भारत के विभिन्न बैंकों द्वारा स्थापित परिसम्पत्ति पुनर्निर्माण कंपनी का नाम निम्नलिखित में से क्या है?

A. AMFI   B. ARCIL

C. SEBI   D. HCR

232. The Risk Aversion Theory of Liquidity Preference के प्रतिपादक हैं—

A. टॉबिन   B. बोमल

C. फिशर   D. कैनन

233. किसने सर्वप्रथम Natural ब्याज दर तथा बाजार ब्याज दर के बीच सम्बंध की चर्चा की—

A. विकसैल   B. कीन्स

C. बोमल   D. टॉबिन

234. IS-वक्र के बायीं ओर का बिन्दु व्यक्त करता है—

A. अति मांग   B. अल्प मांग

C. अति पूर्ति   D. अल्प पूर्ति

235. IS-वक्र के दायीं ओर का बिन्दु व्यक्त करता है—

A. अति पूर्ति   B. अति मांग

C. अल्प पूर्ति   D. अल्प मांग

236. यदि मुद्रा की मांग ब्याज दर के साथ निरपेक्ष होती है तो LM वक्र होगा—

A. पूर्णतया बेलोचदार   B. पूर्णतया लोचदार

C. इकाई के बराबर लोच   D. इनमें से कोई नहीं

237. यदि मुद्रा की मांग ब्याज दर के साथ बहुत सापेक्ष है तो LM वक्र होगा—

A. पूर्णतया लोचदार   B. पूर्णतया बेलोचदार

C. शून्य लोच वाला   D. इनमें से कोई नहीं

238. LM वक्र के दायीं ओर स्थित कोई भी बिन्दु दर्शाता है–
   A. मुद्रा बाजार में मुद्रा की अति मांग
   B. मुद्रा बाजार में मुद्रा की अल्प मांग
   C. मुद्रा बाजार में मुद्रा की अति पूर्ति
   D. इनमें से कोई नहीं

239. गुणात्मक साख–नियंत्रण का साधन है–
   A. खुला बाजार कार्रवाई
   B. साख की राशनिंग
   C. आरक्षण अनुपात
   D. बैंक दर नीति

240. यदि RBI बाजार में प्रतिभूतियां बेचे तो इसका परिणाम होगा–
   A. बैंक दर में परिवर्तन
   B. ब्याज की बाजार दर में गिरावट
   C. बैंकों के ग्राहकों को ऋण में वृद्धि
   D. बैंक जमा में कमी

241. केन्सियन अर्थशास्त्र में मुद्रा पूर्ति की संचरण प्रक्रिया होगी–
   A. ब्याज दर के द्वारा
   B. प्रत्यक्ष खरीदारी द्वारा
   C. धन प्रभाव के कारण
   D. उपभोग प्रभाव के कारण

242. मुद्रा पूर्ति में वृद्धि का परिणाम होता है–
   A. LM वक्र के ढाल में परिवर्तन
   B. LM वक्र का दाहिनी ओर विवर्तन
   C. LM वक्र में कोई परिवर्तन नहीं
   D. LM वक्र का बाईं ओर विवर्तन

243. मुद्रा की सट्टा मांग बढ़ेगी यदि–
   A. प्रतिभूतियों की कीमतों में वृद्धि प्रत्याशित है
   B. वस्तुओं की कीमतों में कमी प्रत्याशित है
   C. ब्याज दर का स्थिर होना प्रत्याशित है
   D. ब्याज दर में वृद्धि प्रत्याशित है।

244. फिशर के V और कैम्ब्रिज समीकरण K के मध्य सम्बंध है–
   A. $V = \dfrac{1}{K}$
   B. $V = \dfrac{1}{1+K}$
   C. $V = 1 + K$
   D. $V = 1 - K$

245. वर्तमान अन्तर्राष्ट्रीय मौद्रिक प्रणाली में भारतीय रुपये को अधिकीलित किया गया है–
   A. यू.एस. डालर से
   B. यू.के. पौंड से
   C. यूरो से
   D. मुद्राओं के एक समूह से

246. मुद्रा की तटस्थता का निहितार्थ है कि मुद्रा की पूर्ति में की गयी किसी वृद्धि से–
   A. सभी कीमतें उसी अनुपात में बढ़ेंगी
   B. सभी कीमतें विभिन्न अनुपातों में बढ़ेंगी
   C. सभी कीमतें उसी अनुपात में घटेंगी
   D. कीमतों में कोई परिवर्तन नहीं होगा।

247. मुद्रा का परिमाण सिद्धान्त का निहितार्थ है कि कीमत स्तर में वृद्धि–
   A. उत्पादन में वृद्धि से सम्बंधित होगी
   B. मुद्रा–पूर्ति में वृद्धि से सम्बंधित होगी
   C. मुद्रा–पूर्ति में कमी से सम्बंधित होगी
   D. (A) और (B) दोनों

248. निम्न में से किस एक के साथ तरलता जाल का मेल है–
   A. उपभोग फलन
   B. उत्पादन फलन
   C. मुद्रा मांग फलन
   D. श्रम मांग फलन

249. बैंक में जमा उस धनराशि को .... कहते हैं, जिसे पूर्व निर्धारित निश्चित समयावधि तक आहरित नहीं किया जा सकता है।
   A. सावधि जमा   B. बचत बैंक खाता
   C. नो फ्रिल खाता   D. चालू खाता

250. फिशर के सिद्धान्त की आलोचना की गयी है क्योंकि–
   A. यह मुद्रा की पूर्ति को स्थिर मानकर मुद्रा की मांग पर अधिक जोर देता है
   B. यह हमें नहीं बताता कि किस प्रकार मुद्रा की मात्रा में परिवर्तन कीमत स्तर को प्रभावित करते हैं
   C. यह मुद्रा के मूल्य में अल्पकालीन परिवर्तनों का विश्लेषण करता है
   D. यह कीमत स्तर पर बहुत अधिक जोर देता है।

उत्तरमाला

1	2	3	4	5	6	7	8	9	10
B	C	A	C	B	C	A	A	C	D
11	12	13	14	15	16	17	18	19	20
D	C	B	A	B	B	C	C	A	B
21	22	23	24	25	26	27	28	29	30
D	B	B	B	D	D	B	C	B	B
31	32	33	34	35	36	37	38	39	40
B	B	B	B	A	A	D	A	B	D
41	42	43	44	45	46	47	48	49	50
B	A	A	C	B	B	C	B	D	A
51	52	53	54	55	56	57	58	59	60
D	B	B	C	D	B	C	C	C	A
61	62	63	64	65	66	67	68	69	70
C	A	D	C	D	B	D	D	B	D
71	72	73	74	75	76	77	78	79	80
B	A	B	B	B	C	D	B	D	C
81	82	83	84	85	86	87	88	89	90
A	D	C	A	C	D	B	C	D	D
91	92	93	94	95	96	97	98	99	100
C	D	A	A	B	D	D	B	D	B
101	102	103	104	105	106	107	108	109	110
D	D	B	C	D	B	B	A	D	A
111	112	113	114	115	116	117	118	119	120
B	C	B	B	A	B	D	A	B	C
121	122	123	124	125	126	127	128	129	130
B	D	D	B	C	C	B	C	C	C
131	132	133	134	135	136	137	138	139	140
C	B	C	B	C	A	D	D	C	C
141	142	143	144	145	146	147	148	149	150
A	C	B	B	D	A	C	A	B	D
151	152	153	154	155	156	157	158	159	160
B	C	B	B	C	D	C	B	A	D
161	162	163	164	165	166	167	168	169	170
C	D	C	D	D	B	B	D	A	D
171	172	173	174	175	176	177	178	179	180
C	D	B	B	B	C	C	A	C	B
181	182	183	184	185	186	187	188	189	190
C	C	A	D	C	C	A	C	C	A
191	192	193	194	195	196	197	198	199	200
C	D	D	D	B	A	C	C	B	A
201	202	203	204	205	206	207	208	209	210
B	C	B	B	A	C	C	D	A	D
211	212	213	214	215	216	217	218	219	220
B	C	D	C	C	A	A	C	D	B
221	222	223	224	225	226	227	228	229	230
A	B	D	A	C	A	A	C	A	A
231	232	233	234	235	236	237	238	239	240
B	A	A	A	A	A	A	A	B	D
241	242	243	244	245	246	247	248	249	250
A	B	D	A	D	A	B	C	A	B

लोक वित्त (Public Finance)

1. वांचू समिति का सम्बंध था–
   A. कर सुधार
   B. काला धन
   C. वित्त सुधार
   D. कोई नहीं

2. बजट घाटा निम्नलिखित में से किससे परिभाषित होता है–
   A. पूंजी मद में आय और व्यय में अंतर
   B. राजस्व मद में आय और व्यय में अंतर
   C. उपर्युक्त दोनों
   D. इनमें से कोई नहीं

3. जिस आयकर में आय–वृद्धि के साथ–साथ कर की दर घटती है, उसे कहा जाता है–
   A. प्रतिगामी कर प्रणाली
   B. अधोगामी कर प्रणाली
   C. प्रगतिशील कर प्रणाली
   D. कोई नहीं

4. यदि वस्तु की पूर्ति पूर्णतया लोचदार है तो करारोपण का भार किस पर पड़ेगा–
   A. पूर्णतया क्रेता पर
   B. पूर्णतया विक्रेता पर
   C. दोनों पर आंशिक रूप से
   D. इनमें से कोई नहीं

5. गैर योजनागत व्यय है–
   A. ब्याज का भुगतान
   B. सुरक्षा व्यय
   C. अनुदान
   D. उपरोक्त सभी

6. बिक्री कर किस सरकार की आय का स्रोत है–
   A. केन्द्र सरकार
   B. स्थानीय सरकार
   C. राज्य सरकार
   D. उपरोक्त सभी का

7. MRTP एक्ट कब बनाया गया–
   A. 1967
   B. 1988
   C. 1969
   D. 1970

8. राजकोषीय घाटा में से ब्याज भुगतान की राशि घटाने पर निम्न में से क्या प्राप्त होता है–
   A. राजस्व घाटा
   B. प्राथमिक घाटा
   C. बजटीय घाटा
   D. वित्तीय घाटा

9. भारत सरकार को सर्वाधिक राजस्व किस स्रोत से प्राप्त होता है–
   A. कर
   B. ऋण
   C. हीनार्थ प्रबन्धन
   D. अनुदान

10. केन्द्र और राज्यों के बीच राजस्व का विभाजन किसकी सिफारिश पर किया जाता है–
   A. योजना आयोग
   B. राष्ट्रीय विकास परिषद
   C. वित्त आयोग
   D. रिजर्व बैंक

11. MODVAT कब से लागू किया गया–
   A. 1985-86
   B. 1984-85
   C. 1986-87
   D. 1987-88

12. कृषि आय पर कर कौन लगाता है–
   A. केन्द्र सरकार
   B. राज्य सरकार
   C. स्थानीय निकाय
   D. ग्राम पंचायत

13. निम्नलिखित में से कौन सा प्रत्यक्ष कर है–
   A. सम्पत्ति कर
   B. बिक्री कर
   C. व्यापार कर
   D. सीमा शुल्क

14. राजस्व बजट घाटे का तात्पर्य है–
   A. आयातों की निर्यातों पर वृद्धि
   B. पूंजीगत व्यय की पूंजीगत आय पर वृद्धि
   C. राजस्व व्यय की राजस्व आय पर वृद्धि
   D. उपरोक्त में से कोई नहीं

15. वर्तमान में केन्द्रीय राजस्व का सर्वाधिक भाग किस मद पर खर्च होता है–
   A. सुरक्षा
   B. अनुदान
   C. ब्याज भुगतान
   D. औद्योगीकरण

16. निम्नलिखित में से कौन सा एक, सरकारों के लिए गैर–कर आय (Non-tax revenue) का एक स्रोत है?
   A. करों पर आयात शुल्क

B. सड़कों के चेक बिन्दुओं पर चुंगी
C. संग्रहालयों पर प्रवेश शुल्क
D. पेयों पर उत्पाद शुल्क

17. निम्न कर से प्राप्त आय राज्यों में नहीं बांटी जाती है–
A. संघीय उत्पादन शुल्क B. आय कर
C. सम्पत्ति कर D. निगम कर

18. राज्यों के कर में अधिक लोच किसमें है–
A. बिक्री कर B. भूमि कर
C. मनोरंजन कर D. राष्ट्रीय उत्पाद शुल्क

19. कागजी स्वर्ण है–
A. SDR
B. कागजी रुपया जिसे सोने का पूर्ण समर्थन प्राप्त हो
C. यूरोपीय बाजार की मुद्रा
D. अरब देशों की विशेष मुद्रा

20. राज्य सरकार के राजस्व का मुख्य स्रोत है–
A. बिक्री कर B. भूमिकर
C. मनोरंजन कर D. राज्य उत्पादन शुल्क

21. राज्य सरकार द्वारा लगाया जाने वाला कर है–
A. आय कर B. भूमि कर
C. निगम कर D. सीमा शुल्क

22. भारत में बचत का मुख्य स्रोत है–
A. सार्वजनिक क्षेत्र B. निगमित क्षेत्र
C. विदेशी क्षेत्र D. घरेलू क्षेत्र

23. बजट एक बड़ा यंत्र है–
A. राजकोषीय नीति का B. मौद्रिक नीति का
C. आर्थिक नीति का D. निर्यात नीति का

24. स्फीतिक दबाव के अन्तर्गत घरेलू बचत–
A. पर कोई प्रभाव नहीं पड़ता
B. घटती है
C. बढ़ती है
D. उत्पादन युक्त निवेश में परिवर्तित होती है।

25. करापात किसी ऐसे व्यक्ति पर होता है जो उसको–
A. दूसरों पर नहीं टाल सकता है
B. दूसरों पर टाल सकता है
C. वंचन कर सकता है
D. स्थगित कर सकता है।

26. वह कर कौन-सा है, जिसको संघ सरकार लगाती और वसूल करती है किन्तु वसूल की गयी राशि को राज्यों के साथ बांटा जाता है–

A. केन्द्रीय उत्पाद शुल्क
B. सीमा कर
C. भूमि और मकानों पर कर
D. बिक्री कर

27. भारत में काला धन–
A. केवल मूल्यों को बढ़ाता है
B. तीव्रता से केवल विलासिता उपभोग बढ़ाता है
C. केवल सरकार की आय की हानि करता है
D. उपर्युक्त तीनों को प्रभावित करता है।

28. भारत जैसे विकासशील देश में राजकोषीय नीति का उद्देश्य होता है–
A. करारोपण द्वारा यथा संभव अर्थव्यवस्था से अतिरेक को एकत्र करना
B. कर–आधार को विस्तृत करना
C. अर्थव्यवस्था के समाजीकरण एवं आर्थिक उद्देश्यों को प्राप्त करना
D. उपर्युक्त सभी

29. भारत सरकार के लिए निम्नलिखित में से क्या सत्य है–
A. प्रत्यक्ष तथा अप्रत्यक्ष करों का कुल करों में हिस्सा बराबर है
B. प्रत्यक्ष करों का हिस्सा बढ़ा है तथा अप्रत्यक्ष करों का हिस्सा तेजी से गिरा है
C. प्रत्यक्ष करों का हिस्सा अप्रत्यक्ष करों के हिस्से की तुलना में दोगुना है
D. इनमें से कोई नहीं।

30. भारतीय अर्थव्यवस्था की कुल बचत पारिवारिक क्षेत्र द्वारा की गयी बचत का अंश अब लगभग है–
A. 50% B. 60%
C. 75% D. 80%

31. यदि सरकार द्वारा दिया गया ब्याज प्राथमिक घाटे में जोड़ दिया जाए तो वह बराबर होगा–
A. राजकोषीय घाटे का B. बजट घाटे का
C. मौद्रिक घाटे का D. राजस्व घाटे का

32. निम्न में से कौन–सा कथन सही नहीं है?
A. प्रथम वित्त आयोग का गठन 1951 में किया गया था।
B. प्रथम वित्त आयोग के अध्यक्ष के. संथानम थे
C. 12वें वित्त आयोग के अध्यक्ष सी. रंगराजन थे
D. B और C

33. भारत में प्रचलित कीमतों पर निम्नलिखित में से किस घाटे का प्रतिशत सर्वाधिक है–
A. राजकोषीय घाटा   B. राजस्व घाटा
C. मुद्रीकृत घाटा   D. प्राथमिक घाटा

34. राज्यों को तदर्थ अनुदान हेतु, गाडगिल फार्मूले के अन्तर्गत सर्वाधिक महत्व दिया गया है–
A. जनसंख्या को   B. संसाधन जुटाने को
C. आय को   D. विशेष समस्याओं को

35. केन्द्रीय सरकार द्वारा प्रत्येक रुपया उगाही में, निम्न में से किसका हिस्सा सर्वाधिक है–
A. आन्तरिक ऋण   B. सीमा शुल्क
C. उत्पाद शुल्क   D. निगम कर

36. वित्त आयोग का कार्य यह संस्तुति करना है कि–
A. केन्द्र तथा राज्यों के मध्य बांटे जाने वाली करों की शुद्ध राशि को वितरित करने के विषय में
B. राज्यों के बीच इस राशि के अंशों का आवंटन करने के विषय में
C. राज्यों को केन्द्र द्वारा दिये जाने वाले अनुदानों के सिद्धान्त के विषय में
D. उपरोक्त सभी

37. निम्नलिखित में से कौन आर्थिक अपराधों से सम्बंध रखता है–
A. मीसा   B. NSA
C. टाडा   D. COFEPOSA

38. भारत में वित्त आयोग सामान्यतया कितने वर्षों के पश्चात् गठित किया जाता है–
A. पांच वर्ष
B. चार वर्ष
C. तीन वर्ष
D. इस सम्बंध में कोई निश्चित अवधि नहीं है

39. काला धन का अर्थ होता है–
A. बिना आयकर चुकाये उपार्जित धन
B. जाली नोट
C. अवैध रूप से अर्जित मुद्रा
D. गुप्त विधि से अर्जित आय

40. कौन राजकोषीय नीति का उपकरण नहीं है–
A. ब्याज दर   B. करारोपण
C. सार्वजनिक व्यय   D. सार्वजनिक ऋण

41. लोक व्यय के सम्बंध में फिण्डले शिराज द्वारा दिये गये नियमों में निम्नलिखित में से कौन सा नियम सम्मिलित नहीं है–
A. आधिक्य का सिद्धान्त
B. लोच का सिद्धान्त
C. मितव्ययिता का सिद्धान्त
D. अनुमोदन का सिद्धान्त

42. किसने व्यय पर कर लगाने का सुझाव दिया–
A. डाल्टन   B. मस्ग्रेव
C. काल्डर   D. फिलिप्स

43. भारतवर्ष में तदर्थ–ट्रेजरी बिलों की पद्धति के स्थान पर अर्थोपाय प्रणाली लागू की गयी है–
A. 1995 से   B. 1996 से
C. 1997 से   D. 1998 से

44. निम्नलिखित में से कौन एक सरकार की देयता नहीं है–
A. इंदिरा विकास पत्र
B. किसान विकास पत्र
C. ट्रेजरी बिल
D. सार्वजनिक उपक्रमों के शेयर

45. अधिकतम सामाजिक लाभ के सिद्धान्त को सर्वप्रथम बताया था–
A. हिक्स ने   B. डाल्टन ने
C. टेलर ने   D. मस्ग्रेव ने

46. समता का नियम सर्वाधिक पूरा होता है–
A. बिक्री कर द्वारा   B. उत्पादन शुल्क द्वारा
C. आय कर द्वारा   D. उपरोक्त सभी से

47. बजट घाटे की तुलना में राजकोषीय घाटे का आकार सदा ही होगा–
A. अधिक   B. कम
C. बराबर   D. उपरोक्त में कोई नहीं

48. कौन राजकोषीय नीति का उपकरण है–
A. करारोपण   B. सार्वजनिक व्यय
C. सार्वजनिक ऋण   D. उपरोक्त सभी

49. हीनार्थ–प्रबन्धन की नीति की इसलिए आलोचना की जाती है क्योंकि इसमें–
A. सरकार धीरे–धीरे दीवालिया हो जाती है
B. ऊंची समग्र मांग प्राप्त होती है
C. मुद्रास्फीति को बढ़ावा मिलता है
D. इनमें से कोई नहीं

50. कर विवर्तन (Shifting of Tax) उस प्रक्रिया को दर्शाता है जिससे
A. कर का मौद्रिक भार एक व्यक्ति से दूसरे व्यक्ति पर हस्तान्तरित हो जाता है
B. कर का वास्तविक भार एक व्यक्ति से दूसरे व्यक्ति पर हस्तान्तरित हो जाता है
C. (A) और (B) दोनों
D. इनमें से कोई नहीं

51. तेरहवाँ वित्त आयोग के अध्यक्ष हैं ?
A. के० सी० पंत
B. सी० रंगराजन
C. विजय एल० केलकर
D. प्रो० ए० एम० खुसरो

52. लॉरेन्ज वक्र निम्नलिखित में से किसकी कोटि नापता है–
A. एकाधिकार शक्ति
B. गरीबी
C. असमानता
D. साक्षरता

53. लैफर वक्र (Laffer curve) सम्बंध दर्शाता है–
A. कर आय तथा कर की दर के मध्य
B. प्रतिव्यक्ति आय तथा कर की दर के मध्य
C. कर आय तथा राष्ट्रीय आय के मध्य
D. बचत तथा कर की दर के मध्य

54. शून्य–आधारित बजट (zero-based budget) की अवधारणा दी–
A. मस्ग्रेव ने
B. कीन्स ने
C. पीटर ए० पायर ने
D. हैन्सन ने

55. क्रियात्मक–वित्त (Functional Finance) के प्रत्यय को सर्वप्रथम प्रस्तुत किया–
A. लर्नर ने
B. फ्रीडमैन ने
C. कैनन ने
D. मार्शल ने

56. ''आय की बजाय व्यय व्यक्ति की कर देय क्षमता का अधिक अच्छा मापक है।'' यह विचार दिया–
A. कैल्डोर ने
B. लर्नर ने
C. सैम्युलसन ने
D. पीगू ने

57. वैगनर की परिकल्पना का सम्बंध–
A. सार्वजनिक आय से है
B. सार्वजनिक व्यय से है
C. मुद्रा की पूर्ति से है
D. सार्वजनिक ऋण से है।

58. किस कर को प्रगतिशील कर नहीं कहा/बनाया जा सकता है–
A. आय कर
B. सम्पत्ति कर
C. निगम कर
D. उत्पाद कर

59. करों की दर घटाने से कर राजस्व में उल्लेखनीय वृद्धि होगी। यह मत किसका है–
A. मस्ग्रेव का
B. ए. लाफर का
C. अच. साइमन का
D. आर. लूकास का

60. केन्द्रीय बजट में राजकोषीय घाटे का अर्थ है–
A. बजटीय घाटों का योग एवं आन्तरिक तथा बाह्य ऋणों में शुद्ध वृद्धि
B. चालू प्राप्तियों एवं चालू व्यय में अन्तर
C. मौद्रिकृत घाटे और बजटीय घाटे का योग
D. इनमें से कोई नहीं

61. भारत में 'वित्त आयोग' का गठन कौन करता है–
A. राष्ट्रपति
B. प्रधानमंत्री
C. वित्त मंत्री
D. RBI का गवर्नर

62. केन्द्र सरकार के कर आय के साधन नीचे लिखे हैं, उनको कुल आय में अंशदान के आधार पर अवरोही क्रम (Descending Order) में रखिए। नीचे दिए गए कूटों में से सही उत्तर चुनिए–
1. उत्पादन शुल्क
2. लाभांश पर कर
3. तट कर
4. निगम कर
कूट:
A. 1, 2, 3, 4
B. 1, 3, 4, 2
C. 1, 3, 2, 4
D. 1, 4, 3, 2

63. सरकारी प्रतिभूतियों का द्वितीयक बाजार विकसित करने के उद्देश्य से भारतीय प्रतिभूति व्यापार निगम (STCI) का गठन किस वर्ष किया गया?
A. 1990
B. 1993
C. 1991
D. 1994

64. चौदहवें वित्त आयोग सिफारिशों के आधार पर संघीय करों के कुल आय का हिस्सा, केन्द्र से राज्य के मध्य वृद्धि के लिए निश्चित किया गया है?
A. 32 प्रतिशत
B. 37 प्रतिशत
C. 42 प्रतिशत
D. 41 प्रतिशत

65. "Principle of Political Economy and Taxation" नामक पुस्तक किसने लिखी–
A. गार्नियर
B. रिकार्डो
C. माल्थस
D. बेस्टियाट

66. राजस्व साधनों के निम्नलिखित समूहों में कौन-सा समूह केवल केन्द्रीय सरकार का है–
A. ब्याज कर, उपहार कर
B. धन कर, भू राजस्व, चुंगी
C. आय कर, बिक्री कर, केन्द्रीय उत्पाद शुल्क
D. निगम कर, सीमा शुल्क

67. केन्द्र सरकार ने दीर्घकालीन राजकोषीय नीति का सूत्रपात किया था–
A. 1982   B. 1985
C. 1989   D. 1991

68. केन्द्र सरकार के चालू राजस्व में निम्न में से कौन-सी मदें सम्मिलित नहीं हैं–
A. कर राजस्व   B. करेतर राजस्व
C. ऋण   D. ब्याज की अदायगी

69. 14वें वित्त आयोग के बारे में कौन-सा कथन सही नहीं है?
A. 14वें वित्त आयोग का कार्यकाल 2015-2020 का है
B. इसने कर हिस्सेदारी में राज्यों का हिस्सा 42% करने की संस्तुति दी है
C. कुल करों का सबसे ज्यादा कर का हिस्सा महाराष्ट्र को दिया गया है
D. जम्मू एवं कश्मीर को कुल करों का 1.85% हिस्सा दिया गया है

70. निम्न में से कौन-सा 'विशुद्ध सार्वजनिक माल' के निकटस्थ है–
A. रक्षा   B. शिक्षा
C. पानी की पूर्ति   D. स्वास्थ्य सेवाएं

71. इनमें से कौन–सा आर्थिक असमानताओं को कम करने का प्रत्यक्ष उपाय है–
A. आय कर   B. सम्पत्ति कर
C. पूंजी लाभ कर   D. भू–धारण पर सीमा

72. घाटे की वित्त व्यवस्था (Deficit Financing) का अर्थ है–
A. विदेशी सहायता पर आश्रितता
B. विदेशों से उधार लेकर खर्च करना
C. विकास सुनिश्चित करने के लिए समुचित खर्च नहीं करना
D. आगम (Revenue) से अधिक खर्च करना

73. चेलैय्या समिति का सम्बंध है–
A. प्रतिभूति घोटाला   B. अप्रत्यक्ष कर
C. मुद्रा नीति   D. कर सुधार प्रणाली

74. वह कर प्राप्ति जो राज्यों के मध्य वितरित नहीं की जाती है–
A. निगमित कर   B. संघीय उत्पादन शुल्क
C. आय कर   D. अतिरिक्त उत्पादन शुल्क

75. भारत का वित्तीय वर्ष कब से प्रारंभ होता है?
A. 1 जनवरी   B. 1 मार्च
C. 1 अप्रैल   D. 1 दिसम्बर

76. भारत में राजकोषीय संकट को पहचाना जाता है–
A. सरकार का गैर–योजना व्यय का बढ़ना
B. प्रतिवर्ष समग्र घाटा बड़ी मात्रा में रहना
C. राजस्व घाटे को निरन्तर कर्ज द्वारा पूरा करना
D. राजस्व–व्यय में तेजी से वृद्धि होना

77. भारत में काली मुद्रा का मुख्य कारण है–
A. कर की ऊंची दरें
B. कर की चोरी
C. सरकारी व्यय में वृद्धि
D. RBI द्वारा मुद्रा पूर्ति में अनियंत्रित वृद्धि

78. एल.के. झा समिति का सम्बंध है–
A. प्रत्यक्ष कर सुधारों से
B. आर्थिक प्रशासन सुधारों से
C. निर्यात नीति से
D. पिछड़ा क्षेत्र विकास से

79. MODVAT का सम्बंध किससे है?
A. व्यापार कर से   B. सम्पत्ति कर से
C. आय कर से   D. केन्द्रीय आबकारी कर से

80. प्राथमिक घाटा–
A. बजट घाटा – ब्याज का भुगतान
B. राजस्व घाटा – ब्याज का भुगतान
C. बजट घाटा – जनता से उधार
D. बजअ घाटा + जनता से उधार

81. राजकोषीय नीति क्रियान्वित होती है परिवर्तन करके–
A. सरकारी व्यय तथा कराधान को
B. मुद्रा की मांग तथा पूर्ति को
C. आयात तथा निर्यात की मात्रा को
D. ब्याज दर संरचना को

82. 14वें वित्त आयोग ने राज्यों को दिए जाने वाले कर हिस्से में सबसे ज्यादा वरीयता किसे दी है?
A. राज्य की जनसंख्या   B. राज्य में आय असमानता
C. राज्य का क्षेत्रफल   D. राज्य में वन क्षेत्र

83. प्रगामी आय कराधान में, वास्तविक आय के एक निश्चित स्तर पर कर का वास्तविक मूल्य–
A. मुद्रास्फीति में बढ़ जाता है
B. मुद्रास्फीति में घट जाता है
C. मुद्रास्फीति में अपरिवर्तित रहता है
D. मंदी के दौरान बढ़ जाता है

84. निम्नलिखित में से कौन–सा शुल्क राज्य सरकार द्वारा लगाया जाता है–
A. चीनी पर उत्पादन शुल्क
B. शराब पर उत्पादन शुल्क
C. सीमेंट पर उत्पादन शुल्क
D. साइकिलों पर उत्पादन शुल्क

85. अशोधित गाडगिल फार्मूले का इस्तेमाल किया जाता है–
A. राज्यों के बीच कर और करेत्तर राजस्व की व्यवस्था में
B. राज्यों की योजनाओं के लिए केन्द्रीय सहायता के नियतन में
C. राज्यों के लिए सहायता अनुदान का निर्णय करने में
D. केन्द्र–प्रायोजित योजनाओं के लिए राज्यों के बीच बंटवारे का निर्णय करते समय

86. 'फ्री ट्रेड टुडे' पुस्तक के लेखक हैं–
A. पी० एम भगवती
B. जगदीश भगवती
C. सी० रंगराजन
D. जे० एम० लिंगदोह

87. भारत सरकार के बजट को Revenue Budget तथा Capital Budget में कब बांटा गया–
A. 1957-58
B. 1955-56
C. 1960-61
D. 1949-50

88. कराधान के सिद्धान्त (Principle of Taxation) को सर्वप्रथम किसने प्रस्तुत किया–
A. एडम स्मिथ
B. कैनन
C. डाल्टन
D. शिराज

89. समान सामर्थ्य वाले व्यक्तियों को समान मात्रा में कर चुकाना चाहिए, कर के इस सिद्धान्त को कहते हैं–
A. क्षैतिज समता
B. ऊर्ध्व समता
C. (A)और (B) दोनों
D. इनमें से कोई नहीं

90. प्रत्यक्ष कर के अन्तर्गत होता है–
A. Impact और Incidence एक ही व्यक्ति पर
B. Impact और Incidence भिन्न–भिन्न व्यक्ति पर
C. (A)और (B) दोनों
D. इनमें से कोई नहीं

91. निगम कर है–
A. प्रत्यक्ष
B. अप्रत्यक्ष
C. (A)और (B) दोनों
D. इनमें से कोई नहीं

92. अप्रत्यक्ष कर के अन्तर्गत Impact और Incidence होता है–
A. एक ही व्यक्ति पर
B. अलग–अलग व्यक्ति पर
C. (A)और (B) दोनों
D. इनमें से कोई नहीं

93. Ad Valorem शुल्क लगता है–
A. वस्तु के मूल्य पर
B. वस्तु की मात्रा पर
C. (A)और (B) दोनों
D. इनमें से कोई नहीं

94. Specific duty लगता है–
A. वस्तु की मात्रा पर
B. वस्तु के मूल्य पर
C. (A)और (B) दोनों
D. इनमें से कोई नहीं

95. VAT सर्वप्रथम लागू हुआ था–
A. फ्रांस में
B. सं० राज्य अमेरिका में
C. जापान में
D. कनाडा में

96. यदि मांग और पूर्ति की लोच बराबर है तो कर का बोझ होगा–
A. क्रेता और विक्रेता पर बराबर–बराबर
B. क्रेता पर अधिक
C. विक्रेता पर अधिक
D. इनमें से कोई नहीं

97. यदि पूर्ति की लोच, मांग की लोच से अधिक है तो कर का बोझ होगा–
A. क्रेता पर अधिक
B. विक्रेता पर अधिक
C. दोनों पर बराबर–बराबर
D. इनमें से कोई नहीं

98. नगरपालिकाएं अपने व्यय का वित्तीयन अन्य के अलावा करती है–
A. बिक्री कर लगाकर
B. व्यवसाय कर लगाकर
C. उत्पाद शुल्क लगाकर
D. उपहार कर लगाकर

99. निम्नलिखित में से किस एक का बोझ भारत सरकार के व्यय में न्यूनतम है–
A. ब्याज अदायगियां
B. रक्षा व्यय
C. शिक्षा, कला, संस्कृति, वैज्ञानिक सेवाएं और अनुसंधान
D. स्वास्थ्य, परिवार कल्याण और चिकित्सा सेवाएं

100. वित्त विधेयक वह विधेयक है जो–
A. भारत की संचित निधि में से व्यय का प्राधिकार देता है
B. भारत की आकस्मिकता निधि में से व्यय का प्राधिकार देता है
C. अनुवर्ती वित्त वर्ष के लिए सरकार के वित्तीय प्रस्तावों को लागू करता है
D. सरकार को करों आदि के द्वारा जुटाई गयी धनराशि का व्यय करने का प्राधिकार देता है

101. कौन-सा युग्म सही सुमेलित है–
A. राजकोषीय घाटा – जी.डी.पी.
B. प्राथमिक घाटा – मुद्रा की पूर्ति
C. मुद्रीकृत घाटा – ब्याज भुगतान
D. बजट घाटा – राजस्व लेखे पर राजस्व व्यय व प्राप्तियां

102. कर का समग्र भार विक्रेता वहन करेगा, यदि–
A. वस्तु की मांग बेलोच है और पूर्ति पूर्णतः लोचदार है
B. वस्तु की मांग की लोच वही है जो पूर्ति की है
C. वस्तु की मांग पूर्णतः लोचदार तथा पूर्ति बेलोच है
D. वस्तु की मांग लोच वस्तु की पूर्ति लोच से कम है

103. विकासशील देशों में राजकोषीय नीति के उद्देश्य हैं–
1. तीव्रगति से आर्थिक विकास
2. मूल्य स्थिरता
3. पूर्ण रोजगार
4. न्यायोचित वितरण
इनमें से–
A. 1 और 2 सही हैं
B. 2 और 3 सही हैं
C. 2 और 4 सही हैं
D. 1 और 4 सही हैं

104. कर सुधार समिति का अध्यक्ष किसे नियुक्त किया गया था?
A. प्रणव मुखर्जी
B. के० पी० नरसिम्हा
C. एस० जानकीरमन
D. राजा चेलैय्या

105. निम्न में से कौन–सा एक भारत में कृषि–सम्पत्ति और आय के करारोपण से अनन्य रूप से सम्बंधित है–
A. जॉन मथाई समिति, 1953
B. काल्डर रिपोर्ट, 1956
C. वांचू समिति, 1971
D. राज समिति, 1972

106. कौन-सा स्रोत सरकार के राजस्व का स्रोत नहीं माना जाता है–
A. कर
B. सार्वजनिक उद्यमों का आधिक्य
C. अंतरण भुगतान
D. आन्तरिक ऋणों और जमाओं का संग्रहण

107. भारत में, राज्यों को संघीय वित्तीय सहायता दी जाती है–
A. राज्यों के कर–उगाहने के प्रयास के आधार पर
B. राज्यों की राजस्व वसूली के आधार पर
C. जनसंख्या, कर–उगाहने के प्रयास तथा राज्य की विशिष्ट समस्याओं के आधार पर
D. राज्यों की मांग के आधार पर

108. निम्न करों में से कौन–सा एक कर अनन्य रूप से भारत की राज्य सरकारों के लिए ही है–
A. आय कर
B. कृषि आय कर
C. एक्साइज ड्यूटी
D. सम्पत्ति कर

109. केन्द्रीय सरकार के निम्नलिखित राजस्व साधनों में से कौन–सा एक साधन अप्रत्यक्ष कर की श्रेणी में आता है–
A. निगम कर
B. सीमा शुल्क
C. सम्पत्ति कर
D. ब्याज प्राप्तियां

110. केन्द्र सरकार के घाटा वित्तीयन का निम्नलिखित में से कौन–सा एक प्रभाव आम आदमी पर सर्वाधिक दुष्प्रभाव डालता है–
A. बाध्य बचत
B. बैंकों द्वारा ऋण सर्जन
C. कीमतों में स्फीतिकारी वृद्धि
D. सामाजिक निवेश के ढांचे में परिवर्तन

111. 1950-51 से केन्द्रीय सरकार के सार्वजनिक ऋण में तीव्र वृद्धि हुई है–
A. अनियंत्रित मुद्रास्फीति के कारण
B. केन्द्र सरकार द्वारा उगाहे राजस्व में राज्य सरकारों की बढ़ती हुई हिस्सेदारी के कारण
C. सार्वजनिक व्यय के वित्तीयन के बढ़ते हुए भार के कारण
D. निरन्तर बढ़ती जनसंख्या के कारण

112. 'अधिकतम समाज कल्याण' प्राप्ति की स्थिति तब आती है जब–
A. करों की सीमान्त अनुपयोगिता सार्वजनिक व्यय की सीमान्त उपयोगिता से अधिक हो
B. करों की सीमान्त अनुपयोगिता सार्वजनिक व्यय की सीमान्त उपयोगिता से कम हो
C. करों की सीमान्त अनुपयोगिता सार्वजनिक व्यय की सीमान्त उपयोगिता के बराबर हो
D. कर एवं सार्वजनिक व्यय का स्तर न्यूनतम हो।

113. निम्नलिखित कथनों पर विचार कीजिए– गैर योजनागत राजस्व व्यय में सम्मिलित है–
1. ब्याज की अदायगी पर किया हुआ व्यय
2. पूंजी सम्पत्ति के रख–रखाव पर किया हुआ व्यय
3. बाढ़ नियंत्रण पर किया हुआ व्यय।
इनमें से–
A. 2 और 3 सही हैं   B. 1 और 2 सही हैं
C. 1 और 3 सही हैं   D. 1, 2 और 3 सही हैं

114. कर भार का क्रेता और विक्रेता के बीच विभाजन–
1. मांग एवं पूर्ति के लोच द्वारा नियमित होता है।
2. लागत व्यय की स्थिति द्वारा नियमित होता है।
3. बाजार की संरचना द्वारा नियमित होता है।
इन कथनों में
A. 1 और 2 सही हैं   B. 2 और 3 सही हैं
C. 1 और 3 सही हैं   D. 1, 2 और 3 सही हैं

115. विक्रेताओं पर विक्रय कर का सम्पूर्ण भार तब होगा, जब–
A. वस्तु की मांग पूर्ण लोचदार हो
B. वस्तु की मांग पूर्ण बेलोच हो
C. मांग वक्र आयताकार अतिपरवलय हो
D. वस्तु की मांग साधारण लोचदार हो।

116. अधिकतम सामाजिक लाभ का सिद्धान्त सम्बंधित है–
A. केवल करारोपण से
B. केवल व्यय से
C. केवल सार्वजनिक ऋण से
D. करारोपण और सार्वजनिक व्यय दोनों से

117. करारोपण में न्याय को सर्वाधिक सुनिश्चित किया जाता है–
A. समान निरपेक्ष त्याग के सिद्धान्त का अनुप्रयोग कर
B. समान आनुपातिक त्याग के सिद्धान्त का अनुप्रयोग कर
C. समान सीमान्त त्याग के सिद्धान्त का अनुप्रयोग कर
D. प्रतिदान के सिद्धान्त का अनुप्रयोग कर

118. टोबिन कर–
A. निर्यातों पर कर है
B. आयातों पर कर है
C. विदेशी विनिमय के लेन–देन पर कर है
D. विक्रय पर कर है।

119. बजटीय घाटे में सम्मिलित नहीं है–
A. राजस्व घाटा
B. पूंजी घाटा
C. भुगतान–संतुलन घाटा
D. सार्वजनिक ऋण पर ब्याज भुगतान

120. प्रथम वित्त आयोग के अध्यक्ष कौन थे?
A. के० सी० नियोगी   B. के० सन्थानम
C. ए० के० चन्द्रा   D. जे० एम० शेलेट

121. भारत में सेवा कर सर्वप्रथम लगाया गया–
A. 1994   B. 1995
C. 1996   D. 1997

122. केन्द्रीय अनुदानों के प्रयोजन के लिए निम्नलिखित में से कौन-सा राज्य विशेष श्रेणी का राज्य नहीं है–
A. असम   B. त्रिपुरा
C. सिक्किम   D. केरल

123. रेखी समिति का संबंध किससे था?
A. अप्रत्यक्ष करों के सम्बंध में समान नियमावली बनाने में
B. बैंकिंग ढाँचे में परिवर्तन से
C. प्रतिभूति घोटाले से
D. इनमें से कोई नहीं

124. कराधान का कौन–सा पहलू आदर्शात्मक अर्थशास्त्र से सम्बंधित है–

A. कर का अंतिम भुगतान

B. कर का काम करने की प्रेरणा पर प्रभाव

C. कर का औचित्य

D. उपरोक्त सभी

125. निम्न में से कौन–सा एक राज्य कर राजस्व का स्रोत नहीं है–

A. भू–राजस्व

B. मोटर वाहन कर

C. मनोरंजन कर

D. निगम कर

126. सामाजिक वस्तुओं का प्रावधान समस्याएं पैदा करता है क्योंकि–

A. ऐसी वस्तुएं उपभोग में गैर प्रतिभोगी होने की प्रवृति रखती हैं

B. व्यक्तिगत उपभोक्ता अधिमान के संदर्भ में प्रकट नहीं होते

C. बाजारी प्रक्रिया ऐसी वस्तुओं के प्रावधान के लिए उचित नहीं होता

D. उपरोक्त सभी

उत्तरमाला

1	2	3	4	5	6	7	8	9	10
B	C	B	A	D	C	C	B	A	C

11	12	13	14	15	16	17	18	19	20
C	B	A	C	C	C	D	A	A	A

21	22	23	24	25	26	27	28	29	30
B	D	A	B	A	A	B	D	B	C

31	32	33	34	35	36	37	38	39	40
A	B	A	A	A	D	D	A	A	A

41	42	43	44	45	46	47	48	49	50
B	C	C	D	B	C	A	D	C	A

51	52	53	54	55	56	57	58	59	60
C	C	A	C	A	A	B	D	B	A

61	62	63	64	65	66	67	68	69	70
A	D	D	C	B	D	B	C	C	A

71	72	73	74	75	76	77	78	79	80
A	D	D	A	C	B	B	A	A	A

81	82	83	84	85	86	87	88	89	90
A	B	A	B	D	B	A	A	A	A

91	92	93	94	95	96	97	98	99	100
A	**B**	**A**	**A**	**A**	**A**	**A**	**B**	**D**	**C**

101	102	103	104	105	106	107	108	109	110
A	C	A	D	D	C	C	B	B	C

111	112	113	114	115	116	117	118	119	120
C	C	D	C	A	D	C	C	C	A

121	122	123	124	125	126
A	D	A	D	D	D

⑥ विकास का अर्थशास्त्र (Progress of Economics)

1. अर्द्ध विकसित देश का मूल लक्षण है–
A. ऊंची उपभोग प्रवृत्ति
B. निर्धनता का दुष्चक्र
C. ऊंची जन्मदर
D. ऊंची बचत दर

2. रोस्टोव के अनुसार जब समाज में आर्थिक एवं सामाजिक पूंजी का निर्माण होता है तो यह अवस्था है–
A. परम्परागत समाज
B. आत्म स्फूर्ति की पूर्व शर्तें
C. आत्म स्फूर्ति की अवस्था
D. इनमें से कोई नहीं

3. नव–प्रवर्तक की भूमिका को सर्वाधिक महत्त्व दिया–
A. कीन्स
B. रिकार्डो
C. लुइस
D. शुम्पीटर

4. बड़े धक्के (Big Push) के सिद्धान्त के प्रवर्तक हैं–
A. रोडान
B. लिविन्स्टीन
C. हिक्स
D. कीन्स

5. आर्थिक विकास का सम्बन्ध होता है–
A. पूंजीवादी अर्थव्यवस्था से
B. समाजवादी अर्थव्यवस्था से
C. मिश्रित अर्थव्यवस्था से
D. विकासशील अर्थव्यवस्था से

6. हैरोड–डोमर मॉडल ने निम्न में से किसे आर्थिक विकास के लिए आवश्यक माना है–
A. पूंजी संचय
B. लाभ
C. निवेश वृद्धि
D. आधारभूत सुविधाएं

7. अल्पविकसित देशों में गरीबी के विषम चक्र का प्रतिपादन किसने किया–
A. जॉन रॉबिन्सन
B. रिकार्डो
C. नर्क्स
D. लेविंस्टीन

8. भारत की प्रथम पंचवर्षीय योजना में किस मॉडल का व्यवहार किया गया–
A. डोमर का मॉडल
B. शास्त्रीय मॉडल
C. हैरोड डोमर मॉडल
D. केन्स का मॉडल

9. अल्पविकसित देशों में उत्पादकता कम होने से–
A. वास्तविक आय कम होती है
B. वास्तविक आय स्थिर होती है
C. उत्पादन साधनों का मूल्य कम होता है
D. उपरोक्त सभी

10. आर्थिक–विकास की आत्म स्फूर्ति की अवस्था में निवेश दर रोस्टोव के अनुसार होनी चाहिए–
A. 5%
B. 10%
C. 15%
D. 20%

11. रोजेन्स्टीन रोडन किस प्रकार की अविभाज्यताएं अर्थव्यवस्था में मानता है–
A. उत्पादन फलन सम्बंधी
B. मांग सम्बंधी
C. वस्तुओं की पूर्ति सम्बंधी
D. उपरोक्त सभी

12. हैरोड–डोमर मॉडल में विकास G, औसत बचत प्रवृत्ति S तथा पूंजी–उत्पाद अनुपात V से निम्नलिखित रूप से सम्बंधित है–

A. $G = \dfrac{V}{1-S}$
B. $G = \dfrac{1-V}{S}$
C. $G = S/V$
D. $G = V/S$

13. नर्क्स के अनुसार भारत में जनसंख्या का बड़ा आकार–
A. बचत क्षमता को बढ़ता है
B. बचत क्षमता को घटाता है
C. निवेश को प्रभावित करता है
D. इनमें से कोई नहीं

14. आर्थिक विकास के निर्धारक तत्त्व में कौन–सा आर्थिक नहीं है–
A. विकासशील अर्थव्यवस्था
B. प्रौद्योगिकी एवं नव प्रवर्तन
C. विदेशी पूंजी
D. स्थिर एवं कुशल प्रशासन

15. विकासशील अर्थव्यवस्था की प्रमुख समस्या है–
A. आर्थिक निर्धनता
B. बेरोजगारी
C. अधिक जनसंख्या एवं पूंजी की निम्नता
D. उपरोक्त सभी

16. कौन विकासवादी अर्थशास्त्री नहीं है–
A. हिक्स
B. लुइस
C. लिबिंस्टीन
D. कीन्स

17. भारत के सन्दर्भ में विकास की हिन्दू दर का विचार किसने दिया–
A. रामकृष्ण
B. विश्वैसरैया
C. पी॰आर॰ ब्रह्मानन्द
D. इन्द्राणी रहमान

18. असंतुलित विकास निम्न मान्यता पर आधारित है–
A. विकास विभिन्न क्षेत्रों में एक साथ होता है
B. पूंजी व श्रम पूर्ति स्थिर होती है
C. पूंजी की पूर्ति असीमित होती है
D. क्रियाशील क्षेत्रों में काम

19. Forward Linkage Effects तथा Backward Linkage Effect पायी जाती है–
A. संतुलित विकास सिद्धान्त
B. बड़े धक्के का सिद्धान्त
C. आवश्यक न्यूनतम प्रयास–व्यूह रचना
D. असंतुलित विकास सिद्धान्त

20. कौन–सी समस्या विकासशील देशों की नहीं है–
A. आर्थिक विकास
B. उच्चस्तर का व्यापक उपभोग
C. कीमत स्थायित्व
D. आर्थिक कल्याण

21. तकनीकी परिवर्तन गैर तटस्थ होगा जब–
A. श्रम बचतकारी
B. पूंजी बचतकारी
C. (A) और (B) दोनों
D. इनमें से कोई नहीं

22. रोस्टोव के अनुसार विकसित देश किस अवस्था में है–
A. आत्म स्फूर्ति की पूर्व शर्त
B. आत्म स्फूर्ति की पूर्व अवस्था
C. अत्यधिक उपभोग की अवस्था
D. परिपक्वता की अवस्था

23. हैरोड–डोमर मॉडल है–
A. प्रावैगिक
B. स्थैतिक
C. सुस्थैतिक
D. इनमें से कोई नहीं

24. पूर्ण प्रतियोगिता में निश्चित विकास की स्थिति में स्वर्ण युग का विश्लेषण किस अर्थशास्त्री ने किया–
A. जॉन रॉबिन्सन
B. फ्रीडमैन
C. सोलो
D. लिबिंस्टीन

25. महालनोविस ने अपना चार क्षेत्रीय मॉडल का विकास कब किया–
A. 1952
B. 1953
C. 1954
D. 1955

26. आर्थिक संवृद्धि दर सम्बंधित है–
A. विकसित
B. अविकसित
C. विकासशील देश
D. मिश्रित अर्थव्यवस्था

27. मार्क्स के अनुसार वस्तुओं का विभाजन इस प्रकार है–
A. स्थिर पूंजी – परिवर्तनशील पूंजी = अतिरेक मूल्य
B. स्थिर पूंजी + परिवर्तनशील पूंजी = अतिरेक मूल्य
C. स्थिर पूंजी + परिवर्तनशील पूंजी + अतिरेक मूल्य
D. उपरोक्त में से कोई नहीं

28. अल्पविकसित देशों में किस क्षेत्र में आय की अधिक असमानताएं पायी जाती हैं–
A. कृषि क्षेत्र
B. निर्माण क्षेत्र
C. विनिर्माण क्षेत्र
D. सेवा क्षेत्र

29. द्वैधवाद से अभिप्राय है–
A. द्वैध कीमत नीति
B. आधुनिक तथा पारम्परिक क्षेत्रों का सह–अस्तित्व
C. सार्वजनिक तथा निजी क्षेत्र का सह–अस्तित्व
D. संस्थानिक तथा संस्थानेत्तर अभिकरणों का सह–अस्तित्व

30. असंतुलित विकास सिद्धान्त के प्रतिपादक हैं–
A. हर्ष मैन
B. सिंगर
C. नर्क्स
D. लिबिंस्टीन

31. निर्धनता का दुष्चक्र तोड़ा जा सकता है–
A. मौद्रिक उपायों द्वारा
B. सरंचनात्मक परिवर्तनों द्वारा
C. राजकोषीय उपायों द्वारा
D. किसी के द्वारा नहीं

32. आर्थिक विकास के दौरान राष्ट्रीय आय में–
A. कृषि का योगदान कम होता है
B. कृषि का योगदान बढ़ता है
C. उपभोग की आय कम होती है
D. सेवा क्षेत्र की आय कम होती है

33. अल्प विकसित देशों में निम्न विशेषता नहीं होती है–
A. जनसंख्या वृद्धि की दर ऊंची होना
B. विकास क्षमता का अभाव
C. विकास क्षमता का अप्रयुक्त
D. बेरोजगारी और अर्द्ध बेरोजगारी

34. प्रतिष्ठित विकास सिद्धान्त के अर्थशास्त्री हैं–
A. रिकार्डो
B. स्मिथ
C. माल्थस
D. उपर्युक्त सभी

35. शुम्पीटर के अनुसार नव–प्रवर्तन में महत्त्वपूर्ण भूमिका होती है–
A. पूंजीपूति
B. भूमिपति
C. साहसी
D. श्रमिक

36. मूल्य के आधिक्य सिद्धान्त के जनक हैं–
A. रिकार्डो
B. सिंगर
C. लेविस
D. मार्क्स

37. विकास के आरंभिक चरणों में जनसंख्या विस्फोट मुख्यतः निम्न कारणों से होती है–
A. जन्मदर में तेजी से वृद्धि
B. मृत्युदर में तेजी से गिरावट
C. उपर्युक्त दोनों में गिरावट
D. अप्रवास की बढ़ती दर

38. रोस्टोव के अनुसार आत्म स्फूर्ति की अवस्था के तुरन्त बाद निम्न अवस्था होती है–
A. परिपक्वता की अवस्था
B. विकास की प्रक्रिया
C. अत्यधिक उपभोग की स्थिति
D. इनमें से कोई नहीं

39. अल्पविकसित देशों में गरीबी का दुष्चक्र संतुलित विकास के द्वारा ही तोड़ा जा सकता है। यह विचार किसका है–
A. शुम्पीटर
B. जान रॉबिन्सन
C. हैरड
D. नर्क्स

40. विकास के सामाजिक द्वैतवाद सिद्धान्त का प्रयोग किया है–
A. बोके
B. कुजनेट्स
C. लियोंटिफ
D. इनमें से कोई नहीं

41. भारतीय अर्थव्यवस्था है–
A. पूंजीवादी
B. समाजवादी
C. मिश्रित
D. साम्यवादी

42. मिश्रित अर्थव्यवस्था से तात्पर्य है–
A. ग्रामीण और शहरी अर्थव्यवस्था का मिश्रण
B. आधुनिक और परम्परागत अर्थव्यवस्था का मिश्रण
C. सार्वजनिक और निजी क्षेत्रों का मिश्रण
D. सरकारी नियंत्रण

43. भारतीय अर्थव्यवस्था है–
A. विकसित
B. अविकसित
C. विकासशील
D. पिछड़ी हुई

44. निम्न में से कौन-सी भारतीय संदर्भ में लागू नहीं होती है–
A. पूंजी निर्माण की नीची दर
B. जनसंख्या वृद्धि की दर में कमी
C. मिश्रित अर्थव्यवस्था
D. प्रति व्यक्ति की निम्न आय

45. रॉस्टोव के सिद्धान्त के अनुसार, परम्परावादी समाज की अवस्था होती है–
A. प्रथम अवस्था
B. द्वितीय अवस्था
C. तृतीय अवस्था
D. चतुर्थ अवस्था

46. यदि आर्थिक विकास की दर 2% हो और पूंजी उत्पाद अनुपात 5 : 1 हो तो निवेश की दर होगी–
A. 5 प्रतिशत
B. 2 प्रतिशत
C. 10 प्रतिशत
D. 3 प्रतिशत

47. निम्नलिखित कारणों में से कौन-सा अल्पविकसित देशों में संरचनात्मक बेरोजगारी के लिये जिम्मेदार है–
A. कच्चे माल की कमी
B. अपर्याप्त उत्पादक क्षमता
C. भारी उद्योग की ओर झुकाव
D. श्रम गहन तकनीक का उपयोग

48. अल्पविकसित देशों में दीर्घकाल में आय–स्तर में वृद्धि के साथ बचत अनुपात में वृद्धि नहीं होती। नर्क्स के अनुसार इसका कारण है–
A. व्यय प्रभाव
B. आय प्रभाव
C. प्रतिस्थापन प्रभाव
D. प्रदर्शन प्रभाव

49. संतुलित संवृद्धि में यह अनिवार्य है कि–
A. श्रम शक्ति का पूर्णरूपेण प्रयोग हो
B. पूंजी स्टॉक का पूर्णरूपेण प्रयोग हो
C. (A) और (B)
D. मूल्य तथा लाभ स्तर में ह्रास हो

50. अल्पविकसित देशों में आय असमानताएं मुख्य रूप से होती हैं–
    A. श्रेणीबद्ध सामाजिक व्यवस्था के कारण
    B. देश के विभिन्न भागों में भिन्न मात्राओं में प्राकृतिक संसाधनों के पाये जाने के कारण
    C. परिसम्पत्तियों के संकेंद्रण के कारण
    D. व्यापक निरक्षरता के कारण

51. हैरेड के विकास मॉडल में क्या सत्य नहीं है–
    A. सीमान्त उपभोग प्रवृत्ति बदलती रहती है
    B. सीमान्त बचत प्रवृत्ति स्थिर रहती है
    C. पूंजी–श्रम अनुपात स्थिर रहता है
    D. संवृद्धि की वांछित दर स्थिर रहती है।

52. न्यूनतम प्रयास विश्लेषण किसके द्वारा विकसित किया गया–
    A. लिबिंस्टीन   B. लुइस
    C. नर्क्स   D. रोजनस्टाइन–रोडान

53. आर्थिक–संवृद्धि में क्या सत्य नहीं है–
    A. सकल राष्ट्रीय उत्पाद समयोपरांत बढ़ता है
    B. रहन–सहन का स्तर ऊंचा उठता है
    C. संस्थागत परिवर्तन अनावश्यक है
    D. विदेशी व्यापार और महत्त्वपूर्ण हो उठता है

54. आधुनिक आर्थिक विकास की प्रमुख विशेषता रही है–
    A. प्रति व्यक्ति उत्पत्ति में यथेष्ट वृद्धि
    B. प्रति इकाई श्रम की उत्पादकता में वृद्धि
    C. आधुनिक वैज्ञानिक ज्ञान का अधिकाधिक उपयोग
    D. उपरोक्त सभी

55. निम्नलिखित में से विकास का आर्थिक निर्धारक कौन नहीं है–
    A. प्राकृतिक साधन   B. मानवीय साधन
    C. तकनीकी साधन   D. प्रजातांत्रिक सरकार

56. कृषि में अन्ततः निम्नलिखित प्रतिफल का नियम लागू होता है–
    A. वृद्धिमान प्रतिफल नियम
    B. हासमान प्रतिफल नियम
    C. समान प्रतिफल नियम
    D. इनमें से कोई नहीं

57. आर्थिक शक्तियों के उस चक्रीय समूह को जो एक दूसरे पर इस प्रकार क्रिया और प्रतिक्रिया करता है कि एक निर्धन देश निर्धनता की स्थिति में बना रहता है, कहा जाता है–
    A. तरलता जाल
    B. निम्न स्तरीय संतुलन जाल
    C. निर्धनता का कुचक्र
    D. चक्रीय प्रवाह

58. एशियन ड्रामा के रचयिता हैं–
    A. ग्रेलब्रेथ   B. कुजनेट्स
    C. मिर्डल   D. कीन्स

59. द्वैत अर्थव्यवस्था का मॉडल दिया–
    A. हैरोड ने   B. सोलो ने
    C. सेन ने   D. लेविस ने

60. हिक्स के अनुसार तकनीकी को तटस्थ कहा जाता है, यदि वह–
    A. श्रम और पूंजी का औसत उत्पादकता में समान दर से वृद्धि करती है
    B. श्रम और पूंजी की सीमान्त उत्पादकता में समान दर से वृद्धि करती है
    C. मजदूरी की दर और ब्याज की दर में समान दर से वृद्धि करती है
    D. न तो कृषि को ज्यादा समर्थन दें और न उद्योग को

61. भारत में, Input-output मॉडल का उपयोग प्रथम बार किया गया–
    A. द्वितीय योजना में   B. तृतीय योजना में
    C. चतुर्थ योजना में   D. पांचवीं योजना में

62. आर्थिक विकास की प्रक्रिया में अर्थव्यवस्था का उत्पादन संभावना वक्र–
    A. दिया हुआ और स्थायी होता है
    B. अंदर की ओर हटता है
    C. बाहर की ओर हटता है
    D. सभी दिशाओं में जा सकता है

63. पूंजी के मांग पक्ष से सम्बंधित गरीबी के दुष्चक्र को तोड़ने के लिए, रैग्नर नर्क्स ने सिफारिश की है–
    A. असंतुलित विकास की
    B. संतुलित विकास की
    C. उपभोग के लिए प्रेरणाओं की
    D. कृषि और औद्योगिक विकास की

64. बैंक साख को आर्थिक विकास को प्रोत्साहन देने का साधन किसने बताया–
    A. शुम्पीटर   B. मार्क्स
    C. जेवन्स   D. फिशर

65. विकेन्द्रित नियोजन का अर्थ है–
A. केन्द्रीय नियोजन का न होना
B. प्रादेशिक नियोजन का न होना
C. निम्नतम प्रशासनिक स्तर से नियोजन का प्रादुर्भाव होना
D. इनमें से कोई नहीं

66. पूंजी संग्रह–
A. पूंजी विस्तार में सहायक होता है
B. पूंजी सघनता संभव बनाता है
C. नवीन तकनीक लाने को प्रोत्साहित करता है
D. उपरोक्त सभी

67. आर्थिक संवृद्धि के साथ राष्ट्रीय आय में सेवा क्षेत्र का अंशदान–
A. घटता है
B. बढ़ता है
C. स्थिर रहता है
D. इनमें से कोई नहीं

68. रिकार्डो ने भविष्यवाणी की कि अर्थव्यवस्था स्थिर अवस्था में समाप्त हो जाएगी क्योंकि–
A. व्यक्ति कार्य करते–करते थक जायेंगे
B. अर्थव्यवस्था में स्वर्ण नहीं बचेगा
C. नव प्रवर्तन का अन्त हो जाएगा
D. अर्थव्यवस्था में कृषि योग्य भूमि नहीं बचेगी

69. नर्क्स के अनुसार, एक अल्पविकसित देश में छिपी हुई बेरोजगारी है–
A. विकास का एक व्यवधान
B. बचत का एक संभाव्य साधन
C. एक काबू के बाहर समस्या
D. कोई समस्या नहीं

70. नर्क्स के अनुसार, अल्पविकसित देश के संदर्भ में विनियोग करने की अभिप्रेरणा सीमित होती है–
A. बचत की कमी के कारण
B. विनियोग के अवसर कम होने के कारण
C. बाजार का आकार कम होने के कारण
D. सरकार की नीति के कारण

71. यदि पूंजी–उत्पाद अनुपात 5 है और जनसंख्या विकास दर 2% है और समाज प्रति व्यक्ति विकास दर 3.5% चाहता है तो किस बचत दर की आवश्यकता होगी–
A. 3.5%
B. 5.5%
C. 10.5%
D. 27.5%

72. संतुलित विकास से तात्पर्य है–
A. अर्थव्यवस्था के विभिन्न क्षेत्रों में समान रूप से विकास होता है
B. अर्थव्यवस्था के विभिन्न क्षेत्रों में समान वृद्धि दर हो
C. अर्थव्यवस्था के विभिन्न क्षेत्रों में आवंटित साधनों में समान वृद्धि हो
D. इनमें से कोई नहीं

73. अपने विकास के सिद्धांत में शुम्पीटर ने बल दिया है–
A. संतुलित विकास की आवश्यकता पर
B. अधः संरचना की आवश्यकता पर
C. नव प्रवर्तन की भूमिका पर
D. देशी व्यक्तियों के उपयोग पर

74. विकास के सुनहरे नियम का प्रतिपादन किया गया था–
A. सोलो द्वारा
B. हैरोड़ द्वारा
C. डोमर द्वारा
D. सैम्युलसन द्वारा

75. 'असंतुलित विकास' प्राक्कलन इस मान्यता पर बनाया गया है कि–
A. विस्तार विभिन्न दिशाओं में एक साथ होता है
B. पूंजी और श्रम की पूर्ति स्थिर है
C. श्रम और पूंजी की पूर्ति असीमित है
D. विकासशील देश विकास दर की उच्चतम सीमा रखते हैं।

76. रोस्टोव के सिद्धान्त में परिपक्वता की ओर अग्रसर होना–
A. विकास की प्रक्रिया आरंभ करता है
B. विकास की प्रक्रिया पूर्ण करता है
C. स्वयं स्फूर्ति अवस्था के पूर्व आता है
D. स्वयं स्फूर्ति अवस्था के बाद आता है

77. प्रकृति की मेज केवल कुछ व्यक्तियों के लिए सजी है जो बिन बुलाये आते हैं वे भूखे मरते हैं। यह कथन किसका है–
A. ए.सी. पीगू
B. माल्थस
C. मार्शल
D. रिकार्डो

78. विकासशील देशों की निम्नलिखित में से किस समस्या के निदान हेतु 'बेकर प्लान' एक युक्ति के रूप में प्रयुक्त की गयी–
A. मुद्रास्फीति की समस्या
B. खाद्य सुरक्षा की समस्या
C. अवैधानिक प्रवास की समस्या
D. ऋण अदायगी की समस्या

79. भारत में अधिकांश पंचवर्षीय योजनाओं के पूर्ण होने पर पूंजी उत्पाद अनुपात निम्न में से किस प्रकार रहा है–
A. योजना में अनुमानित अनुपात के बराबर
B. योजना में अनुमानित अनुपात से कम
C. योजना में अनुमानित अनुपात से अधिक
D. इनमें से कोई नहीं

80. 'निम्न संतुलन पाश' की अवधारणा किसने प्रस्तुत की है–
A. नेल्सन   B. कुजनेट्स
C. डूसेनबरी   D. जॉनसन

81. आगत–निर्गत विश्लेषण के प्रतिपादन तथा विकास का श्रेय जाता है–
A. ऐलन को   B. कान्टोरोविच को
C. सैम्युलसन को   D. लियोन्टीव को

82. ''जनसंख्या–विस्फोट'' की स्थिति में–
A. जन्मदर घटती है
B. मृत्युदर बढ़ती है
C. जन्मदर व मृत्युदर का अंतर घट जाता है
D. जन्मदर व मृत्युदर का अंतर बढ़ जाता है।

83. 'मानव विकास सूचकांक' के दृष्टिकोण से भारत में कौन सा राज्य–प्रथम स्थान पर है–
A. पंजाब   B. महाराष्ट्र
C. केरल   D. तमिलनाडु

84. गिनी–गुणांक माप है–
A. निवेश की उत्पादकता की
B. पारिवारिक जोत पर घरेलू सदस्यों की अल्प बेरोजगारी की
C. आय के वितरण में समानता या असमानता की
D. इनमें से कोई नहीं

85. आर्थिक संवृद्धि में 'नाइफ–एज' की समस्या सम्बंधित है–
A. हैरोड से   B. हिक्स से
C. कैल्डर से   D. सैम्युलसन से

86. पूंजीवादी आर्थिक विकास की प्रक्रिया की शुम्पीटर ने व्याख्या की है–
A. सृजनात्मक विनाश के रूप में
B. ध्वंसात्मक विनाश के रूप में
C. सामाजिक विध्वंस के रूप में
D. विध्वंसात्मक पूंजीवाद के रूप में

87. हैरॉड मॉडल में जब $G = G_w < G_n$ होता है तो इसका अर्थ है–
A. स्फीति होगी
B. अवस्फीति होगी
C. श्रम के पूर्ण रोजगार की स्थिति नहीं होगी
D. उद्योगों में उत्पादन क्षमता का पूरा–पूरा उपयोग नहीं होगा।

88. छिपी हुई बेरोजगारी की अवधारणा की प्रामाणिकता को संदिग्ध बताया है–
A. शुल्ज ने   B. लेविस ने
C. रॉबिन्सन ने   D. जॉर्गेनसन ने

89. निम्नलिखित में से कौन मानवीय विकास सूचकांक का तत्व नहीं है–
A. शिक्षा
B. जीवन प्रत्याशा
C. समंजित प्रति व्यक्ति आय
D. निर्धनता रेखा से नीचे के लोगों की संख्या

90. निम्नलिखित अर्थशास्त्रियों में से किसने 'पंगु स्वर्ण काल का विचार' दिया–
A. यंगसन   B. डोमर
C. रॉबिन्सन   D. हैराड

91. बाह्य बचतों की अवधारणा को आर्थिक विकास के संदर्भ में सर्वप्रथम प्रस्तुत किया–
A. रोजेस्टीन रोडान ने   B. एलन ए॰ यंग ने
C. सिंगर ने   D. रैग्नर नर्क्स ने

92. हिक्स का व्यापार–चक्र का सिद्धान्त किस पर आधारित है–
A. बचत और विनियोग की अंतः क्रिया पर
B. गुणक और त्वरक की अंतः क्रिया पर
C. मूल्यों के उच्चावचन पर
D. व्यापार में विनियोग पर

93. असीमित श्रम पूर्ति के साथ आर्थिक विकास का सिद्धान्त किसने प्रतिपादित किया–
A. रोजेन्स्टीन रोडान   B. लेविस
C. रोस्टोव   D. सोलो

94. आय एवं धन के वितरण में असमानताओं को मापा और दर्शाया जा सकता है–
A. ओजाइव वक्र से   B. लारेंज वक्र से
C. लाफर वक्र से   D. ओकुन वक्र से

95. संतुलित विकास का प्रत्यय सम्बंधित है–
A. सिंगर से B. हर्शमैन से
C. नर्क्स से D. शुम्पीटर से

96. निम्नलिखित में से किसने सोचा था कि पूंजीवाद भविष्य में निष्क्रिय शक्ति रह जाएगा–
A. मिल B. शुम्पीटर
C. केन्स D. एडम स्मिथ

97. नर्क्स के अनुसार विकासशील देशों को किस कारण से अपने भुगतान शेष पर गहन एवं प्रतिकूल प्रभाव का सामना करना पड़ेगा–
A. प्रतिवाही प्रभाव B. प्रदर्शन प्रभाव
C. प्रसरण प्रभाव D. गुणक प्रभाव

98. ''कम आय वाले देशों में अल्परोजगार श्रम विकास की प्रक्रिया में सहायक हो सकता है।'' यह विचार प्रस्तुत किया था–
A. लेविस ने B. रॉबिन्सन ने
C. सेन ने D. सोलो ने

99. एक अर्थव्यवस्था जिसकी विकास दर जनसंख्या वृद्धि दर के बराबर है तो वह विकास कर रही है–
A. प्राकृतिक दर से B. वांछित दर से
C. स्थिरता दर से D. साम्य दर से

100. विकास मॉडल में मुद्रा का प्रयोग सर्वप्रथम किया–
A. हैरॉड ने B. डोमर ने
C. रॉबिन्सन ने D. टॉबिन ने

101. मानव विकास सूचकांक में निम्नलिखित में से कौन से चर सम्मिलित नहीं हैं–
A. प्रतिव्यक्ति आय
B. साक्षरता दर
C. जन्म के समय आयु प्रत्याशा
D. शिशु मृत्यु दर

102. शुम्पीटर के अनुसार आर्थिक विकास एक–
A. स्थैतिक अवस्था में असतत परिवर्तन है
B. दीर्घकाल में होने वाला क्रमिक परिवर्तन है
C. आय के स्तरों में वृद्धि की दशा है
D. बचत की दर में सामान्य वृद्धि का परिणाम है

103. 'आवश्यक न्यूनतम प्रयास' सिद्धान्त का विकास किसने किया–
A. लेविस ने B. लिबिंस्टीन ने
C. रोजस्टोव ने D. ए.के. सेन ने

104. रोजेन्स्टीन रोडान के अनुसार अर्थव्यवस्था के विकास की सर्वोत्तम विधि है–
A. अर्थव्यवस्था को जान बूझ कर असंतुलित करना
B. व्यापक सामाजिक विकास
C. निवेश का एक वृहद् एवं संतुलित कार्यक्रम
D. इनमें से कोई नहीं

105. विकास की प्रक्रिया में परियोजनाओं के चुनाव में कालश्रेणी आधार (Time Series Criterion) का प्रतिपादन किया–
A. ए.के. सेन ने B. ए.ई. कान ने
C. लेविस ने D. चेनरी ने

106. वांछित संवृद्धि (Warranted Rate of Growth) क्या है–
A. एक दिए हुए समय में उत्पादन की वृद्धि दर
B. वह दर जिस पर उत्पादक की प्रत्याशाएं (Producer's expectations) सन्तुष्ट होती है
C. पूर्ण रोजगार की स्थिति में उत्पादन दर
D. एक दिए हुए समय में उत्पादन क्षमता में वृद्धि दर

107. 'न्यूनतम क्रांतिक प्रयास' (Critical minimum effort) सिद्धान्त में आय बढ़ने के पश्चात् जनसंख्या बढ़ने का कारण है–
A. ज्यादा बड़े परिवार की लालसा
B. मृत्यु दर का कम होना
C. दूसरे देशों से प्रवसन
D. बेहतर आहार

108. प्रदर्शन प्रभाव (Demonstration Effect) से प्रभावित नहीं होता–
A. बचत–आय अनुपात में कमी
B. पूंजी प्रधान तकनीक के चुनाव के प्रति झुकाव
C. आयात–आय अनुपात में वृद्धि
D. इनमें से कोई नहीं

109. निम्नलिखित में से किसने मानव विकास सूचकांक की संकल्पना को विकसित किया है?
A. अमर्त्य सेन B. ए० एस० कादिर
C. अल्वा मिर्डल D. महबूब–उल–हक

110. कौन–सा कथन हैरोड–डोमर प्रारूप के लिए सत्य नहीं है–
A. बचत अनुपात स्थिर है
B. पूंजी–उत्पाद अनुपात स्थिर है

C. जनसंख्या वृद्धि की दर स्थिर है

D. जैसे–जैसे आय बढ़ती है, सीमान्त उपभोग प्रवृत्ति घटती जाती है

111. Classical Theory of Development में निम्न में से कौन–सी एक मान्यता नहीं है–
A. वास्तविक मजदूरी दर प्रथानुसार निर्धारित होती है
B. जनसंख्या वृद्धि की दर बाह्य निर्धारित तत्त्व है
C. रोजगार मजदूरी कोष पर निर्भर करता है
D. श्रम विभाजन बाजार के आकार पर निर्भर करता है।

112. हैरोड के आर्थिक संवृद्धि प्रारूप में यदि $G_a > G_w$ हो तो परिणाम होगा–
A. नियंत्रित असंतुलन
B. अनियंत्रित असंतुलन
C. संतुलन पथ
D. असंतुलन जो कि संतुलन की ओर लाया जा सकता है

113. कौन एक आर्थिक विकास में बाधक नहीं है–
A. बाजार की अपूर्णताएं
B. उपभोग में प्रदर्शन प्रभाव
C. अनुकूल व्यापार की शर्तें
D. निर्धनता का दुष्चक्र

114. निम्न में से कौन-सा एक आय की असमानताओं को नहीं मापता है–
A. लारेंज वक्र
B. प्रतिव्यक्ति आय
C. गिनी गुणांक
D. विभिन्न आय वर्गों में जनसंख्या का प्रतिशत

115. हैरोड प्रतिमान में यदि $G_A > G_w$ हो तो अर्थव्यवस्था में–
A. उत्कर्ष दशा प्राप्त होगी
B. स्थिर संवृद्धि की स्थिति प्राप्त होगी
C. अवसाद होगा
D. अस्थिरता रहेगी

116. बैकवाश प्रभाव (Backwash Effect) की अवधारणा का श्रेय दिया जाता है–
A. जी. मिर्डल को
B. आर. नर्क्स को
C. ए. लेविस को
D. बी. हिगिन्स को

117. दुष्चक्र का तर्क किनके बीच सम्बंध को इंगित करता है–
A. आय और जनसंख्या
B. विनियोग और प्रौद्योगिकी

C. उत्पादकता और आय
D. बचत और पूंजी

118. आर्थिक विकास के स्तर का सामान्यतः स्वीकार्य सूचक है–
A. उद्योगों की संख्या
B. रहन–सहन का स्तर
C. प्रतिव्यक्ति आय
D. सकल राष्ट्रीय आय

119. वर्तमान समय में विकासशील देशों में जनसंख्या वृद्धि की ऊंची दर का मुख्य कारण है–
A. ऊंची जन्म दर
B. निम्न मृत्यु दर
C. ऊंची जन्म दर के साथ निम्न मृत्यु दर
D. इनमें से कोई नहीं

120. मानव–पूंजी में विनियोग का सम्बंध है–
A. शिक्षा पर व्यय से
B. प्रशिक्षण पर व्यय से
C. स्वास्थ्य सेवाओं पर व्यय से
D. उपरोक्त सभी प्रकार के व्यय से

121. उद्यमी सर्वाधिक निकटता से सम्बंधित है–
A. अविष्कार से
B. नव प्रवर्तन से
C. प्रबन्ध से
D. लोक प्रशासन से

122. कोई देश बचत अंतर को कैसे कम कर सकता है–
A. वृद्धिगत् पूंजी उत्पाद अनुपात को कम करके
B. घरेलू उपभोग कम करके
C. विदेशी सहायता प्राप्त करके
D. उपरोक्त सभी

123. शुम्पीटर ने अपने विकास सिद्धान्त में किसकी भूमिका पर प्रमुख बल दिया है–
A. पूंजीपति की
B. उपक्रमी की
C. प्रबंधक की
D. श्रमिक की

124. संतुलित विकास सिद्धान्त के अनुसार किसी देश के अर्धविकसित रहने का प्रमुख कारण कौन-सा माना जाता है–
A. बाजार का छोटा आकार
B. बचत की कमी
C. प्रौद्योगिकी का निम्न स्तर
D. विदेशी अधिपत्य

125. आर्थिक विकास का अवरोध–
A. पूंजी निर्माण की निम्न दर है
B. गरीबी का दुष्चक्र है

C. सामाजिक सांस्कृतिक रूढ़ियां हैं
D. उपरोक्त सभी

126. विकास के स्तर के मापन हेतु भौतिक उत्पादन सूचकांको के उपयोग की अपनी सीमाएं हैं क्योंकि–
A. भौतिक उत्पादनों की माप नहीं हो सकती
B. भौतिक उत्पादनों की तुलना नहीं हो सकती
C. गुणात्मक सुधारों की गणना स्वतंत्र नहीं है
D. मौद्रिक अनुमान अधिक सही होते हैं

127. विभिन्न देशों के विकास की तुलना में निम्नलिखित कठिनाइयां हैं–
A. तुलनात्मक समंकों का अभाव
B. उत्पादन के विभिन्न तत्त्वों हेतु भार का चयन
C. मापन की इकाइयों का चयन
D. उपरोक्त सभी

128. ''आर्थिक विकास'' शब्द का प्रयोग किस अर्थ में किया जाता है–
A. शून्य आर्थिक विकास
B. धनात्मक आर्थिक विकास
C. ऋणात्मक आर्थिक विकास
D. ये सभी

129. "The Theory of Economic Growth" नामक पुस्तक के रचयिता कौन हैं–
A. आर. रोडेन   B. आर. नर्क्स
C. ए. लुइस   D. लिबिंस्टीन

130. कौलिन क्लार्क के अनुसार आर्थिक विकास का सूचक क्या है–
A. राष्ट्रीय आय   B. प्रति व्यक्ति आय
C. जनसंख्या घनत्व   D. व्यावसायिक ढांचा

131. जनसंख्या वृद्धि पर आर्थिक विकास के प्रभाव की जानकारी किस सिद्धान्त से मिलती है–
A. माल्थस का जनसंख्या सिद्धान्त
B. जनसंख्या का अनुकूलतम सिद्धान्त
C. जनसंख्या का संक्रमण सिद्धान्त
D. जनसंख्या का प्राणी शास्त्रीय सिद्धान्त

132. हैरोड के विकास मॉडल में पूर्ण रोजगार के लिए निम्न सूत्र आवश्यक है–

A. $G = \dfrac{G_w}{G_n}$ B. $G = \dfrac{G_n}{G_w}$

C. $G = G_w \times G_n$ D. $G = G_w = G_n$

133. "The stages of Economic Growth" पुस्तक किसने लिखी–
A. रोस्टोव   B. कार्ल मार्क्स
C. शुम्पीटर   D. सिंगर

134. जे.एस. मिल की पुस्तक जो सन् 1848 में प्रकाशित हुई, उसका नाम है–
A. 'Capitalism Socialism and Democracy'
B. 'Principles of Political Economy and Taxation'
C. 'The Theory of Economic Development'
D. 'Principles of Political Economy with some of their Applications to social Philosophy'

135. मार्क्स ने लाभ की दर एवं पूंजी की संरचना का सम्बन्ध किस समीकरण से व्यक्त किया–

A. $r = \dfrac{S}{C+V}$ B. $r = \dfrac{C+V}{S}$

C. $r = S/V$ D. $r = \dfrac{C}{S}$

136. कौन-सा लक्षण भारतीय अर्थव्यवस्था में विद्यमान नहीं है–
A. तकनीकी पिछड़ापन
B. निर्धनता
C. पूर्ण रोजगार
D. प्राकृतिक संसाधनों का अल्प प्रयोग

137. 'The Theory of Economic Development' पुस्तक किसने लिखी है–
A. किन्डलबर्गर   B. शुम्पीटर
C. मार्शल   D. बालरस

138. रोस्टोव के अनुसार भारत स्वयं स्फूर्त की अवस्था में प्रवेश कर चुका है–
A. 1948 में   B. 1952 में
C. 1956 में   D. 1977 में

139. भारत ने असंतुलित विकास की नीति अपनाई–
A. प्रथम योजना में   B. द्वितीय योजना में
C. तृतीय योजना में   D. पांचवीं योजना में

140. स्वतंत्रता के बाद भारत ने किस पद्धति को अपनाया–
A. मिश्रित अर्थव्यवस्था
B. पूंजीवादी अर्थव्यवस्था
C. समाजवादी अर्थव्यवस्था
D. इनमें से कोई नहीं

141. मजदूरी कोष सिद्धान्त का विचार सबसे पहले किसने दिया—
A. कीन्स ने   B. मिल ने
C. रॉबिन्सन ने   D. रिकार्डो ने

142. सरल शब्दों में आर्थिक विकास की परिभाषा इस प्रकार दी जा सकती है—
A. दीर्घकाल तक वास्तविक राष्ट्रीय आय की दर में वृद्धि
B. पिछले वर्ष की तुलना में वास्तविक प्रति व्यक्ति आय में वृद्धि
C. वर्ष–प्रति वर्ष वास्वविक विनियोग में वृद्धि
D. इनमें से कोई नहीं

143. शुम्पीटर के अनुसार उद्यमकर्त्ता आर्थिक लाभ इसलिए कमाता है क्योंकि—
A. वह नवप्रवर्तक होता है
B. उसके सभी जोखिम बीमा योग्य होते हैं
C. उसके बहुत से निर्णय अनियमित होते हैं
D. इनमें से कोई नहीं

144. एक बाजार अर्थव्यवस्था के लिए किसने आर्थिक प्रगति के पांच सोपान सुझाये थे—
A. रोजेस्टीन रोडान   B. रोस्टोव
C. गुन्नार मिर्डल   D. शुम्पीटर

145. किसी देश की आदर्श जनसंख्या वह होती है जो—
A. प्रति व्यक्ति उत्पादन को अधिकतम करती है
B. जनसंख्या की वृद्धि की दर स्थिर बनाये रखती है
C. उद्योगों में श्रमिकों का अनुपात बढ़ाती है
D. इनमें से कोई नहीं

146. नर्क्स के अनुसार मुख्य कारक जो बाजार के आकार को प्रभावित करता है—
A. मौद्रिक विस्तार   B. विनियोजन की प्रेरणा
C. उत्पादकता   D. बचत

147. पांचवे–दशक के बीच के दौर में भारत द्वारा अपनाएं गए महालनोबिस मॉडल का लक्ष्य था—
A. दृढ़ रक्षा उद्योग के आधार का निर्माण
B. पूंजी प्रधान भारी उद्योगों की स्थापना
C. अर्थव्यवस्था में मुद्रास्फीति को रोकना
D. अल्प समय में बेरोजगारी दूर करना

148. लुईस का सिद्धान्त विकास के क्रम को किस सन्दर्भ में समझाता है—

A. एकक्षेत्रीय अर्थव्यवस्था
B. द्विक्षेत्रीय अर्थव्यवस्था
C. चतुर्थक्षेत्रीय अर्थव्यवस्था
D. बहुक्षेत्रीय अर्थव्यवस्था

149. अर्थशास्त्री जिन्होंने आर्थिक विकास और आधारभूत परिवर्तन के मध्य सम्बंध को दर्शाया है—
A. हिक्स   B. नर्क्स
C. कुजनेट   D. रोजेस्टीन रोडान

150. विकास एक प्रक्रिया है सुधारने की—
A. मानव जीवन के स्तर को
B. G.V.P. के स्तर को
C. G.D.P. के स्तर को
D. उत्पादन के तरीके को

151. कौन–सा आर्थिक विकास में बाधा है—
A. गरीबी का अन्तहीन चक्र
B. बचत का निम्न दर
C. जनसंख्या का आकार
D. पूंजी निर्माण की निम्न दर

152. 'Low Level Equilibrium Trap' सिद्धान्त के प्रवर्तक हैं –
A. नर्क्स   B. लिबिंस्टीन
C. रोस्टोव   D. नेल्सन

153. मानव पूंजी निर्माण सम्बंधित है—
A. जनसंख्या की विकास दर से
B. जनता द्वारा पूंजी निर्माण से
C. जनसंख्या पर नियंत्रण करने से
D. इनमें से कोई नहीं

154. जी. मिर्डल द्वारा रचित 'एशियन ड्रामा'—
A. अंग्रेजी ड्रामा की एक पुस्तक है
B. अविकसित राष्ट्रों की गरीबी की अर्थव्यवस्था से सम्बंधित है
C. प्रचुरता की अर्थव्यवस्था से सम्बंधित पुस्तक है
D. इनमें से कोई नहीं

155. एक देश अविकसित है क्योंकि—
A. जनसंख्या के अधिक घनत्व के कारण
B. उपयुक्त योजना के अभाव के कारण
C. रोजगार के अवसर के अभाव के कारण
D. इनमें से कोई नहीं

156. आर्थिक विकास के साथ, राष्ट्रीय उत्पाद में द्वितीय क्षेत्र का हिस्सा—
A. बढ़ता है
B. घटता है
C. अपरिवर्तित रहता है
D. अनिश्चित है

157. विकास असंभव है बिना—
A. स्फीति के
B. लाभ रूपी प्रोत्साहन के
C. घरेलू बचत के
D. विदेशी सहायता के

158. संतुलित विकास सिद्धान्त के अनुसार कम विकास का मुख्य कारण है—
A. बाजार का लघु आकार
B. तकनीकी का निम्न स्तर
C. बचत की कमी
D. विदेशी प्रभुत्व

159. विकसित देशों में आर्थिक वृद्धि का एक महत्त्वपूर्ण तत्त्व है—
A. पूंजी संग्रहण
B. जनसंख्या नियंत्रण
C. हरित क्रान्ति
D. तकनीकी प्रगति

160. माईकेल टोडारो के अनुसार, विकास—
A. एक विशुद्ध आर्थिक घटना है
B. मूलभूत में एक आर्थिक प्रक्रिया है
C. सम्पूर्ण रूप से सामाजिक व्यवस्था के पूर्वाभिमुखीकरण से सम्बंधित है
D. तकनीकी नवप्रवर्तन से सम्बंधित है

161. डोमर मॉडल में—
A. निवेश स्फीति व विस्फीति दोनों को ठीक करने का उपाय है
B. अधिक निवेश स्फीति दूर करने का एकमात्र उपाय है
C. अधिक निवेश विस्फीति दूर करने का एकमात्र उपाय है
D. इनमें से कोई नहीं

162. डोमर मॉडल में—
A. मांग व पूर्ति दोनों को बढ़ाने के लिए निवेश चाहिए
B. पूंजी–उत्पाद अनुपात को बढ़ाने पर बल दिया गया है
C. प्रतिष्ठित अर्थशास्त्र को पूर्ण त्याग दिया गया है
D. केन्द्रीय अर्थव्यवस्था को पूर्ण त्याग दिया गया है

163. हैरोड–डोमर मॉडलों में 'अति उत्पादन' वह स्थिति है जहां—
A. सभी उत्पादनकर्त्ता कुल मिलाकर बहुत ज्यादा उत्पादन कर रहे हैं
B. सभी उत्पादनकर्त्ता वांछनीय उत्पादन से कम पैदा कर रहे हैं
C. सभी उत्पादनकर्त्ता, वांछनीय उत्पादन से ज्यादा पैदा कर रहे हैं
D. अतिरिक्त क्षमता का सृजन हो गया है

164. आर्थिक विकास का नव क्लासिकी सिद्धान्त के प्रतिपादक हैं—
A. मीड
B. मिल
C. मार्शल
D. मार्क्स

165. कुजनेटस के अनुसार विकास की प्रक्रिया में आय असमानताओं में प्रवृत्ति पाई जाती है—
A. बढ़ने की
B. घटने की
C. पहले बढ़ने और फिर घटने की
D. पहले घटने और फिर बढ़ने की

166. उस तकनीकी परिवर्तन को जिसके फलस्वरूप अपरिवर्तित निविष्टियों से उत्पादन में वृद्धि की जा सकती है, समझा जाता है—
A. आकार युक्त (एमबोडीड)
B. आकार मुक्त (डिसएमबोडीड)
C. आकार युक्त और आकार मुक्त दोनों
D. न आकार युक्त न आकार मुक्त

167. इस प्राक्कल्पना का कि राष्ट्रों के विकास के इतिहास में आय असमानता की मात्रा आरंभिक चरणों में बढ़ती है और बाद के चरणों में घट जाती है, प्रतिपादक हैं—
A. हैरोड
B. कुजनेट्स
C. हिक्स
D. शुल्ज

168. जीवन सूचकांक की भौतिक गुणवत्ता (PQKI) आधारित है—
A. साक्षरता के प्रतिशत, शिशु–मृत्युदर तथा आयु–संभाविता पर
B. भोजन, जल, आश्रय तथा स्वास्थ्य सेवाओं की समुचित आपूर्ति पर
C. सफाई, शिक्षा और कल्याणकारी उपायों की व्यवस्था पर
D. (A), (B) और (C) में बतायी गयी सभी बातों पर

169. लुईस की दृष्टि में द्वैध अर्थव्यवस्था के अंदर, पूंजीवादी क्षेत्र बेशी श्रम को खपा लेता है बशर्ते कि—
A. पूंजी मूलक अधिशेष उत्पन्न हो रहा हो
B. पूंजी मूलक अधिशेष उत्पन्न हो रहा हो और उसका पुनर्निवेश किया जा रहा हो
C. निर्वाह क्षेत्र की श्रम आपूर्ति लोचदार हो, पूंजीमूलक अधिशेष उत्पन्न हो रहा हो और उसका पुनर्निवेश किया जा रहा हो
D. इनमें से कोई नहीं

170. बुनियादी सिद्धान्त जिस पर हैरोड तथा डोमर ने बल दिया और जिसे संवृद्धि के सभी आधुनिक सिद्धान्तों में समाविष्ट किया गया है—
A. निवल निवेश का द्वैध प्रभाव
B. निवल निवेश का क्षमता प्रभाव
C. निवल निवेश का बचत प्रभाव
D. इनमें से कोई नहीं

171. फ्रेडरिक लिस्ट के अनुसार विकास के विभिन्न चरणों का अनुक्रम है—
A. पशुचरण, कृषि, कृषि विनिर्माण
B. वन्य, कृषि, कृषि विनिर्माण
C. कृषि, कृषि विनिर्माण, उद्योग
D. वन्य, पशुचरण, कृषि, कृषि विनिर्माण, विनिर्माण, वाणिज्य

172. विकास नियोजन का सर्वाधिक महत्त्वपूर्ण उद्देश्य है—
A. अधिक आर्थिक समानता की अवस्था सुनिश्चित करना
B. अधिक आर्थिक सम्वृद्धि और विकास की अवस्था सुनिश्चित करना
C. अधिक पूंजी निर्माण और निवेश का प्रावधान उपलब्ध करना
D. पूर्ण रोजगार के लिए अधिक अवसर प्रदान करना

173. आर्थिक वृद्धि का वाणिकवादी सिद्धान्त मुख्य रूप से सम्बंधित है—
A. स्वर्ण के आयात के माध्यम से संचलन में हुई मुद्रा की मात्रा में वृद्धि से
B. जनसंख्या के आकार में हुई बढ़ोत्तरी से
C. व्यापार शेष के आधिक्य में वृद्धि से
D. इनमें से कोई नहीं

174. आर्थिक विकास श्रम की असीमित पूर्ति के साथ विकास का एक मॉडल है जिसका प्रतिपादन किया था—
A. हर्षमेन ने
B. रोस्टोव ने
C. लेविस ने
D. चेनरी ने

175. लिबिंस्टीन अपने क्रांतिक न्यूनतम प्रयास के प्रमेय में जनसंख्या को ऐसे घटक के रूप में मानता है जो है—
A. आय सृजक
B. आय–अवसादी
C. निवेश–प्रेरक
D. बाजार–विस्तारी

176. कुजनेट्स के अनुसार निम्न लक्षणों में से कौन–सा आधुनिक आर्थिक विकास का सबसे महत्त्वपूर्ण लक्षण है—
A. सामाजिक एवं वैचारिक रूपान्तरण
B. सरंचनात्मक–रूपान्तरण
C. उत्पादन के साधनों की उच्च उत्पादकता
D. प्रति व्यक्ति उत्पादन की उच्च वृद्धि दर

177. उच्च बचत वाली अर्थव्यवस्था होते हुए भी कोई विकासशील देश तेजी से मूलतः इसलिए संवृद्धि नही कर सकता क्योंकि वहां है—
A. कमजोर प्रशासन तंत्र
B. निरक्षरता
C. उच्च जनसंख्या घनत्व
D. उच्च पूंजी उत्पाद अनुपात

178. हिक्स के तटस्थ तकनीकी परिवर्तन का निहितार्थ है, कि—
A. एकक समोत्पाद में समानान्तर ऊर्ध्वमुखी स्थानान्तरण आता है
B. एकक समोत्पाद में समानान्तर अधोमुखी स्थानान्तरण आता है
C. एकक समोत्पाद परिवर्तनों की वक्रता बदलती है
D. इनमें से कोई नहीं

179. श्रम की पूर्णतः लोचदार पूर्ति की निर्णायक भूमिका होती है—
A. माल्थस के विकास मॉडल में
B. कुजनेट्स के विकास मॉडल में
C. प्रेविश प्राक्कल्पना में
D. लेविस के विकास मॉडल में

180. जीवन का भौतिक गुणवत्ता सूचक (Physical Quality of Life Index) का विकास किसने किया—
A. मौरिस
B. मार्शल
C. लेविस
D. लिस्ट

181. विकास से सम्बंधित नीचे की ओर रिसने वाले प्रभाव (trickling down effects) जुड़ा है–
A. हर्षमैन
B. मौरिस
C. रोस्टोव
D. लेविस

182. ''एक देश इसीलिए दरिद्र है कि वह दरिद्र है'' कथन है–
A. नर्क्स का
B. लेविस का
C. मौरिस का
D. हर्ष मैन का

183. अर्थशास्त्र का पिता कहा जाता है–
A. एडम स्मिथ को
B. मार्शल को
C. डेनिस को
D. इनमें से कोई नहीं

184. रिकार्डो के अनुसार आर्थिक विकास के फलस्वरूप होती है–
A. लाभ की दर में निरन्तर बढ़ने की प्रवृत्ति
B. लाभ की दर में निरन्तर घटने की प्रवृत्ति
C. (A) और (B) दोनों
D. इनमें से कोई नहीं

185. Das Kapital के लेखक हैं–
A. कार्ल मार्क्स
B. मार्शल
C. कैनन
D. फिशर

186. यदि C = स्थिर पूंजी, V = परिवर्ती पूंजी हो तो पूंजी की संगठित संरचना (organic composition of capital) मार्क्स के अनुसार होगी–
A. C/V
B. S/V
C. V/S
D. $\dfrac{1}{V}$

187. विकास, वृत्तीय प्रवाह की दिशाओं में **आकस्मिक तथा अनिरंतर** परिवर्तन का परिणाम है–
A. शुम्पीटर
B. मार्क्स
C. रोस्टोव
D. इनमें से कोई नहीं

188. आर्थिक विकास की प्रक्रिया में बैंक साख (Bank Credit) को किसने महत्त्व दिया है–
A. शुम्पीटर
B. लेविस
C. मीड
D. गिल

189. रोस्टोव ने आर्थिक विकास की प्रक्रिया को कितनी अवस्थाओं में बांटा है–
A. एक
B. दो
C. तीन
D. पांच

190. किसने आर्थिक विकास में जनसंख्या को महत्त्वपूर्ण स्थान दिया–
A. लिबिन्स्टीन
B. लेविस
C. मीड
D. मिल

191. बाह्य मितव्ययिताओं की धारणा को सर्वप्रथम किसने प्रतिपादित किया–
A. मार्शल
B. मार्क्स
C. रोस्टोव
D. मिड

192. किसने मार्शल के बाह्य मितव्ययिताओं के विश्लेषण को समस्त अर्थव्यवस्था के उद्योगीकरण पर लागू किया–
A. यंग
B. रोडान
C. नेल्सन
D. मीड

193. किसने विकास को ''असंतुलनों की शृंखला'' माना है–
A. हर्ष मैन
B. यंग
C. नर्क्स
D. रोस्टोव

194. हर्ष मैन ने ''अधिकतम संयुक्त अनुबंधन प्राप्तांक'' (combined linkage score) वाला उद्योग किसको माना है–
A. चीनी उद्योग को
B. सीमेन्ट उद्योग को
C. लोहा एवं इस्पात उद्योग को
D. इनमें से कोई नहीं

195. प्रौद्योगिकीय द्वैतवाद (Technological Dualism) के सिद्धान्त को किसने प्रतिपादित किया–
A. हिग्गिन्ज ने
B. बूके ने
C. सेन ने
D. इनमें से कोई नहीं

196. किसने वित्तीय द्वैतवाद (Financial Dualism) के सिद्धान्त को प्रतिपादित किया–
A. मिंत (Myint) ने
B. बूके ने
C. सेन ने
D. हिग्गिन्ज ने

197. चक्रीय कार्यकरण के सिद्धान्त (Theory of Circular Causation) के प्रतिपादक हैं–
A. मिर्डल
B. रोस्टोव
C. मीड
D. मिल

198. "The Accumulation of Capital" के लेखक हैं–
     A. रॉबिन्सन   B. मार्क्स
     C. शुम्पीटर   D. इनमें से कोई नहीं

199. आर्थिक वृद्धि के पूंजी–संचय के सिद्धान्त (Theory of Capital Accumulation) का प्रतिपादन किया–
     A. रॉबिन्सन ने   B. रोस्टोव ने
     C. मिर्डल ने   D. कुजनेट्स ने

200. आर्थिक वृद्धि के Long-Run Growth मॉडल को विकसित किया–
     A. सोलो   B. हर्षमैन
     C. नर्क्स   D. मार्क्स

201. किसने प्रतिपादित किया कि व्यापार के शर्तों का दीर्घकालीन ह्रास अल्पविकसित देशों की वृद्धि को रोकने में एक महत्त्वपूर्ण कारक रहा है–
     A. प्रैबिश–सिंगर   B. मिंत
     C. लुइस   D. मिर्डल

202. किसने आर्थिक विकास के दोहरे अन्तरालों की प्रस्तावना को प्रस्तुत किया–
     A. चेनरी   B. मिर्डल
     C. मीड   D. मिल

203. सांकेतिक आयोजन (Indicative Planning) का आयोजन सर्वप्रथम कहां हुआ–
     A. फ्रांस   B. ब्रिटेन
     C. अमेरिका   D. ब्राजील

204. "Indian Economic Planning in its Broader setting" नामक पुस्तक के लेखक हैं–
     A. मिर्डल   B. ए.के. सेन
     C. अमर्त्य सेन   D. इनमें से कोई नहीं

205. निवेश के पूंजी–आवर्त कसौटी (The Capital Turn-over Criterion) के प्रवर्तक हैं–
     A. पोलक एवं बुकनैन
     B. काहन
     C. गलेन्सन तथा लिबिंस्टीन
     D. सेन

206. निवेश के सामाजिक सीमान्त उत्पादिता कसौटी (The Social Marginal Productivity Criterion) सिद्धान्त के प्रतिपादक हैं–
     A. काहन एवं चेनरी

B. पोलक तथा बुकनैन
C. गलेन्सन तथा लिबिंस्टीन
D. ए.के. सेन

207. निवेश के पुनर्निवेश कसौटी (The Reinvestment Criterion) सिद्धान्त के प्रतिपादक हैं–
     A. गलेन्सन तथा लिबिंस्टीन
     B. रोस्टोव
     C. मिर्डल
     D. मिल

208. निवेश के काल श्रेणी कसौटी सिद्धान्त के प्रतिपादक हैं–
     A. ए.के. सेन   B. मिर्डल
     C. मिल   D. मीड

209. हैरोड मॉडल निम्न की भी व्याख्या करता है–
     A. स्वर्ण युग
     B. चाकूघाट समस्या
     C. द्वैतवाद
     D. उपरोक्त सभी

210. पूंजी संचयन के स्वर्णिम नियम का सम्बंध है–
     A. फेल्प्स से   B. फिलिप्स से
     C. सोलो से   D. शुम्पीटर से

211. निम्न में से कौन–सा मॉडल यह सुझाव देता है कि संवृद्धि बचत से प्रत्यक्ष रूप से सम्बंधित है और पूंजी उत्पाद अनुपात से अप्रत्यक्ष रूप से–
     A. रिकार्डो   B. एडम स्मिथ
     C. हैरोड–डोमर   D. ल्यूकस रोमर

212. संवृद्धि दर पूंजी उत्पाद अनुपात पर आधारित मॉडल में किस पर निर्भर करती है–
     A. जनसंख्या वृद्धि की दर
     B. बचत के लिए सीमान्त प्रवृति की राशि
     C. प्रारंभिक आय स्तर
     D. पूंजी की उत्पादिता

213. आर्थिक विकास में उत्पाद क्षमता का बढ़ना किसके समान है–
     A. किसी भी विशेष समय में निवल निवेश की राशि
     B. निवल निवेश गुणक निवेश की औसत उत्पादकता
     C. बचत की औसत प्रवृति गुणक निवल निवेश
     D. इनमें से कोई नहीं

214. किसने जोर दिया कि स्थिर साम्य के लिए प्राकृतिक, वांछित तथा वास्तविक संवृद्धि दरों में समानता आवश्यक शर्त है–

A. हैरोड   B. डोमर

C. मीड   D. मार्क्स

215. संतुलित विकास का सिद्धान्त निम्न के नाम के साथ जुड़ा हुआ है–

A. हर्शमैन   B. रोजन्सटीन रोडेन

C. नर्क्स   D. (B) एवं (C) दोनों

216. हिक्स अपनी तटस्थ तकनीकी प्रगति की परिभाषा में किसको स्थिर मानकर चलता है–

A. पूंजी श्रम अनुपात को

B. पूंजी उत्पाद अनुपात को

C. श्रम की सीमान्त उत्पादकता को

D. पूंजी की सीमान्त उत्पादकता को

217. यदि गिन्नी गुणांक का मान एक के बराबर है तो इसका तात्पर्य है–

A. आय के वितरण में पूर्णरूपेण असमानता

B. आय के वितरण में पूर्णरूपेण समानता

C. (A) और (B) दोनों

D. कुछ कहा नहीं जा सकता

218. आर्थिक विकास की प्रक्रिया के प्रारंभिक चरणों में कई अविभाज्यताएं बाधक होती हैं। इस विचार का प्रतिपादन किया–

A. आर. नर्क्स ने

B. एच.डब्ल्यू. सिंगर ने

C. रॉजेंस्टीन रोडन ने

D. रोस्टोव ने

219. पूंजीवाद के अन्तर्गत विकास प्रक्रिया को सृजनात्मक विध्वंस (Creative destruction) कहा है–

A. कार्ल मार्क्स ने   B. हैन्सन ने

C. लक्जमबर्ग ने   D. शुम्पीटर ने

220. किस अर्थशास्त्री ने विकासशील अर्थव्यवस्था को मूलतः अस्थिर अर्थव्यवस्था कहा है–

A. हैराड   B. रिकार्डो

C. सोलो   D. स्वाय

221. विकासशील अर्थव्यवस्थाओं में अतिरिक्त श्रम इस अर्थ में मिलता है कि प्रत्येक श्रमिक सामान्य कार्य घंटों (working hours) की अपेक्षा कम घंटे कार्य करता है। यह विचार प्रस्तुत किया–

A. रॉबिन्सन ने   B. डॉब ने

C. नर्क्स ने   D. सेन ने

222. हैरोड के संवृद्धि मॉडल में G_a संवृद्धि की वास्तविक दर को, G_w संवृद्धि की वांछित दर को तथा G_n संवृद्धि की प्राकृतिक दर को बतलाता है। संवृद्धि दर स्थिर होगी जब–

A. $G_a = G_n$ B. $G_w = G_n$

C. $G_a = G_w$ D. $G_w > G_n$

223. आर्थिक विकास के संदर्भ में किसने द्वैत अर्थव्यवस्था (dualism) पर विचार नहीं किया–

A. हिगिन्स ने   B. बोके ने

C. लिविस ने   D. हैरोड ने

उत्तरमाला

1	2	3	4	5	6	7	8	9	10
B	B	D	A	D	C	C	C	D	B
11	**12**	**13**	**14**	**15**	**16**	**17**	**18**	**19**	**20**
D	C	B	D	D	A	A	B	D	B
21	**22**	**23**	**24**	**25**	**26**	**27**	**28**	**29**	**30**
C	C	B	A	D	A	C	A	B	A
31	**32**	**33**	**34**	**35**	**36**	**37**	**38**	**39**	**40**
B	A	B	D	C	D	B	A	D	A
41	**42**	**43**	**44**	**45**	**46**	**47**	**48**	**49**	**50**
C	C	C	B	A	C	B	D	C	C
51	**52**	**53**	**54**	**55**	**56**	**57**	**58**	**59**	**60**
A	A	C	D	D	B	C	C	D	B

61	**62**	**63**	**64**	**65**	**66**	**67**	**68**	**69**	**70**
C	C	B	A	C	D	B	D	B	C
71	**72**	**73**	**74**	**75**	**76**	**77**	**78**	**79**	**80**
D	A	C	A	B	D	B	D	C	A
81	**82**	**83**	**84**	**85**	**86**	**87**	**88**	**89**	**90**
D	D	C	C	A	D	C	A	D	D
91	**92**	**93**	**94**	**95**	**96**	**97**	**98**	**99**	**100**
A	B	B	B	C	B	B	A	C	B
101	**102**	**103**	**104**	**105**	**106**	**107**	**108**	**109**	**110**
D	A	B	C	A	B	B	B	D	D
111	**112**	**113**	**114**	**115**	**116**	**117**	**118**	**119**	**120**
A	B	C	B	A	A	C	D	C	D
121	**122**	**123**	**124**	**125**	**126**	**127**	**128**	**129**	**130**
B	D	B	C	D	C	A	B	C	D
131	**132**	**133**	**134**	**135**	**136**	**137**	**138**	**139**	**140**
C	D	A	D	A	C	B	B	B	A
141	**142**	**143**	**144**	**145**	**146**	**147**	**148**	**149**	**150**
B	B	A	B	A	B	B	B	D	D
151	**152**	**153**	**154**	**155**	**156**	**157**	**158**	**159**	**160**
A	D	A	B	B	A	C	A	A	A
161	**162**	**163**	**164**	**165**	**166**	**167**	**168**	**169**	**170**
A	A	C	A	C	B	B	A	C	A
171	**172**	**173**	**174**	**175**	**176**	**177**	**178**	**179**	**180**
D	B	A	C	A	D	D	A	D	A
181	**182**	**183**	**184**	**185**	**186**	**187**	**188**	**189**	**190**
A	A	A	B	A	A	A	A	D	A
191	**192**	**193**	**194**	**195**	**196**	**197**	**198**	**199**	**200**
A	B	A	C	A	D	A	A	A	A
201	**202**	**203**	**204**	**205**	**206**	**207**	**208**	**209**	**210**
A	A	A	D	A	A	A	A	B	A
211	**212**	**213**	**214**	**215**	**216**	**217**	**218**	**219**	**220**
C	B	B	A	D	A	A	C	A	A
221	**222**	**223**							
D	B	D							

———

7. अन्तर्राष्ट्रीय अर्थशास्त्र (International Economics)

1. अन्तर्राष्ट्रीय व्यापार सिद्धान्त के अवसर लागत सिद्धान्त का प्रतिपादन किस अर्थशास्त्री ने किया–
   A. हैबरलर
   B. रिकार्डो
   C. ओहलिन
   D. स्मिथ

2. अन्तर्राष्ट्रीय व्यापार अंतर्क्षेत्रीय व्यापार की एक विशिष्ट दशा है। यह कथन किस अर्थशास्त्री का है–
   A. स्मिथ
   B. रिकार्डो
   C. हैबरलर
   D. ओहलिन

3. राशिपतन नीति का उद्देश्य होता है–
   A. आयात बढ़ाना
   B. निर्यात बढ़ाना
   C. विदेशी बाजार में वस्तुओं का मूल्य कम करना
   D. इनमें से कोई नहीं

4. भुगतान संतुलन के घाटे को दूर किया जा सकता है–
   A. घरेलू राष्ट्रीय आय में कमी द्वारा
   B. विदेशियों के राष्ट्रीय आय में वृद्धि द्वारा
   C. उपरोक्त दोनों द्वारा
   D. इनमें से कोई नहीं

5. IMF का कार्य है–
   A. गरीब देशों को ऋण देना
   B. अंतर्राष्ट्रीय भुगतान की समस्या का समाधान
   C. ऋणग्रस्त देश में आर्थिक सुधार करना
   D. इनमें से कोई नहीं

6. विश्व बैंक की स्थापना कब हुई–
   A. 1944
   B. 1951
   C. 1916
   D. 1947

7. किसी देश के आयात तथा निर्यात के अंतर को क्या नाम दिया जाता है–
   A. भुगतान संतुलन
   B. अदृश्य व्यापार संतुलन
   C. एक देश की देनदारी
   D. व्यापार संतुलन

8. EXIM — का उद्देश्य है–
   A. व्यापार के लिए ऋण सुविधा जुटाना
   B. ग्रामीण विकास का कार्य देखना
   C. नई बैंकों की स्थापना
   D. अंतर्राष्ट्रीय व्यापार के लिए वित्तीयन

9. भुगतान संतुलन हमेशा रहता है–
   A. संतुलित
   B. असंतुलित
   C. कभी संतुलित कभी असंतुलित
   D. उपरोक्त सभी

10. एक देश उस वस्तु का निर्यात करेगा जिसके लिए प्रयुक्त साधन–
    A. सम्पन्नता से उपलब्ध है
    B. कम उपलब्ध है
    C. (A) और (B) दोनों
    D. इनमें से कोई नहीं

11. अर्द्ध विकसित देशों में निर्यात सामग्री होती है–
    A. कच्चा माल
    B. उपभोक्ता वस्तुएं
    C. पूंजी वस्तुएं
    D. खाद्यान्न

12. स्टापलर–सैम्युलसन प्रमेय के अनुसार प्रशुल्क लगाने पर अभाव वाले साधन की वास्तविक आय–
    A. बढ़ती है
    B. कम होती है
    C. स्थिर रहती है
    D. अप्रभावित रहती है

13. स्वतंत्र व्यापार नीति के समर्थक थे–
    A. रिकार्डो
    B. मिल
    C. स्मिथ
    D. उपरोक्त सभी

14. व्यापार की शर्तें उस देश के पक्ष में होंगी जिसकी निर्यात एवं आयात की मांग की लोच–
    A. कम हो
    B. अधिक हो
    C. स्थिर हो
    D. इनमें से कोई नहीं

15. अवशोषण विधि (Absorption Approach) के प्रतिपादक थे–
A. मार्शल
B. पीगू
C. ओहलिन
D. अलेक्जेण्डर

16. उत्पादन में किसी देश को पूर्ण विशिष्टीकरण निम्न स्थितियों में प्राप्त हो सकता है–
A. लागत समता की स्थिति में
B. ह्रासमान लागत की स्थिति में
C. वृद्धिमान लागत की स्थिति में
D. शून्य लागत की स्थिति में

17. किसी देश का व्यापार संतुलन प्रतिकूल होता है जबकि उनके–
A. निर्यात से आयात कम होता है
B. निर्यात से आयात अधिक होता है
C. निर्यात और आयात स्थिर हो
D. निर्यात आयात के बराबर हो।

18. कौन-सी मद भुगतान संतुलन की क्रेडिट प्रविष्टि नहीं है–
A. हस्तान्तरण भुगतान
B. विदेशों में विनियोग
C. वस्तुओं का निर्यात
D. सेवाओं का निर्यात

19. श्रम विभाजन के आधार पर एक देश को उस वस्तु का उत्पादन करना चाहिए जिसमें उत्पादन लागत–
A. न्यूनतम हो
B. अधिकतम हो
C. स्थिर हो
D. शून्य हो

20. व्यापार की शर्तों को निम्न प्रकार बताया जा सकता है–

A. व्यापार की शर्तें $= \dfrac{\text{आयात मूल्य}}{\text{निर्यात मूल्य}}$

B. व्यापार की शर्तें $= \dfrac{\text{निर्यात मूल्य}}{\text{आयात मूल्य}}$

C. व्यापार की शर्तें $= \dfrac{\text{निर्यात मांग}}{\text{निर्यात मूल्य}}$

D. व्यापार की शर्तें $= \dfrac{\text{आयात पूर्ति}}{\text{निर्यात मांग}}$

21. अनुकूलतम टैरिफ वह है जो–
A. आयातों को न्यूनतम करता है
B. देश के कल्याण को अधिकतम करता है
C. भुगतान असंतुलन दूर करता है
D. देश में विदेशी व्यापार को अधिकतम करता है

22. कौन-सी संस्था सर्वाधिक सुलभ कर्ज प्रदान करती है–
A. अंतर्राष्ट्रीय मुद्रा कोष
B. विश्व बैंक
C. अंतर्राष्ट्रीय विकास एजेंसी
D. एशियाई विकास बैंक

23. रिकार्डो का तुलनात्मक सिद्धान्त आधारित है–
A. उत्पादन ह्रास नियम पर
B. श्रम मूल्य सिद्धान्त पर
C. अवसर लागत सिद्धान्त पर
D. वास्तविक लागत सिद्धान्त पर

24. निम्न में से कौन-सा उपकरण विनिमय–नियंत्रण हेतु काम में आता है–
A. विनिमय उद्बन्धन
B. अवरूद्ध खाते
C. बहुमुखी विनिमय दरें
D. उपरोक्त सभी

25. शून्य शुद्ध विदेशी सहायता से अभिप्राय है–
A. योजनाओं का वित्तीय संसाधन जुटाने के लिए विदेशों पर निर्भर न रहना
B. विदेशी ऋण पर आश्रित न होना
C. पुराने ऋणों का भुगतान करना
D. अंतर्राष्ट्रीय मौद्रिक संस्थाओं से ऋण न लेना

26. भुगतान शेष दर्शाता है–
A. एक देश द्वारा अन्य देशों को किया गया भुगतान और प्राप्तियां
B. भुगतान जो एक देश द्वारा अन्य देशों में किया जाता हो
C. आयात और निर्यात का अंतर
D. दृश्य व्यापार का अंतर

27. किसी देश की अदायगी शेष के चालू लेखे में निम्नलिखित में से कौन-सा व्यापार जमा की प्रविष्टि का बोधक है–
A. तिजारती माल के आयात
B. विदेशी कंपनियों द्वारा प्रदत्त परिवहन सेवाएं
C. देश के अंदर विदेशी पर्यटकों द्वारा खर्च की गयी राशियां
D. इनमें से कोई नहीं

28. वर्तमान में SDR का मूल्य निर्धारित किया जाता है–
A. स्वर्ण

B. डालर

C. पांच देशों की मुद्राओं का समुच्चय

D. सभी देशों की मुद्राओं का समुच्चय

29. अन्तर्राष्ट्रीय व्यापार के निरपेक्ष लाभ के सिद्धान्त के प्रतिपादक हैं–

A. मिल   B. रिकार्डो

C. मार्शल   D. एडम स्मिथ

30. किस परिस्थिति में अन्तर्राष्ट्रीय व्यापार संभव तथा लाभप्रद है–

A. लागतों में पूर्ण अंतर

B. लागतों में तुलनात्मक अंतर

C. (A) और (B) दोनों

D. लागतों में समान अंतर

31. किसी देश का प्रस्ताव वक्र सरल रेखा होगी जबकि निर्यात के लिए इसकी पूर्ति का मूल्य लोच–

A. इकाई हो   B. शून्य हो

C. ऋणात्मक हो   D. असीमित हो

32. वस्तु के आयात तथा निर्यात पर लगाया गया नियंत्रण कहलाता है–

A. कोटा   B. तटकर

C. अनुदान   D. प्रशुल्क

33. प्राथमिक उत्पादों के मूल्यों में ह्रास की सुदीर्घकालीन प्रवृत्ति की अवधारणा किस अर्थशास्त्री की देन है–

A. लिंडर   B. एंजल

C. जगदीश भगवती   D. प्रेविश सिंगर

34. लियोन्टिफ विरोधाभास अमेरिका के संदर्भ में निम्न निष्कर्ष देता है–

A. अमेरिका द्वारा श्रम गहन वस्तुओं का निर्यात एवं पूंजी गहन वस्तुओं का आयात करना

B. अमेरिका द्वारा पूंजी गहन वस्तुओं का निर्यात एवं श्रम गहन वस्तुओं का आयात करना

C. अमेरिका द्वारा पूंजी गहन वस्तुओं का केवल निर्यात करना

D. अमेरिका द्वारा केवल श्रम गहन वस्तुओं का निर्यात एवं आयात करना

35. IMF अपने सदस्य देशों को निम्न उद्देश्य के लिए ऋण सहायता देता है–

A. दीर्घकालीन आर्थिक विकास

B. भारी उद्योगों की स्थापना के लिए

C. अल्पकालीन भुगतान असंतुलन असाम्य को ठीक करने के लिए

D. देश में आधारभूत सुविधाओं के लिए

36. भारत में विदेशी मुद्रा कोषों का संरक्षण कौन करता है–

A. भारत सरकार का वित्त मंत्रालय

B. भारत सरकार का विदेश मंत्रालय

C. रिजर्व बैंक ऑफ इंडिया

D. स्टेट बैंक ऑफ इंडिया

37. अन्तर्राष्ट्रीय व्यापार से लाभ तब होगा जब कि दोनों देशों में उत्पादन संभावना रेखा का ढाल निम्न प्रकार का होगा–

A. एक सीधी रेखा में   B. असमान ढाल

C. समान ढाल   D. लम्बवत् ढाल

38. कागजी स्वर्ण है–

A. एस॰डी॰आर॰

B. कागजी रुपया जिसे सोने का पूर्ण समर्थन प्राप्त हो

C. यूरोपीय बाजार की मुद्रा

D. अरब देशों की विशेष मुद्रा

39. तुलनात्मक लागत सिद्धान्त के प्रतिपादक हैं–

A. स्मिथ   B. रिकार्डो

C. हैबरलर   D. ओहलिन

40. हेक्सर–ओहलिन सिद्धान्त के अनुसार अंतर्राष्ट्रीय व्यापार का आधार होता है–

A. विभिन्न देशों में साधनों की सम्पन्नता

B. विभिन्न देशों में रीति रिवाज की विभिन्नता

C. विभिन्न देशों में साधनों की सम्पन्नता में विभिन्नता

D. विभिन्न देशों की सरकार की विभिन्नता

41. अदृश्य व्यापार में शामिल होता है–

A. वस्तु निर्यात   B. पर्यटन

C. वस्तु आयात   D. विदेशी विनियोग

42. राशिपतन का अर्थ है–

A. घरेलू और विदेशी बाजार के बीच कीमत विभेद

B. घरेलू और विदेशी बाजार में समान कीमत

C. विदेशी बाजार में कोई कीमत नहीं

D. घरेलू बाजार में कोई कीमत नहीं

43. विकासशील देशों की व्यापार शर्तों में सुदीर्घकालीन–गिरावट होती है, कहा था–

A. हिक्स   B. प्रेविश सिंगर

C. ओहलिन   D. जगदीश भगवती

44. विश्व बैंक को इस नाम से भी जाना जाता है–
A. अन्तर्राष्ट्रीय विकास एजेंसी
B. अन्तर्राष्ट्रीय मुद्रा कोष
C. अन्तर्राष्ट्रीय पुनर्निर्माण तथा विकास बैंक
D. इनमें से कोई नहीं

45. घरेलू मुद्रा और एक बाह्य मुद्रा के बीच विनिमय दर बराबर होता है–
A. आंतरिक चलन मुद्रा की एक इकाई का मूल्य विदेशी चलन मुद्रा में
B. विदेशी चलन मुद्रा की एक इकाई का मूल्य आन्तरिक–चलन मुद्रा में
C. स्वर्ण का विदेशी चलन मुद्रा में मूल्य
D. स्वर्ण का अंतरिम चलन मुद्रा में मूल्य

46. तुलनात्मक लागत के सिद्धान्त का सम्बंध है–
A. संसाधन लागत से   B. अवसर लागत से
C. मौद्रिक लागत से   D. स्थिर लागत से

47. निम्न में से किसका निर्यात भारत से नहीं होता है–
A. सूती कपड़ा   B. खाद्य तेल
C. तम्बाकू   D. चमड़ा

48. मूल्य ह्रास से आयात होते हैं–
A. अधिक महंगे   B. अधिक सस्ते
C. (A) और (B) दोनों   D. इनमें से कोई नहीं

49. निम्न में से कौन भारतीय रुपये की विनिमय दर निर्धारित करता है–
A. अमेरिकी डॉलर   B. पौंड स्टर्लिंग
C. S.D.R.   D. करेंसी समूह द्वारा

50. व्यापार शर्तों से आशय है–
A. दो देशों के मध्य हुए व्यापार की शर्तों से
B. आयात के लिए भुगतान करने की शर्तों अथवा निर्यात का भुगतान पाने की शर्तों से
C. निर्यात और आयात मूल्यों के अनुपात से
D. गैट में वर्णित शर्तों से

51. भुगतान शेष को परिभाषित किया जाता है कि यह एक देश के निश्चित अवधि में शेष संसार से होने वाले व्यवहारों का एक संक्षिप्त ब्यौरा है। यहां पर भुगतान शेष का तात्पर्य है–
A. केवल चालू खाते से
B. केवल पूंजी खाते से
C. केवल सरकारी आरक्षित खाते से
D. उपरोक्त सभी से

52. दो देशों के मध्य व्यापार होता है क्योंकि–
A. वस्तुओं की दुर्लभता है
B. लागतों में निरपेक्ष अन्तर है
C. लागतों में तुलनात्मक अन्तर है
D. लागतों में समान अन्तर है

53. निम्नलिखित में से कौन जैकब वाइनर के नाम से सम्बंधित है–
A. व्यापार की आय शर्तें
B. व्यापार की एकल साधन शर्तें
C. व्यापार की उपयोगिता शर्तें
D. व्यापार की शुद्ध लेन–देन शर्तें

54. कौन-सा अर्थशास्त्री तटकर संघ के विचार से नहीं जुड़ा है–
A. जैकब वाइनर   B. हैबरलर
C. बलासा   D. सैम्युलसन

55. एक देश का भुगतान संतुलन आलेख (Record) प्रस्तुत करता है उसके–
A. एक दी हुई अवधि के अन्तर्गत वस्तुओं का आयात व निर्यात
B. किसी निश्चित अवधि के अन्तर्गत वस्तुओं एवं सेवाओं का आयात व निर्यात
C. किसी निश्चित अवधि में अन्य देशों के साथ इसके समस्त आर्थिक लेन–देन
D. इनमें से कोई नहीं

56. WTO का मुख्यालय स्थित है–
A. वाशिंगटन में   B. जिनेवा में
C. न्यूयार्क में   D. लक्जमबर्ग में

57. IMF की स्थापना हुई थी–
A. 1951   B. 1947
C. 1944   D. 1945

58. निम्नलिखित में कौन–सा देश SAARC का सदस्य नहीं है–
A. भारत   B. बांग्लादेश
C. म्यांमार   D. पाकिस्तान

59. चाय भारत का परम्परागत निर्यात है। विदेशी बाजारों में इसकी मांग की आय लोच का मान है–
A. बहुत अधिक   B. ऋणात्मक
C. कम   D. अनन्त

60. अंतर्राष्ट्रीय व्यापार का **'बैक वाश इफेक्ट'** शब्दावली का सर्वप्रथम प्रयोग किसने किया था–
A. मिर्डल
B. सिंगर
C. प्रेबिश
D. भगवती

61. क्लासिकीय अंतर्राष्ट्रीय व्यापार सिद्धान्त के लिए निम्न में से कौन सत्य नहीं है–
A. लागतों को श्रम इकाइयों में नापा जाता है
B. उत्पादन परिवर्तनशील लागतों के अन्तर्गत होता है
C. उत्पादन के साधन देश में गतिशील हैं पर देशों के मध्य नहीं
D. परिवहन लागत शून्य है

62. प्रतिकूल भुगतान संतुलन को ठीक करने के लिए निम्न उपायों में से कौन-सा उपाय मौद्रिक नहीं है–
A. अपस्फीति
B. विनिमय नियंत्रण
C. अवमूल्यन
D. आयात–प्रतिबंध

63. अन्तर्राष्ट्रीय व्यापार के सिद्धान्त में अवसर लागत का उपयोग किया–
A. रिकार्डो ने
B. हैबरलर ने
C. ओहलिन ने
D. मीड ने

64. विश्व व्यापार संगठन–
A. IMF का अंग है
B. UNO का अंग है
C. एक अमेरिकी व्यापार संगठन है
D. GATT सदस्यों द्वारा स्थापित एक अंतर्राष्ट्रीय व्यापार संगठन है।

65. रिकार्डो द्वारा अपनायी गयी निम्न मान्यताओं में से हैबरलर ने कौन-सी मान्यता छोड़ दी है–
A. दो देश और दो वस्तुएं हैं
B. दोनों वस्तुओं की उत्पादन लागतें श्रम की इकाइयों में परिकल्पित की जाती हैं
C. परिवहन व्यय नहीं होता
D. दोनों देशों में वस्तुओं और साधनों के बाजारों में पूर्ण स्पर्धा पायी जाती है

66. IMF की स्थापना प्रत्यक्ष परिणाम था–
A. व्यापार और प्रशुल्क से सम्बंधित सामान्य समझौते का
B. स्मिथ सोनियन समझौते का
C. यूरोपीय मौद्रिक समझौते का
D. ब्रिटन वुड्स सम्मेलन का

67. अन्तर्राष्ट्रीय व्यापार में प्रस्ताव वक्र का सम्बंध है–
A. लर्नर–मार्शल से
B. मार्शल–पैरेटो से
C. एजवर्थ–मार्शल से
D. एजवर्थ–पैरेटो से

68. 'अन्तर्राष्ट्रीय व्यापार अब विकास का इंजन नहीं रहा है' इस विचार को प्रस्तुत किया–
A. मार्शल ने
B. नर्क्स ने
C. वाइनर ने
D. हैबरलर ने

69. आय में परिवर्तन और निर्यात में परिवर्तन के अनुपात को कहते हैं–
A. विदेशी व्यापार गुणक
B. पूंजी गुणक
C. व्यापार की आय आधारित शर्तें
D. अर्थव्यवस्था में खुलेपन की माप

70. व्यापार का अवसर लागत का सिद्धान्त–
A. व्यापार के तुलनात्मक लागत सिद्धान्त के पक्ष में है
B. व्यापार के तुलनात्मक लागत सिद्धान्त की काट है
C. लगान अर्जक आर्थिक गतिविधि की व्याख्या है
D. इनमें से कोई नहीं

71. निर्यात की किसी मात्रा के बदले में आयात की जाने वाली अधिकतम मात्रा को प्रदर्शित करने वाला वक्र है–
A. पूर्ति वक्र
B. मांग वक्र
C. उपभोग वक्र
D. प्रस्ताव वक्र

71. हैबरलर के अंतर्राष्ट्रीय व्यापार के सिद्धान्त में दोनों में से कोई भी देश पूर्ण विशिष्टीकरण नहीं करेगा यदि उत्पादन होता है–
A. बढ़ते प्रतिफल के नियम के अन्तर्गत
B. स्थिर प्रतिफल के नियम के अन्तर्गत
C. घटते प्रतिफल के नियम के अन्तर्गत
D. उपरोक्त सभी के अन्तर्गत

73. सहभागी देशों के मध्य आर्थिक सहयोग के निम्नलिखित स्वरूपों में कौन सबसे निर्बल स्वरूप है–
A. स्वतंत्र व्यापार क्षेत्र
B. आर्थिक संघ
C. सीमा संघ
D. साझा व्यापार

74. क्रय–शक्ति समता सिद्धान्त का प्रतिपादन किया–
A. रिकार्डो ने
B. मार्शल ने
C. कैसल ने
D. वाइनर ने

75. Trade indifference curve की संकल्पना के प्रस्तुतकर्त्ता हैं–
A. मीड   B. मार्शल
C. ओहलिन   D. बो–सोडर्स्टर्न

76. निम्न में से कौन–सा एक किसी देश की व्यापार–शर्तों (Terms of Trade) को प्रभावित करने वाला कारक नहीं है–
A. प्रशुल्क   B. अवमूल्यन
C. आर्थिक संवृद्धि   D. स्थिर विनिमय दर

77. सन्तापकारी संवृद्धि (Immiseriszing Growth) की संकल्पना के प्रतिपादक हैं–
A. जगदीश भगवती   B. जैकब वाइनर
C. पॉल सैम्युलसन   D. रॉल प्रेबिश

78. स्टॉप्लर–सैम्युलसन प्रमेय (Stopler-Samuelson Theorem) का सम्बंध है, प्रशुल्क के प्रभाव का–
A. आय वितरण पर   B. व्यापार शर्त पर
C. उपभोग पर   D. कीमतों पर

79. अन्तर्राष्ट्रीय व्यापार के आधुनिक सिद्धान्त (Modern theory) का श्रेय दिया जाता है–
A. ओहलिन को   B. रिकार्डो को
C. एजवर्थ को   D. वाइनर को

80. अन्तर्राष्ट्रीय व्यापार के प्रतिष्ठित सिद्धान्त के अनुसार दो देश व्यापार इसलिए करते हैं कि–
A. परिवहन लागत महत्त्वपूर्ण हो
B. समाज को श्रेष्ठ वस्तुएं उपभोग के लिए प्राप्त होती हों
C. देश प्रशुल्क लगाते हैं
D. उत्पादन की दशाएं भिन्न–भिन्न हैं

81. लाफ्टा (LAFTA) उदाहरण है–
A. आर्थिक संघ का   B. सीमा संघ का
C. मुक्त व्यापार क्षेत्र का   D. सीमा संघ का

82. निम्न में से कौन-सा एक भूमण्डलीकरण (Globalisation) उपाय नहीं है–
A. आयात शुल्क में कमी करना
B. आयात लाइसेंस को समाप्त करना
C. सार्वजनिक क्षेत्र की इक्विटी का विनिवेश
D. विदेशी प्रौद्योगिकी के मुक्त प्रवाह की अनुमति

83. निम्न में से किसे व्यापार की 'दृश्य मदों' (Visible items) में सम्मिलित किया जाता है–
A. जहाजरानी सेवाओं से आय
B. बीमा सेवाओं के लिए भुगतान
C. विदेश से निजी संप्रेषण
D. वस्तुओं के निर्यात से आय

84. निम्नलिखित में से कौन–सी एक अन्तर्राष्ट्रीय व्यापार के अवसर लागत सिद्धान्त की मान्यता नहीं है–
A. केवल दो देश और दो वस्तुएं हैं
B. परिवहन लागतें नहीं है
C. दोनों देशों में, दोनों वस्तुओं के उत्पादन में स्थिर प्रतिफल का नियम क्रियाशील है
D. दोनों देशों में वस्तु एवं साधन बाजारों में पूर्ण प्रतियोगिता है

85. कस्टम यूनियन द्वारा व्यापार सृजन एवं व्यापार विवर्तन प्रभावों से सम्बंधित नाम है–
A. ए॰ मार्शल   B. जे॰ वाइनर
C. जी॰ हैबलर   D. जी॰ मार्टिन

86. यदि किसी देश को अंतर्राष्ट्रीय व्यापार से लाभ प्राप्त हो तो उसका उपभोग–बिन्दु–
A. उत्पादन–संभावना सीमा पर होगा
B. उत्पादन–संभावना सीमा के अंदर होगा
C. उत्पादन–संभावना सीमा के ऊपर होगा
D. उपरोक्त में से कोई नहीं

87. जब किसी देश का प्रस्ताव–वक्र एक सीधी रेखा है तो तब वक्र की लोच होगी–
A. शून्य   B. इकाई
C. इकाई से कम   D. अनन्त

88. कौन-सा उपाय प्रतिकूल भुगतान संतुलन के नियंत्रण में सहायक नहीं है–
A. हीनार्थ प्रबन्धन
B. आयात नियंत्रण
C. निर्यात प्रोत्साहन
D. अवमूल्यन

89. रिकार्डो के तुलनात्मक लागत सिद्धान्त में किसने संशोधन किया–
A. कीन्स   B. ओहलिन
C. जी॰बी॰ से   D. सैम्युलसन

90. जब दो अथवा अधिक देशों के बीच व्यापार होता है, तब इसे कहते हैं–
A. राष्ट्रीय व्यापार   B. आन्तरिक व्यापार
C. स्थानीय व्यापार   D. अंतर्राष्ट्रीय व्यापार

91. "इंटर रीजनल एण्ड इंटरनेशनल ट्रेड" पुस्तक के लेखक हैं–
A. ओहलिन   B. हैक्सचर
C. रिकार्डो   D. गुन्नार मिर्डल

92. जब दो देशों में स्वर्ण मुद्रायें चलन में हैं तो उनके बीच विनिमय दर निर्धारण की प्रक्रिया को कहा जाता है–
A. टकसाली समता
B. क्रयशक्ति समता
C. तुलनात्मक लागतों का अंतर
D. स्वर्ण समता मान

93. WTO का गठन हुआ–
A. 1995   B. 1994
C. 1993   D. 1996

94. "अन्तर्राष्ट्रीय व्यापार निरपेक्ष लागत की धारणा पर आधारित है।" यह किसने कहा–
A. एडम स्मिथ   B. रिकार्डो
C. मिल   D. ओहलिन

95. एक राष्ट्र द्वारा आयात कर लगाने से देश में उपभोक्ता की बचत होती है–
A. वृद्धि   B. गिरावट
C. अपरिवर्तन   D. इनमें से कोई नहीं

96. अवमूल्यन निम्न स्थिति लाती है–
A. घरेलू कीमतों का गिरना
B. घरेलू कीमतों का बढ़ना
C. घरेलू कीमतों का अपरिवर्तित रहना
D. इनमें से कोई नहीं

97. एडम स्मिथ पक्षधर थे–
A. संरक्षण नीति के
B. स्वतंत्र व्यापार के
C. आत्म–निर्भरता की नीति के
D. अन्तर्राष्ट्रीय कल्याण नीति के

98. अन्तर्राष्ट्रीय व्यापार के लाभ सम्मिलित राष्ट्रों में बांटे जाते हैं–
A. बराबर
B. निर्यात के अनुसार

C. विलोम मांग एवं पूर्ति के अनुसार
D. इनमें से कोई नहीं

99. अवमूल्यन किया जाता है–
A. घरेलू मुद्रा को विदेशी मुद्राओं से श्रेष्ठ बनाने के लिए
B. निर्यात बढ़ाने के लिए
C. दबाव के कारण
D. विदेशी ऋण का बोझ घटाने के लिए

100. हैक्शचर–ओहलिन मॉडल के अनुसार अन्तर्राष्ट्रीय व्यापार का आधार क्या है–
A. उत्पादन–कारकों की उपलब्धता
B. तकनीकी
C. रूचियां
D. मांग की दशा

101. 3 डॉलर = 1 पौंड से 2 डॉलर = 1 पौंड के परिवर्तन का अर्थ है–
A. डॉलर के मूल्य में कमी
B. डॉलर के मूल्य में वृद्धि
C. पौंड के मूल्य में वृद्धि
D. इनमें से कोई नहीं

102. व्यापार और विनिमय नियंत्रणों से अभिप्राय है–
A. तटकर
B. अभ्यंश
C. अन्तर्राष्ट्रीय पूंजी के आवागमन पर प्रतिबंध
D. उपरोक्त सभी

103. हैक्सचर एवं ओहलिन के अनुसार दो व्यापारी देशों के बीच वस्तुओं की कीमतों में तुलनात्मक अन्तर का सबसे अधिक महत्त्वपूर्ण कारण है निम्नलिखित में अन्तर–
A. साधन उपलब्धता   B. तकनीकी
C. रूचि एवं आदतें   D. मौसम की दशाएं

104. एक राष्ट्र का प्रस्ताव वक्र (Offer Curve) उस अक्ष की ओर झुकता है जो मापती है–
A. निर्यात वस्तु
B. आयात वस्तु
C. निर्यात एवं आयात वस्तुएं
D. अ–व्यापारी वस्तुएं

105. अन्तर्राष्ट्रीय व्यापार में **'Hedging'** का अर्थ है–
A. विदेशी विनिमय जोखिम उठाना
B. विदेशी विनिमय सट्टेबाजी

C. विदेशी विनिमय आर्बिट्रेशन
D. विदेशी विनिमय जोखिम से बचाव करना

106. Autarky वह स्थिति है जिसमें—
A. मित्र राष्ट्रों के बीच व्यापार होता है
B. राष्ट्रों के बीच कोई व्यापार नहीं होता है
C. पड़ोसी राष्ट्रों के बीच व्यापार होता है
D. व्यापार से कोई लाभ नहीं होता है

107. ब्रिटन–वुड्स पद्धति के टूटने का मुख्य कारण था—
A. तरलता समस्या   B. समायोजन समस्या
C. अविश्वास समस्या   D. ये समस्त समस्याएं

108. श्रम मूल्य सिद्धान्त आधार है–
A. एडम स्मिथ के लागतों का निरपेक्ष लाभ सिद्धान्त का
B. जे०एस०मिल की पारस्परिक मांग सिद्धान्त का
C. डेविड रिकार्डो के तुलनात्मक लाभ सिद्धान्त का
D. इनमें से कोई नहीं

109. कोई देश अपनी मुद्रा का अवमूल्यन कर सकता है जब—
A. निर्यात की लोच + आयात की लोच = 0
B. निर्यात की लोच + आयात की लोच < 1
C. निर्यात की लोच + आयात की लोच > 1
D. निर्यात क लोच + आयात की लोच = 1

110. यदि e विदेशी देश के प्रस्ताव वक्र की लोच हो तथा t अनुकूलतम प्रशुल्क हो तो अनुकूलतम प्रशुल्क का सूत्र होगा—

A. $t = \dfrac{e-1}{e}$ B. $t = \dfrac{1}{e}$

C. $t = \dfrac{1}{e+1}$ D. $t = \dfrac{1}{e-1}$

111. यदि किसी देश की व्यापार–शर्तें 3 हैं तो उसके व्यापार के सहभागी की व्यापार–शर्तें हैं—
A. 3   B. 1/3
C. 1   D. 9

112. हैक्शचर–ओहलिन सिद्धान्त के अनुसार, व्यापार के परिणाम स्वरूप, देशों के मध्य साधन कीमत अंतर—
A. बढ़ता है   B. घटता है
C. अपरिवर्तित रहता है   D. घटता या बढ़ता है

113. यदि आयातों की मांग की लोच इकाई से कम है तो—
A. निर्यातों का मूल्य बढ़ेगा
B. आयातों का मूल्य बढ़ेगा
C. आयातों का मूल्य स्थिर रहेगा
D. कुछ भी नहीं होगा

114. भुगतान शेष असन्तुलन में समायोजन निम्न में परिवर्तनों के कारण लाया जा सकता है–
A. आन्तरिक कीमतें   B. बाहरी कीमतें
C. आय   D. उपरोक्त सभी

115. भुगतान–संतुलन का आधिक्य कारण बन सकता है–
A. मुद्रा पूर्ति में कमी का
B. रोजगार व मुद्रा की मात्रा में वृद्धि का
C. रोजगार के कम होने व मुद्रा के बढ़ने का
D. रोजगार व मुद्रा पूर्ति के घटने का

116. दो देश अन्तर्राष्ट्रीय व्यापार तब करेंगे जबकि—
A. दोनों देशों की "घरेलू विनिमय अनुपात" अलग हों
B. छोटे देश का घरेलू विनिमय अनुपात बड़े देश के घरेलू विनिमय अनुपात से ज्यादा हो
C. दोनों देश अन्तर्राष्ट्रीय लाभों को बराबरी से बांटे
D. दोनों देशों की तटकर दरें बराबर हों

117. प्रतिकूल भुगतान संतुलन को दीर्घकाल में ठीक करने का उपाय है—
A. जनसंख्या को कम करना
B. जनसंख्या वृद्धि दर को कम करना
C. सस्ती व अच्छी किस्म की वस्तुओं का अधिक उत्पादन
D. विदेशी मुद्राओं की तुलना में अपनी मुद्रा का अवमूल्यन करें

118. किसी देश को निम्नलिखित में से किस परिस्थिति में सस्ती मुद्रा नीति का अनुसरण करना चाहिए—
A. जब भुगतान शेष प्रतिकूल हो
B. जब कीमतें बढ़ रही हों
C. जब स्वर्ण के देश से बाहर जाने की आशंका हो
D. जब रोजगार का स्तर नीचा हो

119. अदृश्य मदों के व्यापार से अभिप्राय है—
A. वह व्यापार जो अभिलिखित नहीं है
B. तस्करी
C. सैनिक वस्तुओं का व्यापार
D. सेवाओं का व्यापार

120. कौन-सी संस्था ''सुलभ कर्ज पटल'' (soft loan window) से कर्ज प्रदान करती है–
A. अंतर्राष्ट्रीय वित्त निगम
B. अंतर्राष्ट्रीय मुद्रा निधि
C. IBRD
D. अन्तर्राष्ट्रीय विकास अभिकरण (IDA)

121. व्यापार–सृजन प्रभाव की गुंजाइश सर्वाधिक तब होती है जब सीमाशुल्क संघ बनाने वाले देशों की उत्पादन संरचनाएं–
A. मुख्यतया पूरक होती है
B. मुख्यतया प्रतियोगी होती है
C. पूरक भी होती हैं और प्रतियोगी भी
D. एक–दूसरे को प्रतिबिम्बित करती है

122. अंतर्राष्ट्रीय व्यापार तथा श्रम के विभाजन की गुंजाइश मर्यादित है–
A. प्रौद्योगिकी की उपलब्धता से
B. अंतर्राष्ट्रीय बाजार के आकार से
C. पूंजी की उपलब्धता से
D. निर्यातों के लिए देशी उत्पादन से

123. जो टैरिफ देश के आर्थिक कल्याण का अधिकतमीकरण करता है, उसे कहते हैं–
A. संरक्षणात्मक टैरिफ   B. भेदमूलक टैरिफ
C. अ–भेदमूलक टैरिफ   D. इष्टतम टैरिफ

124. जहां विदेशी प्रस्ताव वक्र की लोच एक के बराबर है, वहां इष्टतम टैरिफ होगा–
A. अनंत   B. एक
C. एक से कम   D. शून्य

125. तुलनात्मक लाभ के रिकार्डो के सिद्धान्त का ताल्लुक है–
A. अल्पावधि परिणाम से B. दीर्घावधि परिणाम से
C. मध्यावधि परिणाम से D. उपरोक्त सभी से

126. अन्तर्राष्ट्रीय व्यापार के हैक्शचर–ओहलिन प्रमेय की पूर्वधारणाओं में निम्नलिखित में से कौन–सी पूर्णधारणा सबसे महत्त्वपूर्ण है–
A. द्वि–कारक मॉडल   B. दो वस्तुएं
C. कोई टैरिफ नहीं   D. स्थिर रुचियां

127. देश का भुगतान–शेष संतुलन की अवस्था में होता है जब–

A. घरेलू मुद्रा की मांग उसकी आपूर्ति के बराबर होती है
B. घरेलू मुद्रा की मांग अधिकतम होती है
C. घरेलू मुद्रा की मांग न्यूनतम होती है
D. घरेलू मुद्रा की मांग और साथ ही उसकी आपूर्ति अधिकतम होती है।

128. डूसेनबरी का मत था कि कम विकसित देशों को निम्नलिखित कारण से अपने भुगतान–शेष पर गंभीर एवं प्रतिकूल प्रभाव का सामना करना होगा–
A. बैकवाश प्रभाव   B. स्प्रैड प्रभाव
C. प्रदर्शन प्रभाव   D. गुणक प्रभाव

129. मुक्त व्यापार का एक लाभ है आय के वितरण में सुधार लाना। इस प्रकार मुक्त व्यापार के फलस्वरूप आय का कुछ पुनर्वितरण होता है–
A. गरीबों की आय में वृद्धि होने से
B. अमीरों की आय में कमी होने से
C. दुर्लभ–साधन की कीमत में कमी और सुलभ–साधन की कीमत में वृद्धि होने से
D. इनमें से कोई नहीं

130. पूंजी की कीमत और श्रम की कीमत को क्रमश: P_K एवं P_L द्वारा तथा देशों को A और B द्वारा निरूपित किया गया है। यदि $\left(\dfrac{P_K}{P_L}\right)_A > \left(\dfrac{P_K}{P_L}\right)_B$ हो तो–
A. देश B तुलनात्मक रूप से श्रम बहुल है
B. देश A तुलनात्मक रूप से श्रम बहुल है
C. देश A तुलनात्मक रूप से पूंजी बहुल है
D. तुलनात्मक साधन बहुलता अनिर्धारणीय है

131. मुद्रा अवमूल्यन के परिणाम स्वरूप एक देश की व्यापार स्थिति में सुधार होगा यदि (जहां S_x = निर्यात पूर्ति की लोच, S_M = आयात पूर्ति की लोच, D_x = निर्यात मांग की लोच, D_M = आयात मांग की लोच)
A. $S_x S_m > D_x D_M$
B. $D_x D_M > S_x S_M$
C. $D_x D_M = S_x \cdot S_M$
D. $S_x . D_M = S_M . D_x$

132. प्रदर्शन प्रभाव का अर्थ है–
A. विज्ञापन का प्रभाव

B. उपभोग का अनुकरण प्रभाव

C. मनोरंजन का प्रभाव

D. इनमें से कोई नहीं

133. शिशु उद्योग तर्क का पक्ष समर्थन बहुधा किया जाता है–

A. कीमत–विभेद के संदर्भ में

B. उत्पाद–विविधीकरण के संदर्भ में

C. संरक्षण के संदर्भ में

D. संसाधन संग्रहण के सदर्भ में

134. प्रशुल्क का संप्राप्ति पर कोई प्रभाव नही होगा यदि लगाया गया शुल्क है–

A. 50%
B. 100%
C. अनिषेधात्मक
D. निषेधात्मक

135. Dumping का लक्ष्य होता है कि किसी बाहर देश में–

A. उच्च कीमत वाली वस्तुओं की बाढ़ ला दें

B. निम्न कीमत वाली वस्तुओं की बाढ़ ला दें

C. समान कीमत वाली वस्तुओं की बाढ़ ला दें

D. घटती–बढ़ती कीमतों वाली वस्तुओं की बाढ़ ला दें

136. निम्नलिखित में से कौन–सा एक विदेशी प्रत्यक्ष निवेश की प्रमुख विशेषता है–

A. यह अऋण सृजनकारी पूंजी प्रवाह है

B. यह स्टॉक बाजार में पोर्टफोलियो निवेश है

C. यह वह निवेश है जिसमें ऋण–सेवा शामिल है

D. इनमें से कोई नहीं

137. एक अनुकूलतम प्रशुल्क (Optimum Tariff)–

A. व्यापार की शर्तों में सुधार करता है

B. व्यापार की शर्तों को स्थिर रखता है

C. व्यापार की शर्तों को न्यून करता है

D. देश के कल्याण स्तर को घटाता है

138. हैक्शचर–ओहलिन को व्यापार के सिद्धान्तों को वैध होने के लिए दोनों देशों की सापेक्ष साधन–निधि होनी चाहिए–

A. परस्पर निकट
B. यथासंभव दूर–दूर
C. समरूप
D. बिना किसी सम्बंध के

139. यदि निर्यात के लिए मांग की कीमत लोच शून्य है, तो स्थानीय मुद्रा में निर्यात–

A. अवमूल्यन के बाद वैसा ही होगा

B. अवमूल्यन के बाद कम होगा

C. अवमूल्यन के बाद पर्याप्त रूप से बढ़ेगा

D. अवमूल्यन के बाद आंशिक रूप से बढ़ेगा

140. सीमा शुल्क संघ (Custom Unions) से हमेशा होता है–

A. केवल व्यापार अपसार (Trade Diversion)

B. केवल व्यापार निर्माण (Trade Creation)

C. व्यापार अपसार और व्यापार निर्माण दोनों

D. इनमें से कोई नहीं

141. श्रम–आधिक्य अर्थव्यवस्था में एक आयात प्रशुल्क आय का वितरण करता है–

A. भू-स्वामियों के पक्ष में

B. श्रम जीवियों के पक्ष में

C. पूंजी और कौशलों (Skills) के स्वामियों के पक्ष में

D. सरकार के पक्ष में

142. Commodity terms of trade का सूत्र है–

A. $\dfrac{Px_1}{Px_0} \Big/ \dfrac{Pm_1}{Pm_0} \times 100$ B. $\dfrac{Px_1}{Pm_1} \times 100$

C. $\dfrac{Pm_1}{Px_1} \times 100$ D. इनमें से कोई नहीं

143. Gross Barter Terms of Trade का नाम जुड़ा हुआ है–

A. टॉसिंग
B. वाइनर
C. मील
D. रिकार्डो

144. 'व्यापार की आय शर्तें' सिद्धान्त प्रस्तुत की–

A. डोरेन्स
B. टॉसिंग
C. वाइनर
D. भगवती

145. शिशु उद्योग तर्क (Infant industry argument) सर्वप्रथम प्रस्तुत किया–

A. अलेक्जेण्डर हैमिल्टन B. वाइनर
C. मिल
D. एडम स्मिथ

146. स्टोप्लर–सैम्युल्सन सिद्धान्त सम्बंधित है–

A. आय–वितरण पर प्रशुल्क के प्रभाव से

B. व्यापार शर्त से

C. निरपेक्ष लाभ से

D. इनमें से कोई नहीं

147. स्टोप्लर–सैम्युलसन सिद्धान्त के अनुसार प्रशुल्क लगाने से राष्ट्रीय आय–

A. गिरती है
B. बढ़ती है
C. अपरिवर्तित रहती है D. इनमें से कोई नहीं

148. अवमूल्यन का व्यापार शर्त पर प्रभाव निर्भर करता है–
A. आयातों और निर्यातों की मांग लोच पर
B. आयातों और निर्यातों की पूर्ति लोच पर
C. (A) और (B) दोनों पर
D. इनमें से कोई नहीं

149. एशियाई विकास बैंक की स्थापना कब हुई थी–
A. 1966　　　B. 1964
C. 1963　　　D. 1962

150. एशियाई विकास बैंक का मुख्यालय है–
A. मनीला में
B. जेनेवा में
C. दिल्ली में
D. टोकियो में

151. यदि निर्यातों तथा आयातों की लोच का योग इकाई से कम हो तो किसी भी प्रकार का अवमूल्यन BOP के घाटे को और बढ़ा देगा। यह विचार किसने व्यक्त किया–
A. मार्शल तथा लर्नर
B. हैराड तथा डोमर
C. सोलो तथा स्वान
D. हिक्शचर तथा ओहलिन

29. निम्नलिखित में से कौन–सा एक प्रशुल्केतर अवरोधक (Non-tariff barrer) नहीं है?
A. स्वैच्छिक निर्यात नियंत्रण
B. स्वास्थय एवं उत्पाद मानक
C. पर्यावरणीय संरक्षण नियम
D. मूल्यानुसार शुल्क (Ad-valorem duties)

153. संयुक्त राष्ट्र व्यापार और विकास सम्मेलन (UNCTAD) की स्थापना कब हुई थी–
A. 1964　　　B. 1965

C. 1966　　　**D.** 1967

154. UNCTAD का मुख्यालय कहां है–
A. जेनेवा　　　B. पेरिस
C. लंदन　　　D. लाहौर

155. UNCTAD सम्बंधित है–
A. विकसित देशों की समस्या से
B. विकासशील देशों की समस्या से
C. (A) और (B) दोनों से
D. इनमें से कोई नहीं

156. Most Favoured Nation Clause का उद्देश्य है–
A. विभिन्न देशों के मध्य व्यापार संबंधी भेदभाव को मिटाना
B. विभिन्न देशों के मध्य व्यापार सम्बंधी पक्षपात को उभारना
C. किसी राष्ट्र का पक्ष लेना
D. इनमें से कोई नहीं

157. विश्व बैंक ग्रुप की बहुपक्षीय निवेश गारंटी एजेंसी (MIGA) की स्थापना हुई–
A. 1988　　　B. 1989
C. 1990　　　D. 1991

158. अन्तर्राष्ट्रीय वित्त निगम की स्थापना हुई थी–
A. 1956　　　B. 1957
C. 1958　　　D. 1959

159. अन्तर्राष्ट्रीय विकास परिषद् (IDA) की स्थापना हुई थी–
A. 1960　　　B. 1961
C. 1962　　　D. 1963

160. भारत विश्व बैंक का सदस्य कब बना–
A. 1945　　　B. 1944
C. 1943　　　D. 1942

उत्तरमाला

1	2	3	4	5	6	7	8	9	10
A	D	B	D	B	A	D	D	A	A
11	12	13	14	15	16	17	18	19	20
A	A	D	B	D	B	B	B	A	B
21	22	23	24	25	26	27	28	29	30
B	C	B	D	A	A	C	D	D	C
31	32	33	34	35	36	37	38	39	40
D	D	D	A	C	C	B	A	B	C

41	42	43	44	45	46	47	48	49	50
B	A	B	C	B	A	B	A	D	C
51	52	53	54	55	56	57	58	59	60
D	C	B	B	C	B	C	C	A	A
61	62	63	64	65	66	67	68	69	70
B	D	B	D	B	D	C	C	A	A
71	72	73	74	75	76	77	78	79	80
D	C	A	C	A	C	A	A	A	D
81	82	83	84	85	86	87	88	89	90
C	C	D	C	B	C	D	A	B	D
91	92	93	94	95	96	97	98	99	100
A	A	A	A	B	C	B	C	B	A
101	102	103	104	105	106	107	108	109	110
B	D	A	B	D	B	D	C	C	D
111	112	113	114	115	116	117	118	119	120
B	B	B	D	B	A	B	C	D	D
121	122	123	124	125	126	127	128	129	130
A	B	D	A	B	A	A	C	C	A
131	132	133	134	135	136	137	138	139	140
B	B	C	D	B	A	A	B	A	C
141	142	143	144	145	146	147	148	149	150
C	A	A	A	A	A	A	C	A	A
151	152	153	154	155	156	157	158	159	160
A	D	A	A	B	A	A	A	A	A

सांख्यिकीय (Statistics)

1. निम्न में से कौन–सी यादृच्छिक प्रतिचयन विधि है–
   A. ऐच्छिक प्रतिचयन
   B. नियम मात्रात्मक प्रतिचयन
   C. क्रमबद्ध प्रतिचयन
   D. इनमें से कोई नहीं

2. एक अन्यत्रवासी 10 मील चलता है, प्रथम दिन 60 किमी०/घंटा की चाल से, दूसरे दिन 15 किमी०/घंटा की चाल से तथा तीसरे दिन 10 किमी०/घंटा की चाल से, अन्यत्रवासी की माध्य चाल है–
   A. 16.32   B. 42.50
   C. 36.35   D. 22.10

3. 20 प्रेक्षणों के उनके माध्य से विचलन के वर्गों का योग 720 है तथा माध्य 60 है। विचलन गुणांक होगा–
   A. 5%   B. 10%
   C. 15%   D. 20%

4. दो श्रेणियों X तथा Y के मध्य सह–सम्बंध गुणांक 0.80 पाया जाता है। यदि X तथा Y के सभी मान 50% से कम कर दिए जाएं तो सह–सम्बंध गुणांक होगा–
   A. 0.80   B. 0.40
   C. 0.60   D. 0.20

5. एक अच्छी तरह फेंटे हुए ताशों की गड्डी में से एक हुकुम का पत्ता निकलने की प्रायिकता है–
   A. 1/52   B. 4/52
   C. 1/4   D. 2/3

6. एक पायसन वितरण जिसमें $n = 200, P = 0.02$ तो माध्य है–
   A. 20   B. 40
   C. 4   D. 10

7. एक प्रसामान्य वक्र में $\overline{X} \pm 2.54\,\sigma$ के अन्तर्गत कुल क्षेत्रफल का भाग है–
   A. 85%   B. 95%
   C. 99%   D. 90%

8. यदि A तथा B आश्रित घटनाएं हैं, तब–
   A. $P(A/B) = \dfrac{P(A) \cdot P(B/A)}{P(A)}$
   B. $P(A/B) = P(A) \cdot P(B/A)$
   C. $P(A/B) = P(B) \cdot P(A/B)$
   D. $P(A/B) = P(A) \cdot P(B/A) / P(B)$

9. फिशर का सूचकांक–
   A. लैस्पेयर के सूचकांक (L) एवं पाश्चे सूचकांक (P) के बीच स्थित होता है
   B. L तथा P का अंकगणितीय माध्य है
   C. L तथा P का ज्यामितीय माध्य है
   D. L या P के बराबर है, यदि L = P

10. निम्न सूचकांको में से कौन-सा एक कालोत्क्रमण (time) और उपादान (Factor) परीक्षणों दोनों को संतुष्ट करता है–
    A. लैस्पेयर सूचकांक   B. फिशर सूचकांक
    C. पाश्चे सूचकांक   D. केली सूचकांक

11. निम्नलिखित आंकड़े– 1, 2, 3, 4 और 100 दिए हुए हैं, तो सबसे अच्छा केन्द्रीय प्रवृति मापक है–
    A. अंकगणितीय माध्य   B. माध्यिका
    C. बहुलक   D. ज्यामितीय माध्य

12. यदि एक दिए हुए आंकड़ों के लिए बहुलक 5, माध्यिका 15 तथा माध्य 20 है, तो इसका अर्थ है प्रतिदर्श (Sample) आंकड़े–
    A. दाहिनी ओर विषम है
    B. बायीं ओर विषम है
    C. सममित है
    D. न सममित है न विषम है

13. संचयी बारम्बारता रेखाचित्र से निम्नलिखित में से किस एक प्रकार का औसत आकलित किया जा सकता है–
    A. ज्यामितीय माध्य   B. हरात्मक माध्य
    C. माध्यिका   D. बहुलक

14. यदि A और B परस्पर अपवर्जी घटनाएं (Mutually Exclusive Events) हैं, तब—
   A. $P(AB) = 0$
   B. $P(AB) = P(A) + P(B)$
   C. $P(AB) = \dfrac{1}{P(A/B)}$
   D. $P(AB) = \dfrac{1}{P(B/A)}$

15. यदि दो चरों के बीच सह–सम्बंध गुणांक r हो, तो—
   A. $0 \le r \le 1$ B. $-1 \le r \le 0$
   C. $-1 \le r \le 1$ D. $1 \le r \le 2$

16. केन्द्रीय सांख्यिकीय संगठन (CSO) का स्थापना वर्ष है—
   A. 1947   B. 1950
   C. 1951   D. 1961

17. प्रतीपगमन विश्लेषण में कौन–सा कथन सत्य है—
   A. यह कारणात्मक सम्बंध प्रतिपादित करती है परन्तु उसे सिद्ध नहीं करती
   B. यह कारणात्मक सम्बंध प्रतिपादित करती है तथा उसे सिद्ध भी करती है
   C. यह केवल सम्बंध को प्रतिपादित करती है
   D. इनमें से कोई नहीं

18. किस परीक्षण में, निरन्तरता के लिए येट्स (Yates) सुधार प्रयुक्त होता है—
   A. Z – परीक्षण   B. F – परीक्षण
   C. x^2 – परीक्षण   D. t – परीक्षण

19. अच्छी तरह फेंटी हुई ताश की एक गड्डी में से एक पत्ता खींचने पर वह पान या चिड़ी का होगा, इसकी प्रायिकता है—
   A. 1/52   B. 2/52
   C. 1/2   D. 4/52

20. मानक प्रसामान्य वितरण वह प्रसामान्य वितरण है, जिसका—
   A. $\alpha = 0,\ \sigma^2 = 1$
   B. $\alpha = 1,\ \sigma^2 = 0$
   C. $\alpha = 1,\ \sigma^2 = 1$
   D. $\alpha = 0,\ \sigma^2 = 0$
   जहां α = माध्य, σ = प्रमाप विचलन

21. मार्शल तथा एजवर्थ सूचकांक किसके बीच में रहता है—
   A. लासपियर्स तथा पॉशे के
   B. लासपियर्स तथा फिशर के
   C. पॉशे तथा फिशर के
   D. कीमत तथा मात्रा सापेक्ष के

22. एक आकलन निष्पक्ष कहा जाता है यदि उसका सम्भावित मान—
   A. सदृश समष्टि प्राचल के बराबर है
   B. सदृश समष्टि प्राचल से अधिक है
   C. सदृश समष्टि प्राचल से कम है
   D. शून्य है

23. संख्याओं के एक समूह के GM का लघुगणक बराबर होता है—
   A. संख्याओं के लघुगणक के AM के बराबर
   B. संख्याओं के लघुगणक के HM के बराबर
   C. संख्याओं के AM तथा HM के गुणनफल के बराबर
   D. संख्याओं के AM तथा HM के गुणनफल के लघुगणक के बराबर

24. एक द्विपद वितरण में यदि p का मान 0.50 से कम है तो वितरण—
   A. सममित है
   B. दायीं ओर को विषम है
   C. बायीं ओर को विषम है
   D. दायीं या बायीं ओर को विषम हो सकता है

25. दो चरों X तथा Y के मध्य प्रतीपगमन गुणांक है—
   A. मूल (origin) से स्वतंत्र लेकिन माप (Scale) से नहीं
   B. मूल तथा माप दोनों से स्वतंत्र
   C. मूल पर निर्भर लेकिन माप पर नहीं
   D. मूल तथा माप दोनों पर निर्भर

26. यदि एक वितरण में मोड > माध्यिका > माध्य है, तो वितरण निम्न में से क्या है—
   A. सामान्य   B. सकारात्मक विषम
   C. नकारात्मक विषम   D. इनमें से कोई नहीं

27. पायसन वितरण के विषय में निम्न में से कौन–सा तथ्य सही नहीं है—
   A. विविक्ता प्रायिकता वितरण
   B. सफलता की प्रायिकता बहुत धीमी है
   C. घटनाओं के घटित होने में टाइम लैग नहीं है
   D. असफलता की प्रायिकता बहुत धीमी है

28. यदि X पर Y और Y पर X का समाश्रयण है—
$$Y - 0.80X = 0.20$$

$$X - 0.20Y = 0.60$$

तो सह–सम्बंध (r) का गुणांक होगा–

A. 0.40   B. 0.20

C. 0.80   D. 1.00

29. विचरण गुणांक और माध्य के गुणनफल का वर्ग किसके बराबर है–

A. मानक विचलन

B. σ^2

C. माध्य से माध्य विचलन

D. मोड

30. 2, 3, 6 अंकों का हरात्मक माध्य निम्न में से किसके बराबर है–

A. 3   B. 6

C. 2   D. 5

31. यदि X और Y के बीच सह–प्रसरण शून्य के बराबर है तो X और Y हैं–

A. अत्यन्त सकारात्मक सह–सम्बंध

B. अत्यन्त नकारात्मक सह–सम्बंध

C. स्वतंत्र

D. इनमें से कोई नहीं

32. पाश्चे का सूचकांक किसका समाधान करता है–

A. समय विपर्यास और कारक विपर्यास परीक्षण दोनों का

B. केवल समय विपर्यास परीक्षण का

C. केवल कारक विपर्यास परीक्षण का

D. न समय विपर्यास और न कारक विपर्यास का

33. शून्य परिकल्पना को स्वीकार करने पर जबकि वैकल्पिक परिकल्पना सत्य है का परिणाम होगा–

A. II प्रकार की त्रुटि

B. I प्रकार की त्रुटि

C. प्रमाप त्रुटि

D. I तथा II दोनों प्रकार की त्रुटियां

34. X तथा Y चारों के मध्य सह–प्रसरण को इस प्रकार भी निरूपित किया जा सकता है–

A. $E\{[X - E(X)][Y - E(Y)]\}$

B. $E\{[X + E(X)][Y - E(Y)]\}$

C. $E\{[X - E(X)][Y + E(Y)]\}$

D. $E\{[X + E(X)][Y + E(Y)]\}$

35. यदि दो में से एक घटना का उपस्थित होना दूसरी घटना को वर्जित करता है तब प्रायिकता के सिद्धान्त के अन्तर्गत यह कहा जाएगा कि दोनों घटनाएं–

A. आश्रित घटनाएं हैं

B. स्वतंत्र घटनाएं हैं

C. परस्पर व्यावर्तक घटनाएं हैं

D. परस्पर व्यावर्तक नहीं हैं

36. एक द्विपद आवंटन में $p = 0.80$ तथा $n = 50$ दिया हुआ है तो प्रमाप विचलन का मान होगा–

A. 0.80   B. 0.50

C. 0.20   D. 4.00

37. यदि लॉस पियर्स तथा पाश्चे के सूचकांक के मान समान हैं तो फिशर के सूचकांक का मान होगा–

A. शून्य   B. समान

C. इकाई   D. इनमें से कोई नहीं

38. प्रथम n प्राकृतिक संख्याओं का समानान्तर माध्य है–

A. $\dfrac{n(n+1)}{2}$ B. $\dfrac{n+1}{2}$

C. $\dfrac{n(n-1)}{2}$ D. $\dfrac{n}{2}$

39. यदि माध्य 50 से प्राप्त 10 प्रेक्षणों के विचलनों के वर्गों का योग 250 है, विचरणों का गुणांक किसके समान है–

A. 10%   B. 5%

C. 15%   D. 20%

40. यदि X और Y के बीच सह प्रसरण 5 है और X तथा Y के प्रसरण क्रमशः 20 और 5 हैं, सह–सम्बंध का गुणांक है–

A. 0.05   B. 0.25

C. 0.4   D. 0.5

41. यदि सह–सम्बंध गुणांक $r = \pm 1$ है तो दो समाश्रयण रेखांए–

A. एक–दूसरे के अभिलंब है

B. अनुरूप है

C. एक–दूसरे के समानान्तर है

D. इनमें से कोई नहीं

42. यदि एक द्विपद बंटन के माध्य और प्रसरण क्रमशः 42 और 14 है तो P का मूल्य होगा–

A. 1/3   B. 2/3

C. 1/9   D. 4/9

43. एक सिक्के को चार बार उछाला जाता है, सभी चारों हैड्स होने की प्रसंभाव्यता है–

A. 1/16   B. 1/2
C. 1/4   D. 1/8

44. कार्ल–पीयर्सन का सह–सम्बंध गुणांक स्वतंत्र है–
A. सिर्फ पैमाने से
B. सिर्फ मूल (origin) से
C. पैमाने और मूल दोनों से
D. इनमें से कोई नहीं

45. यदि एक बाइवैरिएट डिस्ट्रीब्यूशन में एक रिग्रेशन कोएफिशिएन्ट इकाई से अधिक है तो दूसरा कितना होगा–
A. इकाई से कम   B. इकाई से ज्यादा
C. इकाई के बराबर   D. शून्य

46. किस टेस्ट को फिशर का सूचकांक सेटिस्फाइड नहीं करता है–
A. यूनिट टेस्ट   B. टाइम रिवर्सल टेस्ट
C. फैक्टर रिवर्सल टेस्ट   D. सुर्कुलर टेस्ट

47. एक बायनामिनल डिस्ट्रीब्यूशन का स्टैन्डर्ड डेविएशन क्या है–
A. np B. npq
C. $\sqrt{npq}$ D. $1/np$

48. एक नार्मल डिस्ट्रीब्यूशन के लिए–
A. मीन = मीडियन = मोड
B. मीन > मीडियन > मोड
C. मीन < मीडियन < मोड
D. मीन < मोड < मिडियन

49. एक पैक ऑफ कार्ड से एक ड्रा में किंग को पाने में प्रोबेबिलिटी कितनी है–
A. 1/4   B. 1/13
C. 4/13   D. 1/52

50. पर्यवेक्षणों के अपने समानान्तर माध्य से विचलनों का योग सदैव होता है–
A. धनात्मक   B. ऋणात्मक
C. शून्य   D. इनमें से कोई नहीं

51. दो पूर्ण पासे एक साथ फेंके गए हैं। यह प्रसंभाव्यता कि योग 7 आता है किसके समान है–
A. 3/36   B. 6/36
C. 6/12   D. 3/12

52. कार्ल पियर्सन का X और Y दो चरों के बीच सहसम्बंध गुणांक किसके बीच ठहरता है–

A. 0 और 1   B. 0 और –1
C. –1 और +1   D. सदैव +1 के ऊपर

53. समाश्रयण गुणांक है–
A. मूल और माप से स्वतंत्र
B. मूल से स्वतंत्र पर माप से नहीं
C. मूल से स्वतंत्र पर माप पर निर्भर
D. मूल और माप दोनों से स्वतंत्र

54. द्विपद बंटन में यदि $n = 100$ और $p = 0.50$ तब बंटन का माध्य किसके बराबर है–
A. 100   B. 50
C. 1   D. 99

55. फिशर का आदर्श सूचकांक किसका ज्यामितीय माध्य है–
A. लेस्पेयर्स और पाश्चे के सूचकांक का
B. लेस्पेयर्स और मार्शल एजवर्थ सूचकांक का
C. पाश्चे और मार्शल–एजवर्थ–सूचकांक का
D. इनमें से कोई नहीं

56. (–1) का सह–सम्बंध गुणांक दर्शाता है–
A. कोई सह–सम्बंध नहीं
B. परिपूर्ण सह–सम्बंध
C. उपेक्षणीय सह–सम्बंध
D. इनमें से कोई नहीं

57. यदि 1970 और 1990 के कीमत आंकड़े तथा 1990 के लिए मात्रा आंकड़े दिए हुए हैं, तो किस प्रकार के सूचकांक (1970 को आधार वर्ष मानकर) तैयारी किए जा सकते हैं–
A. मार्शल–एजवर्थ सूचकांक
B. फिशर सूचकांक
C. पाश्चे सूचकांक
D. लेस्पीयर सूचकांक

58. यदि किसी चर के सभी मान किसी निर्दिष्ट संख्या द्वारा गुणा किया जाए तो निम्नलिखित में से किस पर कोई प्रभाव नहीं पड़ेगा–
A. माध्य   B. माध्यिका
C. परिसर   D. विस्तरण गुणांक

59. उस मूल्य सूचकांक को जिसमें आधार वर्ष के परिणाम का भारिता के रूप में उपयोग होता है, कहते हैं–
A. पाश्चे सूचकांक
B. लॉस्पेयर्स सूचकांक

C. फिशर का आदर्श सूचकांक
D. थोक कीमत सूचकांक

60. यदि सब वस्तुओं की कीमतें समान अनुपात में परिवर्तित हुई हों और लेस्पेयर्स का कीमत सूचकांक 150 हो तो पाश्चे का कीमत सूचकांक होगा–

A. 300   B. 150
C. 175   D. 100

61. निम्न सांख्यिकीय मापों में से कौन–सा एक सम्पूर्ण प्रेक्षणों पर आधारित है–

A. चतुर्थक–विचलन   B. हरात्मक माध्य
C. परिसर   D. बहुलक

62. विचलनों के वर्गों का योग न्यूनतम होता है जब वह विचलन–

A. बहुलक से लिया गया हो
B. माध्यिका से लिया गया हो
C. अंकगणितीय माध्य से लिया गया हो
D. ज्यामितीय माध्य से लिया गया हो

63. छः संख्याओं 3, 3, 3, 5, 5, 5 का मानक विचलन है–

A. 1
B. 4
C. 0
D. प्राप्त नहीं किया जा सकता क्योंकि मापन की इकाई नहीं दी गयी है

64. निम्न में से कौन–सा सबसे अनिश्चित माध्य है–

A. बहुलक   B. माध्यिका
C. गुणोत्तर माध्य   D. हरात्मक माध्य

65. बहुलक निर्धारण का एक तरीका है–

A. Mode = 2 Median – 3 Mean
B. Mode = 2 Median + 3 Mean
C. Mode = 3 Median – 2 Mean
D. Mode = 3 Median + 2 Mean

66. दो अंकों 8 और 18 का गुणोत्तर माध्य होगा–

A. 12   B. 13
C. 15   D. 11.09

67. निरपेक्ष विचलनों (absolute deviations) का योग न्यूनतम होगा, जब मापा जाए–

A. माध्यिका से   B. माध्य से
C. बहुलक से   D. इनमें से कोई नहीं

68. एक प्रसामान्य वक्र के अधीन $\overline{X} + 3\sigma$ में समाविष्ट होता है–

A. 99% क्षेत्रफल   B. 95% क्षेत्रफल
C. 99.73% क्षेत्रफल   D. 99.37% क्षेत्रफल

69. सह–सम्बन्ध का अभिप्राय है–

A. चरों में कारण परिणाम का सम्बन्ध होना
B. चरों में साथ–साथ परिवर्तन होना
C. चरों में परस्पर निर्भरता का पाया जाना
D. इनमें से कोई नहीं

70. किसी श्रेणी में बहुलक मूल्य होता है–

A. मध्यवर्ती मूल्य
B. सर्वाधिक आवृत्ति वाला मूल्य
C. गुरुत्व केन्द्र
D. इनमें से कोई नहीं

71. प्रथम 10 विषम संख्याओं का माध्य (Arithmetic Mean) है–

A. 5.5   B. 9
C. 11   D. 10

72. प्राप्त अंकों के समुच्चय 15, 13, 10, 9, 8 का मानक विचलन होगा–

A. 11   B. 9
C. 2.6   D. 0

73. 2, 5, X, 7 श्रेणी का समान्तर माध्य 5 है तो X का मान होगा–

A. 3   B. 2
C. –3   D. 6

74. यदि किसी वितरण का मानक विचलन 8 है तथा समानान्तर माध्य 10 है तो विचरण गुणांक होगा–

A. 80   B. 800
C. 8000   D. 125

75. प्रमाप विचलन गुणांक ज्ञात करने का सूत्र है–

A. $\dfrac{\overline{X}}{6} \times 100$ B. $\dfrac{\overline{X}}{6}$

C. $\dfrac{6}{\overline{X}}$ D. $\dfrac{6}{\overline{X}} \times 100$

76. प्रसामान्य वितरण (Normal Distribution) में होता है–

A. $Z = M = \overline{X}$ B. $Z > M > \overline{X}$
C. $Z < M < \overline{X}$ D. $Z = M > \overline{X}$

77. यदि किसी चर X के 10 मानों के किसी समुच्चय (Sets) में न्यूनतम मान 5 को बदल कर 4 कर दिया जाए तो–

A. X के माध्यिका और बहुलक दोनों घट जाएंगे
B. माध्यिका घटेगी, परन्तु बहुलक अपरिवर्तित रहेगा
C. माध्यिका अपरिवर्तित रहेगी, परन्तु बहुलक घटेगा
D. न माध्यिका और न ही बहुलक परिवर्तित होगा

78. यदि दो श्रेणियों A तथा B के प्रमाप विचलन समान हैं परन्तु A श्रेणी का समान्तर माध्य B के माध्य से अधिक है तब A का विचरण गुणांक–
A. B के गुणांक से कम होगा
B. B के गुणांक से अधिक होगा
C. समान होगा
D. इनमें से कोई नहीं

79. कौन सत्य है–
A. $(GM)^2 = AM \times HM$ B. $GM = AM + HM$
C. $AM = GM \cdot HM$ D. इनमें से कोई नहीं

80. मानक विचलन होता है–
A. मूल से स्वतंत्र लेकिन माप पर निर्भर
B. माप से स्वतंत्र लेकिन मूल पर निर्भर
C. दोनों से स्वतंत्र
D. इनमें से कोई नहीं

81. प्रथम n प्राकृतिक संख्याओं का मानक विचलन होगा–
A. $\dfrac{n+1}{n}$ B. $\sqrt{\dfrac{n^2-1}{12}}$
C. $\sqrt{\dfrac{n}{2}}$ D. $\dfrac{n+2}{14}$

82. Mean $\pm$ M·D कितने क्षेत्रफल भाग को कवर (Cover) करता है–
A. 57.5%   B. 50%
C. 75%   D. 88%

83. एक प्रसामान्य वितरण में Mean $\pm$ 3 σ के अन्तर्गत कुल क्षेत्रफल का भाग है–
A. 50%   B. 68.27%
C. 94.45%   D. 100%

84. एक प्रसामान्य वितरण में Mean $\pm$ 2 σ के अन्तर्गत कुल क्षेत्रफल का भाग है–
A. 95.73%   B. 90%
C. 80%   D. 70%

85. एक प्रसामान्य वितरण में Mean $\pm$ Q·D के अन्तर्गत कुल क्षेत्रफल का भाग है–
A. 50%   B. 60%
C. 70%   D. 80%

86. यदि $M = M_O = M_d$ तो विषमता (Skewness) होगी–
A. धनात्मक   B. ऋणात्मक
C. शून्य   D. इनमें से कोई नहीं

87. यदि M (Mean) > M_d (Median) > M_o (Mode) तो विषमता होगी–
A. धनात्मक   B. ऋणात्मक
C. शून्य   D. इनमें से कोई नहीं

88. यदि $M < M_d < M_o$ तो विषमता होगी–
A. ऋणात्मक   B. धनात्मक
C. शून्य   D. इनमें से कोई नहीं

89. (+1) का सह सम्बंध गुणांक दर्शाता है–
A. पूर्ण धनात्मक सह-सम्बंध
B. पूर्ण ऋणात्मक सह-सम्बंध
C. (A) और (B) दोनों
D. इनमें से कोई नहीं

90. (0) का सह-सम्बंध गुणांक दर्शाता है–
A. धनात्मक सह-सम्बंध   B. ऋणात्मक सह-सम्बंध
C. कोई सह-सम्बंध नहीं   D. इनमें से कोई नहीं

91. यदि A और B दो घटनाएं Mutually Exclusive हैं तो–
A. $P(A \cap B) = 0$
B. $P(A \cap B) = P(B)$
C. $P(A \cap B) = P(A) + P(B)$
D. $P(A \cap B) = P(A) \cdot P(B)$

92. यदि दो घटनाएं Mutually Exclusive हैं तो–
A. $P(A \cup B) = P(A) + P(B) - (A \cap B)$
B. $P(A \cup B) = P(A) + P(B)$
C. A और B दोनों
D. इनमें से कोई नहीं

93. द्वि–पद वितरण में माध्य होगा–
A. np B. n
C. $\sqrt{np}$ D. $np + q$

94. द्वि–पद वितरण में Variance का मान होगा–
A. npq B. np
C. $n + 1$ D. $n + 2$

95. एक यथार्थ प्राक्कल्पना को निरस्त करने का परिणाम होगा–
A. केवल I प्रकार की त्रुटि
B. केवल II प्रकार की त्रुटि

C. I और II दोनों प्रकार की त्रुटियां
D. इनमें से कोई नहीं

96. यादृच्छिक प्रतिदर्श एक प्रतिनिधि है क्योंकि–
A. चुने जा रहे प्रतिदर्श के हर तत्त्व की प्रसंभाव्यता उसकी मांग पर निर्भर करती है
B. चुने जा रहे प्रत्येक तत्त्व की प्रसंभाव्यता समान है
C. चुने जा रहे प्रत्येक तत्त्व की प्रसंभाव्यता समान नहीं है
D. इनमें से कोई नहीं

97. यदि b_{xy} तथा b_{yx} Regression Coefficients है तो होगा–

A. $r^2 = b_{xy} \cdot b_{yx}$

B. $r = b_{xy} \cdot b_{yx}$

C. $r = b_{xy} / b_{yx}$

D. $r = \dfrac{1}{b_{xy} b_{yx}}$

98. यदि a और b दो चर हैं तो हरात्मक माध्य होगा–

A. $\dfrac{2ab}{a+b}$

B. $\dfrac{a+b}{2ab}$

C. $\dfrac{1}{a+b}$

D. $\dfrac{1}{2ab}$

99. यदि एक साइकिल सवार 10 किमी./घंटे की चाल से स्कूल जाता है और 15 किमी./घंटे की चाल से वापस आता है तो औसत चाल होगी–
A. 10 km/h
B. 12 km/h
C. 15 km/h
D. 20 km/h

100. कौन सत्य है–

A. $\log(G \cdot M) = \dfrac{1}{n} \sum \log \overline{X}$

B. $\log(G \cdot M) = \sum \log \overline{X}$

C. $\log(G \cdot M) = \dfrac{\log(G \cdot M)}{n}$

D. इनमें से कोई नहीं

उत्तरमाला

1	2	3	4	5	6	7	8	9	10
C	A	B	A	C	C	C	D	C	B
11	**12**	**13**	**14**	**15**	**16**	**17**	**18**	**19**	**20**
D	A	C	A	A	C	B	C	D	A
21	**22**	**23**	**24**	**25**	**26**	**27**	**28**	**29**	**30**
A	A	A	B	A	C	D	A	A	A
31	**32**	**33**	**34**	**35**	**36**	**37**	**38**	**39**	**40**
C	D	B	B	C	C	C	B	A	D
41	**42**	**43**	**44**	**45**	**46**	**47**	**48**	**49**	**50**
B	B	A	C	A	D	C	A	B	C
51	**52**	**53**	**54**	**55**	**56**	**57**	**58**	**59**	**60**
B	C	B	B	A	B	C	D	A	B
61	**62**	**63**	**64**	**65**	**66**	**67**	**68**	**69**	**70**
B	C	C	A	C	A	A	C	B	B
71	**72**	**73**	**74**	**75**	**76**	**77**	**78**	**79**	**80**
D	C	D	A	C	A	D	A	A	A
81	**82**	**83**	**84**	**85**	**86**	**87**	**88**	**89**	**90**
B	A	B	A	A	C	A	A	A	C
91	**92**	**93**	**94**	**95**	**96**	**97**	**98**	**99**	**100**
A	B	A	A	B	B	A	A	B	A

भारतीय अर्थव्यवस्था (Indian Economy)

1. लघु उद्योग विकास संगठन (SIDO) की स्थापना कब हुई थी?
   A. 1954   B. 1956
   C. 1996   D. 2002

2. वर्ल्ड डेवलपमेंट रिपोर्ट किसका वार्षिक प्रकाशन है?
   A. I.B.R.D   B. I.M.F.
   C. U.N.D.P.   D. W.T.O.

3. 'करेन्सी एण्ड फाइनेन्स' पर वार्षिक रिपोर्ट का प्रकाशन किसके द्वारा किया जाता है?
   A. नीति आयोग
   B. रिजर्व बैंक ऑफ इण्डिया
   C. विश्व बैंक
   D. अन्तर्राष्ट्रीय मुद्रा कोष

4. 'पानी पंचायत' योजना किस राज्य से सम्बंधित है?
   A. उड़ीसा   B. राजस्थान
   C. कश्मीर   D. झारखण्ड

5. भारत में उत्तर प्रदेश राज्य का स्थान किसके उत्पादन में प्रथम है?
   A. खाद्यान्न उत्पादन
   B. दुग्ध उत्पादन
   C. गन्ना एवं चीनी उत्पादन
   D. उपरोक्त सभी

6. भारत में राष्ट्रीय आय की गणना में किस विधि का प्रयोग किया जाता है?
   A. उत्पत्ति गणना विधि   B. आय विधि
   C. उपर्युक्त दोनों   D. उपरोक्त में कोई नहीं

7. योजना में कोर सैक्टर का तात्पर्य है–
   A. कृषि
   B. रक्षा
   C. लोहा एवं इस्पात उद्योग
   D. चयनित आधारभूत उद्योग

8. 'द इण्डियन इंस्टीट्यूट ऑफ एडवांस स्टडी' भारत के किस शहर में स्थित है?
   A. बंगलौर   B. शिमला
   C. चंडीगढ़   D. भोपाल

9. जीवन बीमा निगम की निम्नलिखित में से कौन-सी पॉलिसी विशेषतः बच्चों के हितार्थ नहीं है?
   A. जीवन किशोर   B. जीवन सुकन्या
   C. जीवन छाया   D. जीवन सुरक्षा

10. निम्नलिखित में से कौन-सा राष्ट्रीय आय का अंग नहीं है?
    A. निगमित लाभ   B. अंतरण भुगतान
    C. ब्याज भुगतान   D. मजदूरी तथा वेतन

11. वास्तविक सकल घरेलू उत्पाद को मापा जाता है–
    A. वर्तमान कीमतों पर   B. स्थिर कीमतों पर
    C. औसत कीमतों पर   D. इनमें से कोई नहीं

12. भारत में कर्मचारियों के महँगाई भत्ते के निर्धारण का आधार क्या है?
    A. राष्ट्रीय आय   B. उपभोक्ता मूल्य सूचकांक
    C. जीवन स्तर   D. प्रति व्यक्ति आय

13. भारतीय रिजर्व बैंक का लेखा वर्ष होता है–
    A. अप्रेल-मार्च   B. जुलाई-जून
    C. अक्टूबर-सितम्बर   D. जनवरी-दिसम्बर

14. फेडरल रिजर्व बैंक निम्नलिखित में से किस देश का केन्द्रीय बैंक है?
    A. जर्मनी   B. यू०एस०ए०
    C. यू०के०   D. फ्रांस

15. शून्य आधारित बजट का क्या अर्थ होता है–
    A. असीमित घाटे की वित्त व्यवस्था
    B. अनुत्पादक व्यय की कटौती न करना
    C. नए कार्यक्रमों का मूल्यांकन न करना
    D. हर बार बिल्कुल नए सिरे से बजट तैयार करना

16. नए स्थापित किए गए ब्रिक्स विकास बैंक का मुख्यालय कहाँ है?
   A. शंघाई   B. नई दिल्ली
   C. जोहान्सबर्ग   D. ब्राजीलिया

17. भारत में उद्योग समूहवार गैर-लघु उद्योग क्षेत्र में बकाया ऋणों के रूप में रुग्णता किस उद्योग में सर्वाधिक है?
   A. वस्त्र उद्योग   B. इंजीनियरिंग उद्योग
   C. चीनी उद्योग   D. इस्पात उद्योग

18. भारत में वर्तमान में रुपए की परिवर्तनीयता लागू है, भुगतान संतुलन के–
   A. केवल व्यापार खाते पर
   B. पूंजी खाते पर
   C. चालू खाते पर
   D. उपर्युक्त सभी पर

19. भारत में आयकर प्रारंभ करने में कौन उत्तरदायी था?
   A. सर चार्ल्स वुड   B. लॉर्ड मैकाले
   C. जेम्स विल्सन   D. विलियम जोन्स

20. बैंकिंग लेन-देन में ECS का क्या अर्थ है?
   A. एक्सेज क्रेडिट सुपरवाइजर
   B. एक्स्ट्रा कैश स्टेट्स
   C. एक्सचेंज क्लियरिंग स्टैंडर्ड
   D. इलेक्ट्रॉनिक क्लियरिंग सर्विस

21. राष्ट्रीय नवीनीकरण कोष की स्थापना किस उद्देश्य से की गयी थी?
   A. खानों के नवीनीकरण हेतु
   B. उद्योगों के आधुनिकीकरण हेतु
   C. लघु इकाइयों की स्थापना हेतु
   D. उद्योगों के आधुनिकीकरण के परिणामस्वरूप विस्थापित श्रमिकों के पुनर्स्थापन हेतु

22. किस प्रदेश को 'भारत का सिलीकॉन राज्य' (Silicon State of India) कहा जाता है–
   A. गोवा   B. आन्ध्र प्रदेश
   C. कर्नाटक   D. केरल

23. सरकार की औद्योगिक नीति के अन्तर्गत सरकारी क्षेत्र के लिए आरक्षित उद्योगों की संख्या कितनी है?
   A. 5   B. 2
   C. 6   D. 9

24. भारत का सबसे बड़ा म्युचुअल फण्ड संस्था है–
   A. G. I. C.   B. L. I. C.
   C. S. B. I.   D. U. T. I.

25. वर्तमान औद्योगिक नीति में कितने उद्योगों के लिए औद्योगिक लाइसेंस अनिवार्य है–
   A. 9   B. 8
   C. 6   D. 5

26. 'ऑपरेशन फ्लड' कार्यक्रम का प्रारम्भ कब हुआ था?
   A. 1951 में   B. 1975 में
   C. 1970 में   D. 1984 में

27. हिन्द महासागर तट क्षेत्रीय सहयोग संघ (Indian Ocean Rim Association for Regional Cooperation-IORARC) की स्थापना की औपचारिक घोषणा कब की गई थी?
   A. 5 मार्च, 1996   B. 1 अप्रैल, 1998
   C. 15 अगस्त, 1977   D. 5 मार्च, 1997

28. हिन्दू-वृद्धि दर किस वृद्धि दर (Growth Rate) से सम्बन्धित है?
   A. प्रति व्यक्ति आय   B. राष्ट्रीय आय
   C. जनसंख्या   D. साक्षरता

29. निम्नांकित में से कौन-सी मुद्रा स्फीति के नियंत्रण की विधि नहीं है–
   A. मांग पर नियंत्रण
   B. मुद्रा की पूर्ति पर नियंत्रण
   C. ब्याज दर को कम करना
   D. वस्तुओं की राशनिंग

30. कम्पनी द्वारा लाभांश की घोषणा की जाती है–
   A. निर्गमित (Issued) पूंजी पर
   B. अधिकृत (Authorised) पूंजी पर
   C. अभिकृत (Subscribed) पूंजी पर
   D. कुल प्रयुक्त पूंजी पर

31. भारत में सबसे बड़ा सौर ऊर्जा संयंत्र किस राज्य में स्थापित है?
   A. मध्य प्रदेश   B. गुजरात
   C. राजस्थान   D. तमिलनाडु

32. दक्षिण-पश्चिम मानसून निम्नलिखित में से किस प्रदेश में सर्वप्रथम प्रवेश करता है?
   A. केरल   B. महाराष्ट्र
   C. गोवा   D. तमिलनाडु

33. भारतीय कालीन प्रौद्योगिकी संस्थान (Indian Institute of Carpet Technology) कहां स्थित है?

A. नागपुर   B. पटना

C. भदोही   D. जोधपुर

34. भारत में पहले महिला बैंक की स्थापना के लिए रूपरेखा किसकी अध्यक्षता में गठित समिति ने तैयार की थी?

A. प्रतीप चौधरी   B. एम.डी. माल्या

C. दीपक पारिख   D. एम.बी.एन.राव

35. **'इण्डिया इज फॉर सेल'** नामक पुस्तक किसके द्वारा लिखी गयी है?

A. विक्रम सेठ   B. खुशवन्त सिंह

C. चित्रा सुब्रहमण्यम   D. शोभा डे

36. बहुचर्चित पशुपालन घोटाला किस राज्य से संबंधित था?

A. उत्तर प्रदेश   B. कर्नाटक

C. बिहार   D. तमिलनाडु

37. अर्थशास्त्र का जनक किसे कहा जाता है?

A. जे.एम. कीन्स   B. माल्थस

C. रिकार्डो   D. एडम स्मिथ

38. नीति आयोग के उपाध्यक्ष को भारत सरकार के सरकारी वरीयता क्रम में महत्त्व का दर्जा दिया गया है–

A. भारत सरकार के कैबिनेट मंत्री के समान

B. सुप्रीम कोर्ट के जज के समान

C. संसदीय समिति के अध्यक्ष के समान

D. भारत सरकार के सचिव के समान

39. डाउ जोन्स (Dow Jones) क्या है?

A. न्यूयार्क स्टॉक एक्सचेंज का शेयर बाजार सूचकांक

B. विश्व स्वर्ण परिषद् का स्वर्ण मूल्य सूचकांक

C. मुम्बई स्टॉक एक्सचेंज का शेयर बाजार सूचकांक

D. इनमें से कोई नहीं

40. ग्रामीण विद्युतीकरण निगम की स्थापना कब की गयी थी?

A. 1979   B. 1969

C. 1989   D. 1959

41. क्षेत्रीय ग्रामीण बैंकों को उनके प्रवर्तक बैंकों में विलय करने की संस्तुति किसने की थी?

A. नरसिम्हम समिति ने

B. रिजर्व बैंक के गवर्नर सी॰ रंगराजन ने

C. प्रो॰ ए॰एम॰ खुसरो की अध्यक्षता में 1989 में गठित कृषि साख समिति ने

D. इनमें से कोई नहीं

42. 'महिला समृद्धि योजना' कब प्रारंभ की गयी थी?

A. 2 अक्टूबर, 1992   B. 2 अक्टूबर, 1993

C. 2 अक्टूबर, 1995   D. 1 जनवरी, 1996

43. योजना आयोग की स्थापना की गयी थी–

A. राष्ट्रपति के द्वारा अध्यादेश जारी करके

B. संसद द्वारा एक कानून बनाकर

C. संघीय मंत्रिपरिषद द्वारा एक विशेष प्रस्ताव पारित कर

D. उपरोक्त में से कोई नहीं

44. भारत में झूम खेती के अन्तर्गत भूमि का सबसे बड़ा प्रतिशत किस राज्य में है?

A. नागालैण्ड   B. त्रिपुरा

C. मिजोरम   D. मध्य प्रदेश

45. भारत में सहकारी आन्दोलन का प्रादुर्भाव कब हुआ?

A. 1934   B. 1914

C. 1904   D. 1947

46. आम तथा केले के उत्पादन में किस देश का प्रथम स्थान है?

A. अमेरिका   B. भारत

C. सिंगापुर   D. मलेशिया

47. 'प्लानिंग एण्ड द पुअर' पुस्तक के लेखक कौन हैं?

A. डेविड रिकार्डो   B. बी॰एस॰ मिन्हास

C. गुन्नार मिर्डल   D. इनमें से कोई नहीं

48. रासायनिक उत्पादों के आयात-निर्यात हेतु देश का पहला रसायन बन्दरगाह कहां स्थापित किया जा रहा है?

A. गोपालपुरा   B. काकीनाड़ा

C. दाहेज   D. कुण्डापुर

49. यूरोपीय संघ के सभी राष्ट्रों में एक कॉमन-मुद्रा प्रचलन के लिए लागू की गयी है। इस मुद्रा का नाम क्या है?

A. यूरो पाउण्ड   B. यूरो

C. यूरो डॉलर   D. ड्यूश पाउण्ड

50. प्रति व्यक्ति न्यूनतम आय वाला राज्य है–

A. बिहार   B. उड़ीसा

C. राजस्थान   D. गुजरात

51. किस योजना के अन्तर्गत सरकार ने वह कृषि नीति बनायी, जिसने हरित-क्रान्ति को जन्म दिया?

A. छठी पंचवर्षीय योजना

B. द्वितीय पंचवर्षीय योजना

C. चौथी पंचवर्षीय योजना

D. तृतीय पंचवर्षीय योजना

52. 'नीली क्रांति' किससे संबंधित है?
A. नील की खेती
B. मुर्गीपालन
C. मत्स्य पालन
D. पीने योग्य जल की उपलब्धि

53. देश में निजी क्षेत्र में पहला निर्यात प्रोसेसिंग क्षेत्र कहां स्थापित किया गया था?
A. कांडला
B. विशाखापत्तनम
C. नोएडा
D. सूरत

54. 2011 की जनगणना रिपोर्ट के अनुसार किस राज्य में साक्षरता की दर सबसे कम है?
A. अरुणाचल प्रदेश
B. मध्य प्रदेश
C. बिहार
D. हरियाणा

55. 'इको मार्क' किसी उत्पाद पर दिए गए इस प्रमाणन का चिन्ह होता है कि यह उत्पाद–
A. किफायती कीमत वाला है
B. पर्यावरण की दृष्टि से अनुकूल है
C. नष्ट होने वाला नहीं है
D. अच्छी किस्म का है

56. कौन-सा देश विश्व का सबसे अधिक गेहूँ उत्पादक देश है?
A. भारत
B. चीन
C. अमेरिका
D. स्विट्जरलैंड

57. किस पंचवर्षीय योजना का मुख्य उद्देश्य आर्थिक आत्मनिर्भरता था?
A. प्रथम योजना
B. द्वितीय योजना
C. तृतीय योजना
D. चतुर्थ योजना

58. दुर्गापुर इस्पात संयंत्र किसके सहयोग से बनाया गया था–
A. ब्रिटेन
B. फ्रांस
C. जर्मनी
D. संयुक्त राज्य अमेरिका

59. कौन-सा समूह खरीफ फसलों का सही समूह है?
A. ज्वार, बाजरा, चावल, कपास, पटसन, चना
B. गेहूं, जौ, चना, सरसों
C. चावल, ज्वार-बाजरा, मक्का, कपास
D. मूंगफली, बाजरा, जौ, चना, सरसों

60. भारतीय मुद्रा प्रणाली में दशमलव पद्धति किस वर्ष से लागू की गयी?
A. 1947
B. 1957
C. 1935
D. इनमें से कोई नहीं

61. भारत में जनसंख्या वृद्धि के इतिहास में कौन-सा वर्ष 'महाविभाजन का वर्ष' कहलाता है?
A. 1951
B. 1947
C. 1935
D. 1921

62. निम्न में से कौन-सा बैंक भारतीय रिजर्व बैंक के नियंत्रण में है?
A. इक्जिम बैंक
B. आई०डी०बी०आई
C. नाबार्ड
D. सेन्ट्रल बैंक ऑफ इंडिया

63. अन्त्योदय कार्यक्रम का उद्देश्य क्या था?
A. शहरी गरीबी दूर करना
B. अनुसूचित जातियों के स्तर में सुधार करना
C. अल्पसंख्यकों को उन्नत करना
D. गरीबों में सबसे अधिक गरीबों की मदद करना

64. कृषि कीमत आयोग कब स्थापित हुआ था?
A. 1960 में
B. 1965 में
C. 1966 में
D. 1969 में

65. भारतीय खाद्य निगम की स्थापना हुई थी–
A. 1960 में
B. 1965 में
C. 1966 में
D. 1969 में

66. कौन-सा मानवीय विकास सूचकांक का तत्त्व नहीं है?
A. निर्धनता रेखा के नीचे के लोगों की संख्या
B. शिक्षा
C. जीवन-प्रत्याशा
D. प्रति व्यक्ति आय

67. निम्नलिखित में से कौन-सी योजना ग्रामीण विकास के लिए नहीं है?
A. TRYSEM
B. SGSY
C. SITRA
D. SJSRY

68. विदेशी व्यापार को बढ़ावा देने के लिए भारत में विशेष आर्थिक क्षेत्रों (SEZs) की स्थापना किस देश की तर्ज पर की गयी है?
A. अमेरिका
B. रूस
C. चीन
D. इज़राइल

69. बासेल-3 मानक का सम्बन्ध किस क्षेत्र से है?
A. बैंकिंग
B. बीमा
C. दूरसंचार
D. नागरिक उड्डयन

70. भारत में किस प्रकार की वाणिज्यिक बैंकिंग व्यवस्था है?
- A. मिश्रित बैंकिंग
- B. सकल बैंकिंग
- C. शाखा बैंकिंग
- D. इनमें से कोई नहीं

71. 2004-05 के 61वें एन.एस.एस.ओ. डाटा में निर्धनता आकलन करने के लिए विधि अपनायी गई है–
- A. यूनीफॉर्म रिकॉल मेथड (यू.आर.एम.)
- B. मिक्स्ड रिकॉल मेथड (एम.आर.एम.)
- C. यू.आर.एम. एवं एम.आर.एम. दोनों
- D. इनमें से कोई नहीं

72. भारत किसका सदस्य नहीं है?
- A. जी-15
- B. यू.एन.ओ.
- C. एसियान
- D. राष्ट्रमण्डल

73. दीनदयाल अन्त्योदय योजना का शुभारम्भ कब हुआ?
- A. 25 सितम्बर, 2014
- B. 15 जून, 2013
- C. 25 सितम्बर, 2015
- D. 20 अगस्त, 2016

74. किस राज्य के द्वारा अनुसूचित वर्गों के लघु एवं सीमान्त किसानों के लिए बीज वितरण की 'विशेष ध्वज योजना' प्रारम्भ की गई?
- A. मध्य प्रदेश
- B. छत्तीसगढ़
- C. बिहार
- D. उत्तर प्रदेश

75. भारत में लघु उद्योग की परिभाषा किस पर आधारित है?
- A. किसी इकाई की बिक्री की मात्रा
- B. किसी इकाई में संयंत्रों के लिए निवेश का मान
- C. किसी इकाई की दूर-दूर तक बाजार में पहुंच
- D. विनिर्मित उत्पाद का उद्योग मंत्रालय द्वारा बनाई गयी सूची में होना या न होना

76. निम्नलिखित में से भारत में कौन-सी संस्था दीर्घकालीन औद्योगिक वित्तीयन में संलग्न है?
- A. ICICI
- B. IDBI
- C. IFCI
- D. UTI

77. 1949 में गठित 'राष्ट्रीय आय-समिति' के अध्यक्ष कौन थे?
- A. डी.आर. गाडगिल
- B. पी.सी. महालनोबिस
- C. वी.के.आर.वी. राव
- D. बी. नटराजन

78. भारत में पहली स्वर्ण रिफायनरी कहां स्थापित की गयी है?
- A. नई दिल्ली
- B. कलकत्ता
- C. शिरपुर
- D. हैदराबाद

79. 2011 की जनगणना के अनुसार निम्नलिखित में से कौन-सा संघीय प्रदेश भारत में सबसे अधिक घनी आबादी वाला है?
- A. लक्षद्वीप
- B. दिल्ली
- C. अण्डमान-निकोबार द्वीप समूह
- D. पुडुचेरी

80. ऋण क्या है?
- A. स्टॉक-प्रवाह संकल्पना
- B. प्रवाह संकल्पना
- C. स्टॉक संकल्पना
- D. इनमें से कोई नहीं

81. SEBI के साथ पंजीकृत विदेशी संस्थागत निवेशकों (FIIS) की सबसे अधिक संख्या किस देश के निवेशकों की है?
- A. अमेरिका
- B. इंग्लैण्ड
- C. जर्मनी
- D. जापान

82. अनवरत योजना किस अवधि के लिए बनाई गयी थी?
- A. 1971 से 1978
- B. 1980 से 1985
- C. 1978 से 1983
- D. 1992 से 1999

83. विनिर्दिष्ट अंतर्निहित (करेंसी, सोना, स्टॉक आदि) से अपना मूल्य प्राप्त करने वाले लिखत को .... कहते हैं।
- A. डेरिवेटिव
- B. प्रतिभूतिकरण रसीद
- C. हेज फंड
- D. फैक्ट रिंग

84. मूल्य नियंत्रण के उपायों में से कौन-सा उपाय लम्बे समय में अधिक प्रभावी होता है?
- A. आधिक्य का बजट
- B. अप्रत्यक्ष करों में कमी
- C. उत्पादन में वृद्धि
- D. साक्षरता में वृद्धि

85. मत्स्य उत्पादन में विश्व में भारत का कौन-सा स्थान है?
- A. पहला
- B. दूसरा
- C. तीसरा
- D. पाँचवा

86. अर्थव्यवस्था में सामान्यतः यह माना जाता है कि बैंक जैसी सार्वजनिक क्षेत्र की वित्तीय कम्पनी का मुख्य उद्देश्य है –
- A. ज्यादा से ज्यादा लोगों को रोजगार देना
- B. कुल लाभ को अधिकतम करना

C. कुल उत्पादन को अधिकतम करना

D. राष्ट्र के मूलनिवासियों को पूरे देश में वित्तीय सुविधा देना

87. किसी कम्पनी में कम्पनी के लोगों द्वारा लाभ कमाने या नुकसान की भरपाई करने के लिए कीमत संवेदी कम्पनी की सूचना का प्रयोग कर लेने को .... कहते हैं?

A. इन साइडर ट्रेडिंग   B. फ्यूचर ट्रेडिंग

C. फारेन ट्रेडिंग   D. स्टॉक ट्रेडिंग

88. किस शहर को 'इलेक्ट्रॉनिक सिटी' के रूप में जाना जाता है?

A. गुड़गांव   B. बंगलौर

C. जयपुर   D. सलेम

89. भारत का सबसे बड़ा व्यावसायिक बैंक है–

A. यूनाइटेड कॉमर्शियल बैंक

B. पंजाब नेशनल बैंक

C. स्टेट बैंक ऑफ इण्डिया

D. केनरा बैंक

90. निगम कर निम्नलिखित में से किसके द्वारा लगाया जाता है?

A. राज्य सरकार   B. स्थानीय स्वशासन

C. केन्द्र सरकार   D. केन्द्र व राज्य सरकार

91. भारत की राष्ट्रीय आय में निम्नलिखित में से किस क्षेत्र का सर्वाधिक योगदान है?

A. प्राथमिक   B. द्वितीयक

C. तृतीयक   D. इनमें से कोई नहीं

92. जानकीरमन समिति का गठन किस उद्देश्य से किया गया था?

A. डाकघरों में जमा बढ़ाने के लिए सुझाव देने हेतु

B. बैंकिंग ढांचे में सुधार हेतु सुझाव देने के लिए

C. औद्योगिक वित्त की अव्यवस्थाओं की जांच हेतु

D. बैंकों के प्रतिभूतियों के सौदों की जांच हेतु

93. हरित-क्रान्ति के परिणाम स्वरूप देश में कुल खाद्यान्न उत्पादन में किसका अंश कम हो गया है?

A. गेहूं

B. चावल

C. मोटा अनाज व दलहन

D. इनमें से कोई नहीं

94. भारतीय मुद्रा 'रुपया' की आधिकारिक विनिमय दर संबंधित है–

A. पाउण्ड स्टर्लिंग से

B. डॉलर से

C. S.D.R. से

D. चुनी हुई विदेशी मुद्राओं के समूह से

95. लघु उद्योगों के लिए अलग से औद्योगिक नीति की घोषणा सर्वप्रथम कब की गई?

A. 8 जनवरी, 1990   B. 16 मार्च, 2010

C. 15 अप्रैल, 1992   D. 6 अगस्त, 1991

96. अन्तर्राष्ट्रीय व्यापार में प्रस्ताव वक्र का संबंध है–

A. एजवर्थ-मार्शल   B. लर्नर-मार्शल

C. मार्शल-परेटो   D. एजवर्थ-परेटो

97. 1934 के भारतीय रिजर्व बैंक अधिनियम के अनुसार CRR की न्यूनतम राशि कितने प्रतिशत से कम नहीं की जा सकती?

A. 3%   B. 10%

C. 5%   D. 6%

98. देश को 'मैन्यूफैक्चरिंग हब' बनाने के लिए एक नए 'मेक इन इंडिया' कार्यक्रम की शुरुआत 25 सितम्बर, 2014 से की गई है। इस कार्यक्रम के लिए बनाए गए प्रतीक चिह्न में किसे दर्शाया गया है?

A. मोर   B. सिंह

C. अशोक चक्र   D. उपर्युक्त में से कोई नहीं

99. RBI वैधानिक तरलता अनुपात (SLR) को अधिकतम कितने प्रतिशत तक निर्धारित कर सकता है?

A. 40%   B. 50%

C. 30%   D. 45%

100. वित्त आयोग के सम्बंध में निम्नलिखित में से कौन-सा कथन सत्य है?

A. यह एक सांविधानिक संस्था है

B. इसका गठन संविधान के अनुच्छेद 280 के अन्तर्गत किया जा सकता है

C. 14वें वित्त आयोग के अध्यक्ष वाई.वी. रेड्डी थे

D. उपरोक्त सभी

101. सूक्ष्म औद्योगिक इकाइयों (Micro Enterprises) के लिए निवेश की सीमा.................. निर्धारित की गई है।

A. ₹ 20 लाख   B. ₹ 25 लाख

C. ₹ 30 लाख   D. ₹ 35 लाख

102. 2011 की जनगणना के अनुसार किस राज्य में महिलाओं में साक्षरता दर सबसे कम है–
A. राजस्थान
B. बिहार
C. उड़ीसा
D. सिक्किम

103. किस देश के सहयोग से गुड़गाँव जिले के मानेसर गाँव में एक आदर्श औद्योगिक टाउनशिप स्थापित किया जा रहा है?
A. अमरीका
B. ब्रिटेन
C. जापान
D. रूस

104. वस्तु और सेवा कर (जीएसटी) की अवधारणा किस देश से शुरू हुई थी?
A. कनाडा
B. संयुक्त राज्य अमेरिका
C. ब्रिटेन
D. जर्मनी

105. भारत में किस प्रकार के रासायनिक उर्वरकों की खपत सर्वाधिक है?
A. नाईट्रोजनी
B. फॉस्फेटिक
C. पोटाश
D. इनमें से कोई नहीं

106. किस प्रकार के उर्वरकों की पूर्ति के लिए भारत पूर्णतः आयातों पर निर्भर है?
A. नाइट्रोजनी
B. फॉस्फेटिक
C. पोटाश
D. इनमें से कोई नहीं

107. भारत के संचित कोष में निम्नलिखित में से कौन-सा सम्मिलित नहीं होता?
A. भारत सरकार द्वारा प्राप्त कर आगम
B. भारत सरकार द्वारा प्रदत्त ऋणों की अदायगी के रूप में प्राप्त धन
C. भारत सरकार द्वारा प्राप्त किए गए समस्त ऋण
D. समस्त सार्वजनिक मुद्रा

108. 'गोल्डन-हैण्डशेक स्कीम' किससे संबंधित है?
A. विदेशी कम्पनियों को आमंत्रण
B. सार्वजनिक उद्यमों में निजी निवेश
C. भारतीय कम्पनियों द्वारा विदेशों में संयुक्त-उपक्रमों की स्थापना
D. स्वैच्छिक सेवानिवृति

109. किस संस्था का संबंध कृषि एवं ग्रामीण वित्त की आवश्यकता तक ही सीमित है?
A. स्टेट बैंक ऑफ इण्डिया
B. औद्योगिक वित्त निगम

C. नाबार्ड
D. रिजर्व बैंक ऑफ इण्डिया

110. ग्रामीण विद्युतीकरण निगम की स्थापना कब की गई थी?
A. 1989
B. 1979
C. 1959
D. 1969

111. वित्तीय संव्यवहारों में कहे जाने वाले ऋण लिखत को निम्नलिखित में से क्या नहीं कहा जा सकता है?
A. जमा प्रमाण पत्र
B. बॉण्ड
C. स्टॉक
D. वाणिज्यिक पत्र

112. अनुसूचित बैंक से अभिप्राय उन बैंकों से है–
A. जिनका राष्ट्रीयकरण हो चुका है
B. जिनका राष्ट्रीयकरण नहीं हुआ है
C. जिनका मुख्यालय विदेशों में है
D. जिनका नाम रिजर्व बैंक की दूसरी अनुसूची में सम्मिलित किया गया है।

113. 'राष्ट्रीय बाल श्रम उन्मूलन प्राधिकरण' के अध्यक्ष कौन हैं?
A. प्रधानमंत्री
B. उद्योग मंत्री
C. वित्त मंत्री
D. श्रम मंत्री

114. रेखी समिति का संबंध है–
A. अप्रत्यक्ष करों के सम्बंध में समान नियमावली बनाने से
B. बैंक ढांचे में परिवर्तन से
C. प्रतिभूति घोटाले से
D. इनमें से कोई नहीं

115. 'सम्पूर्ण ग्रामीण रोजगार योजना' (SGRY) का शुभारंभ प्रधानमंत्री द्वारा कब किया गया था?
A. 15 अगस्त, 2000
B. 15 जनवरी, 2001
C. 25 सितम्बर, 2001
D. इनमें से कोई नहीं

116. भारत में पेटेन्ट अधिनियम सर्वप्रथम कब पारित किया गया था?
A. 1970
B. 1980
C. 1990
D. 2001

117. हार्डवेयर एवं सॉफ्टवेयर उद्योग से सम्बंधित 'टाइडल पार्क' की स्थापना किस शहर में की गयी है?
A. चेन्नई
B. हैदराबाद
C. बंगलौर
D. मुम्बई

118. तम्बाकू के उत्पादन में भारत का विश्व में कौन-सा स्थान है?
- A. पहला
- B. तीसरा
- C. दूसरा
- D. चौथा

119. भारत के किस राज्य में कपास का सर्वाधिक उत्पादन होता है–
- A. केरल
- B. गुजरात
- C. असम
- D. तमिलनाडु

120. भारत में डीजल इंजन बनाने का पहला कारखाना 1932 में किस स्थान पर खोला गया था?
- A. धनबाद
- B. कोलकाता
- C. वाराणसी
- D. सतारा

121. भारत की प्रमुख खाद्य फसल है–
- A. चावल
- B. गेहूं
- C. चना
- D. गन्ना

122. निम्नलिखित में से कौन-सा वक्तव्य जीएसटी के बारे में सही नहीं है?
- A. जीएसटी एक अंतिम बिंदु पर लगाया जाने वाले रिटेल टैक्स की तरह है। इस कर को उपभोक्ता से वसूला जाता है।
- B. जीएसटी भारत में प्रचलित सभी प्रत्यक्ष करों को समाप्त कर देगा।
- C. यह पूरे देश में 1 जुलाई, 2017 से लागू किया जाएगा।
- D. यह भारत में कर ढांचे को एकीकृत करेगा।

123. निम्नलिखित में से कौन-सा कर जीएसटी द्वारा समाप्त कर दिया जाएगा?
- A. सेवा कर
- B. निगम कर
- C. आय कर
- D. धन कर

124. PURA की अवधारणा निम्नलिखित में से किसने दी है?
- A. राजीव गांधी
- B. सुषमा स्वराज
- C. ए० पी० जे० अब्दुल कलाम
- D. इनमें से कोई नहीं

125. जीएसटी किस पर लगाया जाएगा?
- A. निर्माता
- B. खुदरा विक्रेता
- C. उपभोक्ताओं
- D. उपरोक्त सभी

126. वित्तीय समावेशन पर निम्नलिखित में से किस समिति ने अपनी सिफारिशें दी हैं?
- A. राकेश मोहन समिति
- B. रंगराजन समिति
- C. सिन्हा समिति
- D. केलकर समिति

127. सांसद आदर्श गाँव योजना (SAGY) का शुभारंभ कब किया गया था?
- A. 2 अक्टूबर, 2015
- B. 11 अक्टूबर, 2014
- C. 15 अगस्त, 2014
- D. उपर्युक्त में से कोई नहीं

128. निम्नलिखित प्रत्यक्षकरों में से किस कर से सरकार को अधिक राजस्व की प्राप्ति होती है–
- A. निगम कर
- B. आय कर
- C. धन कर
- D. दान कर

129. केन्द्रीय राजस्व बोर्ड का विभाजन करके 'केन्द्रीय उत्पाद शुल्क व सीमा शुल्क बोर्ड' तथा 'केन्द्रीय प्रत्यक्ष कर बोर्ड' का गठन कब किया गया था–
- A. 1950
- B. 1958
- C. 1963
- D. 1975

130. भारत में ₹20 एवं इससे उच्च मूल्य वर्ग के नोटों की छपाई किस प्रेस में होती है?
- A. करेंसी नोट प्रेस, नासिक रोड
- B. बैंक नोट प्रेस, देवास
- C. सिक्योरिटी प्रिंटिंग प्रेस, हैदराबाद
- D. उपरोक्त तीनों में

131. भारत में भारत सरकार हर साल न्यूनतम समर्थन मूल्यों की घोषणा करती है। इस पॉलिसी में निम्नलिखित में से कौन-सी वस्तु शामिल नहीं है?
- A. गन्ना
- B. गेहूँ
- C. कपास
- D. विलास सम्बंधी वस्तुएं

132. जब पण्य वस्तुओं और सेवाओं की कीमतें लगातार कम होना शुरू हो जाएं, तो उस परिघटना को ...... कहते हैं।
- A. डिसकाउंट चील्ड
- B. अवस्फीति
- C. नकारात्मक वृद्धि
- D. बाजार पूंजी करण

133. अधिकांश बैंकों द्वारा आरंभ किया गया निम्नलिखित में से कौन-सा उत्पाद विभिन्न कृषि प्रयोजनों के लिए तुरन्त ऋण पाने में किसानों की मदद करता है?
- A. किसान क्रेडिट कार्ड
- B. व्यक्तिगत ऋण
- C. व्यवसाय ऋण
- D. ATM कार्ड

134. नरसिंहम समिति ने देश में बैंकिंग ढांचे को कितना स्तरीय बनाने की संस्तुति की थी–
- A. दो
- B. तीन
- C. चार
- D. पांच

135. भारत की लुक-ईस्ट पॉलिसी वर्ष .... में शुरू की गयी थी।
A. 1990 B. 1992
C. 1995 D. 2000

136. अनिवार्य शिक्षा अधिनियम से .... की आयु तक के सभी बच्चों को शिक्षा सुनिश्चित की जाएगी।
A. 10 वर्ष B. 12 वर्ष
C. 8 वर्ष D. इनमें से कोई नहीं

137. भारतीय जीवन बीमा निगम की स्थापना किस वर्ष की गयी थी?
A. 1897 B. 1950
C. 1956 D. 1965

138. SIDBI का मुख्यालय कहां है?
A. बंगलौर B. नई दिल्ली
C. लखनऊ D. मुम्बई

139. भारत को मिश्रित अर्थव्यवस्था का देश किसके अस्तित्व के कारण कहा जाता है?
1. सार्वजनिक क्षेत्र 2. निजी क्षेत्र
3. संयुक्त क्षेत्र 4. सहकारी क्षेत्र
A. 1, 4 B. 1, 2
C. 3, 4 D. 2, 4

140. राष्ट्रीय विकास परिषद् (NDC) का अध्यक्ष निम्न में कौन होता है?
A. वित्त मंत्री
B. प्रधानमंत्री
C. योजनामंत्री
D. लोकसभा में विपक्ष का नेता

141. भारत में केंद्रीय बैंक के सभी कार्यों को कौन-सा बैंक संपादित करता है?
A. रिजर्व बैंक ऑफ इंडिया
B. स्टेट बैंक ऑफ इंडिया
C. सेंट्रल बैंक ऑफ इंडिया
D. बैंक ऑफ इंडिया

142. 'हरित क्रांति' पद का प्रयोग उच्च उत्पादन दर्शाने के लिए किया गया है –
A. घास-स्थलों का निर्माण करके
B. अधिक वृक्षों का रोपण करके
C. प्रति हेक्टेयर कृषि उत्पादकता बढ़ाकर
D. शहरी क्षेत्रों में उद्यान बनाकर

143. किस समिति ने कृषि जोतों (Agricultural Holding) पर कर लगाने की संस्तुति की थी?
A. राज समिति B. भूतलिंगम समिति
C. वांचू समिति D. इनमें से कोई नहीं

144. भारत में कृषि बेरोजगारी का स्वरूप है–
A. केवल मौसमी B. केवल प्रच्छन्न
C. (A) और (B) दोनों D. इनमें से कोई नहीं

145. भारत में नए औद्योगिक उत्पादन सूचकांक का आधार वर्ष क्या है?
A. 2004-05 B. 2003-04
C. 2002-03 D. 2000-01

146. कौन राज्य औद्योगिक दृष्टि से अग्रणी है?
A. पश्चिम बंगाल B. उड़ीसा
C. महाराष्ट्र D. मध्य प्रदेश

147. राष्ट्रीय विकास परिषद् का गठन किस वर्ष में किया गया था?
A. 1992 B. 1948
C. 1952 D. 1947

148. भारत में विदेशी मुद्रा की फ्यूचर ट्रेडिंग निम्नलिखित स्टॉक एक्सचेंजों में की जाती है –
1. राष्ट्रीय स्टॉक एक्सचेंज
2. मुम्बई स्टॉक एक्सचेंज
3. मल्टी कमोडिटी एक्सचेंज के स्टॉक एक्सचेंज
4. यूनाइटेड स्टॉक एक्सचेंज ऑफ इन्डिया
उपरोक्त में से सही है –
A. 1, 2 और 3 B. 3 और 4
C. 1 और 4 D. उपरोक्त सभी

149. भारत में विद्युत् उत्पादन में सर्वाधिक अंश किसका है?
A. ताप विद्युत् B. जल विद्युत्
C. नाभिकीय विद्युत् D. इनमें से कोई नहीं

150. रिजर्व बैंक का मुख्यालय कहां स्थित है?
A. दिल्ली में B. चेन्नई में
C. मुम्बई में D. कोलकाता में

151. द्वीप विकास प्राधिकरण (Island Development Authority) का अध्यक्ष कौन होता है?
A. प्रधानमंत्री B. गृहमंत्री
C. राष्ट्रपति D. योजना मंत्री

152. लिमिटेड कम्पनी से क्या अभिप्राय है?
  A. जिसमें शेयर होल्डरों का दायित्व उनकी चुकता पूंजी की सीमा तक सीमित हो
  B. जिसमें निश्चित शेयर निर्गमित किए गए हों
  C. सरकारी स्वामित्व की कम्पनी
  D. पंजीकृत कम्पनी

153. इंद्रावती जलविद्युत् परियोजना किस राज्य की बहुउद्देशीय परियोजना है?
  A. महाराष्ट्र
  B. गुजरात
  C. उड़ीसा
  D. तमिलनाडु

154. निम्न में से कौन-सा सांविधिक निकाय नहीं है?
  A. वित्त आयोग
  B. राष्ट्रीय महिला आयोग
  C. योजना आयोग
  D. SC/ST आयोग

155. किस क्षेत्र में सहकारी इकाईयों ने तीव्र गति से विकास किया है?
  A. चीनी
  B. सूती वस्त्र
  C. जूट
  D. सरसों

156. अर्थव्यवस्था के विकास के लिए केन्द्रीयकृत नियोजन सर्वप्रथम अपनाया गया था—
  A. सोवियत संघ
  B. पोलैंड
  C. चीन
  D. भारत

157. वर्तमान में कितनी राशि प्रत्येक नोबेल पुरस्कार के तहत प्रदान की जाती है?
  A. 1 लाख क्रोनर
  B. 10 लाख क्रोनर
  C. 1 करोड़ क्रोनर
  D. 10 करोड़ क्रोनर

158. भारत में योजना व्यय मुख्यतः पूरा किया जाता है—
  A. आन्तरिक उधार व अन्य साधनों से
  B. भारत सहायता क्लब की सहायता से
  C. IMF की सहायता से
  D. OECD देशों की सहायता से

159. किसके उत्पादन में भारत ने आत्मनिर्भरता प्राप्त कर ली है—
  A. उर्वरक
  B. अनाज
  C. खाद्य तेल
  D. पेट्रोलियम

160. विश्व बैंक की 'उदार ऋण प्रदान करने वाली खिड़की' किसे कहा जाता है?
  A. अन्तर्राष्ट्रीय मुद्रा कोष (IMF)
  B. अन्तर्राष्ट्रीय वित्त निगम (IFC)
  C. अन्तर्राष्ट्रीय विकास संघ (IDA)
  D. भारत सहायता क्लब

161. शेयर बाजार पर प्रभावपूर्ण नियंत्रण किसके माध्यम से किया जा रहा है?
  A. MRTP
  B. FERA
  C. BIFR
  D. SEBI

162. निर्यातों हेतु सुदृढ़ आधारिक संरचना उपलब्ध कराने के उद्देश्य से प्रथम 'ट्रेड पॉइन्ट' की स्थापना 16 अगस्त, 1994 को किस स्थान पर किया गया था?
  A. कलकत्ता
  B. नई दिल्ली
  C. मुंबई
  D. उपर्युक्त में कोई नहीं

163. राष्ट्रीय ग्रामीण विकास संस्थान स्थित है—
  A. शिमला में
  B. हैदराबाद में
  C. पटना में
  D. दिल्ली में

164. 'Closed Economy' से तात्पर्य उस अर्थव्यवस्था से है, जिसमें—
  A. केवल निर्यात होता है
  B. केवल आयात होता है
  C. आयात और निर्यात नहीं होते हैं
  D. इनमें से कोई नहीं

165. देश में चीनी मिलों की सर्वाधिक संख्या किस राज्य में है?
  A. बिहार
  B. उत्तर प्रदेश
  C. महाराष्ट्र
  D. मध्य प्रदेश

166. 'खादी एवं ग्रामीण उद्योग आयोग' की स्थापना किस पंचवर्षीय योजना के अन्तर्गत की गयी थी?
  A. तीसरी
  B. चौथी
  C. दूसरी
  D. पहली

167. 'गरीबी हटाओ' का नारा किस पंचवर्षीय योजना के अन्तर्गत दिया गया था—
  A. नौवीं
  B. पांचवीं
  C. चौथी
  D. दूसरी

168. कर-संरचना सम्बन्धी सुधारों के लिए गठित की गयी समिति निम्नलिखित में से कौन-सी थी?
  A. नरसिंहम समिति
  B. चेलैय्या समिति
  C. गाडगिल समिति
  D. केलकर समिति

169. निम्नलिखित में से कौन सा सुमेलित नहीं है?
  A. पहली पंचवर्षीय योजना – कृषि विकास
  B. आठवीं पंचवर्षीय योजना – मानव संसाधन विकास
  C. नौवीं पंचवर्षीय योजना – आत्मनिर्भरता
  D. ग्यारहवीं पंचवर्षीय योजना – समावेशी विकास

170. किस समिति की सिफारिश पर सरकार ने 1969 के MRTP एक्ट की जगह ट्रेड रिलेटेड कम्पीटीशन एक्ट-2000 लागू किया है?
  A. एस०वी०एस० राघवन समिति
  B. सोम समिति
  C. रंगराजन समिति
  D. इनमें से कोई नहीं

171. निम्न में से किस केंद्र शासित प्रदेश में न्यूनतम लिंगानुपात है?
  A. लक्षद्वीप
  B. चंडीगढ़
  C. दादरा एवं नगर हवेली
  D. दमन एवं दीव

172. किस केन्द्र शासित प्रदेश में साक्षरता प्रतिशत अधिकतम है?
  A. दिल्ली
  B. चण्डीगढ़
  C. पाण्डिचेरी
  D. गोवा

173. कौन-सी योजना अपनी अवधि पूरी होने के एक वर्ष पूर्व ही समाप्त घोषित की गयी थी?
  A. दूसरी
  B. तीसरी
  C. पांचवीं
  D. आठवीं

174. हवाला क्या है?
  A. किसी विषय की पूर्ण जानकारी
  B. विदेशी मुद्रा विनिमय का अवैध कारोबार
  C. शेयर बाजार में प्रतिभूतियों का अवैध लेन-देन
  D. कर अपवंचन

175. ऐसा कौन-सा गरीबी उन्मूलन कार्यक्रम चलाया गया था जिसमें बैंकों की महत्त्वपूर्ण भूमिका थी?
  A. IRDP
  B. न्यूनतम आवश्यकता कार्यक्रम
  C. रोजगार बीमा योजना
  D. जवाहर रोजगार योजना

176. भारत के कुल निर्यात का सबसे बड़ा भाग किसको जाता है?
  A. यूरोपीय आर्थिक समुदाय
  B. स्वतंत्र राष्ट्रों का राष्ट्रमण्डल
  C. दक्षेस
  D. OPEC

177. राज्य विशिष्ट मानव विकास सूचकांक के घटते क्रम में निम्नलिखित में से कौन-सा विकल्प सही है?
  A. केरल - कर्नाटक - नागालैण्ड - प० बंगाल
  B. केरल - तमिलनाडु - कर्नाटक - महाराष्ट्र
  C. केरल - प० बंगाल - तमिलनाडु - कर्नाटक
  D. इनमें से कोई नहीं

178. निम्नलिखित में से कौन-सा सुमेलित नहीं है?
  A. दसवाँ वित्त आयोग – प्रणव मुखर्जी
  B. ग्यारहवाँ वित्त आयोग – ए० एम० खुसरो
  C. बारहवाँ वित्त आयोग – डॉ० सी० रंगराजन
  D. तेरहवाँ वित्त आयोग – विजय केलकर

179. केन्द्र सरकार के RBI की शुद्ध साख में वृद्धि किस प्रकार के बजट घाटे को प्रदर्शित करती है?
  A. बजटीय घाटा
  B. राजस्व घाटा
  C. राजकोषीय घाटा
  D. मौद्रिकृत घाटा

180. राष्ट्रीय आवास बैंक निम्नलिखित में से किसका नियंत्रित उपक्रम है?
  A. नाबार्ड
  B. भारतीय यूनिट ट्रस्ट
  C. भारतीय रिजर्व बैंक
  D. भारतीय जीवन बीमा निगम

181. तेल के सम्प्रेषण हेतु हल्दिया व पारादीप के बीच पाइप लाइन किस कम्पनी द्वारा स्थापित की गयी है?
  A. बीएसएनएल
  B. एचपीसीएल
  C. भारतीय तेल निगम
  D. रिलायंस इंडस्ट्रीज लि०

182. RBI का राष्ट्रीयकरण कब हुआ?
  A. 1959
  B. 1947
  C. 1945
  D. 1949

183. दलाल स्ट्रीट कहां है?
  A. लन्दन
  B. पेरिस
  C. मुम्बई
  D. नई दिल्ली

184. भारत में मान्यता प्राप्त-शेयर बाजारों की संख्या कितनी है?
  A. 19
  B. 20
  C. 23
  D. 17

185. भारत में बेरोजगारी की समस्या है–
  A. संरचनात्मक
  B. चक्रीय
  C. मौसमी
  D. घर्षणात्मक

186. भारत में गठित सबसे पहली सहकारी समितियां थीं–
  A. साख समितियां
  B. विपणन समितियां
  C. कृषि समितियां
  D. गृह समितियां

187. नाबार्ड की स्थापना किस पंचवर्षीय योजना में की गयी थी?
A. चौथी
B. पांचवीं
C. छठवीं
D. आठवीं

188. दूसरी पंचवर्षीय योजना का प्रारूप किसने तैयार किया था?
A. बी०एन० गाडगिल
B. बी०के०आर०वी० राव
C. पी०सी० महालनोबिस
D. सी०एन० वकील

189. इण्डिया ब्राण्ड इक्विटी फण्ड की स्थापना किस वर्ष में हुई?
A. 1995
B. 2007
C. 1996
D. 2008

190. अब तक कुल कितने वित्त आयोगों का गठन भारत में किया जा चुका है?
A. 14
B. 10
C. 9
D. 15

191. भारत में कर्मचारियों के महंगाई भत्ते के निर्धारण का आधार क्या है?
A. राष्ट्रीय आय
B. उपभोक्ता मूल्य सूचकांक
C. जीवन स्तर
D. प्रति व्यक्ति आय

192. भारत में पहला रेलवे स्टेशन कौन-सा है, जहाँ वाई-फाई की सुविधा उपलब्ध कराई जा चुकी है?
A. मुम्बई
B. नई दिल्ली
C. बंगलुरू सिटी
D. अहमदाबाद

193. आर्थिक नियोजन विषय है–
A. संघ सूची में
B. राज्य सूची में
C. समवर्ती सूची में
D. इनमें से कोई नहीं

194. बारहवीं पंचवर्षीय योजना की अवधि क्या है?
A. 2000-2005
B. 2005-2010
C. 2012-2017
D. 2007-2012

195. 'सूखा आशंकित क्षेत्र कार्यक्रम' (DPAP) के लिए वित्त व्यवस्था केन्द्र व सम्बंधित राज्य द्वारा किस अनुपात में की जाती है?
A. 75 : 25
B. 50 : 50
C. 25 : 75
D. 100 : 0

196. किसने कृषि जोतों पर कर लगाने की संस्तुति की थी?
A. भूतलिंगम समिति
B. वान्चू समिति
C. राज समिति
D. इनमें से कोई नहीं

197. कपार्ट (CAPART) का मुख्यालय कहां स्थित है?
A. मुम्बई
B. कोलकाता
C. नई दिल्ली
D. बंगलौर

198. स्टील अथॉरिटी ऑफ इंडिया (SAIL) की स्थापना कब हुई थी?
A. 1974
B. 1984
C. 1990
D. 1964

199. भारतीय प्रतिभूति एवं विनिमय बोर्ड (SEBI) की स्थापना कब की गयी थी?
A. 1993
B. 1992
C. 1988
D. 2002

200. कर सुधार समिति (Tax Reforms Committee) का अध्यक्ष किसे नियुक्त किया गया था?
A. प्रणव मुखर्जी
B. के०पी० नरसिंहम
C. एस० जानकीरमण
D. राजा चेलैय्या

201. बजट घाटे की पूर्ति के लिए अपनाई जाने वाली तदर्थ ट्रेजरी बिल प्रणाली को समाप्त करके उसके स्थान पर अस्थायी समायोजन की एक नई अर्थोपाय अग्रिम (Ways and Means Advances) व्यवस्था भारत में कब से प्रारंभ की गयी है?
A. 31 मार्च, 1999
B. 1 मार्च, 1997
C. 1 अप्रैल, 2003
D. इनमें से कोई नहीं

202. भारत में बजट घाटे की पूर्ति के लिए अपनाई जाने वाली तदर्थ ट्रेजरी बिल प्रणाली को कब से समाप्त कर दिया गया है?
A. 31 मार्च, 1997
B. 31 मार्च, 1998
C. 1 अप्रैल, 1999
D. 1 अप्रैल, 2003

203. हमारे वर्तमान थोक मूल्य सूचकांक (WPI) का आधार वर्ष क्या है?
A. 2011-12
B. 2005-10
C. 2004-05
D. 2000-01

204. 'पॉलिटिक्स ऑफ चरखा' नामक पुस्तक किसने लिखी थी?
A. अशोक मेहता
B. जे०सी० कृपलानी
C. जे०बी० कृपलानी
D. के०जी० मशरूवाला

205. राष्ट्रीय डिजाइन संस्थान (NID) कहाँ स्थित है?
A. नई दिल्ली
B. मुम्बई
C. अहमदाबाद
D. हैदराबाद

206. CENVAT आरोपित किया जाता है–
A. सीधे उपभोक्ताओं पर
B. उत्पादन के केवल अन्तिम चरण पर
C. उत्पादन के केवल प्रारंभिक चरण पर
D. उत्पादन और अन्तिम बिक्री के मध्य प्रत्येक चरण पर

207. किस देश में प्लास्टिक के नोट सर्वप्रथम प्रचलन में लाए गए थे?
A. अमरीका
B. ब्रिटेन
C. जर्मनी
D. ऑस्ट्रेलिया

208. किस वर्ष में 'खाद्य मिलावट निवारण अधिनियम' (Prevention of Food Adulteration Act) प्रथम बार लागू हुआ था?
A. 1951 में
B. 1954 में
C. 1964 में
D. 1986 में

209. कामराज बन्दरगाह भारत के किस राज्य में अवस्थित है?
A. गुजरात
B. ओडिशा
C. आंध्र प्रदेश
D. तमिलनाडु

210. 'राष्ट्र की जीवन रेखा' (Life Line of the Nation) किसे उद्घोषित किया गया था?
A. नई सहस्त्राब्दी के पहले रेल बजट को
B. केन्द्रीय बजट 2002-2003 को
C. केन्द्रीय बजट 2003-2004 को
D. इनमें से कोई नहीं

211. ऐसी विदेशी मुद्रा जिसमें शीघ्र पलायन कर जाने की प्रवृत्ति हो, वह कहलाती है–
A. दुर्भल मुद्रा
B. गर्म मुद्रा
C. सुलभ मुद्रा
D. स्वर्ण मुद्रा

212. द्वीप विकास प्राधिकरण का अध्यक्ष कौन होता है?
A. राष्ट्रपति
B. प्रधानमंत्री
C. गृहमंत्री
D. योजनामंत्री

213. 2011 की जनगणना के अनुसार सर्वाधिक कुल शहरी जनसंख्या वाला राज्य कौन-सा है?
A. तमिलनाडु
B. महाराष्ट्र
C. उत्तर प्रदेश
D. केरल

214. राउरकेला में इस्पात कारखाने की स्थापना किसके सहयोग से की गयी है?
A. जर्मनी
B. सोवियत रूस
C. जापान
D. यू.के.।

215. भारत की पहली मानव विकास रिपोर्ट कब जारी की गयी थी?
A. अप्रैल 2002
B. अप्रैल 2001
C. मार्च 2000
D. जून 2001

216. देश में किसी गैर बैंकिंग कंपनी द्वारा पहला एटीएम (व्हाइट लेबल एटीएम) किस राज्य में खोला गया?
A. महाराष्ट्र
B. गुजरात
C. नई दिल्ली
D. उत्तर प्रदेश

217. लघु उद्योग क्षेत्र में विदेशी पूंजी निवेश की निर्धारित सीमा है–
A. 35%
B. 24%
C. 49%
D. 51%

218. भिलाई इस्पात कारखाना किस राष्ट्र की सहायता से बनाया गया है?
A. इंग्लैंड
B. जापान
C. जर्मनी
D. रूस

219. NAFED का संबंध है–
A. सहकारी आन्दोलन
B. कृषि विपणन
C. बैंकिंग सेवा क्षेत्र
D. दुग्ध उत्पादन

220. निवेश (Investment) की दृष्टि से भारतीय अर्थव्यवस्था का निम्न में से कौन-सा बड़ा उद्योग है?
A. सीमेंट
B. चाय
C. पटसन
D. इस्पात

221. पीली क्रांति का संबंध है–
A. तिलहन उत्पादन
B. दलहन उत्पादन
C. दुग्ध उत्पादन
D. मछली उत्पादन

222. किसान क्रेडिट कार्ड योजना का आरंभ किया गया था–
A. 1997-98
B. 1998-99
C. 1999-2000
D. 2000-01

223. प्रथम राष्ट्रीय श्रम आयोग का गठन किया गया था–
A. 1966
B. 1967
C. 1968
D. 1969

224. भारतीय औद्योगिक विकास बैंक (IDBI) की स्थापना कब हुई थी?
A. 1965
B. 1964
C. 1963
D. 1960

225. भारतीय औद्योगिक वित्त निगम लिमिटेड (IFCI) की स्थापना कब हुई थी?
A. 1948
B. 1949
C. 1950
D. 1951

226. अन्नपूर्णा योजना प्रारंभ की गयी थी–
   A. 2000   B. 2001
   C. 2002   D. 2003

227. कोंकण रेलवे की कुल लम्बाई है–
   A. 760 किमी   B. 780 किमी
   C. 820 किमी   D. 900 किमी

228. निजी क्षेत्र का भारत का पहला हवाई अड्डा है–
   A. कोचीन   B. कोलकाता
   C. पटना   D. भोपाल

229. राष्ट्रीय कृषि और ग्रामीण विकास बैंक (NABARD) की स्थापना किस पंचवर्षीय योजना के दौरान की गई?
   A. छठवीं   B. पांचवीं
   C. आठवीं   D. सातवीं

230. कौन बीमारू राज्य (Bimaru State) नहीं है?
   A. बिहार   B. मध्य प्रदेश
   C. राजस्थान   D. उत्तराखंड

231. भण्डारी समिति ने निम्नलिखित में से किसके संबंध में सिफारिशें प्रस्तुत की थीं?
   A. दूर संचार क्षेत्र में निजी इकाइयों का प्रवेश
   B. रेलवे के क्षेत्रों का पुनर्गठन
   C. क्षेत्रिय ग्रामीण बैंकों की पुनः सरंचना
   D. पेट्रोलियम क्षेत्र में सुधार

232. हरा सोना किसे कहते हैं?
   A. चाय   B. कॉफी
   C. सोना   D. हरा कसीस

233. ओपेक (Organisation of Petroleum Exporting Countries — OPEC) का मुख्यालय कहाँ स्थित है?
   A. वियाना   B. कुवैत सिटी
   C. अल्जीयर्स   D. लारेंस

234. निम्नलिखित में से कौन-सी संस्था उद्योगों को दीर्घकालीन वित्त उपलब्ध कराती है?
   A. UTI
   B. LIC
   C. साधारण बीमा निगम (GIC)
   D. उपर्युक्त सभी

235. गन्ने तथा चीनी के उत्पादन में भारत का विश्व में कौन-सा स्थान है?
   A. प्रथम   B. तृतीय
   C. द्वितीय   D. उपर्युक्त में कोई नहीं

236. व्यापक स्तर पर फसल बीमा योजना (Comprehensive Crop Insurance Scheme) कब प्रारम्भ की गई थी?
   A. अप्रैल 1985   B. अप्रैल 1988
   C. अक्तूबर 1992   D. अक्तूबर 1993

237. औद्योगिक उत्पादन सूचकांक का सर्वाधिक भार किस क्षेत्र पर है?
   A. विनिर्माण   B. खनन
   C. विद्युत   D. कृषि

238. आर्थिक विकास की माप के लिए निम्नलिखित में से कौन-सी बेहतर माप है?
   A. रोजगार   B. निर्यात का आकार
   C. ग्रामीण उपभोग   D. राष्ट्रीय आय

239. भारत में केन्द्रीय बैंक के सभी कार्यों को कौन-सा बैंक सम्पादित करता है?
   A. सेन्ट्रल बैंक ऑफ इण्डिया
   B. स्टेट बैंक ऑफ इण्डिया
   C. रिजर्व बैंक ऑफ इण्डिया
   D. उपर्युक्त A तथा B दोनों

240. मनी लाउंड्रिंग बिल का उद्देश्य है–
   A. घरेलू बचत को बढ़ाना
   B. अप्रत्यक्ष करों के प्रवाह प्रभाव (Cascode-Effect) को कम करना
   C. अवैध रूप से प्राप्त किए गए धन की आवाजाही पर निगरानी रखना
   D. विदेशों में बसे भारतीयों को भारत में निवेश हेतु प्रोत्साहित करना

241. स्वर्ण जयन्ती ग्राम स्वरोजगार योजना किस वर्ष प्रारंभ की गयी थी?
   A. 1999 में   B. 2000 में
   C. 2001 में   D. 2004 में

242. 2011 की जनगणना में न्यूनतम जनसंख्या घनत्व वाला राज्य है–
   A. मेघालय   B. सिक्किम
   C. मिजोरम   D. अरुणाचल प्रदेश

243. 'मंदड़िया' व 'तेजड़िया' शब्दावली किससे सम्बन्धित हैं?
   A. शेयर बाजार   B. घुड़सवारी
   C. करारोपण   D. सार्वजनिक व्यय

244. युनिट ट्रस्ट ऑफ इण्डिया (UTI) का प्रमुख उद्देश्य है–
A. छोटी-छोटी बचतों को प्रोत्साहन देना
B. लघु इकाईयों को ऋण देना
C. कर लगाना
D. फसलों का समर्थित मूल्य निर्धारित करना

245. नाबार्ड (NABARD) जो ग्रामीण विकास के लिए ऋण देता है, वह है एक–
A. बैंक (Bank) B. बोर्ड (Board)
C. खण्ड (Block) D. विभाग (Department)

246. इण्डिया डेवलपमेन्ट रिपोर्ट नामक पुस्तक का सम्पादन किसके द्वारा किया गया है?
A. किरित एस. पारीख B. प्रो. ब्रह्मानन्द
C. डा. ओ.आर. पंचमुखी D. प्रो. कान्ता आहुजा

247. भारत में गठित सबसे पहली सहकारी समितियां (Co-operative Societies) थीं–
A. विपणन समितियां B. कृषि समितियां
C. साख समितियां D. गृह समितियां

248. निम्नलिखित में से कौन-सा एक असमानता घटाने का उपाय नहीं है?
A. न्यूनतम-आवश्यकता कार्यक्रम
B. अर्थव्यवस्था का उदारीकरण
C. करारोपण
D. भूमि सुधार

249. 'मिड-डे-मिल' योजना निम्नांकित वर्ष में प्रारंभ हुई थी–
A. 1995 में B. 1996 में
C. 1997 में D. 1998 में

250. एम.आर.टी.पी. एक्ट निम्नलिखित में से किससे सम्बन्धित है?
A. एकाधिकारी एवं प्रतिबन्धित व्यापार व्यवहार से
B. महंगाई नियन्त्रण से
C. यातायात नियन्त्रण से
D. विदेशी मुद्रा नियमन से

251. भारत में औद्योगिकरण की क्रिया किस पंचवर्षीय योजना में प्रारम्भ की गई थी?
A. चौथी B. तीसरी
C. दूसरी D. पहली

252. मांग उत्पन्न करने के लिए क्या आवश्यक है?
A. उत्पादन B. कीमत
C. आय D. आयात

253. नायक समिति की स्थापना का उद्देश्य था–
A. छोटे पैमाने के उद्योगों की साख-समस्या की जांच करना
B. छोटे पैमाने के उद्योगों की रुग्णता से सम्बन्धित पहलुओं की जांच करना
C. उपर्युक्त दोनों
D. उपर्युक्त में से कोई नहीं

254. भारत में पहली औद्योगिक नीति की घोषणा की गई थी–
A. 1 अप्रैल, 1942 को B. 6 अप्रैल, 1948 को
C. 1 जनवरी, 1950 को D. 1 जनवरी, 1951 को

255. द्वितीय औद्योगिक नीति की घोषणा की गई–
A. 1 अप्रैल, 1951 को B. 13 अप्रैल, 1954 को
C. 30 अप्रैल, 1956 को D. 30 अप्रैल, 1961 को

256. 1956 की औद्योगिक नीति में द्वितीय वर्ग में सम्मिलित उद्योगों की संख्या थी–
A. 6 B. 12
C. 18 D. 23

257. 1948 की औद्योगिक नीति के प्रथम वर्ग में शामिल उद्योग था–
A. कोयला B. हवाई जहाज निर्माण
C. रेल यातायात D. सीमेंट

258. 1956 की औद्योगिक नीति में उद्योगों को बांटा गया–
A. दो वर्गों में B. तीन वर्गों में
C. चार वर्गों में D. छः वर्गों में

259. 1956 की नई औद्योगिक नीति बनाना आवश्यक हो गया था, क्योंकि–
A. देश में नियोजन प्रारम्भ हो गया था
B. समाजवादी ढंग से समाज को आधारभूत सामाजिक और आर्थिक नीति के रूप में स्वीकारा गया था
C. उपर्युक्त दोनों
D. उपर्युक्त में से कोई नहीं

260. भारत सरकार ने 1991 में नवीन औद्योगिक नीति की घोषणा की–
A. 24 जुलाई, 1991 को
B. 2 अगस्त, 1991 को
C. 15 अगस्त, 1991 को
D. 23 दिसम्बर, 1991 को

261. लघु उद्योगों पर निम्नलिखित औद्योगिक नीतियों में से किस नीति प्रस्ताव में अधिक जोर दिया गया?
A. 1948 की औद्योगिक नीति में
B. 1956 की औद्योगिक नीति में
C. 1977 की औद्योगिक नीति में
D. उपर्युक्त में से किसी में नहीं

262. 2011 की जनगणना के अनुसार भारत की जनसंख्या कितनी है?
A. 100.7 करोड़
B. 101.2 करोड़
C. 121.01 करोड़
D. 104.2 करोड़

263. भारत में जोतों का औसत आकार निरंतर घटने का क्या कारण है?
1. उत्तराधिकार के नियम
2. चकबंदी
3. कृषि का यंत्रीकरण
4. भूस्वामित्व की ललक
A. 1, 2, 3 व 4
B. 1, 3 व 4
C. 1 व 4
D. 1 व 2

264. महिलाओं की साक्षरता दर सबसे ऊंची किस राज्य में है?
A. तमिलनाडु
B. पं. बंगाल
C. केरल
D. महाराष्ट्र

265. पवन ऊर्जा (Wind Energy) की उत्पादन क्षमता में भारत का विश्व में कौन-सा स्थान है?
A. दूसरा
B. तीसरा
C. पाँचवाँ
D. चौथा

266. 2011 की जनगणना के अनुसार भारत में प्रति 1000 पुरुषों पर महिलाओं की संख्या कितनी है?
A. 939
B. 929
C. 943
D. 969

267. 2011 की जनगणना के अनुसार निम्नलिखित में से कौन-सा राज्य साक्षरता के राष्ट्रीय औसत से नीचे है?
A. महाराष्ट्र
B. गुजरात
C. उड़ीसा
D. पं. बंगाल

268. राष्ट्रीय ग्रामीण स्वास्थ्य मिशन (NRHM) को प्रारंभ करने का वर्ष था–
A. 2003
B. 2004
C. 2005
D. 2006

269. 2001-2011 के दशक में भारतीय जनसंख्या में प्रतिशत वृद्धि हुई–
A. 26.23
B. 24.53
C. 17.7
D. 19.95

270. जीएसटी बिल को पारित करने के लिए कौन-सा संवैधानिक संशोधन किया गया है?
A. 101वां
B. 120वां
C. 122वां
D. 115वां

271. केरल राज्य के बाहर पहला पूर्ण साक्षर जिला था–
A. वर्द्धवान (पं. बंगाल)
B. चिंगुल पेट (तमिलनाडु)
C. नासिक (महाराष्ट्र)
D. मेरकाटा (कर्नाटक)

272. CAPART एक स्वायत संस्था है, जो निम्नांकित के अधीन कार्य करती है –
A. कृषि मंत्रालय
B. ग्रामीण विकास मंत्रालय
C. उद्योग मंत्रालय
D. योजना आयोग

273. भारत में राज्य सरकारों के आगम (Revenue) का सबसे महत्त्वपूर्ण स्रोत है–
A. राज्य उत्पाद शुल्क
B. ट्रेड-टैक्स
C. भू-राजस्व
D. कृषि आयकर

274. आठवीं पंचवर्षीय योजना का प्राथमिकता प्राप्त क्षेत्र था–
A. जनसंख्या नियंत्रण
B. रोजगार के अवसरों में वृद्धि
C. प्राथमिक शिक्षा सुधार
D. उपर्युक्त सभी

275. भारतीय रिजर्व बैंक के पास विभिन्न व्यावसायिक बैंकों की कुल जमा एवं आरक्षित राशि का निर्धारित भाग क्या कहलाता है?
A. भुगतान सन्तुलन
B. बैंक गारण्टी
C. अमानत राशि
D. CRR

276. ‘इण्डिया इन्फ्रास्ट्रक्चर’ रिपोर्ट किस समिति द्वारा प्रस्तुत की गई है?
A. राकेश मोहन समिति
B. पी. मुरारी समिति
C. शाहिद हुसैन समिति
D. स्वामी नाथन समिति

277. 2011 की जनगणना के अनुसार कुल जनसंख्या में नगरीय जनसंख्या का प्रतिशत है–
A. 26.07
B. 31.20
C. 23.34
D. 30.35

278. 2011 की जनगणना के अन्तर्गत साक्षरों की संख्या की गणना के लिए किस आयु वर्ग से ऊपर के व्यक्तियों को सम्मिलित किया गया था?
A. 5 वर्ष
B. 7 वर्ष
C. 6 वर्ष
D. 10 वर्ष

279. 2011 की जनसंख्या में उत्तर प्रदेश में साक्षरता का प्रतिशत कितना है?
A. 61.2%
B. 67.7%
C. 63.2%
D. 69.8%

280. 2011 की जनगणना में 2001-2011 अवधि में देश की आबादी कितनी बढ़ी?
A. 18.15 करोड़
B. 17.10 करोड़
C. 18.70 करोड़
D. 19.40 करोड़

281. भारत सरकार ने नई राष्ट्रीय जनसंख्या नीति की घोषणा की?
A. 5 अप्रैल, 1975 को
B. 16 अप्रैल, 1976 को
C. 25 अप्रैल, 1997 को
D. 15 फरवरी, 2000 को

282. परिवार नियोजन कार्यक्रम को सर्वप्रथम सर्वोच्च प्राथमिकता वाला कार्यक्रम बताया गया है–
A. द्वितीय योजना में
B. चतुर्थ योजना में
C. पांचवीं योजना में
D. छठी योजना में

283. प्रधानमंत्री जन-धन योजना से सम्बन्धित कथनों में कौन-सा कथन असत्य है?
A. इस योजना का शुभारम्भ प्रधानमंत्री के द्वारा 28 अगस्त, 2014 को की गई।
B. इस योजना के तहत बैंक खाता खोलने वालों को स्वदेशी रूपे (RuPay) डेबिट कार्ड के साथ ₹2 लाख की दुर्घटना बीमा सुरक्षा उपलब्ध कराई जाती है।
C. 18 से 50 वर्ष की आयु वर्ग के सभी बैंक खाताधारक इस योजना के लिए पात्र है।
D. इनमें से कोई नहीं

284. भारत के निर्यात की वस्तु है–
A. पेट्रोलियम पदार्थ
B. औषधियां
C. चाय
D. उर्वरक

285. राज्यों को तदर्थ अनुदान देने हेतु गाडगिल फार्मूले के अन्तर्गत सर्वाधिक महत्व दिया गया–
A. जनसंख्या
B. संसाधन जुटाने को
C. आय को
D. विशेष समस्याओं को

286. उत्तर प्रदेश में निर्यात प्रोसेसिंग क्षेत्र कहाँ है?
A. मुरादाबाद
B. कानपुर
C. नोएडा
D. अलीगढ़

287. भारत में अल्पसंख्यकों के कल्याण हेतु प्रधानमंत्री द्वारा घोषित कार्यक्रम को क्या कहते हैं?
A. अन्त्योदय कार्यक्रम
B. प्रधानमंत्री रोजगार योजना
C. 15 सूत्रीय कार्यक्रम
D. 20 सूत्रीय कार्यक्रम

288. किस वर्ष भारतीय मुद्रा का तीन चरणों में अवमूल्यन (Devaluation) किया गया?
A. 1966 में
B. 1991 में
C. 1993 में
D. 1994 में

289. गैट का तात्पर्य है –
A. जेनेवा एग्रीमेंट फॉर ट्रेड एण्ड ट्रांसपोर्ट
B. जनरल एग्रीमेंट ऑन टैरिफ्स एण्ड ट्रेड
C. गाइडलाइन्स फॉर एसिस्टिंग टैरिफ एण्ड ट्रेड
D. गवर्नमेंट एसोसिएशन फॉर ट्रेड एण्ड ट्रांसपोर्ट

290. व्यवसाय के अन्तर्गत आता है/आते हैं –
A. केवल व्यापार
B. व्यापार और उद्योग
C. उद्योग और वाणिज्य
D. व्यापार, उद्योग एवं वाणिज्य

291. कर-संरचना संबंधी सुधारों के लिए गठित की गई समिति निम्न में से कौन-सी थी?
A. चेलैया समिति
B. नरसिंहम समिति
C. गाडगिल समिति
D. केलकर समिति

292. भारतीय रुपये का अन्तिम अवमूल्यन किया गया–
A. 1991 में
B. 1992 में
C. 1993 में
D. 1994 में

293. निम्नांकित युग्मों में कौन-सा सुमेलित नहीं है?

उपज	बृहत्तम उत्पादक
A. मक्का	कर्नाटक
B. केला	महाराष्ट्र
C. सरसों	राजस्थान
D. मूँगफली	गुजरात

294. निम्नलिखित में से कौन-सी क्रेडिट रेटिंग संस्था भारत में कार्यरत नहीं है?
A. क्रिसिल (CRISIL)
B. आई० सी० आर० ए० (ICRA)
C. डाउ जोंस (DOW JONES)
D. केयर (CARE)

295. 'खादी एवं ग्रामीण उद्योग आयोग' की स्थापना किस पंचवर्षीय योजना के अंतर्गत् की गई थी?
A. तीसरी
B. दूसरी
C. चौथी
D. सातवीं

296. संगम योजना का उद्देश्य है–
A. गंगा के जल को प्रदूषण-मुक्त बनाना
B. संगम क्षेत्र को पर्यटक स्थल के रूप में विकसित करना
C. विकलांगों के कल्याण में वृद्धि
D. हिन्दू समाज के विभिन्न वर्गों को समेकित करना

297. पूरे देश में बंधुआ श्रमिक प्रथा कब समाप्त की गई?
A. 1975 से
B. 1978 से
C. 1980 से
D. 1982 से

298. राष्ट्रीय चीनी संस्थान किस शहर में स्थित है?
A. कानपुर
B. नासिक
C. मुम्बई
D. नई दिल्ली

299. भारत में 2011 की जनगणना में ग्रामीण जनसंख्या का प्रतिशत था–
A. 70.3
B. 68.8
C. 80.2
D. 85.4

300. भारत में पहली बार जनगणना का कार्य कब हुआ?
A. 1872
B. 1891
C. 1901
D. 1921

301. आत्मनिर्भरता एवं स्वयं-स्फूर्ति अर्थव्यवस्था का लक्ष्य रखा गया–
A. प्रथम योजना का
B. द्वितीय योजना का
C. तृतीय योजना का
D. चतुर्थ योजना का

302. दूसरी पंचवर्षीय योजना का प्रारूप किसने तैयार किया?
A. वी.एन. गाडगिल
B. वी.के.आर.वी. राव
C. पी.सी. महालनोविस
D. सी.एन. वकील

303. औद्योगिक क्रान्ति (Industrial Revolution) सर्वप्रथम किस देश में हुई?
A. फ्रांस
B. जर्मनी
C. इंग्लैण्ड
D. अमेरिका

304. राष्ट्रीय आवास बैंक निम्नलिखित में से किसका नियंत्रित उपक्रम है?
A. राष्ट्रीय कृषि एवं ग्रामीण विकास बैंक
B. भारतीय युनिट ट्रस्ट
C. भारतीय रिजर्व बैंक
D. भारतीय जीवन बीमा निगम

305. चौथी पंचवर्षीय योजना की अवधि थी–
A. 1966-67 से 1970-71
B. 1967-68 से 1971-72
C. 1968-69 से 1972-73
D. 1969-70 से 1973-74

306. निम्नलिखित में से कौन-सा तृतीयक क्षेत्र में नहीं आता?
A. परिवर्तन
B. व्यापार
C. व्यापारिक सेवाएं
D. विद्युत

307. विश्व बैंक का लेखा वर्ष है –
A. जनवरी-दिसम्बर
B. अप्रैल-मार्च
C. जुलाई-जून
D. अक्टूबर-सितम्बर

308. निजी क्षेत्र के एक्सिस बैंक का नाम पहले क्या था?
A. ग्लोबल ट्रस्ट बैंक
B. अमास बैंक
C. यूटीआई बैंक
D. बैंक ऑफ मदुरई

309. नई सार्वजनिक वितरण प्रणाली कब आरम्भ की गई?
A. 1 जनवरी, 1996 से
B. 1 अप्रैल, 1995 से
C. 1 जनवरी, 1997 से
D. 1 अप्रैल, 1997 से

310. भारत में थोक कीमत सूचकांक किसके द्वारा तैयार किया जाता है?
A. केन्द्रीय योजना आयोग
B. केन्द्रीय वाणिज्य मंत्रालय
C. केन्द्रीय सांख्यिकी संगठन
D. केन्द्रीय कृषि आयोग

311. उपभोक्ता के संदर्भ में रुपए की क्रय शक्ति को मापने वाला सूचकांक है–
A. थोक मूल्य सूचकांक
B. फुटकर कीमत सूचकांक
C. जीवन निर्वाह सूचकांक
D. उपर्युक्त में से कोई नहीं

312. भारत में उपभोक्ता कीमत सूचकांक तैयार होता है–
 A. कृषि श्रमिकों के लिए
 B. औद्योगिक श्रमिकों के लिए
 C. गैर-कामगार नागरीय कर्मचारियों के लिए
 D. उपर्युक्त सभी

313. भारतीय रिजर्व-बैंक द्वारा मुद्रा पूर्ति के संघटकों में M_1 से M_4 तक जाने पर तरलता की मात्रा क्रमशः–
 A. घटती है   B. बढ़ती है
 C. स्थिर रहती है   D. उपर्युक्त सभी सम्भव

314. आविद हुसैन समिति गठित की गई–
 A. उद्योगों के विविधिकरण हेतु
 B. लघु उद्योगों की समस्याओं के निवारण हेतु
 C. हथकरघा उद्योगों की समस्याओं के निवारण हेतु
 D. निर्यात संवर्द्धन हेतु

315. निम्नलिखित में से किस बैंक में कोई व्यक्ति अपना व्यक्तिगत खाता नहीं खोल सकता है?
 A. शहरी सहकारी बैंक
 B. क्षेत्रीय ग्रामीण बैंक
 C. भारतीय रिजर्व बैंक
 D. अनूसुचित व्यापारिक बैंक

316. भारतीय रिजर्व बैंक के मुद्रा पूर्ति के कितने संघटक हैं?
 A. दो   B. तीन
 C. चार   D. पांच

317. दालों का सर्वाधिक उत्पादन करने वाला राज्य है–
 A. मध्य प्रदेश   B. उत्तर प्रदेश
 C. उड़ीसा   D. महाराष्ट्र

318. पारादीप बन्दरगाह कहाँ स्थित है?
 A. केरल में   B. कर्नाटक में
 C. पश्चिम बंगाल में   D. उड़ीसा में

319. भारत में पहली बार विनिवेश आयोग (Disinvestment Commission) की स्थापना कब की गयी थी?
 A. अगस्त 1992   B. अगस्त 1995
 C. अगस्त 1996   D. मार्च 1998

320. भारत का प्रथम उर्वरक संयंत्र कहाँ स्थापित हुआ था?
 A. सिन्दरी   B. आलवे
 C. नांगल   D. ट्राम्बे

321. निम्न में से कौन-सी समिति सार्वजनिक व्यय के बेहतर प्रबंधन से संबद्ध थी?
 A. सुब्बाराव समिति   B. डॉ. सी.रंगराजन समिति
 C. पारिख समिति   D. सेन समिति

322. नेहरू रोजगार योजना का सम्बन्ध है–
 A. ग्रामीण लोगों को रोजगार देना
 B. शहरी लोगों को रोजगार देना
 C. आदिवासी लोगों को रोजगार देना
 D. उपर्युक्त सभी सत्य

323. रोजगार बीमा योजना लागू की गई–
 A. 2 अक्टूबर, 1992   B. 2 अक्टूबर, 1993
 C. 2 अक्टूबर, 1994   D. 2 अक्टूबर, 1995

324. राज्यों में सड़क मार्ग की लम्बाई में प्रथम स्थान किस राज्य का है?
 A. महाराष्ट्र   B. उत्तर प्रदेश
 C. मध्य प्रदेश   D. राजस्थान

325. भारतीय अर्थव्यवस्था के उदारीकरण का अग्रदूत (Pioneer) किसको कहा जाता है?
 A. डॉ० मनमोहन सिंह   B. पी० वी० नरसिम्ह राव
 C. डॉ० विमल जालान   D. पी० चिदम्बरम

326. नीचे दिए गए कथनों में से कौन-सा कथन बेरोजगारी को सही तरीके से परिभाषित करता है?
 A. जब प्रचलित मजदूरी की दर से कम मजदूरी पर लोग काम करते हैं।
 B. जब प्रचलित मजदूरी की दर पर काम करने के इच्छुक व्यक्ति को रोजगार नहीं मिलता।
 C. जब व्यक्ति को अपनी रुचि के मुताबिक काम नहीं मिलता।
 D. जब डिग्री धारक व्यक्ति को उसकी योग्यता के अनुरूप कार्य एवं वेतन नहीं मिलता।

327. शिशु मृत्यु-दर से अभिप्राय किस वर्ष से कम शिशु की मृत्यु से है?
 A. 1 वर्ष से कम   B. 2 वर्ष से कम
 C. 5 वर्ष से कम   D. 1 से 2 वर्ष के बीच

328. सांविधानिक स्थिति के अनुसार खनिजों पर किसका अधिकार है?
 A. राज्य सरकार का   B. केन्द्र सरकार का
 C. दोनों का बराबर-बराबर   D. उपर्युक्त सभी असत्य

329. भारत में प्रथम रेल लाइन का निर्माण कहां हुआ था?
 A. बम्बई और थाणे के बीच
 B. हावड़ा और सेरामपुर के बीच
 C. मद्रास और गुन्टूर के बीच
 D. दिल्ली और आगरा के बीच

330. नायक समिति का सम्बन्ध है–
  A. कुटीर उद्योगों से   B. लघु उद्योगों से
  C. भारी उद्योगों से   D. उपर्युक्त सभी से

331. भारत में राष्ट्रीय आय समंकों का आकलन किसके द्वारा किया जाता है?
  A. नीति आयोग
  B. भारतीय रिजर्व बैंक
  C. वित्त मंत्रालय
  D. केन्द्रीय सांख्यिकीय संगठन

332. राष्ट्रीय विकास परिषद् का पदेन सचिव कौन होता है?
  A. वित्त मंत्रालय का सचिव
  B. लोक सभा का महासचिव
  C. योजना आयोग का सचिव
  D. योजना आयोग का उपाध्यक्ष

333. राष्ट्रीय कृषि एवं ग्रामीण विकास बैंक की स्थापना किस समिति की सिफारिश के आधार पर की गई थी?
  A. लोक सेवा समिति   B. शिवारमन समिति
  C. नरसिंहम समिति   D. उपर्युक्त में से कोई नहीं

334. काली चाय के उत्पादन एवं उपभोग में भारत का विश्व में कौन-सा स्थान है?
  A. पहला   B. दूसरा
  C. तीसरा   D. पांचवाँ

335. भारत में प्रति व्यक्ति न्यूनतम आय वाला राज्य कौन-सा है?
  A. बिहार   B. उड़ीसा
  C. राजस्थान   D. गुजरात

336. भारत की स्वतंत्रता के बाद देश की राष्ट्रीय आय के अनुमान लगाने के लिए भारत ने राष्ट्रीय आय समिति की स्थापना कब की?
  A. 4 अगस्त, 1956   B. 4 अगस्त, 1949
  C. 15 अगस्त, 1961   D. 4 अगस्त, 1996

337. मीरा सेठ समिति का सम्बन्ध किससे था?
  A. हथकरघे (Handlooms) के विकास से
  B. रोजगार में लिंग भेद से
  C. बाल श्रम की समाप्ति से
  D. कार्यरत महिलाओं के कल्याण से

338. मौसमी बेरोजगारी से तात्पर्य है–
  A. जब उच्च डिग्री धारक को रोजगार नहीं मिलता है।

B. जब किसी खास फसली मौसम में ही रोजगार मिलता है।
C. जब वर्ष के कुछ महीनों में रोजगार प्राप्त नहीं होता है।
D. जब वैकल्पिक रोजगार उपलब्ध नहीं है।

339. रिजर्व बैंक के नोट निर्गमन विभाग के पास हर समय कम-से-कम कितने मूल्य का स्वर्ण कोष में रहना चाहिए?
  A. 85 करोड़ रु॰   B. 115 करोड़ रु॰
  C. 200 करोड़ रु॰   D. उपर्युक्त में से कोई नहीं

340. जवाहर रोजगार योजना में किन कार्यक्रमों का विलय किया गया था?
  A. MNP तथा NREP
  B. MNP तथा RLEGP
  C. NREP तथा RLGEP
  D. NREP तथा TRYSEM

341. रेलवे को निम्नलिखित में से किससे अधिक राजस्व की प्राप्ति होती है?
  A. यात्रियों के किराए   B. माल की ढुलाई
  C. पथ कर   D. यात्री कर

342. वर्तमान में देश में कितने राज्य वित्त निगम (SFCs) कार्यरत हैं?
  A. 18   B. 22
  C. 20   D. 28

343. आर.एन. मल्होत्रा समिति ने निम्नलिखित में से किस क्षेत्र से सम्बन्धित सुधारों के लिए रिपोर्ट प्रस्तुत की थी?
  A. बीमार उद्योग   B. कर-सुधार
  C. बीमा क्षेत्र   D. बैंकिंग क्षेत्र

344. देश में राष्ट्रीय न्यादर्श (NSS) की स्थापना कब की गई?
  A. 1949 में   B. 1950 में
  C. 1951 में   D. 1956 में

345. देश में केन्द्रीय सांख्यिकीय संगठन (CSO) की स्थापना किस वर्ष की गई?
  A. 1950 में   B. 1951 में
  C. 1952 में   D. 1956 में

346. कौन-सा देश विश्व का सबसे अधिक गेहूँ उत्पादक देश है–
  A. भारत   B. चीन
  C. अमेरिका   D. स्विट्जरलैण्ड

347. HAL उत्पादन से संबंधित है–
A. टेलिकम्युनिकेशन उपकरण
B. वायुयान
C. अंतरिक्ष मिसाइल
D. युद्ध मिसाइल

348. सामुदायिक विकास कार्यक्रम आरम्भ हुआ था–
A. 1950   B. 1951
C. 1952   D. 1956

349. भारतीय रेलवे एशिया का सबसे बड़ा एक ही प्रबन्ध वाला प्रतिष्ठान है। भारतीय रेलवे का विश्व में कौन-सा स्थान है?
A. पहला   B. दूसरा
C. तीसरा   D. चौथा

350. सम्पदा कर भारत में पहली बार किस वर्ष लागू किया गया?
A. 1957   B. 1976
C. 1948   D. 1991

351. विश्व बैंक के द्वारा समूचे विश्व की निर्धनता रेखा के निर्धारण के लिए समान मानक तय किए गए हैं। इन मानकों के अनुसार किसे निर्धनता रेखा के नीचे माना जाता है?
A. जिन व्यक्तियों की आय 5 डॉलर प्रतिदिन से कम है।
B. जिन व्यक्तियों की आय 2 डॉलर प्रतिदिन से कम है।
C. जिन व्यक्तियों की आय 1 डॉलर प्रतिदिन से कम है।
D. जिन व्यक्तियों की आय 20 डॉलर प्रति माह से कम है।

352. Super Star trading House की स्थापना किस वर्ष की गई?
A. 30 मार्च, 1992   B. 30 मार्च, 1993
C. 30 मार्च, 1994   D. 30 मार्च, 1995

353. 2011 की जनगणना के अनुसार भारत की जनसंख्या विश्व की जनसंख्या का लगभग कितने प्रतिशत है?
A. 14.7%   B. 15.7%
C. 17.5%   D. 16.7%

354. प्रधानमंत्री जन-धन योजना का शुभारंभ कब किया गया?
A. 26 जनवरी, 2014   B. 15 अगस्त, 2014
C. 15 अगस्त, 2015   D. 2 अक्टूबर, 2014

355. कापार्ट का सम्बन्ध है–
A. ग्रामीण कल्याण कार्यक्रमों की सहायता व मूल्यांकन
B. कम्प्यूटर हार्डवेयर से
C. निर्यात वृद्धि हेतु परामर्शी सेवा से
D. बड़े उद्योगों में प्रदूषण के नियंत्रण से

356. निम्नलिखित में से कौन-सी एक लघु उद्योगों (SSIs) की समस्या नहीं हैं?
A. वित्त   B. विपणन
C. कच्चा माल   D. हड़ताल एवं तालाबंदी

357. 'नवरत्न' का विचार संबंधित है –
A. तकनीकी जनशक्ति के चयनित वर्ग से
B. चयनित निर्यातोन्मुखी इकाईयों से
C. चयनित खाद्य-प्रसंस्करण उद्योग से
D. सार्वजनिक क्षेत्र के चयनित उद्यम से

358. निम्नलिखित में से कौनसा भारत सरकार द्वारा चलाया जा रहा एक सामाजिक क्षेत्र का कार्यक्रम नहीं है?
A. राष्ट्रीय ग्रामीण स्वास्थ्य मिशन
B. सर्वशिक्षा अभियान
C. मध्याहन भोजन योजना
D. एकीकृत बाल विकास सेवाएं

359. पहली खनिज नीति कब घोषित हुई?
A. 1951   B. 1961
C. 1972   D. 1976

360. मालेगाम समिति (1994) किस क्षेत्र से सम्बन्धित है?
A. प्राथमिक पूंजी बाजार   B. विदेशी मुद्रा बाजार
C. बीमा क्षेत्र   D. म्यूचुअल फण्ड स्कीम

361. ग्रामीण भूमिहीन रोजगार गारण्टी कार्यक्रम (RLEGP) कब चालू किया गया था–
A. 1983-84   B. 1988-89
C. 1990-91   D. 1992-93

362. IRDP कार्यक्रम कब लागू किया गया था?
A. 1978-79 में   B. 1988-89 में
C. 1990-91 में   D. उपर्युक्त में कोई नहीं

363. RLEGP क्या है?
A. ग्रामीण भूमिहीन रोजगार गारण्टी कार्यक्रम
B. वित्त प्रदान करने की संस्था
C. श्रमिकों का अन्तर्राष्ट्रीय संगठन
D. उपर्युक्त में से कोई नहीं

364. NREP कब लागू हुई?
A. 1977-78
B. 15 अगस्त, 1979
C. 1980
D. 1982

365. भारत में हरित-क्रान्ति का प्रारम्भ कब किया गया?
A. 1950-51
B. 1970-71 में
C. 1967-68
D. 1962-63 में

366. हरित-क्रान्ति के दौरान भारत में चावल का उत्पादन–
A. आंशिक बढ़ा
B. आंशिक घटा
C. अपरिवर्तित रहा
D. तेजी से बढ़ा

367. भारत में सोयाबीन का सर्वाधिक उत्पादन करने वाला राज्य कौन-सा है?
A. उत्तर प्रदेश
B. पंजाब
C. हरियाणा
D. मध्य प्रदेश

368. भारत की परिस्थितियों के अनुसार खाद-उपयोग में नाइट्रोजन, फास्फेट तथा पोटाश का मानक प्रयोग अनुपात है–
A. 3 : 2 : 1
B. 4 : 2 : 1
C. 4 : 3 : 2
D. 4 : 3 : 3

369. भूमिहीन कृषकों एवं श्रमिकों को रोजगार उपलब्ध कराने हेतु कौन-सा कार्यक्रम आरम्भ किया गया?
A. RLEGP
B. MFAL
C. SEEUY
D. NFRD

370. संविधान का अनुच्छेद 280 राष्ट्रपति को कितनी अवधि के बाद वित्त आयोग के गठन का अधिकार देता है?
A. 2 वर्ष
B. 5 वर्ष
C. 6 वर्ष
D. 7 वर्ष

371. पहले वित्त आयोग का क्रियान्वयन वर्ष था–
A. 1951-56
B. 1952-57
C. 1955-60
D. 1956-61

372. सरकारिया समिति किस विषय हेतु गठित की गई?
A. अप्रत्यक्ष कर
B. कर प्रशासन
C. केन्द्र राज्य संबंध
D. रेलवे किराया भाड़ा

373. भूतलिंगम समिति सम्बन्धित है–
A. VAT
B. MODVAT
C. MANVAT
D. MAT

374. भारतीय मुद्रा को चालू खाते में पूर्ण परिवर्तनीय बनाया गया–
A. 1992-93 के केन्द्रीय बजट में
B. 1993-94 के केन्द्रीय बजट में
C. 1994-95 के केन्द्रीय बजट में
D. 1995-96 के केन्द्रीय बजट में

375. अंतर्राष्ट्रीय व्यापार का प्रमुख प्रहरी है–
A. अंतर्राष्ट्रीय मुद्रा कोष (IMF)
B. विश्व बैंक (World Bank)
C. विश्व व्यापार संगठन (WTO)
D. अंतर्राष्ट्रीय वित्त निगम (IFC)

376. छोटे और गरीब उधारकर्ताओं की ओर ऋण प्रवाह बढ़ाने के लिए, वाणिज्यिक बैंकों की अपने प्राथमिकता प्राप्त क्षेत्र के अग्रिमों का कितना प्रतिशत समाज के कमजोर वर्गों को देना पड़ता है?
A. 15%
B. 20%
C. 30%
D. 25%

377. स्वर्ण शताब्दी एक्सप्रेस सर्वप्रथम किस मार्ग पर चलाई गई?
A. दिल्ली-लखनऊ
B. दिल्ली-आगरा
C. दिल्ली-ग्वालियर
D. दिल्ली-मुम्बई

378. निम्नांकित में से कौन स्थायी है?
A. वित्त आयोग
B. नीति आयोग
C. उपर्युक्त दोनों
D. उपर्युक्त में कोई नहीं

379. 2011 की जनगणना के अनुसार ग्रामीण जनसंख्या का सर्वाधिक प्रतिशत भारत के किस राज्य में है?
A. सिक्किम
B. हिमाचल प्रदेश
C. बिहार
D. राजस्थान

380. भारत की नई कृषि प्रौद्योगिकी में हरित क्रान्ति लाने का सबसे महत्त्वपूर्ण संसाधन कौन-सा है?
A. उर्वरक
B. HYV बीज
C. कृषि यंत्र
D. सिंचाई

381. किसने चकबन्दी के मामले में सबसे कम प्रगति की है?
A. बिहार
B. उत्तर प्रदेश
C. प॰ बंगाल
D. उड़ीसा

382. लघु उद्योग के क्षेत्र में रोजगार रहा है–
A. कुल औद्योगिक रोजगार का लगभग 50%
B. आधुनिक उद्योगों द्वारा प्रदत्त रोजगार की आधी संख्या
C. कुल औद्योगिक रोजगार का लगभग 10%
D. कुल औद्योगिक रोजगार का केवल 20%

383. भारत की जनगणना-2011 के अंतिम आंकड़ों के अनुसार निम्नलिखित में से किस राज्य में शिशु लिंगानुपात सर्वाधिक है?

A. बिहार   B. मध्य प्रदेश
C. केरल   D. छत्तीसगढ़

384. निम्नलिखित में से कौन-सा भारत सरकार द्वारा वसूल किए जा रहे कर राजस्व का एक स्रोत नहीं है?

A. सीमा शुल्क   B. उत्पाद शुल्क
C. आयकर   D. लाभांश और लाभ

385. निम्न में से कौन-सा शहर भारत का पहला 100% ई-साक्षर शहर बन गया है?

A. पुणे   B. हैदराबाद
C. कोजीकोड   D. जयपुर

386. केन्द्र सरकार द्वारा गठित राष्ट्रीय कौशल विकास परिषद् के अध्यक्ष कौन हैं?

A. प्रधानमंत्री   B. वित्त मंत्री
C. वाणिज्य मंत्री   D. श्रम मंत्री

387. कौन-सा भूमि सुधार उपाय भारत में पूरी तरह लागू किया जा चुका है?

A. काश्तकारी सुधार
B. बिचौलियों की समाप्ति
C. भूमि-सीमा
D. चकबंदी

388. रोजगार गारंटी योजना सबसे पहले लागू की गयी थी–

A. उड़ीसा   B. महाराष्ट्र
C. उत्तर प्रदेश   D. पंजाब

389. कौन-सा वर्ष भारत की किसी पंचवर्षीय योजना में शामिल नहीं था?

A. 1968-69   B. 1971-72
C. 1965-66   D. 1981-82

390. निफ्टी की स्थापना कब की गई थी?

A. 1952   B. 1965
C. 1991   D. 1996

391. भारत में काश्तकारी सुधारों में शामिल हैं–

A. लगान का नियमन
B. काश्त अधिकार की सुरक्षा
C. काश्तकारों के स्वामित्व का अधिकार
D. उपरोक्त सभी

392. केन्द्र सरकार ने बी० के० चतुर्वेदी की अध्यक्षता में एक समिति का गठन किस क्षेत्र की कम्पनियों की आर्थिक स्थिति की समीक्षा के लिए किया था?

A. इलेक्ट्रॉनिक्स   B. विद्युत
C. पेट्रोलियम   D. संचार

393. जिस कीमत पर FCI अपने खाद्यान्न को सार्वजनिक वितरण के लिए देता है उसे कहते हैं–

A. समर्थन कीमत   B. वैधानिक कीमत
C. जारी कीमत   D. वसूली कीमत

394. प्रथम पंचवर्षीय योजना के सफलता का मुख्य कारण था–

A. भूमि सुधार
B. मानसून की अनुकूलता
C. औद्योगिक विकास
D. सिंचाई के साधनों में वृद्धि

395. हरित क्रांति की सफलता का सर्वाधिक महत्त्वपूर्ण कारण है–

A. उर्वरक   B. उन्नत किस्म के बीज
C. सिंचाई   D. इनमें से कोई नहीं

396. भारत में चीनी उद्योग की अवस्थिति प्रभावित होती है–

A. बाजार से   B. कच्चे माल से
C. श्रम से   D. इनमें से कोई नहीं

397. प्रत्येक निम्न अवधि के बाद रिजर्व बैंक के गवर्नर वार्षिक 'मौद्रिक एवं ऋण नीति' की समीक्षा करते हैं–

A. दो माह   B. तीन माह
C. चार माह   D. छ : माह

398. भारत में कृषि-क्षेत्र के संस्थागत साख का स्रोत है–

A. क्षेत्रीय-ग्रामीण बैंक   B. सहकारी बैंक
C. वाणिज्यिक बैंक   D. उपरोक्त सभी

399. भारत में सर्वप्रथम निर्धनता के अनुमान लगाए–

A. नीति आयोग
B. प्रो० दाण्डेकर एवं प्रो० रथ
C. प्रो० वी.के.आर.वी. राव
D. डॉ० मनमोहन सिंह

400. भारत में आदान-प्रदान (Input-Output) मॉडल का उपयोग प्रथम बार किस परियोजना के निर्माण में लिया गया?

A. द्वितीय योजना   B. तृतीय योजना
C. चतुर्थ योजना   D. पांचवीं योजना

401. बैंक द्वारा निम्न में से किस गतिविधि के लिए दिया गया ऋण कृषि ऋण में शामिल नहीं किया जाएगा?
A. कृषि उद्देश्य के लिए मशीनरी खरीदना
B. गाँव में घर खरीदना
C. बीज और उर्वरक खरीदना
D. सभी कृषि ऋण हैं

402. निम्नलिखित में से कौन-सा बैंकिंग परिचालनों में होने वाले विभिन्न जोखिमों को नियंत्रित करने के लिए विशेष रूप से डिजाइन किया गया है?
A. RTGS
B. FEMA
C. बासेल मापदंड
D. EFTOPS

403. डॉ. सी. रंगराजन की अध्यक्षता वाली विशेषज्ञों की एक समिति ने देश में निर्धनता रेखा के पुनर्निर्धारण के सम्बन्ध में अपनी रिपोर्ट जुलाई 2014 में सरकार को प्रस्तुत की है। इस रिपोर्ट के अनुसार 2011-12 में देश में कितने प्रतिशत जनसंख्या निर्धनता रेखा से नीचे थी?
A. 21.9 प्रतिशत
B. 26.4 प्रतिशत
C. 29.5 प्रतिशत
D. 38.2 प्रतिशत

404. निम्न में से कौन भारत सरकार का सामाजिक क्षेत्र का कार्यक्रम नहीं है?
A. सर्वशिक्षा अभियान
B. दोपहर का भोजन
C. राष्ट्रीय ग्रामीण स्वास्थ्य मिशन
D. भारत निर्माण

405. मानव विकास सूचकांक की दृष्टि से सबसे आगे रहने वाला राज्य है–
A. पंजाब
B. महाराष्ट्र
C. केरल
D. तमिलनाडु

406. भारत में गरीबी की परिभाषा का आधार है–
A. प्रतिव्यक्ति मौद्रिक आय
B. अनाज की प्रति व्यक्ति उपलब्धि
C. खुराक की कैलोरी मात्रा
D. रोटी, कपड़ा और मकान

407. भारतीय अर्थव्यवस्था में किस काल में योजना अवकाश रहा?
A. 1947-51
B. 1963-66
C. 1966-69
D. 1977-79

408. निम्नलिखित में से किसे प्रमुख 'बागान फसल' नहीं कहा जा सकता है?
A. नारियल
B. ऑयलपाम
C. गेहूँ
D. चाय

409. निम्नलिखित में से किस पंचवर्षीय योजना में मानव संसाधन के विकास को सभी विकास प्रयत्नों का केन्द्र बिन्दु माना गया है?
A. आठवीं योजना
B. सातवीं योजना
C. पांचवीं योजना
D. तृतीय योजना

410. निम्न में से कौन विश्व व्यापार संगठन का संस्थापक सदस्य है?
A. भारत
B. चीन
C. नेपाल
D. भूटान

411. भारत के डाकघर निम्नलिखित में से कौन-सी सेवा प्रदान नहीं करते हैं?
A. बचत बैंक सेवाएं
B. डिमांड ड्राफ्ट जारी करना
C. स्पीड पोस्ट
D. तुरन्त धन अंतरण

412. भारत में निम्नलिखित में से किसने उद्योग का रूप नहीं लिया है?
A. सीमेंट
B. चमड़ा
C. स्टील व लोहा
D. कृषि

413. एक राष्ट्र के धन में निम्नलिखित में से क्या शामिल नहीं है?
A. उसकी खानें
B. उसकी मुद्रा-पूर्ति
C. उसका पशुधन
D. उसके बांध

414. FPO सर्टिफिकेट किसे प्रदान किया जाता है?
A. कृषि उत्पादों
B. औद्योगिक उत्पादों
C. पर्यावरण के अनुकूल उत्पादों
D. सभी प्रसंस्कृत खाद्य उत्पादों

415. निर्यातोन्मुखी इकाई (EOU) योजना भारत में लागू की गयी थी–
A. 1961
B. 1971
C. 1981
D. 1991

416. कौन-सा एक अवस्थापना (Infrastructure) में सम्मिलित नहीं किया जाता है?
- A. ऊर्जा
- B. यातायात
- C. बीमा
- D. शिक्षा

417. 'राजीव गांधी ग्रामीण विद्युतीयकरण योजना' किस वर्ष प्रारंभ हुई थी?
- A. 2004 में
- B. 2005 में
- C. 2006 में
- D. 2007 में

418. भारत सरकार द्वारा राष्ट्रीय कृषि बीमा योजना कार्यान्वित की गयी–
- A. 1990
- B. 1995
- C. 1997
- D. 1999

419. जनसंख्या नीति-2000 जो हाल ही में घोषित की गयी है, उसका मध्यकालीन उद्देश्य देश की कुल प्रजनन दर को प्रतिस्थापन स्तर तक ले आना है–
- A. 2005 तक
- B. 2010 तक
- C. 2015 तक
- D. 2020 तक

420. 'उरुग्वे राउंड' वार्ता-निम्नलिखित में से किसकी स्थापना में परिणत हुई?
- A. NATO
- B. OECD
- C. WHO
- D. WTO

421. 'इंदिरा आवास योजना' कब प्रारंभ की गयी थी?
- A. 1984-85
- B. 1985-86
- C. 1987-88
- D. 1988-89

422. भारत में साक्षरता का प्रतिशत है–
- A. 61.24
- B. 62.44
- C. 63.40
- D. 65.38

423. ''केन्द्रीय भूमि सुधार समिति'' की नियुक्ति की गयी–
- A. 1951
- B. 1953
- C. 1955
- D. 1960

424. केन्द्रीय सरकार के सन्दर्भ में निम्न में से कौन राष्ट्रव्यापी आर्थिक संगणना का कार्य करता है?
- A. व्यय-विभाग
- B. राष्ट्रीय प्रतिदर्श सर्वेक्षण संगठन
- C. योजना आयोग
- D. केन्द्रीय सांख्यिकीय संगठन

425. कौन भारतीय पूंजी बाजार का अंग नहीं है?
- A. बॉम्बे स्टॉक एक्सचेंज
- B. राष्ट्रीय स्टॉक एक्सचेंज
- C. SEBI
- D. RBI

426. औद्योगिक वित्त उपलब्ध कराने वाली निम्न संस्थाओं में से सबसे पहले किसकी स्थापना की गई थी?
- A. IDBI
- B. SIDBI
- C. IFCI
- D. ICICI

427. करेंसी स्वैप मैनेज करता है–
- A. करेंसी जोखिम
- B. ब्याज दर जोखिम
- C. करेंसी और ब्याज दर जोखिम
- D. विभिन्न करेंसियों में नकदी प्रवाह

428. उर्वरक उत्पादन एवं उपभोग में भारत का विश्व में कौन-सा स्थान है?
- A. पहला
- B. दूसरा
- C. तीसरा
- D. चौथा

429. पंचवर्षीय योजनाओं का विचार किस राष्ट्र से लिया गया है?
- A. अमेरिका
- B. इंग्लैण्ड
- C. पूर्व सोवियत संघ
- D. जर्मनी

430. 'रोलिंग योजना' को किसने प्रारंभ किया?
- A. कांग्रेस सरकार
- B. लोकदल सरकार
- C. पूर्व सोवियत संघ
- D. जर्मनी

431. FDI का पूरा रूप क्या है?
- A. Fixed Deposit Interest
- B. Fixed Deposit Investment
- C. Foreign Direct Investment
- D. इनमें से कोई नहीं

432. NASDACS में सूचीबद्ध होने वाली पहली भारतीय कम्पनी कौन-सी है?
- A. रिलायंस
- B. TCS
- C. HCL
- D. इन्फोसिस

433. द्वीप विकास प्राधिकरण का अध्यक्ष कौन होता है?
- A. राष्ट्रपति
- B. प्रधानमंत्री
- C. गृहमंत्री
- D. राज्यपाल

434. भारत में क्रेडिट रेटिंग एजेंसियों का विनियामक निम्नलिखित में से कौन है?
- A. RBI
- B. SBI
- C. SIDBI
- D. SEBI

435. 2011 के जनगणना के अनुसार भारत में पुरुष साक्षरता दर है–
- A. 71.15%
- B. 72.25%
- C. 73.45%
- D. 80.9%

436. निम्नलिखित में से किस क्षेत्र का नियामक निकाय ट्राई (TRAI) है?

A. विद्युत   B. बीमा

C. पूँजी बाजार   D. दूरसंचार

437. भारत में राष्ट्रीय आय की गणना के लिए व्यय विधि किस क्षेत्र में प्रयुक्त होती है?

A. कृषि क्षेत्र   B. खनन क्षेत्र

C. निर्माण क्षेत्र   D. परिवहन क्षेत्र

438. भारत में आजकल बहुत से बैंक अपने ग्राहकों को M-बैंकिंग सुविधा दे रहे हैं। M-बैंकिंग में 'M' का पूरा रूप है –

A. Money   B. Marginal

C. Message   D. Mobile Phone

439. निम्न में से कौन भारत में वित्तीय प्रणाली की संरचना का एक भाग नहीं है?

A. औद्योगिक वित्त   B. कृषि वित्त

C. सरकारी वित्त   D. वैयक्तिक वित्त

440. सांकेतिक नियोजन का सिद्धान्त पहली बार अपनाया गया था–

A. पांचवीं योजना में   B. छठी योजना में

C. सातवीं योजना में   D. आठवीं योजना में

441. कौन-सा एक सहकारी संगठन नहीं है?

A. प्राथमिक भूमि विकास बैंक

B. केन्द्रीय भूमि विकास बैंक

C. क्षेत्रीय ग्रामीण बैंक

D. राज्य-सहकारी बैंक

442. गरीबी रेखा के नीचे रहने वाली भारतीय की जनसंख्या–

A. सापेक्ष और निरपेक्ष रूप से बढ़ रही है

B. सापेक्ष रूप में घट रही है और निरपेक्ष रूप में बढ़ रही है

C. सापेक्ष और निरपेक्ष दोनों रूपों में घट रही है

D. कोई परिवर्तन नहीं हुआ है

443. खुले बाजार की क्रियाएं (Open Market Operations) निम्न में से किस नीति का अंग है?

A. राजकोषीय नीति   B. साख नीति

C. आय नीति   D. श्रम नीति

444. किस बजट में FERA की जगह FEMA को लागू किया गया?

A. 1995-96   B. 1996-97

C. 1997-98   D. 1998-99

445. भारत के राष्ट्रीय आय में निम्न में से किस क्षेत्र का सर्वाधिक योगदान है?

A. द्वितीयक

B. तृतीयक

C. चतुर्थक

D. उपरोक्त में सभी का बराबर

446. मुद्रा (MUDRA) शब्द संक्षेप में 'डी' से क्या तात्पर्य है?

A. डेवलपमेंट   B. डिपार्टमेंट

C. डोमेस्टिक   D. इनमें से कोई नहीं

447. संघीय-सरकार निम्न में से एक जारी नहीं करती–

A. 14- दिवसीय खजाना बिल

B. 91- दिवसीय खजाना बिल

C. 364-दिवसीय खजाना बिल

D. 365-दिवसीय खजाना बिल

448. 2011 की जनगणना में स्त्री-पुरुष अनुपात केरल में सर्वाधिक है, दूसरे स्थान वाला राज्य है–

A. तमिलनाडु   B. छत्तीसगढ़

C. आन्ध्र प्रदेश   D. कर्नाटक

449. एल॰के॰ झा समिति ने किस कर का सुझाव दिया–

A. VAT   B. MODVAT

C. MANVAT   D. MAT

450. कौन-सी कम्पनी एल्यूमीनियम नहीं बनाती?

A. TELCO   B. BALCO

C. NALCO   D. HINDALCO

451. किस संगठन से भारत को विदेशी सहायता प्राप्त होती है?

A. भारत सहायता संघ

B. विश्व बैंक

C. अन्तर्राष्ट्रीय विकास संघ

D. उपरोक्त सभी

452. अल्पकालीन विदेशी ऋण किस अवधि तक के ऋण को कहा जाता है?

A. 6 माह तथा उससे कम

B. 1 वर्ष तक की अवधि
C. 3 वर्ष तक की अवधि
D. 5 वर्ष तक की अवधि

453. तमिलनाडु में कुडनकुलम में किस देश की सहायता से नाभिकीय संयंत्र की स्थापना भारत द्वारा की जा रही है?
A. अमरीका
B. रूस
C. ब्रिटेन
D. फ्रांस

454. निम्नलिखित में से कौन-सा देश 21 सदस्यीय 'APEC' का सदस्य नहीं है?
A. अमरीका
B. रूस
C. चीन
D. भारत

455. निम्न में से कौन-सी समिति छोटे स्तर के उद्योगों के सुझाव हेतु गठित की गई थी?
A. चतुर्वेदी समिति
B. आबिद हुसैन समिति
C. लाहिड़ी समिति
D. भूरेलाल समिति

456. फेडरल रिजर्व निम्न में से किस देश का वित्तीय संगठन है?
A. U.S.A.
B. जर्मनी
C. ब्रिटेन
D. चीन

457. WTO का पहला मंत्रिस्तरीय सम्मेलन कहाँ हुआ था?
A. सिंगापुर
B. जेनेवा
C. सिएटल
D. दोहा

458. रेल बजट को आम बजट से अलग किया गया—
A. 1924 में
B. 1926 में
C. 1928 में
D. 1930 में

459. सबसे बड़ा राष्ट्रीय जल-मार्ग है—
A. N·W–1
B. N·W–2
C. N·W–3
D. N·W–4

460. विदेशी निवेश संवर्द्धन बोर्ड (FDI) की स्थापना हुई थी—
A. 1996
B. 1997
C. 1998
D. 2000

461. भारत में सहकारी बैंकों का गठन हुआ है—
A. तीन स्तरीय
B. दो स्तरीय
C. एक स्तरीय
D. इनमें से कोई नहीं

462. GAIL की स्थापना हुई थी—
A. 1984
B. 1980
C. 1977
D. 1975

463. ONGC की स्थापना कब हुई थी?
A. 1956
B. 1960
C. 1970
D. 1980

464. भारत में सबसे अधिक रेशम का उत्पादन होता है—
A. कर्नाटक
B. बिहार
C. महाराष्ट्र
D. केरल

465. भारत में आधुनिक स्तर की प्रथम सूती कपड़ा मिल की स्थापना हुई थी—
A. कोलकाता में
B. दिल्ली में
C. मुम्बई में
D. पटना में

466. लक्षित सार्वजनिक वितरण प्रणाली की शुरुआत हुई थी—
A. 1997
B. 1996
C. 1998
D. 2000

467. CENVAT को प्रारंभ किया गया था—
A. 1 अप्रैल, 2000 में
B. 1 अप्रैल, 2001 में
C. 1 अप्रैल, 2002 में
D. 1 अप्रैल, 2003 में

468. अर्थशास्त्र के क्षेत्र में नोबेल पुरस्कार कब प्रारंभ किया गया था?
A. 1966
B. 1967
C. 1968
D. 1970

469. अमर्त्य सेन को अर्थशास्त्र में कब नोबेल पुरस्कार मिला था?
A. 1998
B. 1999
C. 2000
D. 2001

470. 'पावर्टी एण्ड फेमिन्स' के लेखक हैं—
A. अमर्त्य सेन
B. जगजीवन राम
C. रॉबर्ट सी. मर्टन
D. रिचर्ड स्टोन

471. जैतापुर परमाणु विद्युत परियोजना स्थित है—
A. महाराष्ट्र
B. कर्नाटक
C. बिहार
D. तमिलनाडु

472. कौन-सा कर पंचायत द्वारा एकत्रित किया जाता है?
A. बिक्री कर
B. सीमा शुल्क
C. मेलों पर कर
D. उत्पाद शुल्क

473. योजना आयोग के प्रथम अध्यक्ष का नाम है—
A. के०सी० पन्त
B. इन्दिरा गांधी
C. जवाहर लाल नेहरू
D. राजीव गांधी

474. People's Plan किसके द्वारा निर्मित की गयी थी?
A. एम.एन. राय   B. श्री मन्नारायण
C. जय प्रकाश नारायण   D. जवाहर लाल नेहरू

475. नीति आयोग का प्रथम उपाध्यक्ष किसे बनाया गया?
A. अरविंद पनगढ़िया   B. नरेन्द्र मोदी
C. प्रो. विवेक देवराय   D. अरुण जेटली

476. उत्तरी रेलवे (NR) का मुख्यालय कहां है?
A. नई दिल्ली   B. कोलकाता
C. हाजीपुर   D. चेन्नई

477. भारत सहायता क्लब की स्थापना हुई थी–
A. 1958   B. 1959
C. 1960   D. 1961

478. सर्व शिक्षा अभियान निम्नलिखित में किस आयु वर्ग के लिए है?
A. 3–10 आयु वर्ग के सभी बच्चे
B. 4 – 8 आयु वर्ग के सभी बच्चे
C. 6 – 14 आयुवर्ग के सभी बच्चे
D. इनमें से कोई नहीं

479. रक्षा क्षेत्र में प्रत्यक्ष विदेशी निवेश की अधिकतम सीमा है–
A. 49%   B. 50%
C. 75%   D. 90%

480. भारत को प्राप्त प्रत्यक्ष विदेशी निवेश में सर्वाधिक हिस्सा है–
A. मॉरीशस का   B. U.S.A का
C. जापान का   D. फ्रांस का

481. सबसे अधिक विदेशी पूंजी निवेश किस राज्य में हुआ है?
A. तमिलनाडु   B. कर्नाटक
C. महाराष्ट्र   D. बिहार

482. निम्न में से कौन सार्वजनिक क्षेत्र का वाणिज्यिक बैंक है?
A. ICICI बैंक   B. HDFC बैंक
C. SBI बैंक   D. इनमें से कोई नहीं

483. निगम कर निम्न में किसके द्वारा लगाया जाता है?
A. राज्य सरकार
B. केंद्र सरकार
C. स्थानीय सरकार
D. केंद्र एवं राज्य सरकार संयुक्त रूप से

484. 15वें वित्त आयोग के अध्यक्ष कौन हैं?
A. एन.के. सिंह
B. वाई.वी. रेड्डी
C. डॉ. राजीव कुमार
D. इनमें से कोई नहीं

485. औरेय्या गैस विद्युत परियोजना स्थित है–
A. उत्तर प्रदेश में   B. मध्य प्रदेश में
C. असम में   D. गुजरात में

उत्तरमाला

1	2	3	4	5	6	7	8	9	10
A	A	A	A	D	C	D	B	D	B

11	12	13	14	15	16	17	18	19	20
B	B	B	B	D	A	A	C	C	D

21	22	23	24	25	26	27	28	29	30
D	C	B	D	D	C	D	B	C	C

31	32	33	34	35	36	37	38	39	40
A	D	C	D	C	C	D	A	A	B

41	42	43	44	45	46	47	48	49	50
C	B	C	A	C	B	C	C	B	A

51	52	53	54	55	56	57	58	59	60
C	C	D	C	B	B	D	A	C	B

61	62	63	64	65	66	67	68	69	70
D	D	D	B	B	A	D	C	A	A

71	**72**	**73**	**74**	**75**	**76**	**77**	**78**	**79**	**80**
C	C	A	A	B	B	B	C	B	C
81	**82**	**83**	**84**	**85**	**86**	**87**	**88**	**89**	**90**
A	C	C	C	B	D	A	B	C	C
91	**92**	**93**	**94**	**95**	**96**	**97**	**98**	**99**	**100**
C	D	C	D	D	A	A	B	A	D
101	**102**	**103**	**104**	**105**	**106**	**107**	**108**	**109**	**110**
B	B	C	A	A	C	C	D	C	D
111	**112**	**113**	**114**	**115**	**116**	**117**	**118**	**119**	**120**
C	D	D	A	C	A	A	C	B	D
121	**122**	**123**	**124**	**125**	**126**	**127**	**128**	**129**	**130**
A	B	A	C	D	B	B	A	C	B
131	**132**	**133**	**134**	**135**	**136**	**137**	**138**	**139**	**140**
D	B	A	B	B	D	C	C	B	B
141	**142**	**143**	**144**	**145**	**146**	**147**	**148**	**149**	**150**
A	C	A	C	A	C	C	D	A	C
151	**152**	**153**	**154**	**155**	**156**	**157**	**158**	**159**	**160**
A	A	C	C	A	A	D	A	B	C
161	**162**	**163**	**164**	**165**	**166**	**167**	**168**	**169**	**170**
D	B	B	C	C	C	B	B	C	A
171	**172**	**173**	**174**	**175**	**176**	**177**	**178**	**179**	**180**
D	D	C	B	A	A	B	A	D	C
181	**182**	**183**	**184**	**185**	**186**	**187**	**188**	**189**	**190**
C	D	C	D	A	A	C	C	C	A
191	**192**	**193**	**194**	**195**	**196**	**197**	**198**	**199**	**200**
B	C	C	C	A	C	C	A	C	D
201	**202**	**203**	**204**	**205**	**206**	**207**	**208**	**209**	**210**
B	A	A	C	C	D	D	B	D	A
211	**212**	**213**	**214**	**215**	**216**	**217**	**218**	**219**	**220**
B	B	B	A	A	A	B	D	B	D
221	**222**	**223**	**224**	**225**	**226**	**227**	**228**	**229**	**230**
A	B	A	B	A	A	A	A	A	D
231	**232**	**233**	**234**	**235**	**236**	**237**	**238**	**239**	**240**
B	A	A	D	C	A	A	D	C	C
241	**242**	**243**	**244**	**245**	**246**	**247**	**248**	**249**	**250**
A	D	A	A	A	A	C	B	A	A
251	**252**	**253**	**254**	**255**	**256**	**257**	**258**	**259**	**260**
C	C	C	B	C	B	C	B	C	A
261	**262**	**263**	**264**	**265**	**266**	**267**	**268**	**269**	**270**
C	C	C	C	D	C	A	C	C	A
271	**272**	**273**	**274**	**275**	**276**	**277**	**278**	**279**	**280**
A	B	B	D	D	A	B	B	B	A

281	282	283	284	285	286	287	288	289	290
D	B	B	C	A	C	C	B	B	D
291	292	293	294	295	296	297	298	299	300
A	A	B	C	B	C	A	A	B	A
301	302	303	304	305	306	307	308	309	310
C	C	C	C	D	D	C	C	B	C
311	312	313	314	315	316	317	318	319	320
B	D	A	B	C	C	A	D	C	A
321	322	323	324	325	326	327	328	329	330
B	B	C	A	A	B	A	A	A	B
331	332	333	334	335	336	337	338	339	340
D	C	B	A	A	B	B	C	B	C
341	342	343	344	345	346	347	348	349	350
B	A	C	B	B	B	B	C	B	A
351	352	353	354	355	356	357	358	359	360
C	C	C	B	A	D	D	A	A	A
361	362	363	364	365	366	367	368	369	370
A	A	A	C	C	C	D	B	A	B
371	372	373	374	375	376	377	378	379	380
B	C	A	B	C	D	A	B	B	B
381	382	383	384	385	386	387	388	389	390
A	A	D	D	C	A	B	B	A	D
391	392	393	394	395	396	397	398	399	400
D	C	C	B	B	B	B	D	B	C
401	402	403	404	405	406	407	408	409	410
B	C	C	D	C	C	C	C	A	A
411	412	413	414	415	416	417	418	419	420
B	D	B	D	C	D	B	D	B	D
421	422	423	424	425	426	427	428	429	430
B	D	C	B	D	A	D	C	C	C
431	432	433	434	435	436	437	438	439	440
C	D	B	D	D	D	C	D	D	B
441	442	443	444	445	446	447	448	449	450
C	B	B	D	A	A	D	A	C	A
451	452	453	454	455	456	457	458	459	460
D	B	B	D	B	A	A	A	A	A
461	462	463	464	465	466	467	468	469	470
A	A	A	A	A	A	A	B	A	A
471	472	473	474	475	476	477	478	479	480
A	C	C	A	A	A	A	C	A	A
481	482	483	484	485					
C	C	B	A	A					

मॉडल टैस्ट पेपर्स

मॉडल पेपर-1

1. जब विनियम दरें स्थिर हों और देश के भुगतान सन्तुलन में पूर्ण रोजगार के स्तर पर आधिक्य हो तो यह परिणत होगा–
   A. कीमत स्तर में कमी में
   B. मौद्रिक आय में कमी में
   C. कीमत स्तर में वृद्धि में
   D. मौद्रिक आय में वृद्धि में

2. सूची-I को सूची-II के साथ सुमेलित कीजिए और सूचियों के नीचे दिये गये कूटों का प्रयोग करते हुए सही उत्तर चुनिये–

सूची-I	सूची-II
(a) $C = 4 + 0.6y$	1. LM फलन
(b) $I = 80 - 5i$	2. IS फलन
(c) $0.3y - 20i - 150 = 0$	3. उपभोग फलन
(d) $0.3y + 20i - 150 = 0$	4. निवेश फलन

   कूट:

	(a)	(b)	(c)	(d)
A.	3	4	1	2
B.	4	3	1	2
C.	3	4	2	1
D.	4	1	2	3

3. अब आय में वृद्धि होती है तब तरलता अधिमान वक्र पर इस प्रकार प्रभाव पड़ता है, कि–
   A. यह बायें को विवर्तित होता है
   B. यह बिल्कुल विवर्तित नहीं होता
   C. यह दायें को विवर्तित होता है
   D. इसके ढाल में परिवर्तन होता है

4. मानव विकास सूचकांक (HDI) एक सम्मिश्र सूचकांक है
   A. स्वास्थ्य, साक्षरता और रोजगार का
   B. राष्ट्रीय आय, जनसंख्या का आकार और सामान्य कीमत स्तर का
   C. राष्ट्रीय आय, प्रति व्यक्ति आय और प्रति व्यक्ति उपभोग का
   D. भौतिक संसाधन, मौद्रिक संसाधन और जनसंख्या के आकार का

5. हैरॉड-डोमर मॉडल के अनुसार, दिये गये सीमांत पूँजी-उत्पादन अनुपात में, अभीष्ट वृद्धि दर निर्भर करती है–
   A. श्रम शक्ति की वृद्धि दर पर
   B. निवेश की सीमांत उत्पादकता पर
   C. पूँजी की सीमांत दक्षता पर
   D. बचत-आय अनुपात पर

6. जे॰ आर॰ हिक्स के अनुसार, तकनीकी प्रगति तटस्थ कही जाती है यदि–
   A. यह श्रम और पूंजी की सीमांत भौतिक उत्पादकता को उसी अनुपात में बढ़ाती है
   B. यह श्रम और पूंजी की औसत उत्पादकता को उसी अनुपात में बढ़ाती है
   C. यह मजदूरी दर और ब्याज दर को उसी अनुपात में बढ़ाती है
   D. यह ब्याज दर और लाभ दर को उसी अनुपात में बढ़ाती है

7. कुज़नेट्स के अनुसार विकास की प्रक्रिया में आय असमानताओं की प्रवृत्ति–
   A. घटने की होती है
   B. बढ़ने की होती है
   C. पहले बढ़ने की और फिर घटने की होती है
   D. पहले घटने की और फिर बढ़ने की होती है

8. श्रम की पूर्णतः लोचदार पूर्ति की निर्णायक भूमिका निभाती है–
   A. माल्थस के विकास मॉडल में
   B. कुज़नेट्स के विकास मॉडल में

C. प्रेबिश प्राक्कल्पना में
D. लेविस के विकास मॉडल में

9. निम्नलिखित कथनों पर विचार कीजिए–
आर्थिक विकास से सम्बद्ध जनांकिकीय संक्रमण की विशिष्ट अवस्थाओं का सही क्रम है:
1. निम्न मृत्युदर के साथ निम्न जन्मदर
2. उच्च मृत्युदर के साथ उच्च जन्मदर
2. निम्न मृत्युदर के साथ उच्च जन्मदर
उपर्युक्त में से कौन-कौन से कथन सही हैं?
A. 1, 2, 3   B. 2, 1, 3
C. 2, 3, 1   D. 3, 2, 1

10. यदि एक छोटे आयात-प्रतिस्पर्धी उद्योग को संरक्षण दिया जाता है तो उपभोक्ता की बचत और घरेलू लाभ क्रमशः–
A. बढ़ेंगे, बढ़ेंगे   B. गिरेंगे, गिरेंगे
C. बढ़ेंगे, गिरेंगे   D. गिरेंगे, बढ़ेंगे

11. निम्नलिखित शर्तों में से किस एक को उपादान-कीमत-समकरण प्रमेय में नहीं माना गया है?
A. विभिन्न उपादान इन्डाउमेन्ट की विशेषता के आधार पर देश वर्गीकृत हैं
B. विभिन्न उत्पादन फलन की विशेषता के आधार पर देश वर्गीकृत हैं
C. विभिन्न उपादान गहनता की विशेषता के आधार पर उद्योग वर्गीकृत हैं
D. प्रत्येक देश उस वस्तु का निर्यात करेगा जिसमें उसने सापेक्षिक रूप से गहनता के साथ प्रचुर उपादान का उपयोग किया है

12. भारत में 'मत्स्यन' के संबंध में नीचे दिए कथनों में से कौन-सा/से कथन सत्य है/हैं?
1. भारत, विश्व में मछली का दूसरा सबसे बड़ा उत्पादक देश है।
2. '11वें भारतीय मात्स्यिकी एवं जलजीव पालन फोरम' का आयोजन केरल में किया गया है।
3. '11वें भारतीय मात्स्यिकी एवं जलजीव फोरम' की थीम ''2022 का है सपना, किसान की आय हो दोगुना'' है।

कूट :
A. केवल 1 और 2   B. केवल 3
C. केवल 2 और 3   D. 1, 2 और 3

13. दो देश शुगरलैंड और साल्टलैंड हैं। प्रत्येक देश चीनी और नमक का उत्पादन करता है। पहला चीनी का और दूसरा नमक का निर्यात करता है। स्वतंत्र-व्यापार-सन्तुलन से प्रारम्भ करते हुए शुगरलैंड द्वारा लगाया गया नमक पर प्रशुल्क निम्नलिखित में से किस एक तरीके से आपूर्ति वक्रों और शुगरलैंड के परिप्रेक्ष्य से चीनी की सापेक्षिक कीमत को प्रभावित करेगा?
A. साल्टलैंड के आपूर्ति वक्र का स्थानान्तर करेगा, चीनी की कीमत में वृद्धि करेगा
B. साल्टलैंड के आपूर्ति वक्र का स्थानान्तर करेगा, चीनी की कीमत में कमी करेगा
C. शुगरलैंड के आपूर्ति वक्र का स्थानान्तर करेगा, चीनी की कीमत में वृद्धि करेगा
D. शुगरलैंड के आपूर्ति वक्र का स्थानान्तर करेगा, चीनी की कीमत में कमी करेगा

14. अवमूल्यन के द्वारा देश अपने भुगतान सन्तुलन में सुधार कर सकता है जब निर्यात और आयात मांग की लोचों का योग है–
A. इकाई से अधिक   B. इकाई के बराबर
C. इकाई से कम   D. शून्य

15. विनियम दर के क्रय शक्ति समता (PPP) सिद्धान्त का निहितार्थ है कि देश A की मुद्रा देश B की मुद्रा की तुलना में हास करेगी यदि–
A. A में मुद्रास्फीति की दर B में मुद्रास्फीति की दर से अधिक है
B. A में सामान्य ब्याज-दर B में सामान्य ब्याज-दर से अधिक है
C. B में GDP वृद्धि दर A में GDP वृद्धि दर से अधिक है
D. विदेशी प्रत्यक्ष निवेश B से A की ओर प्रवहमान है

16. एक स्वतंत्र तिरती विनिमय-दर प्रणाली में–
A. चालू खाता और पूंजी खाता का योग शून्य होता है
B. प्रत्येक खाता व्यष्टिगत रूप से शून्य के बराबर हो सकता है
C. विनियम दर बाजार शक्तियों से निर्धारित होता है
D. उपर्युक्त सभी कथन सही हैं

17. रेखाचित्र में डॉलर की मांग और पूर्ति वक्र को दर्शाया गया है। केन्द्रीय सत्ता E_2 पर विनिमय दर (रुपये प्रति डॉलर) बनाये रखना चाहती है–

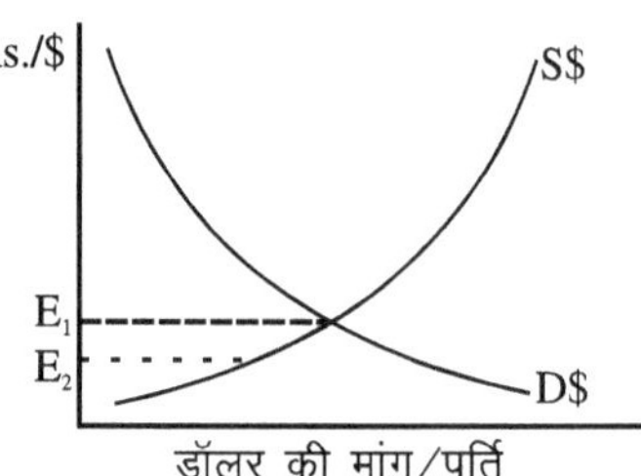

तब केन्द्रीय सत्ता को आवश्यकता होगी
A. डॉलर खरीदने और रुपया बेचने की
B. डॉलर बेचने और रुपया खरीदने की
C. आयात पर प्रशुल्क को घटाने की
D. निर्यात पर कर लगाने की

18. निम्नलिखित में से कौन एक भारत की चालू खाता परिवर्तनीयता के अंतर्गत अनुज्ञेय नहीं है?
A. विदेशी विनिमय खाता धारक निवासी
B. भारतीय बैंकों में खाता धारक विदेशी व्यक्ति
C. विदेशी मुद्रा खाता धारक निर्यातक
D. अल्पावधि पूंजी का स्वतंत्र आवागमन

19. 'काउंटरवेलिंग शुल्क' (Countervailing Duty) के संबंध में निम्नलिखित में से कौन-सा/से कथन सत्य है/हैं?
1. यह किसी देश में आयात की जाने वाली वस्तु के ऊपर लगाया जाने वाला एक अतिरिक्त शुल्क है, जिसका उद्देश्य उस वस्तु के निर्यातक देश द्वारा उस वस्तु के उत्पादकों को दी जा रही अतिशय सब्सिडी को ऑफसेट करना है।
2. किसी राष्ट्र द्वारा किए जाने वाले ऐसे व्यवहार को विश्व व्यापार संगठन के वैश्विक नियमों के अंतर्गत प्रतिबंधित माना गया है।

कूट :
A. केवल 1
B. केवल 2
C. 1 और 2 दोनों
D. न तो 1 और न ही 2

20. एक परिवर्तनशील विनिमय-दर प्रणाली में घरेलू ब्याज-दर में वृद्धि प्रेरित करेगी–
A. चालू खाते में सुधार और पूंजी खाते में ह्रास को
B. चालू एवं पूंजी दोनों ही खातों में सुधार को
C. दोनों खातों में ह्रास को
D. चालू खाते में ह्रास और पूंजी खाते में सुधार को

21. वर्तमान अन्तर्राष्ट्रीय मौद्रिक प्रणाली में भारतीय रुपये को अधिकीलित किया गया है–
A. U.S. डॉलर से
B. U.K. पौंड से
C. यूरो से
D. मुद्राओं के एक समूह से

22. मुद्रा की तटस्थता का निहितार्थ है कि मुद्रा पूर्ति में की गई किसी वृद्धि से–
A. सभी कीमतें उसी अनुपात में बढ़ेंगी
B. सभी कीमतें विभिन्न अनुपातों में बढ़ेंगी
C. सभी कीमतें उसी अनुपात में घटेंगी
D. कीमतों में कोई परिवर्तन नहीं होगा

23. वह सिद्धान्त जिसमें मुद्रा की लेन-देन सम्बन्धी मांग ब्याज की दर पर भी निर्भर करती है, प्रस्तुत किया गया था–
A. केन्ज़ और पीगू ने
B. बामोल और टोबिन ने
C. हिक्स और सोलो ने
D. सैमुअलसन और मीड ने

24. जहाँ M मुद्रा पूर्ति है, i ब्याज की दर है और I निवेश है तो सही संभाव्य अनुक्रम होगा–
A. M घटता है, i कम हो जाता है, I कम हो जाता है, GNP कम हो जाता है
B. M घटता है, i बढ़ जाता है, I कम हो जाता है, GNP कम हो जाता है
C. M घटता है, i बढ़ जाता है, I बढ़ जाता है, GNP बढ़ जाता है
D. M बढ़ जाता है, i बढ़ जाता है, I बढ़ जाता है, GNP बढ़ जाता है

25. मुद्रा के परिमाण सिद्धान्त का निहितार्थ है कि कीमत स्तर में वृद्धि–
A. उत्पादन में वृद्धि से सम्बन्धित होगी
B. मुद्रा-पूर्ति में वृद्धि से सम्बन्धित होगी
C. मुद्रा-पूर्ति में कमी से सम्बन्धित होगी
D. A और B दोनों से सम्बन्धित होगी

26. उच्च-शक्ति मुद्रा है–
A. केन्द्रीय बैंक के पास बैंकों की आरक्षित निधि
B. बैंकों का समस्त ऋण एवं अग्रिम
C. बैंकों के पास रखी मुद्रा
D. जनता के पास रखी मुद्रा तथा केन्द्रीय बैंक के पास आरक्षित निधि

27. निम्नलिखित युग्मों में कौन-सा एक सही सुमेलित नहीं है?
A. स्फीतिकारी अन्तराल : केन्ज
B. नकद सन्तुलन उपागम : पीगू
C. त्वरक-गुणक विश्लेषण : हिक्स
D. विनिमय का समीकरण : मार्शल

28. एक व्यापारिक बैंक निम्नलिखित प्रकार की परिसम्पत्तियों को रखता है–
1. ट्रेजरी बिल।
2. ऋण एवं अग्रिम।
3. नकदी।
4. शीघ्रावधि एवं अल्प सूचना द्रव्य।
बढ़ती हुई तरलता के अनुसार सही क्रम है–
A. 3, 4, 1, 2   B. 4, 1, 3, 2
C. 3, 2, 1, 4   D. 2, 4, 1, 3

29. यदि रिज़र्व बैंक व्यापारिक बैंकों के पास तरल मुद्रा बढ़ाना चाहता तो इसे–
A. अपने कोष से स्वर्ण को निर्मोचित (Release) करना चाहिये
B. खुले बाजार में शासकीय बांडों को खरीदना चाहिये
C. विनिमय-पत्रों से सम्बन्धित लेन-देन को रोक देना चाहिये
D. नकदी रिजर्व अनुपात बढ़ाना चाहिये

30. "स्वर्ण-ट्रान्स" (रिज़र्व ट्रान्स) निर्दिष्ट करता है
A. विश्व बैंक की ऋण व्यवस्था को
B. एक केन्द्रीय बैंक की किसी एक क्रिया को
C. WTO द्वारा इसके सदस्यों को प्रदत्त एक साख प्रणाली को
D. IMF द्वारा इसके सदस्यों को प्रदत्त एक साख प्रणाली को

31. WTO के प्रावधानों के अंतर्गत–
A. G-7 देशों के पास 'विवाद निपटारा निकाय' द्वारा दिये गए अधिमत को अस्वीकृत करने का निषेधाधिकार है
B. एक देश या देश-समूह द्वारा प्रकरण दर्ज किए जाने पर विवाद निपटारा निकाय को प्रकरण दर्ज किए जाने की तिथि से 15 मास के अंदर अधिमत (अपीलों समेत) लेना होता है
C. सेवाओं में व्यापार पर कोई समझौता नहीं है
D. उपर्युक्त सभी कथन सही हैं

32. अधिकतम सामाजिक लाभ का सिद्धान्त संबंधित है–
A. केवल करारोपण से
B. केवल व्यय से
C. केवल सार्वजनिक ऋण से
D. करारोपण एवं सार्वजनिक व्यय दोनों से

33. करारोपण में न्याय को सर्वाधिक सुनिश्चित किया जाता है–
A. समान निरपेक्ष त्याग के सिद्धांत का अनुप्रयोग कर
B. समान आनुपातिक त्याग के सिद्धांत का अनुप्रयोग कर
C. समान सीमान्त त्याग के सिद्धांत का अनुप्रयोग कर
D. प्रतिदान के सिद्धांत का अनुप्रयोग कर

34. टोबिन कर–
A. निर्यातों पर कर है
B. आयातों पर कर है
C. विदेशी विनिमय के लेन-देन पर कर है
D. विक्रय पर कर है

35. बजटीय घाटे में सम्मिलित नहीं है–
A. राजस्व घाटा
B. पूंजी बजट घाटा
C. भुगतान-संतुलन घाटा
D. सार्वजनिक ऋण पर ब्याज-भुगतान

36. विचलनों के वर्ग का योग न्यूनतम होता है जब यह विचलन–
A. बहुलक से लिया गया हो
B. माध्यिका से लिया गया हो
C. अंकगणितीय माध्य से लिया गया हो
D. ज्यामितीय माध्य से लिया गया हो

37. मान लीजिये कि 9 व्यक्तियों का औसत वजन 50 किग्रा. है। प्रथम 5 व्यक्तियों के वजन का औसत 45 किग्रा. है, जबकि अन्तिम 5 व्यक्तियों के वजन का औसत 55 किग्रा. है तो पांचवें व्यक्ति का वजन होगा–

A. 45.0 किग्रा।   B. 47.5 किग्रा।
C. 50.0 किग्रा।   D. 52.5 किग्रा।

38. निम्नलिखित सांख्यिकीय मापों में कौन-सी एक अत्यधिक बड़ी या छोटी संख्याओं से प्रभावित नहीं होती?

A. माध्यिका   B. हरात्मक माध्य
C. मानक विचलन   D. विचरण गुणांक

39. X और Y दो चरों का निम्नलिखित वितरण दिया गया है–

X : 1 2 3 4 5
Y : 3 4 5 6 7

Y का मानक विचलन होगा–

A. X के मानक विचलन के बराबर
B. (X का मानक विचलन) × 2
C. (X का मानक विचलन) + 2
D. (X का मानक विचलन) – 2

40. छः संख्याओं, 3, 3, 3, 5, 5, 5 का मानक विचलन–

A. 1 है
B. 4 है
C. 0 है
D. प्राप्त नहीं किया जा सकता, क्योंकि मापन की इकाई नहीं दी गई है

41. यदि एक प्रतिदर्श आंकड़े के लिए माध्य < माध्यिका < बहुलक, तो वितरण–

A. दाहिनीं ओर विषम है
B. सममित है
C. बायीं ओर विषम है
D. न सममित है और न विषम है

42. यदि $X = \dfrac{9-U}{3}$ और $Y = V - 4$ तथा U और V के मध्य सहसम्बन्ध गुणांक 0.93 है तो X और Y के बीच सहसम्बंध गुणांक होगा–

A. 0.093
B. –0.093
C. – 0.93
D. व्युत्पन्न नहीं किया जा सकता

43. निम्नलिखित अभिकरणों में कौन एक भारत में राष्ट्रीय आय के अभिकलन के लिए उत्तरदायी है?

A. एन॰सी॰ए॰ई॰आर॰   B. सी॰एस॰ओ॰
C. एन॰एस॰एस॰   D. आर॰बी॰आई॰

44. भारत में कुल रोज़गार में कृषि क्षेत्र का लगभग कितना अंश है?

A. 65 प्रतिशत   B. 50 प्रतिशत
C. 45 प्रतिशत   D. 40 प्रतिशत

45. भारतीय निर्यातों का अधिकांश भाग निम्नलिखित में से राष्ट्रों के किस समूह को जाता है?

A. यूरोप   B. अफ्रीका
C. द॰पू॰ एशिया   D. नेपाल

46. भारत में निम्नलिखित में से कौन एक अन्तिम रूप से पंचवर्षीय योजनाओं का अनुमोदन करता है?

A. केन्द्रीय मंत्रिमण्डल
B. योजना आयोग
C. राष्ट्रीय विकास परिषद्
D. संसदीय योजना समिति

47. सूची-I को सूची-II के साथ सुमेलित कीजिये तथा सूचियों के नीचे दिये गये कूटों का प्रयोग करते हुए सही उत्तर चुनिये–

सूची-I	*सूची-II*
(a) 73वां संविधान संशोधन अधिनियम	1. आधारिक संरचनात्मक विकास
(b) नरसिंहम समिति	2. वित्तीय क्षेत्र
(c) विनिवेश आयोग	3. पंचायती राज
(d) राकेश मोहन समिति	4. सार्वजनिक क्षेत्र उद्यम

कूट:

	(a)	(b)	(c)	(d)
A.	3	2	4	1
B.	2	3	1	4
C.	3	2	1	4
D.	2	3	4	1

48. भारत की पंचवर्षीय योजनाओं में से किस एक को उसके समापन की निर्दिष्ट तिथि से पूर्व ही समाप्त कर दिया गया था?

A. तीसरी पंचवर्षीय योजना
B. चौथी पंचवर्षीय योजना
C. पांचवीं पंचवर्षीय योजना
D. छठी पंचवर्षीय योजना

49. भारत में जनसंख्या वृद्धि के सन्दर्भ में 'महान विभाजन का वर्ष' है–

A. 1911
B. 1921
C. 1947
D. 1971

50. भारत में गरीबी के बारे में 'अपवाह सिद्धान्त सम्बन्धित है–

A. एम॰ विश्वेश्वरैया से
B. वी॰के॰आर॰वी॰ राव से
C. दादाभाई नौरोजी से
D. सुभाष चन्द्र बोस से

उत्तरमाला

1	2	3	4	5	6	7	8	9	10
C	A	C	A	D	A	C	D	C	D
11	**12**	**13**	**14**	**15**	**16**	**17**	**18**	**19**	**20**
B	A	C	A	A	C	B	D	A	D
21	**22**	**23**	**24**	**25**	**26**	**27**	**28**	**29**	**30**
D	A	B	B	B	D	D	A	B	D
31	**32**	**33**	**34**	**35**	**36**	**37**	**38**	**39**	**40**
D	D	C	C	D	C	C	A	A	C
41	**42**	**43**	**44**	**45**	**46**	**47**	**48**	**49**	**50**
C	D	B	A	A	C	A	C	B	C

मॉडल पेपर-2

1. भारत में निम्नलिखित संस्थाओं की स्थापना का सही अनुक्रम है–
   A. SIDBI, NABARD, IDBI, IFCI
   B. IDBI, NABARD, IFCI, SIDBI
   C. IFCI, IDBI, NABARD, SIDBI
   D. IFCI, SIDBI, IDBI, NABARD

2. भारतीय सरकार द्वारा विभागीय रूप से संचालित दो प्रमुख वाणिज्यिक उपक्रम हैं–
   A. रेलवे और वायुपत्तन
   B. रेलवे और डाक
   C. वायुपत्तन और गोदी
   D. वायुपत्तन और डाक

3. भारतीय रिजर्व बैंक जिस दर पर व्यावसायिक बैंकों को ऋण देता है, उसे कहते हैं–
   A. रेपो दर
   B. बैंक दर
   C. रिजर्व रेपो
   D. सी आर आर

4. निम्नलिखित कथनों पर विचार कीजिये–
   भारत में राज्य विद्युत मण्डलों के घाटों के बहुत बड़े अंश के लिये उत्तरदायी हैं
   1. कृषि एवं घरेलू उपभोक्ताओं को विद्युत आपूर्ति पर बड़ा उपदान।
   2. मण्डलों के अधीन विद्युत संयंत्रों का अनुपयुक्त अनुरक्षण एवं प्रबंधन।
   3. श्रमिक समस्यायें।
   उपर्युक्त कथनों में कौन-कौन से सही हैं?
   A. 1 और 2
   B. 2 और 3
   C. 1 और 3
   D. 1, 2 और 3

5. नीचे उल्लिखित बेरोज़गारी के चार प्रकारों में से कौन-सा एक भारतीय अर्थव्यवस्था के लिए सबसे अधिक बाधक है?
   A. चक्रीय बेरोजगारी
   B. संघर्षजनित बेकारी
   C. ग्रामीण क्षेत्र में प्रच्छन्न बेरोजगारी
   D. शिक्षित वर्गों के बीच शहरी बेरोजगारी

6. निम्नलिखित श्रम कानूनों में कौन-सा एक, भारत में कृषि श्रमिकों के हितों को संरक्षण प्रदान करने का प्रयत्न करता है?
   A. कर्मचारी राज्य बीमा अधिनियम 1948
   B. न्यूनतम मजदूरी अधिनियम 1948
   C. कर्मचारी भविष्य निधि अधिनियम 1952
   D. कामगार क्षतिपूर्ति अधिनियम 1923

7. निम्नलिखित में से कौन–सा करार विश्व व्यापार संगठन द्वारा किया गया एक करार नहीं है?
   A. शिमला समझौता
   B. हांगकांग मिनिस्टेरियल डिक्लेरेशन
   C. गैर–कृषि बाजार एक्सेस
   D. डंपिंग करार और सहायकियाँ सम्बंधी करार

8. निम्नलिखित में से कौन-सा एक वर्तमान में भारत के आयात की महत्त्वपूर्ण मद नहीं है?
   A. खाद्यान्न
   B. खाद्य तेल
   C. उर्वरक
   D. न्यूज़प्रिन्ट

9. निम्नलिखित क्षेत्रों में कौन-सा एक क्षेत्र व्यापार में भारत का सबसे बड़ा भागीदार है?
   A. पश्चिम एशिया
   B. यूरोपीय संघ
   C. पूर्वी यूरोपीय देश
   D. उत्तरी अमेरिका

10. थोक-कीमत सूचकांक की नई शृंखला का आधार वर्ष है–
    A. 1981-82
    B. 1990-91
    C. 2011-12
    D. 1997-98

11. भारतीय रिज़र्व बैंक ने कीमत-स्थिरता बनाए रखने के लिए निम्नलिखित साख-नियंत्रण के उपायों में से किस एक पर पिछले लगभग दस वर्षों के दौरान सर्वाधिक विश्वास रखा है?
    A. बैंक दर
    B. खुले बाज़ार की क्रियायें
    C. नकदी रिज़र्व आवश्यकतायें
    D. विधिक तरलता आवश्यकतायें

12. नीचे दिये गये बैंकों के राष्ट्रीयकरण का सही अनुक्रम क्या है?

A. भारतीय स्टेट बैंक, भारतीय रिजर्व बैंक, 14 वाणिज्यिक बैंक, 6 वाणिज्यिक बैंक

B. भारतीय रिजर्व बैंक, 14 वाणिज्यिक बैंक, भारतीय स्टेट बैंक, 6 वाणिज्यिक बैंक

C. भारतीय रिजर्व बैंक, भारतीय स्टेट बैंक, 14 वाणिज्यिक बैंक, 6 वाणिज्यिक बैंक

D. 14 वाणिज्यिक बैंक, 6 वाणिज्यिक बैंक, भारतीय रिजर्व बैंक, भारतीय स्टेट बैंक

13. एक वित्त-विधेयक वह विधेयक है–

A. जो भारत की संचित निधि से व्यय को प्राधिकृत करता है

B. जो भारत की आकस्मिकता निधि से व्यय को प्राधिकृत करता है

C. जो आगामी वित्तीय वर्ष के लिये संघ की सरकार के वित्तीय प्रस्तावों को प्रभावी बनाने हेतु प्रतिवर्ष प्रस्तुत किया जाता है

D. जो पिछले वित्तीय वर्ष में संघ की सरकार द्वारा स्वीकृत वित्तीय प्रस्तावों को सम्पुष्ट करने हेतु प्रतिवर्ष प्रस्तुत किया जाता है

14. उत्तर-उदारीकरण अवधि में भारत के सकल-कर-राजस्व में प्रत्यक्ष करों का अंश–

A. बढ़ गया है

B. घट गया है

C. पहले बढ़ा है और बाद में घट गया है

D. समान बना रहा है

15. निम्नलिखित करों में से कौन-सा एक कर राज्य सरकारों के राजस्व का अनन्य स्रोत है?

A. उत्पाद शुल्क   B. सीमा शुल्क

C. भू-राजस्व   D. सम्पत्ति कर

16. निम्नलिखित में से कौन-सा एक 'संघीय-कर-राजस्व' का स्रोत नहीं है?

A. सम्पत्ति कर   B. धन कर

C. निगम कर   D. सीमा शुल्क

17. वाटर शेड और ड्राइलैंड कृषि का विकास भारत सरकार के बीस सूत्री कार्यक्रम के निम्नलिखित में से किस बिन्दु का एक भाग है?

A. किसान मित्र   B. खाद्य सुरक्षा

C. गरीबी हटाओ   D. जनशक्ति

18. भारत सरकार के राजस्व-खर्च के सर्वाधिक अंश के लिये निम्नलिखित में से कौन-सा एक उत्तरदायी है?

A. रक्षा व्यय

B. ब्याज भुगतान

C. उपदान

D. आन्तरिक सुरक्षा पर खर्च

19. 1994 में कार्यान्वित जिला प्राथमिक शिक्षा कार्यक्रम प्रायोजित हैं–

A. केन्द्र सरकार द्वारा   B. राज्य सरकार द्वारा

C. पंचायत द्वारा   D. UNESCO द्वारा

20. किसी देश की वित्तीय पूंजी आस्तियों के कुल मूल्यांकन की प्रक्रिया को तकनीकी रूप से ..... कहते हैं।

A. बाजार पूंजीकरण   B. सकल देशी उत्पाद

C. देश की शुद्ध सम्पदा   D. इनमें से कोई नहीं

21. जब माँग की कीमत-लोच इकाई हो, तो सीमान्त आय होगी–

A. शून्य से कम   B. शून्य के बराबर

C. एक के बराबर   D. एक से अधिक

22. एक वस्तु के माँग वक्र के नीचे का कुल क्षेत्र मापता है–

A. सीमान्त उपयोगिता

B. कुल उपयोगिता

C. उपभोक्ता की बचत

D. उत्पादक की बचत

23. यदि कीमत-उपभोग वक्र क्षैतिज हो तो X (जिसकी कीमत गिरती है) के लिये मांग की कीमत लोच होगी–

A. शून्य   B. एक

C. एक से अधिक   D. एक से कम

24. यदि दो माँग वक्र प्रतिच्छेदन करते हैं तब प्रतिच्छेदन बिन्दु पर–

A. वे समान रूप से लोचदार होंगे

B. अपेक्षाकृत खड़ा वक्र अधिक लोचदार है

C. अपेक्षाकृत सपाट वक्र अधिक लोचदार है

D. उनके लोच की तुलना नहीं की जा सकती है

25. उत्पादन फलन $Y = LK$
  A. द्वितीय कोटि का समघात है
  B. प्रथम कोटि का समघात है
  C. शून्य कोटि का समघात है
  D. असमघात है

26. मान लीजिए कि उत्पादन (Y) पूँजी (K) का फलन है, तब उत्पादन का पूँजी-लोच दिया जाता है
  A. $\dfrac{MP_K}{AP_K}$ के द्वारा
  B. $\dfrac{AP_K}{MP_K}$ के द्वारा
  C. $\dfrac{Y}{K}$ के द्वारा
  D. उपर्युक्त में से किसी के द्वारा नहीं

27. एक विशुद्ध रूप से प्रतियोगी बाजार में, एक फर्म के उत्पादन फलन $Y = L^\alpha K^{1-\alpha}$ (Y = उत्पादन, L = श्रम और K = पूँजी) की कल्पना कीजिए। निम्नलिखित में से कौन एक उत्पादन में श्रम के अंश को मापेगा?
  A. α
  B. $L(\alpha)$
  C. L^α
  D. α/L

28. पूर्ति वक्र का कीमत-लोच केवल एक के बराबर होगा जब—
  A. वह धनात्मक अंतःखंड के साथ एक सीधी रेखा है
  B. वह ऋणात्मक अंतःखंड के साथ एक सीधी रेखा है
  C. वह मूल बिन्दु से गुजरती हुई एक सीधी रेखा है
  D. वह क्षैतिज है

29. यदि दो उपादान पूर्णतः स्थानापन्न हैं, तब सम-उत्पाद वक्र—
  A. एक सीधी रेखा होगा
  B. एक परवलय होगा
  C. एक समकोणीय अतिपरवलय होगा
  D. एक L आकार का वक्र होगा

30. पूर्ण प्रतिस्पर्धा के अंतर्गत (जब आगम कीमतें स्थिर हों और बाह्य मितव्ययिताएँ और अमितव्ययिताएँ न हों) तब उद्योग पूर्ति वक्र—
  A. औसत लागत वक्रों के ऊर्ध्वाधर योग से व्युत्पन्न होता है
  B. औसत लागत वक्रों के क्षैतिज योग से व्युत्पन्न होता है

31. एकाधिकार सन्तुलन से प्रारंभ करते हुए बिना किसी नीतिगत हस्तक्षेप के भी, बाजार कार्यकुशलता को सुधारा जा सकता है—
  A. प्रति-इकाई उत्पादन कर लगाकर
  B. प्रति-इकाई बिक्री कर लगाकर
  C. लाभ कर लगाकर
  D. वर्तमान सन्तुलन कीमत के नीचे कीमत की उच्चतम सीमा लगाकर

32. एक ह्रासमान लागत उद्योग में 'सीमान्त-लागत कीमत निर्धारण' सिद्धान्त के अनुप्रयोग से होगा—
  A. आधिक्य
  B. उपदान की आवश्यकता वाली हानियां
  C. न आधिक्य और न ही हानियां
  D. उत्पादन में गिरावट

33. एकाधिकारात्मक प्रतिस्पर्धा में एक फर्म दीर्घकालीन सन्तुलन में है—
  A. दीर्घकालीन औसत लागत वक्र के न्यूनतम बिन्दु पर
  B. दीर्घकालीन औसत लागत वक्र के गिरते हुये खंड में
  C. दीर्घकालीन औसत लागत वक्र के उठते हुये खंड में
  D. जब कीमत सीमान्त लागत के बराबर है

34. यदि नीचे गिरते हुए माँग वक्र और ऊपर उठते हुए पूर्ति वक्र वाले विशुद्ध रूप से प्रतियोगी बाज़ार में उत्पादन की प्रति इकाई पर एक विशिष्ट उत्पाद कर लगाते हैं, तब—
  A. कीमत कर की मात्रा के बराबर बढ़ती है
  B. कीमत में कर की मात्रा से कम वृद्धि होती है
  C. कीमत में कर की मात्रा से अधिक वृद्धि होती है
  D. कीमत समान रहती है

35. उत्पादन के कारक द्वारा अर्जित लगान बराबर होता है—
  A. यह उपादान अगले सर्वोत्तम उपयोग में जो अर्जित कर सकता है, उसके
  B. यह उपादान वर्तमान उपयोग में जो अर्जित करता है और जिसे यह अपने अगले सर्वोत्तम उपयोग में अर्जित कर सकता है, उनके योग के

C. उसके वर्तमान अर्जन के

D. यह उपादान वर्तमान में जो अर्जित कर रहा है और जिसे यह उपादान अपने अगले सर्वोत्तम उपयोग में प्राप्त कर सकता है, उनके अंतर के

36. पैमाने के स्थिर प्रतिफल के अन्तर्गत योग प्रमेय तब लागू होता है जब उत्पादन के कारकों का भुगतान किया जाता है, उनकी–

A. सीमान्त उत्पादकता के अनुसार

B. औसत उत्पादकता के अनुसार

C. कुल उत्पादकता के अनुसार

D. सीमान्त उत्पादकता के औसत उत्पादकता के साथ अनुपात के अनुसार

37. एक देश में आय असमानताओं को नापा जा सकता है–

A. लॉरेन्ज-वक्र द्वारा

B. गिनी गुणांक द्वारा

C. विभिन्न आकार वर्गों द्वारा प्राप्त आय के अनुपात द्वारा

D. उपर्युक्त सभी के द्वारा

38. बाजार विफलता उत्पन्न नहीं हो सकती है

A. पैमाने के बढ़ते हुये प्रतिफल की दशा में

B. सार्वजनिक वस्तुओं की दशा में

C. उपभोग बाह्यताओं की दशा में

D. आय असमानताओं की दशा में

39. एक दी हुई आर्थिक पैरेटो-इष्टतम है यदि नीति में परिवर्तन

A. प्रत्येक को बेहतर बना सकता है

B. कुछ एक को बेहतर और कुछ एक को बदतर बना सकता है

C. कुछ एक को बेहतर और अन्य सभी को बदतर बना सकता है

D. कुछ एक को बदतर बनाये बिना किसी को भी बेहतर नहीं बना सकता है

40. निम्नलिखित में से कौन-सा एक, निजी निगमित क्षेत्र में हुई बचत को प्रदर्शित करता है?

A. कंपनी का कुल लाभ

B. अवितरित लाभ

C. व्यय से ऊपर आय का आधिक्य

D. शेयरधारकों को दिया गया लाभांश

41. एक अर्थव्यवस्था की निवल राष्ट्रीय आय 20,000 मिलियन डॉलर है, अप्रत्यक्ष कर 2,000 मिलियन डॉलर है, उपदान 1,000 मिलियन डॉलर है और उसकी जनसंख्या 150 मिलियन है। उपादान लागत पर राष्ट्रीय आय क्या होगी?

A. 21,000 मिलियन डॉलर

B. 19,000 मिलियन डॉलर

C. 23,000 मिलियन डॉलर

D. 22,000 मिलियन डॉलर

42. दिया गया है

$C = 50 + 0.5Y$

$I = 80$

$G = 100,$

आय का सन्तुलन स्तर है

A. 460   B. 560

C. 230   D. 360

43. दिये हुए कुल निवेश व्यय पर बचत प्रवृत्ति में वृद्धि

A. आय में वृद्धि लायेगी

B. ब्याज दर में वृद्धि लायेगी

C. बचत में कमी लायेगी

D. आय में कमी लायेगी

44. यदि निवेश गुणक 4 है तब प्रासंगिक उपभोग फलन है

A. $C = 28 + 0.75y$ B. $C = -28 + 0.78y$

C. $C = 28 + 0.70y$ D. $C = 28 + 0.40y$

45. निम्नलिखित कथनों पर विचार कीजिए–

1. बॉण्ड की कीमतें और ब्याज की दरें सीधे परिवर्तित होती हैं।

2. "पूर्ति स्वतः अपनी माँग सृजित करती है" को वालरा के नियम के रूप में जाना जाता है।

3. वह दर जो पूंजी परिसंपत्ति में निवेश से अपेक्षित होने वाले बट्टागत नकदी प्रवाह को इसकी पूर्ति कीमत के समान कर देती है, निवेश की सीमांत दक्षता होती है।

4. प्रयोज्य आय, व्यक्तिगत आय पर कर के साथ प्रतिलोमतः परिवर्तित होती है।

उपर्युक्त में से कौन-कौन से कथन सही हैं?

A. 3 और 4   B. 1 और 3

C. 2 और 4   D. 1, 2 और 3

46. निम्नलिखित में से कौन प्रतिनिध्यात्मक उपभोग फलन के साथ संगत है?

A. APC = MPC   B. MPC = O

C. APC > MPC   D. APC = O

47. मुद्रा की अपेक्षा माँग निर्भर करती है–

A. ब्याज दर पर   B. आय पर

C. लाभ पर   D. उत्पादन पर

48. निम्नलिखित कथनों पर विचार कीजिये :

चिर-प्रतिष्ठित अर्थशास्त्रियों का विश्वास था कि अर्थव्यवस्था में बेरोजगारी बनी रहेगी–

1. श्रम की बचत करने वाली तकनीकी प्रगति के कारण।

2. वस्तुओं की मांग में अपर्याप्तता के कारण।

3. अर्थव्यवस्था की स्वतंत्र क्रिया में सरकारी हस्तक्षेप के कारण।

उपर्युक्त कथनों में कौन सही है/हैं?

A. 1, 2 और 3   B. 1 और 3

C. 2 और 3   D. केवल 3

49. निम्नलिखित कथनों में कौन-सा हरित क्रांति की प्रकृति को सबसे अधिक समीचीन ढंग से वर्णित करता है?

A. हरी सब्ज़ियों की सघन खेती

B. सघन कृषि जिला कार्यक्रम

C. अधिक उपज देने वाली किस्मों का कार्यक्रम

D. बीज-उर्वरक-जल प्रौद्योगिकी

50. NABARD का प्रमुख कार्य है

A. जनता को ऋण प्रदान करना

B. जनता से जमायें स्वीकार करना

C. ग्रामीण क्षेत्र के विकास के लिये व्यापारिक बैंकों तथा क्षेत्रीय ग्रामीण बैंकों को ऋण प्रदान करना

D. सरकारी प्रतिभूतियों में सौदा करना

उत्तरमाला

1	2	3	4	5	6	7	8	9	10
C	B	B	D	C	B	A	A	B	C
11	12	13	14	15	16	17	18	19	20
C	C	C	A	C	A	A	B	A	A
21	22	23	24	25	26	27	28	29	30
B	A	B	C	B	A	A	C	A	D
31	32	33	34	35	36	37	38	39	40
D	A	B	B	D	A	D	D	D	B
41	42	43	44	45	46	47	48	49	50
B	A	D	A	A	A	A	C	C	C

<h1 align="center">मॉडल पेपर-3</h1>

1. तरलता अधिमान वक्र दायीं ओर को गिरता हुआ होता है क्योंकि–
   A. जैसे ब्याज दर बढ़ती है, मुद्रा के संचय की अवसर लागत घट जाती है।
   B. जैसे ब्याज दर बढ़ती है, मुद्रा के संचय की अवसर लागत बढ़ जाती है।
   C. जैसे ब्याज दर घटती है, मुद्रा के संचय की अवसर लागत अप्रभावित रहती है।
   D. जब ब्याज दर कम होती है तो केन्द्रीय बैंक मुद्रा की पूर्ति घटा देते हैं।

2. केन्द्रीय बैंक द्वारा बैंकों के वैधानिक तरलता अनुपात में कमी का प्रभाव क्या होगा–
   A. सरकार पहले की अपेक्षा बैंकों से अधिक ऋण ले सकेगी।
   B. सरकार पहले की अपेक्षा बैंकों को अधिक ऋण-पत्र बेच सकेगी।
   C. निजी क्षेत्र बैंकों से पहले की अपेक्षा कम ऋण प्राप्त कर सकेंगे।
   D. बैंक पहले की अपेक्षा सरकारी प्रतिभूतियाँ कम खरीदेंगे।

3. निम्नलिखित में से कौन परिमाणात्मक साख नियंत्रण का उपाय है–
   A. विशिष्ट प्रतिभूतियों पर मार्जिन अनुपात का निर्धारण
   B. उपभोक्ता साख का नियमन
   C. नैतिक दबाव
   D. बैंक दर

4. मुद्रा पूर्ति में परिवर्तन से ब्याज दर प्रभावित नहीं होती। निम्न में से किन सिद्धान्तों ने यह विचार प्रगट किया–
   A. प्रतिष्ठित सिद्धान्त
   B. ऋण योग्य वित्त सिद्धान्त
   C. तरलता अधिमान सिद्धान्त
   D. समय अधिमान सिद्धान्त
   अपना उत्तर निम्न कूटों में से चुनिये–
   A. 1 और 2   B. 2 और 3
   C. 3 और 4   D. 1 और 4

5. मौद्रिक विभ्रम–
   1. तभी यह महत्त्वपूर्ण है जब स्फीति धीमी होती है परन्तु भागती स्फीति में यह समाप्त हो जाता है।
   2. स्फीति की गति को बढ़ा देता है।
   3. स्फीति की गति को कम कर देता है।
   4. स्फीति की गति को प्रभावित नहीं करता।
   उपरोक्त में कौन सही है–
   कूट:
   A. 1 और 2   B. 1 और 3
   C. 1 और 4   D. केवल 4

6. मौद्रिक नीति को निर्धारित नियम के अनुसार चलना चाहिए न कि विवेक के अनुसार। यह विचार दिया–
   A. जे०एम० केन्स ने
   B. एच० जानसन ने
   C. एम० फ्रीडमैन ने
   D. डान पाटिन्किन ने

7. निम्न में से कौन व्यापारिक बैंकों की परिसम्पत्ति नहीं है–
   A. सावधि जमा
   B. व्यापारिक साख
   C. क्रय किए गए बिल
   D. बैंकों के पास कोषागार बिल

8. "मुद्रा जो मानव जाति के लिए अनेक वरदानों का स्रोत है, यदि नियंत्रित न की जाए, तो विपत्ति और विभ्रम का स्रोत हो जाती है।" यह कथन किस अर्थशास्त्री का है–
   A. डी०एच० रॉबर्ट्सन   B. ए० मार्शल
   C. जे०एम० केन्स   D. जे० टॉबिन

9. मुद्रा के परिमाण सिद्धान्त को मुद्रा की मांग का सिद्धान्त समझना चाहिए। यह विचार दिया—
   A. डी॰एच॰ रॉबर्ट्सन ने   B. जे॰एम॰ केन्स ने
   C. ए॰सी॰ पीगू ने   D. एम॰ फ्रीडमैन ने

10. मुद्रा की सट्टा मांग में वृद्धि होगी यदि—
    A. लोगों के विचार से ब्याज की वर्तमान दर सामान्य ब्याज दर से कम है।
    B. लोगों के विचार से ब्याज की वर्तमान दर सामान्य ब्याज दर से अधिक है।
    C. मौद्रिक आय में वृद्धि हो गई है।
    D. अर्थव्यवस्था उत्कर्ष में है और व्यापारियों की प्रत्याशाएं आशाजनक हैं।

11. स्फीति अन्यायपूर्ण है तथा अवस्फीति असुविधाजनक। दोनों में अवस्फीति अधिक बुरी है। यह कथन है—
    A. जे॰एम॰ केन्स का   B. जी॰ क्राउथर का
    C. ए॰ मार्शल का   D. ए॰एच॰ हैन्सन का

12. मुद्रा का परिमाण सिद्धान्त सबसे पहले किसने प्रतिपादित किया—
    A. डी॰ रिकार्डो   B. डैवानज़त्ती
    C. डी॰ ह्यूम   D. जे॰ मिल

13. मुद्रा एक परिसम्पत्ति है। इसकी मांग दूसरी परिसम्पत्तियों की मांग के साथ ही निर्धारित होती है। यह विचार दिया—
    A. ए॰ मार्शल ने   B. जे॰ टॉबिन ने
    C. एम॰ फ्रीडमैन ने   D. एच॰ जानसन ने

14. भारतीय अर्थव्यवस्था में रिजर्व मुद्रा बढ़ेगी यदि—
    A. शुद्ध गैर-मौद्रिक देयताएं बढ़ जाएं।
    B. रिजर्व बैंक के पास शुद्ध विदेशी मुद्रा भंडार घट जाए।
    C. रिजर्व बैंक के पास शुद्ध विदेशी मुद्रा भंडार बढ़ जाए।
    D. रिजर्व बैंक द्वारा वाणिज्यिक क्षेत्र को उपलब्ध शुद्ध साख घट जाए।

15. रिजर्व बैंक के विचार से निम्नलिखित में विस्तृत मुद्रा कौन है—
    A. करेंसी + बैंकों के पास मांग जमा

16. बैंक दर से अभिप्राय है—
    A. बैंकों द्वारा जमाकर्ताओं को दी जाने वाली ब्याज की दर
    B. बैंकों द्वारा ऋण लेने वालों से ली जाने वाली ब्याज की दर
    C. अंतरबैंकीय ऋणों पर ब्याज की दर
    D. केन्द्रीय बैंक द्वारा अन्य बैंकों को दिए गए ऋणों पर लिए जाने वाले ब्याज की दर

17. शून्य-आधारित बजट की अवधारणा दी—
    A. आर॰ए॰ मसग्रेव ने   B. जे॰ एम॰ केन्स ने
    C. पीटर ए॰ पायर ने   D. ए॰ एच॰ हैन्सन ने

18. बजट-घाटे की कौन-सी अवधारणा भारतीय सन्दर्भ में अर्थहीन हो गयी है—
    A. राजकोषीय घाटा   B. बजेटरी घाटा
    C. प्राथमिक घाटा   D. राजस्व घाटा

19. कर-गुणक सामान्यतया—
    A. सरकारी व्यय गुणक से अधिक होता है।
    B. सरकारी व्यय गुणक के बराबर होता है।
    C. सरकारी व्यय गुणक से कम होता है।
    D. विनियोग गुणक के बराबर होता है।

20. करापात के संबंध में निम्न में से कौन-सा कथन सही है—
    A. आयात पर लगे कर का सम्पूर्ण करापात आयात देश में उपभोक्ताओं पर होता है।
    B. निर्यात कर का सम्पूर्ण करापात उत्पादक पर होता है।
    C. आयात और निर्यात करों का करापात उत्पादक और आयात देश के प्रयोजक के बीच बराबर-बराबर बंट जाता है।
    D. आयात और निर्यात करों के करापात का उत्पादक और प्रयोजक के बीच बंटवारा उनकी मांग की लोच के अनुपात के विपरीत अनुपात में होता है।

16. बैंक दर से अभिप्राय है— (B. करेंसी + बैंकों के पास मांग जमा + पोस्ट ऑफिस में मांग जमा; C. करेंसी + बैंकों के पास मांग जमा + बैंकों के पास सावधि जमा; D. करेंसी + बैंकों के पास कुल जमा + पोस्ट ऑफिस में कुल जमा)

21. किसी वर्ष में कुल सार्वजनिक राजस्व तथा कुल सार्वजनिक व्यय का अन्तर कहा जाता है–
- A. प्राथमिक घाटा
- B. राजस्व घाटा
- C. बजेटरी घाटा
- D. राजकोषीय घाटा

22. निम्नलिखित कर निर्धारण प्रणालियों में से किसके अन्तर्गत ब्रिटिश सरकार कृषकों से सीधी राजस्व एकत्रित करती थी?
- A. जमींदारी
- B. रैयतवारी
- C. अन्नावारी
- D. देजाइवारी

23. निम्न में से किस का सम्पूर्ण भार एकाधिकारी पर होगा–
- A. एकमुश्त कर
- B. विशिष्ट कर
- C. एकाधिकार मूल्य-नियंत्रण
- D. उपरोक्त में से किसी का नहीं

24. यदि पूर्ति पूर्णतया बेलोचदार हो और मांग की लोच अधिक हो तो अल्पकाल में किसी विशिष्ट बिक्री कर का करापात होगा–
- A. पूर्णतया उपभोक्ताओं पर
- B. पूर्णतया विक्रेताओं पर
- C. विक्रेताओं और उपभोक्ताओं दोनों पर आधा-आधा
- D. उपभोक्ता पर विक्रेताओं की अपेक्षा अधिक

25. सामाजिक वस्तुओं का प्रावधान समस्याएं पैदा करता है क्योंकि–
- A. ऐसी वस्तुएं उपभोग में गैर-प्रतियोगी होने की प्रवृत्ति रखती हैं।
- B. व्यक्तिगत उपभोक्ता अधिनियम के संदर्भ में प्रकट नहीं होते।
- C. बाजारी प्रक्रिया ऐसी वस्तुओं के प्रावधान के लिए उचित नहीं होती।
- D. उपरोक्त सभी।

26. 'थोक मूल्य सूचकांक' (WPI) निम्नलिखित में से किस संस्था द्वारा जारी किया जाता है?
- A. केन्द्रीय सांख्यिकी कार्यालय
- B. आर्थिक सलाहकार कार्यालय
- C. श्रम ब्यूरो
- D. वित्त मंत्रालय

27. भारत के संविधान के सन्दर्भ में निम्नलिखित युग्मों में से कौन–सा सुमेलित नहीं है?

विषय	*सूची*
A. शेयर बाजार	– राज्य सूची
B. वन	– समवर्ती सूची
C. बीमा	– संघीय सूची
D. विवाह एवं तलाक	– समवर्ती सूची

28. यदि P मूल्य-स्तर हो, x निर्यात का, m आयात का तथा Q परिमाण का द्योतक हो, तो आय व्यापार शर्त होगी–
- A. $\dfrac{P_x}{P_m} \cdot Qx$
- B. $\dfrac{P_x}{P_m} \cdot \dfrac{Q_x}{Q_m}$
- C. $\dfrac{P_x}{Q_m} \cdot Qx$
- D. $\dfrac{P_m}{P_x} \cdot Qx$

29. ओहलिन-हेक्वर के अनुसार दो देशों के बीच व्यापार होने का कारण है–
- A. मांग की दशाओं में भिन्नता
- B. तकनीकी दशाओं में भिन्नता
- C. साधन सम्पदा में भिन्नता
- D. रुचियों में भिन्नता

30. अन्तर्राष्ट्रीय व्यापार के सिद्धान्त में अवसर लागत का प्रयोग किया–
- A. जी॰ हैबरलर ने
- B. डी॰ रिकार्डो ने
- C. बी॰ ओहलिन ने
- D. जे॰ई॰ मीड ने

31. विश्व व्यापार संगठन की रचना कब हुई–
- A. 1992 में
- B. 1995 में
- C. 1997 में
- D. 2000 में

32. अनुकूलतम शुल्क वह है जो–
- A. शुल्क से होने वाले लाभ को अधिकतम करे
- B. शुल्क से होने वाली हानि को न्यूनतम करे
- C. शुल्क से होने वाले लाभ और हानि को बराबर करे
- D. उपरोक्त में कोई नहीं

33. आर्थिक विकास के संदर्भ में द्वैत अर्थव्यवस्था पर विचार किया–
1. बी॰ हिगिन्स ने
2. जे॰ एच॰ बोक ने
3. डब्ल्यू॰ ए॰ लिविस ने
4. आर॰ एफ॰ हैरॉड ने
अपना उत्तर निम्नलिखित कूटों में से चुनिये–
- A. केवल 1 और 2
- B. केवल 1 और 4
- C. केवल 2 और 3
- D. केवल 1, 2 और 3

34. भारत में निम्नलिखित में से कौन–सा एक सबसे लम्बा राष्ट्रीय राजमार्ग (NH) है?

A. NH 2

B. NH 7

C. NH 8

D. NH 31

35. हैरॉड मॉडल में निवेश मांग निम्न में से किसका फलन है–

A. राष्ट्रीय आय

B. मूल्य-स्तर में परिवर्तन की दर

C. राष्ट्रीय आय में परिवर्तन की दर

D. ब्याज दर

36. निम्न में से किस अर्थशास्त्री ने जनसंख्या की प्रवृत्ति को आर्थिक विकास की प्रक्रिया को आरम्भ करने में एक बाधा माना–

A. पी॰ एन॰ रॉजेंस्टीन रोडन

B. डब्ल्यू॰ डब्ल्यू॰ रोस्टव

C. आर॰ नर्क्स

D. एच॰ लिबिंस्टीन

37. आर्थिक विकास की प्रक्रिया में प्रारम्भिक चरणों में कई अविभाज्यताएं बाधक होती हैं। इस विचार का प्रतिपादन किया–

A. आर॰ नर्क्स ने

B. एच॰ डब्ल्यू॰ सिंगर ने

C. पी॰ एन॰ रॉजेंस्टीन रोडन ने

D. डब्ल्यू॰ डब्ल्यू॰ रोस्टव ने

38. विकास की प्रक्रिया को 'असन्तुलनों की एक शृंखला' के रूप में व्यक्त किया–

A. पी॰ एन॰ रॉजेंस्टीन रोडन ने

B. आर॰ ई॰ बाल्डविन ने

C. एच॰ लिबिंस्टीन ने

D. ए॰ ओ॰ हर्षमैन ने

39. जनसंख्या की वृद्धि दर प्रभावित करती है–

A. संवृद्धि की प्राकृतिक दर को

B. संवृद्धि की वास्तविक दर को

C. संवृद्धि की वांछित दर को

D. उपरोक्त सभी संवृद्धि दरों को

40. पूंजीवाद के अन्तर्गत विकास प्रक्रिया को सृजनात्मक विध्वंस कहा है–

A. कार्ल मार्क्स ने

B. ए॰ एच॰ हैन्सन ने

C. आर॰ लक्जमबर्ग ने

D. जे॰ शुम्पीटर ने

41. नर्क्स के अनुसार विकासशील देशों को किस कारण से अपने भुगतान-शेष पर गहन एवं प्रतिकूल प्रभाव का सामना करना पड़ेगा–

A. प्रतिवाही प्रभाव

B. प्रदर्शन प्रभाव

C. गुणक प्रभाव

D. विस्तार प्रभाव

42. निम्न में से किस अर्थशास्त्री ने विकासशील अर्थव्यवस्था को मूलतः अस्थिर अर्थव्यवस्था कहा है–

A. आर॰ एफ॰ हैरॉड

B. डी॰ रिकार्डो

C. आर॰ एम॰ सोलो

D. टी॰ स्वाय

43. विकासशील अर्थव्यवस्थाओं में प्रभावी मांग की अपर्याप्तता के कारण निवेश सीमित रहता है। इस विचार की आलोचना निम्न में से किस अर्थशास्त्री ने की–

A. ई॰ डी॰ डोमर

B. आर॰ एफ॰ हैरॉड

C. आर॰ नर्क्स

D. जे॰ वाइनर

44. विकासशील अर्थव्यवस्थाओं में अतिरिक्त श्रम इस अर्थ में मिलता है कि प्रत्येक श्रमिक सामान्य कार्य-घंटों की अपेक्षा कम घंटे कार्य करता है। यह विचार प्रस्तुत किया–

A. जे॰ रॉबिन्सन ने

B. एम॰ डॉब ने

C. आर॰ नर्क्स ने

D. ए॰ के॰ सेन ने

45. हैरॉड के संवृद्धि मॉडल में Ga संवृद्धि की वास्तविक दर को, Gw संवृद्धि की वांछित दर को तथा Gn संवृद्धि की प्राकृतिक दर को बतलाता है। संवृद्धि दर स्थिर होगी जब–

A. $Ga = Gn$

B. $Gw = Gn$

C. $Ga = Gw$

D. $Gw > Gn$

46. निम्नलिखित में से किस अर्थशास्त्री ने 'चक्रीय कारकता के सिद्धान्त' को विकसित किया–

A. जी॰ मिर्डल

B. आर॰ नर्क्स

C. जे॰ रॉबिन्सन

D. जे॰ आर॰ हिक्स

47. भारत सरकार ने निम्नलिखित में से किस नदी को राष्ट्रीय नदी घोषित करने का निर्णय लिया है?

A. ब्रह्मपुत्र

B. यमुना

C. गंगा

D. कावेरी

48. हाल के वर्षों में अर्थव्यवस्था में तरलता की उपलब्धता को नियमित करने के लिए भारतीय रिजर्व बैंक ने सबसे अधिक उपयोग किया है–

A. चयनात्मक साख नियन्त्रण का

B. नकद कोष अनुपात का

C. प्रतिभूति कोष अनुपात का

D. रेपो का

49. संशोधित नए नियमों के अनुसार, अब बीमा क्षेत्र में ...... की सीमा तक प्रत्यक्ष विदेशी निवेश संभव है?

A. 26%	B. 40%
C. 49%	D. 70%

50. 2011 की जनगणना के अनुसार भारत का वह राज्य जिसमें निरक्षरता दर सबसे अधिक है–

A. उत्तर प्रदेश	B. बिहार
C. उड़ीसा	D. मध्य प्रदेश

उत्तरमाला

1	2	3	4	5	6	7	8	9	10
B	D	D	D	A	A	A	A	D	A
11	**12**	**13**	**14**	**15**	**16**	**17**	**18**	**19**	**20**
A	B	C	C	C	D	C	B	B	D
21	**22**	**23**	**24**	**25**	**26**	**27**	**28**	**29**	**30**
B	B	A	B	D	B	A	A	C	A
31	**32**	**33**	**34**	**35**	**36**	**37**	**38**	**39**	**40**
B	D	D	B	C	D	C	D	A	D
41	**42**	**43**	**44**	**45**	**46**	**47**	**48**	**49**	**50**
B	C	C	D	B	A	C	B	C	B

मॉडल पेपर-4

1. निम्न में कौन भारत में राष्ट्रीय आय में परिवर्तन के लिए वर्तमान आधार-वर्ष है–
   A. 2004-05
   B. 2013-14
   C. 2001-02
   D. 2011-12

2. निम्नलिखित में से कौन–सी राशि दिए गए किसी समय में भारत सरकार की कुल बजटीय स्थिति को प्रदर्शित करती है?
   A. राजस्व घाटा
   B. पूंजी घाटा
   C. राजकोषीय घाटा
   D. इनमें से कोई नहीं

3. वर्तमान में भारत की राष्ट्रीय आय में निम्नलिखित में से किस क्षेत्र का योगदान सर्वाधिक है–
   A. कृषि
   B. उद्योग
   C. अवस्थापना
   D. सेवायें

4. राष्ट्रीय कृषि बीमा योजना भारत सरकार द्वारा आरम्भ की गयी–
   A. 1990 में
   B. 1995 में
   C. 1997 में
   D. 1999 में

5. सरकार की जनसंख्या-2000 नीति का मध्यमकालीन उद्देश्य कुल प्रजनन दर को प्रतिस्थापन दर तक ले आना है–
   A. वर्ष 2005 तक
   B. वर्ष 2010 तक
   C. वर्ष 2015 तक
   D. वर्ष 2020 तक

6. भारत में निम्नलिखित में से कौन अवस्थापना में सम्मिलित नहीं किया जाता–
   A. शक्ति
   B. यातायात
   C. शिक्षा
   D. बीमा

7. अर्थव्यवस्था की उच्च वृद्धि दर निश्चित रूप से .... को कम करती है।
   A. गरीबी
   B. जनसंख्या

C. प्रत्यक्ष विदेशी निवेश का प्रवाह
D. इनमें से कोई नहीं

8. भारत सरकार की विनिवेश नीति में, सार्वजनिक क्षेत्र की ऐसी परियोजनाएं सम्मिलित हैं–
   A. जो निरंतर घाटे में चल रही हैं।
   B. जो निजी परियोजनाओं से स्पर्धा नहीं कर पा रही हैं।
   C. जो लाभ अर्जित कर रही हैं।
   D. जो उपरोक्त सभी श्रेणियों में आती हैं।

9. भारत सरकार ने हाल के वर्षों में ब्याज-दर घटाने की नीति अपनायी है। इसके परिणामस्वरूप–
   1. बचत-आय अनुपात में कमी आयी है।
   2. बचत का वित्तीय रूप में प्रवाह कम हो गया है।
   3. भविष्य में सार्वजनिक ऋण का भार कम हो जाएगा।
   4. निजी क्षेत्र में निवेश प्रोत्साहित हुआ है।
   अपना उत्तर निम्न कूटों में चुनिये–
   कूट:
   A. सभी चार
   B. 1 और 2
   C. 3 और 4
   D. 1, 2 और 3

10. भारत में कर समाधान योजना कब अपनायी गयी–
    A. 1995-96 में
    B. 1996-97 में
    C. 1997-98 में
    D. 1998-99 में

11. निम्नलिखित आंकड़ों से सकल राष्ट्रीय उत्पाद का आकलन कीजिये–
    उपभोग्य वस्तुओं तथा
    सेवाओं का मूल्य   रु० 20,000 करोड़
    पूंजीगत वस्तुओं तथा
    सेवाओं का मूल्य   रु० 10,000 करोड़
    निर्यात का मूल्य   रु० 4,000 करोड़
    आयात का मूल्य   रु० 2,600 करोड़
    कुल घिसावट व्यय   रु० 1,600 करोड़

निम्न में से कौन सही है:

A. रु॰ 31,400 करोड़ B. रु॰ 38,600 करोड़

C. रु॰ 29,800 करोड़ D. रु॰ 29,200 करोड़

12. लाभ अर्थव्यवस्था में प्रावैगिक परिवर्तनों के कारण उत्पन्न होता है। इस विचार के प्रतिपादक हैं–

A. एफ॰ एच॰ नाइट

B. जे॰ ए॰ शुम्पीटर

C. जी॰ एल॰ एस॰ शैकिल

D. जे॰ बी॰ क्लार्क

13. जब मांग की मूल्य लोच इकाई से कम होती है तो सीमान्त आय होती है–

A. धनात्मक B. ऋणात्मक

C. अनिर्धार्य D. अनन्त

14. यदि श्रम की पूंजी के प्रति प्रतिस्थापन दर $MRTS_{L,K}$ का मान 2 हो तो श्रम तथा पूंजी की सीमान्त उत्पादकता का अनुपात होगा–

A. 1/2 B. 1

C. 4 D. 2

15. एक एकाधिकारी अल्पकाल में उत्पादन बंद कर देगा यदि उसकी बिक्री कीमत कम है–

A. उसकी औसत लागत से

B. उसकी सीमान्त लागत से

C. उसकी औसत परिवर्तनशील लागत से

D. उसकी औसत स्थिर लागत से

16. यदि मांग वक्र अतिपरवलय हो, तो वक्र प्रत्येक बिन्दु, बायीं से दाहिनी ओर प्रदर्शित करेगा–

A. घटता हुआ कुल व्यय

B. बढ़ता हुआ कुल व्यय

C. स्थिर कुल व्यय

D. बढ़ता हुआ कुल आगम

17. ब्याज दर अनिर्धारणीय है–

A. प्रतिष्ठित सिद्धान्त के अनुसार

B. ऋण-योग्य वित्त सिद्धान्त के अनुसार

C. तरलता अधिमान सिद्धान्त के अनुसार

D. उपरोक्त सभी सिद्धान्तों के अनुसार

18. बाजार का संतुलन स्थिर होता है जब मांग वक्र–

A. का ढाल पूर्ति वक्र के ढाल से कम होता है

B. का ढाल पूर्ति वक्र के ढाल से बराबर होता है

C. का ढाल पूर्ति वक्र के ढाल से अधिक होता है

D. सीधी खड़ी रेखा होता है

19. मूल्य-विभेद के लिए निम्न में से कौन-सी शर्त आवश्यक नहीं है–

A. विक्रेता के पास कुछ न कुछ मात्रा में एकाधिकार शक्ति होनी चाहिए

B. विक्रेता में बाजार को विभाजित करने की क्षमता होनी चाहिए

C. क्रेताओं द्वारा वस्तु को पुनः बेचना संभव नहीं होना चाहिए

D. वस्तु को टिकाऊ वस्तु होनी चाहिए

20. एकाधिकारी निश्चित कर सकता है–

A. केवल मूल्य उत्पादन का परिमाण नहीं

B. मूल्य एवं उत्पादन का परिमाण दोनों

C. या तो मूल्य या उत्पादन का परिमाण

D. न तो मूल्य न उत्पादन का परिमाण

21. निम्नांकित आरेख में उपभोक्ता की कुल बचत नापी जायेगी–

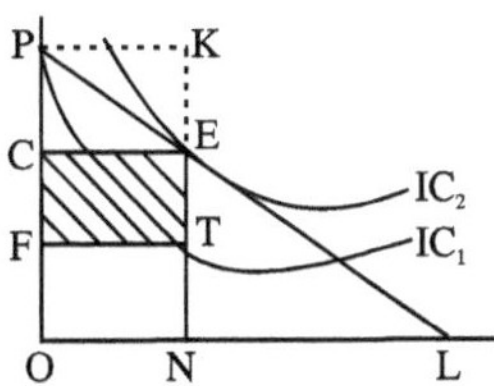

A. CF B. PC

C. CFTE D. PKE

22. कॉब-डग्लस उत्पाद-फलन के बारे में निम्न में से कौन से कथन सत्य हैं–

1. यह दीर्घकालीन उत्पाद-फलन है।

2. यह अल्पकालीन उत्पाद-फलन है।

3. यह उत्पादन में वृद्धिमान प्रतिफल नियम को मानता है।

4. इसमें साधनों के प्रति उत्पाद-लोच स्थिर हैं।

अपना सही उत्तर निम्न कूटों से चुनिये–

A. 1 और 3 B. 1 और 4

C. 2 और 3 D. 3 और 4

23. निम्न में से किस मॉडल में प्रत्येक विक्रेता अपने प्रतिद्वन्द्वी का उत्पादन स्थिर मान लेता है–

A. कूर्नो
B. एजवर्थ
C. बर्टरैन्ड
D. मूल्य-नेतृत्व

24. प्रतिस्थापन प्रभाव होगा, हमेशा–
A. ऋणात्मक
B. धनात्मक
C. धनात्मक तथा ऋणात्मक दोनों
D. आय प्रभाव के बराबर

25. ऊर्ध्वाकार पूर्ति वक्र विशेषता हैं–
A. अल्पकालीन बाजार की
B. दीर्घकालीन बाजार की
C. अति दीर्घकालीन बाजार की
D. अति अल्पकालीन बाजार की

26. निम्नलिखित फलन वस्तु के लिए किस संतुलन को प्रदर्शित करते हैं जबकि S पूर्ति, D मांग, P मूल्य और t समय के द्योतक हैं–
$$S_t = f(P_t)$$
$$D_t = f(P_t)$$
$$S_t = D_t$$
A. आंशिक संतुलन
B. स्थैतिक संतुलन
C. आंशिक तथा स्थैतिक संतुलन
D. प्रावैगिक संतुलन

27. द्विपक्षीय एकाधिकार में–
A. एक क्रेता तथा बड़ी संख्या में विक्रेता होते हैं
B. एक विक्रेता तथा बड़ी संख्या में क्रेता होते हैं
C. एक क्रेता तथा एक विक्रेता होता है
D. क्रेता और विक्रेता दोनों बड़ी संख्या में होते हैं

28. जब उत्पादन के दो साधन पूर्णतः पूरक होते हैं तो समोत्पादक वक्र का आधार होता है–
A. मूल की ओर नतोदर
B. मूल की ओर उन्नतोदर
C. समकोणीय
D. उपरोक्त में कोई नहीं

29. एकाधिकार की दशा में निम्न में से कौन-सा समीकरण सही है–

A. $MR = AR\left(1 - \dfrac{1}{e}\right)$
B. $MR = AR\left(1 + \dfrac{1}{e}\right)$
C. $AR = MR\left(1 - \dfrac{1}{e}\right)$
D. $AR = MR\left(1 + \dfrac{1}{e}\right)$

जबकि MR सीमान्त आगम, AR औसत आगम तथा e मांग की लोच है।

30. एकाधिकार कोटि का लर्नर द्वारा दिया गया सूचक है–

A. $\dfrac{P - MC}{P}$
B. $\dfrac{P - MC}{MC}$
C. $\dfrac{P - AC}{AC}$
D. $\dfrac{P - MR}{P}$

जब P मूल्य, MC सीमान्त लागत तथा AC औसत लागत है।

31. एजवर्थ बॉक्स मानचित्र में दो उपभोक्ताओं के साम्य को दर्शाने वाले वक्र को कहते हैं–
A. आय-उपभोग वक्र
B. रिज रेखाएं
C. प्रसार पथ
D. संविदा वक्र

32. 'भारत' निम्नलिखित में से किस/किन क्षेत्रीय समूह/समूहों का संस्थापक सदस्य रहा है?
1. आसियान
2. पूर्वी एशिया शिखर सम्मेलन
3. एपेक
A. केवल 1 और 2
B. 1, 2 और 3
C. केवल 2
D. इनमें से कोई नहीं

33. पूंजी को स्थिर करके यदि हम श्रम की मात्रा बढ़ायें तो श्रम का औसत उत्पाद अधिकतम होगा–
A. दूसरे चरण के मध्य में
B. पहले चरण के अन्त में
C. दूसरे चरण के अन्त में
D. तीसरे चरण के अन्त में

34. निम्न में से किस अर्थशास्त्री ने लाभ का नव-प्रवर्तन सिद्धान्त प्रतिपादित किया–
A. कार्ल मार्क्स
B. एफ॰ एच॰ नाइट
C. जे॰ शुम्पीटर
D. ए॰ मार्शल

35. विकुंचित मांग वक्र की अनुभवाश्रित प्रामाणिकता का परीक्षण कर उसे संदिग्ध बताया–
A. डी॰ एस॰ वाट्सन ने
B. हाल तथा हिच ने
C. जी॰ जे॰ स्टिगलर ने
D. एफ॰ मैकलप ने

36. कॉब-डग्लस उत्पाद-फलन, $Q = AK^{\alpha}L^{\beta}$ में α और β मापते हैं–
A. प्रतिस्थापन की लोच
B. साधनों का अंशदान
C. आगतों की उत्पाद-लोच
D. तकनीकी स्थिति

37. वस्तु-रूपांतरण वक्र को प्राप्त किया जा सकता है–
   A. उपभोग से संबंधित संविदा वक्र से
   B. उपयोगिता संभावना वक्र से
   C. सामाजिक कल्याण फलन से
   D. उत्पादन संविदा वक्र से

38. गिफेन वस्तुओं के सम्बन्ध में–
   A. मूल्य प्रभाव तथा आय प्रभाव धनात्मक पर प्रतिस्थापन प्रभाव ऋणात्मक
   B. मूल्य प्रभाव, आय प्रभाव तथा प्रतिस्थापन प्रभाव, सभी ऋणात्मक
   C. मूल्य प्रभाव, आय प्रभाव तथा प्रतिस्थापन प्रभाव सभी धनात्मक
   D. मूल्य प्रभाव ऋणात्मक जबकि आय प्रभाव तथा प्रतिस्थापन प्रभाव धनात्मक

39. बाजार मूल्यों पर राष्ट्रीय आय बराबर होती है–
   A. मजदूरी, ब्याज, लगान और लाभ की अर्जित राशि
   B. साधन-लागत पर राष्ट्रीय आय तथा परोक्ष करों का जोड़
   C. सभी साधनों द्वारा अर्जित आय का योग धन (+) प्रत्यक्ष कर ऋण (−) अनुदान
   D. उत्पादित वस्तुओं और सेवाओं का कुल परिमाण

40. निम्न में से किस अर्थशास्त्री ने आर्थिक स्थिति के स्तर के निर्धारक के रूप में प्रभावी मांग का सर्वप्रथम उल्लेख किया–
   A. डी॰ रिकार्डो   B. टी॰ आर॰ माल्थस
   C. ए॰ मार्शल   D. जे॰ एम॰ केन्स

41. क्लासिकल रोजगार सिद्धान्त में श्रम बाजार की पूर्ण निकासी किससे होती है–
   A. ब्याज दर की लोचशीलता के कारण
   B. मजदूरी दर की लोचशीलता के कारण
   C. वस्तुओं के मूल्य की लोचशीलता के कारण
   D. वस्तु बाजार में क्लासिकल अभिमानों की पूर्ण प्रतियोगिता की मान्यता के कारण

42. यदि रैखिक उपभोग फलन का अधोमुखी समानान्तर स्थानान्तरण हो तो निवेश गुणक–
   A. घटेगा   B. बढ़ेगा
   C. दो गुना हो जायेगा   D. अपरिवर्तित रहेगा

43. रोजगार में आरम्भिक प्रत्यक्ष वृद्धि के प्रभावस्वरूप कुल रोजगार में कई गुना वृद्धि होती है। यह संबंध प्रतिपादित किया–
   A. जे॰एम॰ केन्स ने   B. आर॰ एफ॰ कान ने
   C. ए॰सी॰ पीगू ने   D. जे॰ रॉबिन्सन ने

44. केन्स के ब्याज-सिद्धांत में, यदि अन्य बातें समान रहें और मुद्रा की विनिमय-व्यवहार के लिये मांग बढ़ जाये तो ब्याज दर–
   A. घटेगी
   B. बढ़ेगी
   C. अपरिवर्तित रहेगी
   D. किसी भी दिशा में बदल सकती है

45. निम्न में से किस अर्थशास्त्री ने उपभोग फलन के संदर्भ में स्थायी आय की अवधारणा का प्रयोग किया–
   A. एम॰ फ्रीडमैन   B. जे॰ एम॰ केन्स
   C. जे॰ एस॰ ड्यूजनबेरी   D. एन॰ काल्डॉर

46. हिक्स-हैन्सन के विश्लेषण में मुद्रा की पूर्ति में वृद्धि–
   A. IS वक्र को दायीं ओर खिसकाती है
   B. IS वक्र को बायीं ओर खिसकाती है
   C. LM वक्र को बायीं ओर खिसकाती है
   D. LM वक्र को दायीं ओर खिसकाती है

47. त्वरक के संदर्भ में निम्न कथनों पर विचार कीजिए तथा नीचे लिखे कूट से सही कथनों का चयन कीजिये–
   1. यह मांग की वृद्धि दर पर निर्भर करता है।
   2. अर्थव्यवस्था में अनुपयुक्त क्षमता न होने पर कार्यशील होता है।
   3. पूंजी-क्षय बढ़ जाने पर इसका मान बढ़ जाता है।
   4. यह मांग के स्तर पर निर्भर करता है।
   कूट:
   A. 1 और 2 सही हैं।
   B. 2 और 3 सही हैं।
   C. 3 और 4 सही हैं।
   D. 2, 3 और 4 सही हैं।

48. हिक्स-हैन्सन द्वारा प्रतिपादित IS-LM मॉडल के अनुसार साथ-साथ साम्य होता है–
   A. आय के स्तर और ब्याज की दर में

B. आय के स्तर और उपभोग में

C. स्फीति और बेरोजगारी में

D. मुद्रा की मांग और पूर्ति में

49. ओकुन नियम के अनुसार–

A. बेरोजगारी तथा वास्तविक सकल राष्ट्रीय उत्पाद में धनात्मक संबंध होता है।

B. बेरोजगारी तथा वास्तविक सकल राष्ट्रीय उत्पाद में ऋणात्मक संबंध होता है।

C. मुद्रा की पूर्ति और मूल्य स्तर में धनात्मक संबंध होता है।

D. मुद्रा की पूर्ति और ब्याज की दर में ऋणात्मक संबंध होता है।

50. जब सकल निवेश शून्य हो जाता है तो निम्न में से कौन राष्ट्रीय आय को शून्य होने से रोकता है–

A. उपभोग   B. गुणक

C. त्वरक   D. उपरोक्त में कोई नहीं

उत्तरमाला

1	2	3	4	5	6	7	8	9	10
D	C	D	D	B	C	A	D	C	C
11	**12**	**13**	**14**	**15**	**16**	**17**	**18**	**19**	**20**
A	D	B	D	C	C	D	C	D	B
21	**22**	**23**	**24**	**25**	**26**	**27**	**28**	**29**	**30**
A	B	A	B	D	B	C	C	A	A
31	**32**	**33**	**34**	**35**	**36**	**37**	**38**	**39**	**40**
D	C	B	C	C	C	D	B	B	D
41	**42**	**43**	**44**	**45**	**46**	**47**	**48**	**49**	**50**
B	D	B	B	A	D	D	A	B	A

मॉडल पेपर-5

1. व्यय-योग्य आय बराबर है—
   A. सकल राष्ट्रीय उत्पादन – घिसावट
   B. विशुद्ध राष्ट्रीय उत्पादन – अप्रत्यक्ष कर + आर्थिक अनुदान
   C. वैयक्तिक आय – वैयक्तिक प्रत्यक्ष कर
   D. वैयक्तिक आय + आर्थिक अनुदान

2. निम्नलिखित कारकों में से कौन-सा कारक सकल राष्ट्रीय उत्पाद में प्रत्यक्ष रूप से वृद्धि करेगा?
   A. ब्याज दर में वृद्धि   B. बजट में अतिरेक
   C. राष्ट्रीय ऋण में कमी   D. विनियोग में वृद्धि

3. वर्तमान में भारत की राष्ट्रीय आय में निम्नलिखित में से किस क्षेत्र का योगदान सर्वाधिक है?
   A. कृषि   B. उद्योग
   C. सेवायें   D. अवस्थापना

4. भारत में राष्ट्रीय आय का आकलन करता है—
   A. योजना आयोग
   B. केन्द्रीय सांख्यिकीय संगठन
   C. भारतीय रिज़र्व बैंक
   D. भारतीय सांख्यिकीय संस्थान

5. शुद्ध राष्ट्रीय उत्पाद (NNP) बराबर होता है—
   A. GNP – सकल कर
   B. GNP – विदेशी सहायता
   C. GNP – घिसावट
   D. GNP – अप्रत्यक्ष कर

6. भारतवर्ष की राष्ट्रीय आय का अनुमान, निम्नलिखित में से सर्वप्रथम किसने लगाया था?
   A. के॰ एन॰ राज   B. वी॰ के॰ आर॰ वी॰ राव
   C. पी॰ सी॰ महालानोबिस   D. दादाभाई नौरोजी

7. 'वास्तविक राष्ट्रीय आय' में वृद्धि होती है, जब—
   A. आवश्यक वस्तुओं की कीमतें बढ़ जाती हैं
   B. अर्थव्यवस्था में कुल उत्पादन बढ़ जाता है
   C. अर्थव्यवस्था में मुद्रा की पूर्ति बढ़ जाती है
   D. लोगों की बचतें बढ़ जाती हैं

8. GNP के लिये निम्नलिखित में से कौन एक समिका **सत्य** है?
   A. $Y = \dfrac{a + I + G}{1 - b}$ B. $Y = \dfrac{a + I + G}{1 + b}$
   C. $Y = \dfrac{a - I + G}{1 - b}$ D. $Y = \dfrac{a - I - G}{1 - b}$

9. यदि बाजार मूल्यों पर राष्ट्रीय आय में आर्थिक अनुदान जोड़ दिये जाएँ और अप्रत्यक्ष कर घटा दिये जाएँ, तो वह बराबर होगा—
   A. बाजार मूल्यों पर समग्र घरेलू उत्पाद के
   B. साधन कीमतों पर राष्ट्रीय आय के
   C. बाजार मूल्यों पर शुद्ध राष्ट्रीय उत्पाद के
   D. उपर्युक्त में किसी के भी नहीं

10. यदि नीचे लिखे क्षेत्रों को दसवीं पंचवर्षीय योजना में आवंटित व्यय को घटते हुए क्रम में रखा जाय तो उनका सही क्रम क्या होगा—
    1. ग्रामीण विकास   2. सामाजिक सेवाएं
    3. परिवहन   4. ऊर्जा
    नीचे दिये गये कूटों में सही क्रम चुनिये:
    कूट:
    A. 1, 4, 2, 3   B. 4, 2, 3, 1
    C. 4, 3, 1, 2   D. 2, 4, 3, 1

11. एकाधिकार आधारित है—
    A. माँग के नियन्त्रण पर
    B. पूर्ति के नियन्त्रण पर
    C. जनसंख्या के नियन्त्रण पर
    D. मूल्य-स्तर के नियन्त्रण पर

12. एकाधिकारिक प्रतियोगिता से अभिप्राय है–
   A. उत्पादकों की अधिकता एवं वस्तुओं की एकरूपता
   B. उत्पादकों की अल्पता एवं वस्तुओं की एकरूपता
   C. उत्पादकों की अधिकता एवं वस्तुओं का विभेदीकरण
   D. उत्पादकों की अल्पता एवं वस्तुओं का विभेदीकरण

13. 'विकुंचित माँग वक्र' किस बाजार प्रतियोगिता से सम्बन्धित है?
   A. अल्पाधिकार
   B. एकाधिकार
   C. एकाधिकारिक प्रतियोगिता
   D. पूर्ण प्रतियोगिता

14. 'विभेदात्मक एकाधिकार' केवल तब ही सम्भव है, जब दो बाजारों में–
   A. बढ़ते हुए लागत वक्र हों
   B. बढ़ते एवं घटते लागत वक्र हों
   C. माँग की लोच भिन्न–भिन्न हो
   D. माँग की लोच बराबर-बराबर हो

15. पूर्ण प्रतियोगिता के अन्तर्गत बाजार कीमत को प्रभावित कर सकता है–
   A. कोई एक विक्रेता   B. कोई एक क्रेता
   C. न क्रेता और न विक्रेता D. क्रेता एवं विक्रेता दोनों

16. पूर्ण प्रतियोगिता के अन्तर्गत एक फर्म का माँग वक्र होता है–
   A. नीचे की ओर गिरता हुआ
   B. आयताकार हाइपरबोला
   C. X-अक्ष के समानान्तर
   D. Y-अक्ष के समानान्तर

17. एक एकाधिकारी का नहीं होता है–
   A. माँग वक्र   B. पूर्ति वक्र
   C. तटस्थता वक्र   D. समउत्पाद वक्र

18. एक सरल कूर्नो द्वयधिकार मॉडल के अन्तर्गत प्रत्येक द्वयधिकारी उत्पन्न करेगा–
   A. आधा उत्पादन
   B. एक-चौथाई उत्पादन
   C. एक-तिहाई उत्पादन
   D. उत्पादन का पाँचवां भाग

19. पूर्ण प्रतियोगिता के अन्तर्गत कार्यरत किसी फर्म के दीर्घकालीन सन्तुलन की शर्त है–

   A. AC = MR = MC   B. MC = MR = AR
   C. AC = MC   D. AR = MR

20. फर्म का औसत स्थिर लागत वक्र होगा–
   A. परवलय   B. वृत्ताकार
   C. सीधी रेखा   D. आयतीय अतिपरवलय

21. 'मूल्य एवं पूँजी' नामक पुस्तक के लेखक थे–
   A. आर॰ जी॰ डी॰ एलेन   B. इडविन कैनन
   C. इरविंग फिशर   D. जे॰ आर॰ हिक्स

22. जब दो वस्तुओं के बीच माँग की आड़ी मूल्य-लोच शून्य होती है, तो वे वस्तुएँ–
   A. पूरक होती हैं
   B. स्वतंत्र होती हैं
   C. प्रतिस्थानापन्न होती हैं
   D. विलासिता की वस्तुएँ होती हैं

23. यदि सीमान्त उत्पादन धनात्मक है, तो कुल उत्पादन–
   A. बढ़ेगा   B. घटेगा
   C. स्थिर रहेगा   D. शून्य होगा

24. यदि गाजर और एक अन्य वस्तु Y स्थानापन्न वस्तुएँ हों, तो Y वस्तु के मूल्य एवं गाजर की माँग के सम्बन्ध को एक वक्र से दिखाया जायेगा, जो–
   A. ऊर्ध्व गति वक्र होगा
   B. अधो गति वक्र होगा
   C. X-रेखा के समान्तर होगा
   D. Y-रेखा के समान्तर होगा

25. कीमत में हुए परिवर्तन से माँग में हुए परिवर्तन की संवेदनशीलता को–
   A. माँग के नियम द्वारा मापा जाता है
   B. पूर्ति के नियम द्वारा मापा जाता है
   C. सन्तुलन कीमत द्वारा मापा जाता है
   D. माँग की लोच द्वारा मापा जाता है

26. लागत वक्र केवल उस समय पूर्ति वक्र होते हैं, जब–
   A. प्रतिस्पर्धा शुद्ध हो
   B. प्रतिस्पर्धा एकाधिकारिक हो
   C. प्रतिस्पर्धा अपूर्ण हो
   D. प्रतिस्पर्धा का अभाव हो

27. एक सीमान्त फर्म वह है जो–
   A. मूल्य के गिरने पर सबसे पहले उद्योग छोड़ेगी
   B. मूल्य के गिरने पर सबसे अन्त में उद्योग छोड़ेगी

C. अपना धन्धा जारी रखने हेतु सबसे पहले मूल्य कम कर देगा

D. उपर्युक्त में से कोई नहीं

28. अनुकूलतम शुल्क वह है जो–
A. शुल्क से होने वाले लाभ को अधिकतम करे
B. शुल्क से होने वाली हानि को न्यूनतम करे
C. शुल्क से होने वाले लाभ और हानि को बराबर करे
D. उपर्युक्त में से कोई नहीं

29. निम्नलिखित में से किसने सबसे पहले कीमत निर्धारण में समय के महत्त्व को स्वीकारा?
A. जे॰ आर॰ हिक्स   B. डेविड रिकार्डो
C. ए॰ मार्शल   D. एडम स्मिथ

30. कीन्स के अनुसार, विनियोक्ता बॉण्ड की अपेक्षा मुद्रा को अपने पास रखना पसन्द करेंगे जब वे उम्मीद करते हैं कि–
A. ब्याज की दर में गिरावट आएगी
B. ब्याज की दर में वृद्धि होगी
C. बॉण्ड की कीमतों में वृद्धि होगी
D. ब्याज की दर स्थिर होगी

31. IS वक्र किस संयोग को दर्शाता है?
A. ऊँची ब्याज दर तथा ऊँचे आय स्तर के बीच
B. ऊँची ब्याज दर तथा नीचे आय स्तर के बीच
C. ऊँची ब्याज दर तथा नीचे बचत स्तर के बीच
D. ऊँची ब्याज दर तथा ऊँचे विनियोग स्तर के बीच

32. X वस्तु के लिये संतृप्ति बिन्दु पर, X का सीमान्त तुष्टिगुण होता है–
A. धनात्मक   B. ऋणात्मक
C. शून्य   D. अनन्त

33. अल्पकाल में एक फर्म की अधिकतम हानि कितनी हो सकती है?
A. परिवर्तनशील लागत के बराबर
B. स्थिर लागत के बराबर
C. शून्य
D. औसत लागत के बराबर

34. निम्नलिखित वस्तुओं में से किसकी माँग की कीमत लोच सबसे कम है?
A. कार   B. नमक
C. चाय   D. मकान

35. जब माँग की लोच इकाई के बराबर है, तो सीमान्त आगम होगा–
A. धनात्मक   B. ऋणात्मक
C. शून्य   D. अनन्त

36. एक देश द्वारा आयात कर लगाने से उपभोक्ता की बचत पर क्या प्रभाव होता है?
A. वृद्धि
B. कमी
C. अपरिवर्तित रहती है
D. उपर्युक्त में से कोई नहीं

37. 'विक्रय लागत' शब्द का प्रयोग सर्वप्रथम किस अर्थशास्त्री ने किया?
A. पी॰ ए॰ सेम्युलसन   B. ए॰ मार्शल
C. ई॰ चैम्बरलिन   D. जोन रॉबिन्सन

38. मुद्रा के कार्यों को स्थैतिक एवं प्रवैगिक श्रेणी में किसने बाँटा है?
A. पॉल एंजिल   B. ए॰ मार्शल
C. जे॰ एम॰ कीन्स   D. एडम स्मिथ

39. भारतीय अर्थव्यवस्था में निम्नलिखित में से कौन-सा पूर्णतः निजी क्षेत्र में है?
A. कृषि   B. वस्त्र
C. परिवहन   D. दूरसंचार

40. अन्तर्राष्ट्रीय व्यापार का मुख्य उद्देश्य है–
A. अन्तर्राष्ट्रीय समझ देना
B. राष्ट्रीय आय बढ़ाना
C. भुगतान सन्तुलन सही करना
D. निर्यात प्रोत्साहन

41. निम्नलिखित में से कौन-सा एक पूर्ण रोजगार की प्राप्ति में बाधक है?
A. गैर-लोचशील ब्याज दर
B. लोचशील कीमत
C. लोचशील मजदूरी
D. ऐच्छिक बेरोजगारी

42. निम्न में से किस अर्थशास्त्री ने सर्वप्रथम 'विनिवेश' शब्द का उल्लेख किया?
A. डी॰ रिकार्डो   B. जे॰ शुम्पीटर
C. ए॰ सी॰ पीगू   D. जे॰ एम॰ कीन्स

43. 'इकोनॉमिक्स' पुस्तक के लेखक कौन हैं?
   A. ए॰ के॰ सेन
   B. ए॰ सी॰ पीगू
   C. पी॰ ए॰ सेम्युल्सन
   D. एम॰ फ्रीडमैन

44. निम्नलिखित में से कौन मुद्रा है?
   A. बैंक ओवरड्राफ्ट
   B. व्यापारिक ऋण
   C. राष्ट्रीय बचत पत्र
   D. उपर्युक्त में से कोई नहीं

45. ओहलिन-हेक्शर के अनुसार दो देशों के बीच व्यापार होने का कारण है–
   A. माँग की दशाओं में भिन्नता
   B. तकनीकी दशाओं में भिन्नता
   C. साधन-सम्पदा में भिन्नता
   D. रुचियों में भिन्नता

46. भारत निर्माण में निम्नलिखित में से कौन–से शामिल नहीं है?
   A. ग्रामीण रोजगार   B. ग्रामीण आवाज
   C. ग्रामीण जल आपूर्ति   D. इनमें से कोई नहीं

47. विदेशी व्यापार गुणक का मूल्य बराबर है–
   A. $\dfrac{1}{mpm + mps}$ B. $\dfrac{1}{mpm - mps}$
   C. $mpm + mps$ D. $\dfrac{1}{mpm}$

48. परिवर्तनीय विनिमय दरों की व्यवस्था के अन्तर्गत भुगतान सन्तुलन में समायोजन निम्नलिखित में परिवर्तनों द्वारा किया जाता है–
   A. कीमतों में   B. विनिमय दरों में
   C. आय में   D. कीमतों तथा आय में

49. मार्शल एवं लर्नर दशाओं के अनुसार, अवमूल्यन सहायक नहीं होगा यदि निर्यातों और आयातों की लोच का योग है–
   A. इकाई के बराबर   B. इकाई से अधिक
   C. इकाई से कम   D. शून्य

50. भूमण्डलीकरण घटाता है–
   A. मुद्रास्फीति को   B. तस्करी को
   C. आयात को   D. निर्यात को

उत्तरमाला

1	2	3	4	5	6	7	8	9	10
C	D	C	B	C	D	B	A	B	B

11	12	13	14	15	16	17	18	19	20
D	C	A	C	C	C	B	C	A	D

21	22	23	24	25	26	27	28	29	30
D	B	A	A	D	A	A	C	C	B

31	32	33	34	35	36	37	38	39	40
B	C	B	B	C	B	C	A	A	B

41	42	43	44	45	46	47	48	49	50
A	B	C	C	C	A	A	B	C	B

मॉडल पेपर-6

1. आर्थिक आन्तरिक संरचनाएँ दर्शाती हैं–
   A. विद्युत शक्ति-यातायात-सिंचाई
   B. विद्युत शक्ति-निर्माण कार्य-कृषि
   C. विद्युत शक्ति-निर्माण कार्य-उद्योग
   D. विद्युत शक्ति-यातायात-उद्योग

2. निम्न में से किसने 'जनसंख्या के गुणात्मक पहलुओं' को अपने सिद्धान्त में प्राथमिकता प्रदान की?
   A. मॉरिस डॉब
   B. रैगनर नर्कसे
   C. पॉल रोमर
   D. जे॰ एस॰ ड्यूजेनबेरी

3. आर्थिक संवृद्धि का सबसे सही मापक है–
   A. वास्तविक राष्ट्रीय आय की वृद्धि दर
   B. वास्तविक प्रति व्यक्ति आय की वृद्धि दर
   C. अर्थव्यवस्था में अनुकूल संरचनात्मक परिवर्तनों के साथ वास्तविक प्रति व्यक्ति आय की वृद्धि दर
   D. वास्तविक उपभोग की वृद्धि दर

4. हेरॉड के संवृद्धि मॉडल में G_a संवृद्धि की वास्तविक दर को, G_w संवृद्धि की वांछित दर को तथा G_n संवृद्धि की प्राकृतिक दर को बतलाता है। संवृद्धि दर स्थिर होगी जब–
   A. $G_a = G_n$
   B. $G_w = G_n$
   C. $G_a = G_w$
   D. $G_w > G_n$

5. जनसंख्या की वृद्धि दर प्रभावित करती है–
   A. संवृद्धि की प्राकृतिक दर को
   B. संवृद्धि की वास्तविक दर को
   C. संवृद्धि की वांछित दर को
   D. संवृद्धि की सम्पूर्ण क्षमता दर को

6. निम्नलिखित में से कौन-सा एक कथन हेरॉड मॉडल के लिए सत्य नहीं है?
   A. बचत अनुपात स्थिर है
   B. पूँजी-उत्पाद अनुपात स्थिर है
   C. जनसंख्या वृद्धि की दर स्थिर है
   D. जैसे-जैसे आय बढ़ती है, सीमान्त उपभोग प्रवृत्ति घटती जाती है

7. आर्थिक संवृद्धि के सिद्धान्त में 'छुरी धार' के विचार का प्रयोग निम्नलिखित में से किस मॉडल में हुआ है?
   A. रोस्टोव
   B. हैरॉड
   C. सोलो
   D. कैल्डोर

8. 'सन्तापकारी संवृद्धि' की संकल्पना के प्रतिपादक हैं–
   A. जगदीश भगवती
   B. जैकब वाइनर
   C. पॉल सैम्युलसन
   D. रॉल प्रेबिश

9. निम्न में से कौन-सा वित्तीय नीति का उद्देश्य नहीं है?
   A. आर्थिक संवृद्धि
   B. मूल्य स्थिरता
   C. रोजगार स्तर को अधिकतम करना
   D. वित्तीय संस्थाओं का नियमन

10. पूँजीवाद के अन्तर्गत विकास प्रक्रिया को 'सृजनात्मक विध्वंस' कहा है–
    A. कार्ल मार्क्स ने
    B. ए॰ एच॰ हैन्सन ने
    C. आर॰ लक्जमबर्ग ने
    D. जे॰ शुम्पीटर ने

11. किसी अर्थव्यवस्था में यदि पूँजी उत्पाद अनुपात 4.2 हो, तो राष्ट्रीय आय में 5.2% की वृद्धि के लिए बचत आय अनुपात क्या होना चाहिये?
    A. 21.8%
    B. 21.3%
    C. 20%
    D. 9.4%

12. संवृद्धि मॉडलों में मुद्रा का प्रयोग सर्वप्रथम किया था–
    A. आर॰ एफ॰ हैरड ने
    B. ई॰ डी॰ डोमर ने
    C. जे॰ रॉबिन्सन ने
    D. जे॰ टोबिन ने

13. संवृद्धि का केवल एक ही मापदण्ड है और वह है–

A. राष्ट्रीय आय   B. प्रति व्यक्ति आय
C. आयात   D. निर्यात

14. निम्नलिखित सम्भावित अनुपातों में से किसी देश के लिये कौनसी पूँजी-उत्पाद दर सर्वाधिक लाभदायक होगी?
A. 6 : 1   B. 5 : 1
C. 4 : 1   D. 3 : 1

15. निम्नलिखित में से विकास का आर्थिक निर्धारक कौन-सा **नहीं** है?
A. प्रजातान्त्रिक सरकार   B. प्राकृतिक साधन
C. मानवीय साधन   D. तकनीकी साधन

16. निम्नलिखित में से कौन-सा एक आय की असमानताओं को **नहीं** मापता है?
A. लॉरेन्ज वक्र
B. प्रति व्यक्ति आय
C. गिनी गुणांक
D. विभिन्न आय वर्गों में जनसंख्या का प्रतिशत

17. सन्तुलित विकास का प्रत्यय सम्बन्धित है–
A. सिंगर से   B. हर्शमैन से
C. नर्क्स से   D. शुम्पीटर से

18. 'आवश्यक न्यूनतम प्रयास' सिद्धान्त का विकास किसने किया?
A. आर्थर लेविस ने   B. रोस्टोव ने
C. लिबिन्स्टीन ने   D. ए॰ के॰ सेन ने

19. कीन्स द्वारा दी गई परिभाषा के अनुसार 'सक्रिय शेष' वह मुद्रा है, जो रखी जाती है–
A. लेन-देन के उद्देश्य से
B. पूर्वोपाय उद्देश्य से
C. लेन-देन तथा सट्टेबाजी के उद्देश्य से
D. लेन-देन तथा पूर्वोपाय उद्देश्य से

20. इरविंग फिशर के अनुसार मुद्रा की पूर्ति क्या है?
A. $MV + M'V'$ B. $MV' + M'V$
C. $\dfrac{MV' + M'V}{T}$ D. $\dfrac{MV' - M'V}{T}$

21. भारत में काला धन–
A. केवल मूल्य को बढ़ाता है
B. तीव्रता से केवल विलासीय उपभोग बढ़ाता है
C. केवल सरकार की आय की हानि करता है
D. उपर्युक्त तीनों को प्रभावित करता है

22. जनगणना-2011 के अनुसार, 2001-2011 के दौरान भारत की जनसंख्या में कितने प्रतिशत की वृद्धि हुई है?
A. 21.43   B. 17.64
C. 22.34   D. 22.43

23. जनगणना-2011 के अनुसार, भारत में साक्षरता दर है–
A. 66.83 प्रतिशत   B. 74.04 प्रतिशत
C. 73.0 प्रतिशत   D. 65.83 प्रतिशत

24. जनगणना-2011 के अनुसार, भारत में प्रति हजार पुरुषों पर महिलाएँ हैं–
A. 930   B. 934
C. 927   D. 943

25. नई कृषि नीति-2000 के अनुसार, भारत में अगले दो दशकों के लिये कृषि क्षेत्र में प्रतिवर्ष कितने प्रतिशत की वृद्धि का लक्ष्य रखा गया है?
A. 4 प्रतिशत   B. 5 प्रतिशत
C. 3 प्रतिशत   D. 3.5 प्रतिशत

26. सरकार की जनसंख्या-2000 नीति का मध्यमकालीन उद्देश्य कुल प्रजनन दर को प्रतिस्थापन दर तक ले आना है–
A. वर्ष 2005 तक   B. वर्ष 2010 तक
C. वर्ष 2015 तक   D. वर्ष 2020 वर्ष

27. जब वस्तुओं की कीमतें अचानक बढ़ जाएं, तो कभी–कभी निवेशक का वास्तविक लाभ कम हो जाता है। वित्तीय क्षेत्र में इस तरह की परिघटना को ..... कहते हैं।
A. संभाव्यता जोखिम   B. बाजार जोखिम
C. मुद्रास्फीति जोखिम   D. ऋण जोखिम

28. भारत में बेरोजगारी की समस्या मूलतः है–
A. चक्रीय   B. संरचनात्मक
C. मौसमी   D. घर्षणात्मक

29. भारत के किस/किन राज्य/राज्यों में क्षेत्रीय ग्रामीण बैंक अभी तक **नहीं** स्थापित किए गए हैं?
A. सिक्किम तथा गोवा   B. अरुणाचल प्रदेश
C. बिहार तथा राजस्थान   D. नागालैण्ड

30. भारत में सेवा-कर पहली बार कब लगाया गया था?
A. 1990-91
B. 1994-95
C. 1996-97
D. 1999-2000

31. भारत में 1950-51 से 2010-11 की अवधि में उपदान लागत के अनुसार सकल घरेलू उत्पादन में कृषि के सापेक्ष योगदान–
A. में नियमित गिरावट आई है
B. में नियमित वृद्धि हुई है
C. में स्थिरता रही है
D. उपर्युक्त में से कोई नहीं

32. कृषि आयकर राजस्व का स्रोत है–
A. केन्द्रीय सरकार का
B. राज्य सरकार का
C. स्वायत्त शासन का
D. केन्द्र व राज्य सरकार का

33. भारत में सर्वाधिक सिंचित क्षेत्र किस फसल के अन्तर्गत है?
A. गेहूँ
B. चावल
C. तिलहन
D. दलहन

34. भारतीय कृषि के आधुनिकीकरण हेतु निम्न में से कौन-सा उपाय अपनाया गया है?
A. सिंचित क्षेत्र को बढ़ाना
B. उन्नत किस्म के बीजों का प्रयोग
C. किसानों के लिये वित्त-व्यवस्था करना
D. उपर्युक्त सभी

35. निम्न में से किसने देश में गत पाँच वर्षों में तीव्र वृद्धि की दर प्रदर्शित **नहीं** की है?
A. अर्थव्यवस्था की विकास दर
B. मुद्रास्फीति की दर
C. बजटीय घाटा
D. मुद्रा पूर्ति की दर

36. विद्यमान बाजार में अपना बाजार हिस्सा बढ़ाने के लिए कड़ा संघर्ष (नए लोकप्रिय उत्पादों से) करने वाले उद्योग को ..... कहते हैं।
A. मार्केट वेंडर
B. मार्केट लीडर
C. मार्केट फालोअर
D. मार्केट चैलेन्जर

37. निम्नलिखित में से रबी की फसल कौन-सी है?
A. चना
B. मूँगफली
C. कपास
D. पटसन

38. निम्नलिखित में से कौन–सा भारत सरकार द्वारा आरंभ किया गया सामाजिक सहायता कार्यक्रम नहीं है?
A. राष्ट्रीय वृद्धावस्था पेंशन योजना
B. अन्नपूर्णा योजना
C. राष्ट्रीय परिवार लाभ योजना
D. इंदिरा आवास योजना

39. निम्नलिखित में से कौन-सा/से कथन 'औद्योगिक उत्पादन सूचकांक' के संबंध में सत्य है/हैं?
1. इसे 'औद्योगिक नीति एवं संवर्द्धन विभाग' द्वारा जारी किया जाता है।
2. इसकी गणना हेतु वर्ष 2011-12 को 'आधार वर्ष' घोषित किया गया है।
3. भारत के प्रमुख उद्योग आई.आई.पी. के कुल भार का लगभग 90% तक वहन करते हैं।
A. केवल 1
B. केवल 2
C. केवल 2 और 3
D. 1, 2 और 3

40. राष्ट्रीय पेंशन प्रणाली (National Pension System) के संबंध में निम्नलिखित में से कौन-सा/से कथन सत्य है/हैं?
1. इसे किसी भी भारतीय नागरिक, फिर चाहे वो भारत के निवासी हों या अनिवासी, के लिए उपलब्ध कराया गया है।
2. इसके अंतर्गत अधिकतम 60 वर्ष तक का कोई भी भारतीय नागरिक इस सुविधा का लाभ ले सकता है।
3. इससे जुड़ने वाले प्रत्येक सदस्य को 'अद्वितीय स्थायी रिटायरमेंट अकाउंट नंबर' (PRAN) प्रदान किया जाता है।

कूट :
A. केवल 1 और 2
B. केवल 2 और 3
C. केवल 1 और 3
D. 1, 2 और 3

41. नई आर्थिक नीति में निम्नलिखित पर बल नहीं दिया गया है–
A. उदारीकरण
B. भूमण्डलीकरण
C. अपनियोजन
D. निजीकरण

42. भारत में अधिकतम विद्युत शक्ति प्राप्त होती है–
A. ताप विद्युत से
B. जल विद्युत से
C. अणु ऊर्जा से
D. सौर ऊर्जा से

43. भारत में सकल घरेलू बचतों में किस क्षेत्र का सर्वाधिक योगदान है?
A. निजी निगम क्षेत्र
B. सरकारी क्षेत्र
C. घरेलू क्षेत्र
D. सार्वजनिक क्षेत्र

44. निम्नलिखित किस खनिज का भारत से निर्यात **नहीं** होता है?
A. ताँबा
B. लौह अयस्क
C. अभ्रक
D. मैंगनीज

45. बहुत बार हम अखबारों में देखते हैं कि सरकारी प्राधिकरणों द्वारा कुछ परियोजनाएं 'PPP' आधार पर शुरू की गयी। 'PPP' का पूर्ण रूप क्या है?
A. Public Private Partnership
B. Partial Payment Project
C. Popular Private Project
D. Public Private Plan

46. भारत निम्न में से किसके निर्यात से अधिकाधिक विदेशी मुद्रा कमाता है?
A. लौह अयस्क
B. चीनी
C. कारें
D. कपड़े (सिले-सिलाये)

47. पत्रिका 'वाणिज्य' प्रकाशित होती है–
A. नई दिल्ली से
B. मुम्बई से
C. न्यूयार्क से
D. कोलकाता से

48. 14वें वित्त आयोग के अध्यक्ष हैं–
A. वाई.वी. रेड्डी
B. राजा जे॰ चालिया
C. टी॰ एस॰ पपोला
D. विजय एल. केलकर

49. भारत सबसे बड़ा उत्पादक देश है–
A. अभ्रक का
B. कोयले का
C. टिन का
D. सीसा का

50. 'पंचवर्षीय योजनाओं' का अन्तिम अनुमोदन देता है–
A. संसद
B. योजना आयोग
C. योजना मन्त्रालय
D. राष्ट्रीय विकास परिषद

उत्तरमाला

1	2	3	4	5	6	7	8	9	10
D	A	C	B	A	D	B	A	D	D

11	12	13	14	15	16	17	18	19	20
A	A	A	D	A	B	C	C	D	A

21	22	23	24	25	26	27	28	29	30
D	B	C	D	A	B	B	B	A	B

31	32	33	34	35	36	37	38	39	40
A	B	A	D	A	C	A	D	B	C

41	42	43	44	45	46	47	48	49	50
C	A	C	D	A	D	B	A	A	D

1. भारत की वर्तमान मुद्रा प्रणाली आधारित है–
   A. स्वर्ण रिजर्व प्रणाली पर
   B. अनुपाती रिजर्व प्रणाली पर
   C. परिवर्तनीय करेन्सी प्रणाली पर
   D. न्यूनतम रिजर्व प्रणाली पर

2. अर्थव्यवस्था में उपलब्ध परिसम्पत्ति की विभिन्न श्रेणियों में, मानवीय परिसम्पत्ति की श्रेणी को सम्मिलित करने का श्रेय दिया जाता है–
   A. ए॰ सी॰ पीगू को   B. जे॰ एम॰ केन्स को
   C. एम॰ फ्रीडमैन को   D. जे॰ रॉबिन्सन को

3. **कथन (A):** केन्स के अनुसार मंदी में निजी निवेश प्रोत्साहित नहीं होता है।
   कारण (R): मंदी में पूंजी की सीमान्त उत्पादकता अधिक होती है।
   नीचे लिखे कूट से सही उत्तर दीजिए–
   A. A तथा R दोनों सत्य हैं तथा R, A की सही व्याख्या करता है।
   B. A तथा R दोनों सत्य हैं पर R, A की सही व्याख्या **नहीं** करता है।
   C. A सही है पर R सही नहीं है।
   D. A सही नहीं है पर R सही है।

4. मूगा सिल्क (Muga Silk) का संबंध निम्नलिखित में से किस राज्य से है?
   A. बिहार   B. गुजरात
   C. तमिलनाडु   D. असम

5. वह स्थिति जिसमें लोगों की आय का स्तर खपत का न्यूनतम खर्चा करने के लिए पर्याप्त न हो, कहलाती है–
   A. पूर्ण निर्धनता   B. सापेक्ष निर्धनता
   C. शहरी निर्धनता   D. ग्रामीण निर्धनता

6. एक एकाधिकारी अपनी वस्तु का मूल्य उस क्षेत्र में निर्धारित करेगा जहां इसकी वस्तु की मांग लोच–
   A. 1 से कम है
   B. 1 से अधिक है
   C. शून्य है
   D. पूर्ति की लोच के बराबर है

7. केन्स के अनुसार बचत और निवेश परिभाषाओं के अनुसार सदैव बराबर होते हैं। पर जब वे बराबर नहीं होते तो असाम्य उत्पन्न हो जाता है। इन दोनों कथनों में सामंजस्य किस प्रकार बांधा जा सकता है–
   1. प्रत्याशित या नियोजित बचत, प्रत्याशित या नियोजित निवेश के बराबर है।
   2. प्राप्त बचत प्राप्त निवेश के बराबर है।
   3. बचत और निवेश सारणियां एक रूप हैं।
   4. बचत और निवेश आय के साम्य स्तर पर बराबर हैं।
   अपना उत्तर निम्नलिखित कूट में से चुनिये–
   A. 1 और 3   B. 2 और 4
   C. 3 और 4   D. 1 और 4

8. 'मैन एण्ड इकोनामिक्स' के लेखक हैं–
   A. ए॰ के॰ सेन
   B. ए॰सी॰ पीगू
   C. रॉबर्ट मुन्डेल
   D. जे॰ के॰ मेहता

9. सामान्य साम्य तथा आंशिक साम्य के प्रत्यय संबंधित हैं क्रमशः–
   A. रिकार्डो तथा वालरस से
   B. वालरस तथा मार्शल से
   C. एरो तथा डेवर्यू से
   D. केन्स तथा हैन्सन से

10. पूरक वस्तुओं की दशा में तटस्थ वक्र होता है–
A. दाहिनी ओर गिरता हुआ
B. x-अक्ष के समानान्तर रेखा
C. मूल बिन्दु के प्रति नतोदर रेखा
D. बाएं से दायीं ओर उठती हुई रेखा

11. कीन्स का रोजगार सिद्धान्त–
A. एक स्थैतिक सिद्धान्त है
B. हैरोड के अर्थ में प्रावैगिक सिद्धान्त है
C. प्रावैगिक सिद्धान्त जिसमें काल विश्लेषण किया गया है
D. तुलनात्मक स्थैतिक सिद्धान्त है

12. केन्स ने विशेष विचार किया–
A. मांग-प्रेरित स्फीति पर
B. लागत-जन्य स्फीति पर
C. संरचनात्मक मुद्रा स्फीति पर
D. स्फीतिक अवसाद पर

13. यू॰ पी॰ के प्रथम वित्त आयोग के अध्यक्ष थे–
A. टी॰ एन॰ धर   B. भालचन्द्र शुक्ल
C. के॰ सी॰ पन्त   D. एम॰ पी॰ शर्मा

14. बैंकों के नकद कोष अनुपात में कमी का प्रभाव होता है–
A. बैंकों की आय में वृद्धि
B. बैंकों के द्वारा प्रतिभूतियों की मांग में वृद्धि
C. बैंकों को साख प्रसार के लिए अधिक धन की उपलब्धि
D. उपरोक्त सभी

15. मुद्रा-गुणक अनुपात है–
A. मुद्रा के कुल परिमाण और मौद्रिक राष्ट्रीय आय में
B. प्राथमिक मुद्रा के परिमाण तथा सहायक मुद्रा के परिमाण में
C. प्राथमिक मुद्रा के परिमाण तथा मुद्रा के कुल परिमाण में
D. मुद्रा की कुल मात्रा तथा निवेश मात्रा में

16. सट्टे के लिए मुद्रा की मांग बांड के प्रत्याशित मूल्यों पर निर्भर करती है। यह विचार दिया–
A. जे॰ एम॰ केन्स ने   B. के॰ विकसेल ने
C. डी॰ एच॰ रॉबर्ट्सन ने D. एम॰ फ्रीडमैन ने

17. मुद्रा के परिमाण सिद्धान्त के अनुसार कीमत स्तर बढ़ता है यदि–
A. मुद्रा की पूर्ति में कमी होती है
B. मुद्रा का संचलन वेग बढ़ता है
C. सौदों की सकल मात्रा बढ़ती है
D. मुद्रा की वास्तविक माँग बढ़ती है

18. कीमत में वृद्धि के प्रतिस्थापन प्रभाव को नापने के प्रतिपूर्ति विचरण तरीके में, उपभोक्ता है
A. कम प्रतिपूर्ति   B. अति प्रतिपूर्ति
C. ठीक प्रतिपूर्ति   D. अप्रभावित

19. जब दोनों माँग व पूर्ति वक्र का ढाल नीचे की ओर होता है और माँग वक्र पूर्ति वक्र की तुलना में अधिक गहरी है, तो सन्तुलन है–
A. मार्शल तथा वालरस दोनों के ही अर्थ में स्थिर
B. मार्शल तथा वालरस दोनों के ही अर्थ में अस्थिर
C. मार्शल के अर्थ में स्थिर तथा वालरस के अर्थ में अस्थिर
D. मार्शल के अर्थ में अस्थिर तथा वालरस के अर्थ में स्थिर

20. नारियल के उत्पादन, उपभोग तथा निर्यात में भारत का विश्व में पहला स्थान है, जबकि प्रति हेक्टेयर उत्पादकता के मामले में किस देश का पहला स्थान है?
A. मैक्सिको   B. ब्राजील
C. चीन   D. दक्षिण अफ्रीका

21. प्रतिस्पर्धात्मक उत्पादक द्वारा लागत न्यूनतमीकरण के सन्दर्भ में, निम्नलिखित में से कौन-सा एक सही **नहीं** है?
A. सीमान्त तकनीकी प्रतिस्थापन दर बराबर है साधन कीमत अनुपात के
B. साधनों के सीमान्त भौतिक उत्पादकताओं का अनुपात बराबर है साधन कीमतों के अनुपात के
C. प्रश्नाधीन सम-उत्पाद रेखा का ढाल बराबर है बजट रेखा के ढाल के
D. उत्पत्ति के साधनों की सीमान्त तकनीकी प्रतिस्थापन दर को साधन कीमत के सापेक्षिक अनुपात से विभाजित करने पर शून्य है

22. अल्पकाल में, एक प्रतिस्पर्धात्मक फर्म की पूर्ति रेखा है—

A. औसत परिवर्तनशील लागत वक्र के न्यूनतम बिन्दु के ऊपर स्थित सीमान्त लागत वक्र का बढ़ता हुआ भाग

B. औसत परिवर्तनशील लागत वक्र ने न्यूनतम बिन्दु से पहले स्थित सीमान्त लागत वक्र का घटता हुआ भाग

C. कुल लागत वक्र के उच्चतम बिन्दु के बाद सीमान्त लागत वक्र का बढ़ता हुआ भाग

D. उपर्युक्त में से कोई नहीं

23. कल्पना कीजिए, एक स्थिति है जहाँ दो व्यक्ति विनिमय में संलग्न हैं और यदि व्यक्ति 1 कीमत-निर्धारक तथा व्यक्ति 2 कीमत-स्वीकारक है, तो संतुलन—

A. होता है व्यक्ति 1 के आपूर्ति वक्र पर

B. होता है व्यक्ति 2 के आपूर्ति वक्र पर

C. होता है दोनों आपूर्ति रेखाओं के प्रतिच्छेदन बिन्दु पर

D. अनिर्धार्य है

24. दीर्घकाल में, एक वस्तु की बाजार कीमत बराबर होती है उसके उत्पादन की न्यूनतम औसत लागत के, यदि यहाँ है—

A. पूर्ण प्रतियोगिता

B. एकाधिकार

C. अल्पाधिकार

D. एकाधिकारिक प्रतियोगिता

25. व्याकुंचित माँग वक्र प्रतिबिम्बित होती है—

A. कुल आगम वक्र की अनिरन्तरता में

B. सीमान्त लागत वक्र की अनिरन्तरता में

C. औसत आगम वक्र की अनिरन्तरता में

D. सीमान्त आगम वक्र की अनिरन्तरता में

26. उत्पादन के एक उपादान द्वारा अर्जित लगान बराबर है

A. उसके, जो यह उपादान अपने दूसरे सर्वोत्तम प्रयोग में अर्जित कर सकता है

B. जो यह उपादान अपने वर्तमान प्रयोग में अर्जित करता है तथा जो यह अपने दूसरे सर्वोत्तम प्रयोग में अर्जित कर सकता है, उनके जोड़ के

C. इसकी हस्तान्तरित आय के

D. इस उपादान की वर्तमान आय तथा जो यह अपने दूसरे सर्वोत्तत प्रयोग में अर्जित कर सकता है उनके अन्तर के

27. दो आगतों के रेखीय समरूप कोब–डगलस उत्पादन फलन में, आगतों के बीच प्रतिस्थापना की लोच है—

A. शून्य

B. एक से अधिक

C. एक

D. एक से कम

28. वस्तुओं एवं सेवाओं के उत्पादन के लिए निम्न में से कौन-से कारक आवश्यक हैं?

1. भूमि
2. श्रम
3. भौतिक पूंजी
4. मानव पूंजी

A. 1, 2 और 4   B. 1, 2 और 3

C. 3 और 4   D. उपरोक्त सभी

29. यदि किसी व्यक्ति को अपनी सेवाओं के लिए, मजदूरी दर में वृद्धि की प्रतिक्रिया में कम काम करते देखा जाता है, तो इसका तात्पर्य है कि—

A. इस व्यक्ति के लिए, विश्राम एक सामान्य वस्तु है

B. इस व्यक्ति के लिए, विश्राम एक घटिया वस्तु है

C. व्यक्ति अतर्कसंगत है

D. विश्राम एक गिफिन वस्तु हो सकती है

30. निम्नलिखित रेखाचित्र में दिखाये गये माँग वक्र पर विचार कीजिए—

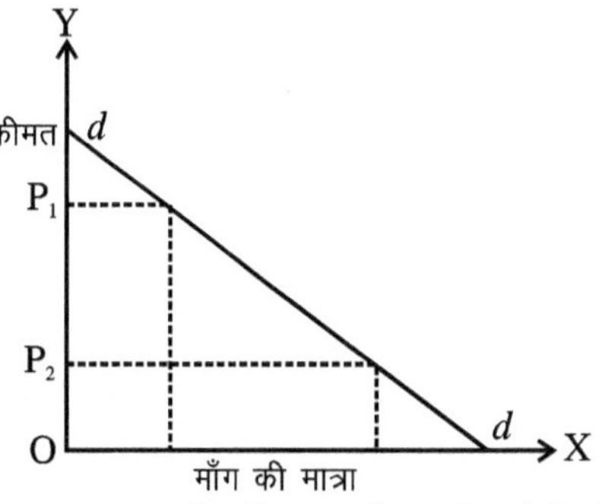

P_1 तथा P_2 कीमतों पर माँग की लोचें भिन्न हैं क्योंकि इन कीमतों पर—

A. ढालें भिन्न हैं
B. कीमतें भिन्न हैं
C. मात्रायें भिन्न हैं
D. कीमत मात्रा अनुपात भिन्न है

31. दिये हुये माँग फलन $q = \dfrac{20}{p}$ में (जहाँ $p = $ उत्पादन की कीमत तथा $q = $ उत्पादन की मात्रा), $p = 10$ पर माँग की लोच होगी–
A. 0
B. -1
C. -2
D. ∞

32. सूची-I (सीमान्त प्रतिस्थापन दर MRS_{XY}) को सूची-II (तटस्थता वक्र IC का आकार) के साथ सुमेलित कीजिए और सूचियों के नीचे दिये गये कूटों का प्रयोग करते हुए सही उत्तर चुनिए–

सूची-I	**सूची-II**
(a) $MRS_{XY} = $ शून्य	1. समकोणीय
(b) $MRS_{XY} = $ स्थिर पर शून्य नहीं	2. सीधी रेखा ऋणात्मक ढाल के साथ
(c) घटती हुई MRS_{XY}	3. IC मूलबिन्दु के प्रति उन्नतोदर है
(d) बढ़ती हुई MRS_{XY}	4. IC मूलबिन्दु के प्रति नतोदर है

कूट:

	(a)	(b)	(c)	(d)
A.	1	2	4	3
B.	3	4	2	1
C.	1	4	2	3
D.	3	2	4	1

33. एक निश्चित विनिमय दर प्रणाली में, भुगतान सन्तुलन का स्वचालित समायोजन लाया जाता है–
A. राजकोषीय नीति हस्तक्षेप में विचरण के द्वारा
B. व्यापार नीति हस्तक्षेप में विचरण के द्वारा
C. आन्तरिक कीमतों में विचरण के द्वारा
D. बाह्य कीमतों में विचरण के द्वारा

34. प्रवाट अधिमान विश्लेषण के लिए, निम्नलिखित मान्यताओं में से कौन-सी सही नहीं है?
A. संगति
B. संक्रामिता
C. तर्कसंगतता
D. कमजोर क्रमस्थापन

35. उत्पादन के कारक से संबंधित भौतिक पूंजी के अंतर्गत नीचे दिए गए कथनों पर विचार कीजिए–
1. भौतिक पूंजी के अंतर्गत दो मदें आती हैं। स्थायी पूंजी एवं क्रियाशील पूंजी।
2. भौतिक पूंजी के अंतर्गत औजार, मशीन एवं भवन को कार्यशील पूंजी कहते हैं।
3. भौतिक पूंजी के अंतर्गत कच्चा माल और नगद मुद्रा को स्थायी पूंजी कहते हैं।
उपरोक्त में से कौन-सा/से कथन सत्य है/हैं?
A. 1 और 2
B. 2 और 3
C. केवल 1
D. उपरोक्त सभी

36. भारत में हरित क्रांति के संदर्भ में नीचे दिए गए कथनों में से कौन-से कथन सत्य हैं?
1. भारत में हरित क्रांति की शुरूआत 1960 के दशक के अंत में हुई।
2. हरित क्रांति के दौरान किसानों ने अधिक उपज वाले बीजों (एच.आई.वी.) का प्रयोग किया।
3. हरित क्रांति के दौरान गेहूँ एवं चावल की खेती पर अधिक जोर था।
A. 1 और 2
B. 2 और 3
C. 1 और 3
D. उपरोक्त सभी

37. भारत के किन-किन क्षेत्रों में हरित क्रांति का प्रभाव मुख्य रूप से था?
A. पंजाब, गुजरात, तमिलनाडु
B. पंजाब, गुजरात, हरियाणा
C. पंजाब, हरियाणा, पश्चिमी उत्तर प्रदेश
D. पंजाब, हरियाणा, पूर्वी उत्तर प्रदेश

38. एक अर्थव्यवस्था के विषय में निम्नलिखित सूचनायें दी हुई हैं–

उपभोग	=	5,000 रु।
सकल निवेश	=	1,000 रु।
सरकारी क्रय	=	800 रु।
निर्यात	=	600 रु।
आयात	=	800 रु।
मूल्य ह्रास	=	250 रु।

बाजार मूल्यों पर GNP क्या है?
A. 7,100 रु।
B. 6,850 रु।
C. 6,600 रु।
D. 6,350 रु।

39. रोजगार के क्लासिकी सिद्धान्त से सम्बन्धित निम्नलिखित कथनों पर विचार कीजिए–

1. क्लासिकी सिद्धान्त पूर्ण रोजगार की मान्यता पर आधारित है
2. पूर्ण रोजगार का क्लासिकी संस्करण एक ऐसी स्थिति है जहाँ अनैच्छिक बेरोजगारी विद्यमान है
3. पूर्ण रोजगार का क्लासिकी संस्करण, मौसमी बेरोजगारी व संघर्षजनित बेकारी से संगत है
4. क्लासिकी अर्थशास्त्रियों ने बेरोजगारी स्तर को घटाने के लिए मजदूरी कटौती की वकालत की थी

उपर्युक्त कथनों में से कौन-कौन-से सही हैं?

A. 1, 2 और 3   B. 2, 3 और 4
C. 1, 3 और 4   D. 1 और 2

40. निम्नलिखित में से कौन-सा एक बचत फलन 5 के विनियोग गुणक से संगत है?

A. $S = -28 + 0.25\,Y$ B. $S = -40 + 0.75\,Y$
C. $S = -60 + 0.20\,Y$ D. $S = -75 + 0.60\,Y$

41. जब विनियोग का ब्याज की दर से ऋणात्मक सम्बन्ध होता है, वस्तु बाजार में सन्तुलन उत्पाद होता है

A. ब्याज की दर से असम्बन्धित
B. ब्याज की दर से विपरीत दिशा में सम्बन्धित
C. ब्याज की दर से धनात्मक सम्बन्धित
D. अनिर्धार्य

42. गुणक के मूल्य तथा सीमान्त उपभोग प्रवृत्ति के बीच सम्बन्धों को बताते हुए निम्नलिखित कथनों पर विचार कीजिए–

1. सीमान्त उपभोग प्रवृत्ति जितनी ऊँची होगी, गुणक उतना ही ऊँचा होगा
2. सीमान्त उपभोग प्रवृत्ति जितनी ऊँची होगी, गुणक उतना ही नीचा होगा
3. जब सीमान्त उपभोग प्रवृत्ति एक होती है, गुणक का मूल्य अनन्त होता है

उपर्युक्त कथनों में से कौन-सा/से सही है/हैं?

A. केवल 1   B. 2 और 3
C. 1, 2 और 3   D. 1 और 3

43. निम्नलिखित कथनों पर विचार कीजिए–

1. एक अर्थव्यवस्था में जहाँ उत्पादन क्षमताएँ बढ़ रही हैं, सकल निजी घरेलू निवेश मूल्य ह्रास से अधिक होता है
2. सार्वजनिक ऋण पर ब्याज राष्ट्रीय आय का हिस्सा नहीं है परन्तु वह व्यक्तिगत आय में जुड़ता है
3. जब माल सूची में विस्तार होता है विनिवेश घटित होता है
4. नये गृह का क्रय, GNP में, विनियोग के एक हिस्से के रूप में सम्मिलित होता है

उपर्युक्त कथनों में से कौन-कौन-से सही हैं?

A. 1 और 2   B. 3 और 4
C. 1, 2 और 4   D. 1, 3 और 4

44. राजकोषीय व्यय में वृद्धि के परिणामस्वरूप–

A. फिलिप्स वक्र दाहिनी तरफ हट जाती है
B. फिलिप्स वक्र बायीं तरफ हट जाती है
C. फिलिप्स वक्र का संचलन इस प्रकार होता है कि बेरोजगारी बढ़ती है और मुद्रास्फीति गिरती है
D. फिलिप्स वक्र का संचलन इस प्रकार होता है कि बेरोजगारी गिरती है और मुद्रास्फीति बढ़ती है

45. निम्नलिखित कथनों पर विचार कीजिए–

1. त्वरक प्रतिरूप के अनुसार, निवेश माँग, GNP में परिवर्तन की आनुपातिक होती है
2. वास्तविक ब्याज की दर, नकदी ब्याज की दर तथा मुद्रास्फीति दर का योग होती है
3. वास्तविक ब्याज की दर जितनी ऊँची होती है, पूँजी की किराया लागत उतनी ही ऊँची होगी
4. निवेश एक स्टॉक संकल्पना है

उपर्युक्त कथनों में से कौन-कौन-से सही हैं?

A. 2 और 3   B. 1 और 2
C. 1 और 3   D. 1, 2, 3 और 4

46. 'एक व्यक्ति की उपभोग प्रवृत्ति, उसकी व्यय योग्य आय तथा सम्पत्ति के सन्दर्भ में, उसकी उम्र पर निर्भर करती है।' यह कथन निर्दिष्ट करता है–

A. सापेक्षिक आय परिकल्पना को
B. स्थायी आय परिकल्पना को
C. जीवन-चक्र परिकल्पना को
D. निरपेक्ष आय परिकल्पना को

47. निम्नलिखित में से किस एक को चयनात्मक उधार नियंत्रण का एक उपकरण कहा जा सकता है?

A. सांविधिक तरलता आवश्यकताओं का निर्धारण

B. बैंक रिज़र्व अनुपात का विचरण

C. विशिष्ट प्रतिभूतियों के आधार पर उधार के लिए सीमान्तों का निर्धारण

D. कटौती दर में परिवर्तन

48. व्युत्पन्न जमा का अर्थ है–

A. एक व्यावसायिक फर्म के एक कर्मचारी द्वारा, एक बैंक में जमा किया गया नकद

B. एक वाणिज्यिक बैंक के द्वारा, RBI से प्राप्त ऋण में से निर्मित की गई जमाएँ

C. अन्य वाणिज्यिक बैंक के द्वारा, एक बैंक में जमा किया गया नकद

D. एक बैंक के द्वारा, बैंक के ग्राहक को दी गयी उधारी में से निर्मित की गई जमाएँ

49. शुम्पीटर के द्वारा उनके आर्थिक संवृद्धि के सिद्धान्त में निम्नलिखित कारकों में से किस एक पर जोर डाला गया है?

A. नव प्रवर्तन

B. अबन्धता

C. जनसंख्या संवृद्धि

D. अतिरेक मूल्य

50. विकास के 'बड़ा धक्का' व्यूह रचना की वकालत सबसे पहले की गयी थी–

A. रोसेन्स्टीन रोडन के द्वारा

B. साइमन कुजनेट के द्वारा

C. डब्ल्यू॰ ए॰ लेविस के द्वारा

D. ए॰ ओ॰ हर्षमैन के द्वारा

उत्तरमाला

1	2	3	4	5	6	7	8	9	10
D	C	C	D	A	B	D	C	B	A
11	12	13	14	15	16	17	18	19	20
B	A	A	D	C	A	B	C	C	A
21	22	23	24	25	26	27	28	29	30
D	A	D	A	D	D	C	D	A	D
31	32	33	34	35	36	37	38	39	40
B	A	A	D	C	D	C	C	C	C
41	42	43	44	45	46	47	48	49	50
B	D	C	D	D	C	C	D	A	A

मॉडल पेपर-8

1. निम्नलिखित कथनों पर विचार कीजिए:
   प्रशुल्क का प्रभाव होता है–
   1. घरेलू कीमत को बढ़ाने के लिए
   2. उपभोग घटाने के लिए
   3. आयातों को बढ़ाने के लिए
   उपर्युक्त कथनों में से कौन-कौन-से सही हैं?
   A. 1 और 2
   B. 2 और 3
   C. 1 और 3
   D. 1, 2 और 3

2. निम्नलिखित कथनों में से कौन-सा एक सही **नहीं** है?
   A. देशों के एक समूह के बीच स्वतंत्र व्यापार क्षेत्र का अर्थ है, वे एक दूसरे के प्रति लगाये गये आयात प्रशुल्क को समाप्त कर देते हैं परन्तु शेष विश्व के प्रति अपने मूल प्रशुल्क स्तर को बनाये रखते हैं
   B. देशों के एक समूह के बीच सीमा शुल्क संघ का अर्थ है कि वह एक दूसरे के प्रति आयात प्रशुल्क समाप्त कर देते हैं, अपनी समष्टि नीतियों को समन्वित करते हैं और शेष विश्व के प्रति एक उभयनिष्ठ प्रशुल्क दीवार अधिरोपित करते हैं
   C. एक उभयनिष्ठ बाजार में, सदस्य देश एक दूसरे के प्रति आयात शुल्क समाप्त कर देते हैं, उनके बीच उपादानों की स्वतंत्र गतिशीलता की अनुमति देते हैं और शेष विश्व के प्रति एक उभयनिष्ठ प्रशुल्क दीवार बनाये रखते हैं
   D. एक आर्थिक संघ में, सदस्य देश एक दूसरे के प्रति आयात शुल्क समाप्त कर देते हैं, उनके बीच उपादानों की स्वतंत्र गतिशीलता की अनुमति देते हैं, अपनी समष्टि नीतियों को समन्वित करते हैं और शेष विश्व के प्रति एक उभयनिष्ठ प्रशुल्क दीवार बनाये रखते हैं

3. निम्नलिखित युग्मों में से कौन-सा एक सही सुमेलित है?
   A. MFA : मुक्त कृषि व्यापार
   B. UNCTAD : मुक्त व्यापार क्षेत्र
   C. IMF : भुगतान सन्तुलन की कठिनाइयाँ
   D. MFN : प्रत्यक्ष विदेशी निवेश

4. व्यापार की शर्तें निर्दिष्ट करती हैं–
   A. निर्यात उपार्जनों से आयात व्ययों का आधिक्य
   B. व्यापार समझौते
   C. निर्यात कीमतों एवं आयात कीमतों के बीच अनुपात
   D. वे शर्तें एवं दशाएँ, जिन पर भुगतान सन्तुलन की कठिनाइयाँ होने पर किसी देश को ऋण का प्रस्ताव किया जाता है

5. भारत सरकार एक नई NRI (अनिवासी भारतीय) जमा योजना की घोषणा करती है। इसमें भारतीय वाणिज्यिक बैंकों में NRI द्वारा विदेशी मुद्रा जमाओं पर विदेशों की ब्याज दरों की तुलना में अत्यधिक ऊँची ब्याज दरों का प्रस्ताव है। यू॰ एस॰ में स्थित अनेक NRI इस योजना में निवेश करते हैं। एक नम्य विनिमय दर व्यवस्था के अन्तर्गत, यह प्रवृत्ति होगी–
   A. यू॰ एस॰ डॉलर के सापेक्ष भारतीय रुपये के मूल्य में ह्रास
   B. यू॰ एस॰ डॉलर के सापेक्ष भारतीय रुपये के मूल्य में वृद्धि
   C. भारत के विदेशी विनिमय रिज़र्व का अवक्षय
   D. यू॰ एस॰ डॉलर के मूल्य के सापेक्ष रुपये के मूल्य में कोई परिवर्तन नहीं

6. भारत हस्तनिर्मित कालीनों का निवल निर्यातक है और कम्प्यूटर मेमोरी चिप्स तथा प्रिन्टर जैसे उच्च औद्योगिकीय उत्पादों का आयातक है। भारतीय

व्यापार के इस प्रतिरूप की व्याख्या की जाती है–
A. रिकार्डो सिद्धान्त द्वारा
B. हॉक्शचर-ओहलिन सिद्धान्त द्वारा
C. मूल्य के श्रम सिद्धान्त द्वारा
D. क्रय शक्ति समता सिद्धान्त द्वारा

7. इस समय, भारत की चालू लेखा एवं पूँजीगत लेखा लेन-देनों के बारे में विनिमय दर नीति यह है कि रुपया–
A. चालू लेखा लेन-देनों के लिए पूर्णतः परिवर्तनीय है लेकिन पूँजीगत लेखा लेन-देनों के लिए नहीं
B. पूँजीगत लेखा लेन-देनों के लिए पूर्णतः परिवर्तनीय है लेकिन चालू लेखा लेन-देनों के लिए नहीं
C. पूँजीगत व चालू दोनों लेखा लेन-देनों के लिए पूर्णतः परिवर्तनीय है
D. दोनों में से किसी भी प्रकार के लेन-देनों के लिए परिवर्तनीय नहीं है

8. श्री रामप्रकाश ने चिकित्सीय शल्यक्रिया के लिए इंग्लैण्ड की यात्रा की। उन्हें एयर इण्डिया से यात्रा के साथ-साथ अस्पताल में भर्ती होने का खर्च भी उठाना पड़ा। इस प्रसंग में, भारत के भुगतान संतुलन लेन-देनों में प्रवेश के रूप में निम्नलिखित में से कौन-सा एक सही है?
A. सेवा आयातों में अस्पताल में भर्ती होने की लागत सम्मिलित है लेकिन वायु यात्रा लागत सम्मिलित नहीं है
B. सेवा आयातों में वायु यात्रा लागत सम्मिलित है लेकिन अस्पताल में भर्ती होने की लागत नहीं
C. दोनों व्यय सेवा आयातों की कोटि में सम्मिलित हैं
D. दोनों व्यय सेवा निर्यातों में सम्मिलित हैं

9. मान लीजिए कि विश्व अर्थव्यवस्था में दो देश शामिल है, 'स्वदेश' एवं 'विदेश'। स्वदेश द्वारा, विदेश से किए गए अपने आयातों पर लगाया गया प्रशुल्क हटा देगा–
A. स्वदेश प्रस्ताव वक्र को दायीं ओर
B. विदेश प्रस्ताव वक्र को दायीं ओर
C. स्वदेश प्रस्ताव वक्र को बायीं ओर
D. विदेश प्रस्ताव वक्र को बायीं ओर

10. रिकार्डो के दो-वस्तु व्यापार मॉडल में उत्पादन में सम्पूर्ण विशेषता मुक्त व्यापार सन्तुलन में घटित होती है, क्योंकि–
A. उत्पादन सम्भावना सीमान्त बढ़ती हुई अवसर लागत को सन्तुष्ट करती है
B. उत्पादन के उपादान की तुलना में ह्रासमान प्रतिफल मिलता है
C. उत्पादन के उपादान की तुलना में वर्द्धमान प्रतिफल मिलता है
D. उत्पादन सम्भावना सीमान्त स्थिर अवसर लागत को सन्तुष्ट करता है

11. विशेष आहरण अधिकार (SDRs) IMF की मुद्रा है। यह होती है–
A. कागज मुद्रा के रूप में
B. स्वर्ण के रूप में
C. रजत एवं स्वर्ण दोनों के रूप में
D. मात्र बही-खाता प्रविष्टि के रूप में

12. निम्नलिखित कथनों पर विचार कीजिए–
ब्रिटेनउड्स सम्मेलन के परिणामस्वरूप स्थापना की गई–
1. अन्तर्राष्ट्रीय मुद्रा कोष की
2. अन्तर्राष्ट्रीय विकास एवं पुनर्निर्माण बैंक की
3. संयुक्त राष्ट्र की
उपर्युक्त कथनों में से कौन-कौन-से सही हैं?
A. 1 और 2   B. 2 और 3
C. 1 और 3   D. 1, 2 और 3

13. एक देश के भुगतान संतुलन का घाटा निर्दिष्ट करता है–
A. स्वायत्त प्राप्तियों और स्वायत्त भुगतानों के बीच अन्तर को
B. वित्त निभाव प्राप्तियों और स्वायत्त भुगतानों के बीच अन्तर को
C. वित्त निभाव प्राप्तियों और वित्त निभाव भुगतानों के बीच अन्तर को
D. स्वायत्त प्राप्तियों और वित्त निभाव भुगतानों के बीच अन्तर को

14. निम्नलिखित का सही अनुक्रम क्या है?
1. उरुग्वे दौर की बातचीत
2. डब्ल्यू॰ टी॰ ओ॰ की सियेटल बैठक
3. गैट (GATT) की स्थापना

नीचे दिए गए कूट की सहायता से सही उत्तर चुनिये–

कूट:

A. 1, 2, 3   B. 3, 1, 2
C. 3, 2, 1   D. 2, 3, 1

15. निम्नलिखित में से कौन-सी एक सन्धि उरूग्वे दौर की वार्ताओं में सम्मिलित थी?

A. सेवाओं में व्यापार पर सामान्य समझौता
B. व्यापार सम्बन्धित बौद्धिक सम्पदा अधिकार
C. व्यापार सम्बन्धित निवेश उपाय
D. उपर्युक्त सभी

16. व्यापार प्रतिरूप का हॉक्श्चर-ओहलिन सिद्धान्त मानता है–

A. उत्पाद बाजारों में पूर्ण प्रतियोगिता लेकिन उपादान बाजारों में नहीं
B. उपादान बाजारों में पूर्ण प्रतियोगिता लेकिन उत्पाद बाजारों में नहीं
C. पूर्ण प्रतियोगिता, उत्पाद एवं उपादान दोनों बाजारों में
D. श्रम बाजार में बेरोजगारी

17. निम्नलिखित कथनों में से कौन-सा एक सही **नहीं** है?

फिशर का सूचकांक

A. लैस्पेयर के सूचकांक (L) एवं पास्के सूचकांक (P) के बीच स्थित होता है
B. L एवं P का अंकगणितीय माध्य है
C. L एवं P का ज्यामितीय माध्य है
D. L या P के बराबर है, यदि L = P

18. निम्नलिखित कथनों पर विचार कीजिए–

1. चतुर्थक विचलन अपेक्षाकृत अधिक अनुदेशित परास है, यह आत्यन्तिक मदों के प्रक्षेपण को अमान्य करता है
2. चतुर्थक विचरण गुणांक, विभिन्न बंटनों में विचरण कोटि की तुलना करने के लिए प्रयोग नहीं किये जा सकते
3. एक श्रेणी के लिए 10 दशमक हैं

A. 1, 2 और 3   B. केवल 2
C. केवल 3   D. केवल 1

19. निम्नलिखित सूचकांकों में से कौन-सा एक कालोत्क्रमण एवं उपादान उत्क्रमण परीक्षणों दोनों को सन्तुष्ट करता है?

A. लैस्पेयर सूचकांक   B. फिशर सूचकांक
C. पास्के सूचकांक   D. केली सूचकांक

20. निम्नलिखित आँकड़े– 1, 2, 3, 4 और 100 दिए हुए हैं, तो **सबसे अच्छा** केन्द्रीय प्रवृत्ति मापक है–

A. अंकगणितीय माध्य   B. माध्यिका
C. बहुलक   D. ज्यामितीय माध्य

21. यदि एक दिए हुए आँकड़ों के लिए बहुलक 5, माध्यिका 15 तथा माध्य 20 हैं, तो इसका अर्थ है प्रतिदर्श आँकड़े–

A. दाहिनी ओर विषम हैं   B. बायीं ओर विषम हैं
C. सममित हैं   D. न सममित हैं न विषम हैं

22. निम्नलिखित कथनों पर विचार कीजिए–

1. सहसम्बन्ध विश्लेषण, दो या दो से अधिक चरों के बीच सम्बन्ध के निर्धारण में सहायक है, यह कारण व प्रभाव के सम्बन्ध के बारे में कुछ नहीं बताता है
2. स्पष्टीकृत विचलन का, कुल विचलन में अनुपात, सहसम्बन्ध गुणांक कहलाता है
3. पियरसन गुणांक, सदैव रेखीय सम्बन्ध मानता है और आत्यंतिक मदों से अनुचित रूप से प्रभावित होता है

उपर्युक्त कथनों में से कौन-सा/कौन से सही है/हैं?

A. केवल 2   B. 1 और 2
C. 1 और 3   D. 2 और 3

23. बारम्बारता बंटन में दाहिने ओर का निचला सिरा बायीं ओर के निचले सिरे का प्रतिबिम्ब है। यह बंटन है–

A. धनात्मक विषम   B. ऋणात्मक विषम
C. असममित   D. सममित

24. संचयी बारम्बारता रेखाचित्र से निम्नलिखित में से किस एक प्रकार का औसत आकलित किया जा सकता है?

A. ज्यामितीय माध्य   B. हरात्मक माध्य
C. माध्यिका   D. बहुलक

25. एक वर्ष के दौरान दो वस्तुओं की कीमतों का अनुपात 3 है जबकि अगले वर्ष में यह 2 है। इन अनुपातों के औसतन के लिए–

A. अंकगणितीय माध्य सर्वाधिक उपयुक्त है
B. हरात्मक माध्य सर्वाधिक उपयुक्त है
C. ज्यामितीय माध्य सर्वाधिक उपयुक्त है
D. अंकगणितीय, हरात्मक एवं ज्यामितीय माध्य, तीनों समान रूप से उपयुक्त हैं

26. 2011 की जनगणना के अनुसार जनसंख्या की दृष्टि से भारत का सबसे बड़ा राज्य कौन-सा है?

A. महाराष्ट्र   B. बिहार

C. उत्तर प्रदेश   D. प॰ बंगाल

27. विशेष आर्थिक क्षेत्र (SEZs) विकसित करने का उद्देश्य निम्नलिखित में से कौन–सा है–

1. अतिरिक्त आर्थिक गतिविधियां निर्मित करना
2. अतिरिक्त रोजगार अवसर निर्मित करना
3. वस्तुओं और सेवाओं के निर्यात का संवर्धन

A. केवल (1)

B. केवल (1) व (2)

C. (1), (2) और (3) सभी

D. इनमें से कोई नहीं

28. 2001-2011 के दौरान भारत की दशकीय जनसंख्या वृद्धि दर है, लगभग

A. 19.05 प्रतिशत   B. 17.7 प्रतिशत

C. 24.15 प्रतिशत   D. 25.11 प्रतिशत

29. चतुर्थ पंचवर्षीय योजना का क्रियान्वयन किया गया था–

A. तृतीय पंचवर्षीय योजना के तुरन्त बाद

B. प्रथम वार्षिक योजना के तुरन्त बाद

C. तृतीय पंचवर्षीय योजना के उपरांत तीन वर्षों के योजना अवकाश के तुरन्त बाद

D. 1962 में भारत-चीन युद्ध के तुरन्त बाद

30. निम्नलिखित में से कौन-सा एक सही सुमेलित **नहीं** है?

A. ग्रामीण ऋण   :   नाबार्ड

B. औद्योगिक वित्त   :   सिडबी

C. ग्रामीण गरीबी   :   स्वर्ण जयन्ती शहरी रोजगार योजना

D. प्रच्छन्न बेरोजगारी   :   निर्वाह कृषि

31. सूची-I को सूची-II के साथ सुमेलित कीजिए तथा सूचियों के नीचे दिये गये कूटों का प्रयोग करते हुए सही उत्तर चुनिए–

सूची-I	सूची-II
(a) नई आर्थिक नीति	1. बैंक ऋण नियंत्रण
(b) मौद्रिक नीति	2. घाटा और ऋण प्रबंधन
(c) व्यापार नीति	3. भूमण्डलीकरण
(d) राजकोषीय नीति	4. उदारीकरण

कूट:

	(a)	(b)	(c)	(d)
A.	4	1	3	2
B.	3	2	4	1
C.	4	2	3	1
D.	3	1	4	2

30. निम्नलिखित में से कौन-सा एक युग्म, भारतीय संदर्भ में, सही सुमेलित **नहीं** है?

A. कर अपवंचन   :   समानान्तर अर्थव्यवस्था

B. उच्च शक्ति मुद्रा   :   रिज़र्व बैंक ऑफ इंडिया

C. महिला कार्यभागिता दर   :   विनिवेश

D. निजीकरण   :   नई आर्थिक नीति

33. 19वीं शताब्दी में, भारत में ब्रिटिश प्रशासन का उद्देश्य था–

A. व्यावसायिक फसलों की खेती और कृषि निर्यातों को प्रोत्साहित करना

B. व्यावसायिक फसलों की खेती और कृषि आयातों को प्रोत्साहित करना

C. व्यावसायिक फसलों की खेती और औद्योगिक निर्यातों को प्रोत्साहित करना

D. खाद्य और व्यावसायिक फसलों के निर्यातों को प्रोत्साहित करना

34. प्रकटित अधिकमान सिद्धान्त प्रस्तुत किया गया था–

A. एडम स्मिथ द्वारा

B. मार्शल द्वारा

C. पी॰ए॰ सैमुएल्सन द्वारा

D. जे॰एस॰ मिल द्वारा

35. भारत में सिंचाई की प्रचलित रणनीति में जोर दिया गया है–

A. गहन भूमिगत जल शोषण पर

B. भू-पृष्ठ तथा भूतल जल के संयोजक उपयोग पर

C. बहुउद्देश्यीय नदी घाटी परियोजनाओं पर

D. नहर पानी के एकमात्र उपयोग पर

36. निम्नलिखित में से कौन-सा एक भारत में भूमि सुधार कार्यक्रम का हिस्सा **नहीं** है?

A. भू-राजस्व का अधिरोपण

B. मध्यस्थों का उन्मूलन

C. जोत की उच्चतम सीमा निर्धारण

D. काश्तकारी सुधार

37. भारत में ग्राम ऋण क्षेत्र में निम्नलिखित संस्थानों के प्रादुर्भाव का सही अनुक्रम है–
A. वाणिज्यिक बैंक, सहकारी समितियाँ, क्षेत्रीय ग्रामीण बैंक
B. सहकारी समितियाँ, क्षेत्रीय ग्रामीण बैंक, वाणिज्यिक बैंक
C. सहकारी समितियाँ, वाणिज्यिक बैंक, क्षेत्रीय ग्रामीण बैंक
D. क्षेत्रीय ग्रामीण बैंक, सहकारी समितियाँ, वाणिज्यिक बैंक

38. निम्नलिखित में से कौन-सा एक, भारत में भुगतान सन्तुलन की चालू लेखा की अदृश्य मद **नहीं** है?
A. रायल्टी भुगतान
B. पूँजी अन्तर्प्रवाह
C. सॉफ्टवेयर सेवा का निर्यात
D. निजी हस्तान्तरण

39. निम्नलिखित में से कौन-सा एक, भारत के विदेशी विनिमय रिज़र्व में सम्मिलित **नहीं** है?
A. भारतीय रिज़र्व बैंक द्वारा धारित विदेशी मुद्रा परिसम्पत्तियाँ
B. भारतीय रिज़र्व बैंक द्वारा धारित स्वर्ण
C. भारतीय रिज़र्व बैंक द्वारा धारित रजत
D. विशेष आहरण अधिकार

40. उत्पादन फलन संबंध दिखाता है–
A. आरंभिक निवेश और अंतिम उत्पादन के बीच
B. निवेश और अन्तिम उपभोग के बीच
C. उत्पादन और उपभोग के बीच
D. इनमें से कोई नहीं

41. निम्नलिखित कथनों पर विचार कीजिए–
1991 में, भारत को गम्भीर आर्थिक संकट का सामना करने के कारण
1. विदेशी विनिमय ऋण को प्राप्त करने के लिए स्वर्ण गिरवी रखना पड़ा
2. ऋणदाता देश को भौतिक रूप में स्वर्ण हस्तान्तरण करना पड़ा
3. रुपये की पूर्ण परिवर्तनशीलता को स्थापित करना पड़ा
4. रिसर्जेन्ट इण्डिया बॉण्ड बेचने पड़े
उपर्युक्त कथनों में से कौन-कौन-से सही हैं?

A. 1 और 2   B. 2 और 3
C. 3 और 4   D. 1, 2, 3 और 4

42. श्रम बल जनसंख्या में किस आयु वर्ग के लोग शामिल किए जाते हैं?
A. 15 से 59 वर्ष   B. 18 से 60 वर्ष
C. 21 से 60 वर्ष   D. 18 से 59 वर्ष

43. निम्नलिखित उपभोक्ता कीमत सूचकांक श्रेणियों में से कौन-सी एक, भारत में खुदरा कीमत के संचलन के मानिटरन के लिए प्रयुक्त **नहीं** होती?
A. शहरी गैर-शारीरिक-श्रम कर्मचारियों के लिए उपभोक्ता कीमत सूचकांक
B. सामान्य उपभोक्ता कीमत सूचकांक
C. औद्योगिक कर्मचारियों के लिए उपभोक्ता कीमत सूचकांक
D. कृषि श्रमिकों के लिए उपभोक्ता कीमत सूचकांक

44. वाणिज्यिक बैंकों के गैर-निष्पादन वाली परिसम्पत्तियों का तात्पर्य है उनके वे ऋण–
A. जिन पर ब्याज अत्यन्त कम दर पर मिलती है
B. जिनके लिए देय तिथि के काफी बाद भी ब्याज/किश्त अदत्त बनी हुई है
C. जो संवितरित किये ही नहीं गये हैं
D. जो रुग्ण औद्योगिक इकाइयों को दिये गये हैं

45. निम्नलिखित संस्थाओं के राष्ट्रीयकरण का सही अनुक्रम क्या है?
1. भारतीय स्टेट बैंक   2. बैंक ऑफ बड़ौदा
3. भारतीय रिज़र्व बैंक
नीचे दिये गये कूट की सहायता से सही उत्तर चुनिए–
कूट:
A. 3, 2, 1   B. 3, 1, 2
C. 2, 3, 1   D. 2, 1, 3

46. निम्नलिखित में से कौन-सा एक, राज्य कर राजस्व का **स्रोत** नहीं है?
A. भू-राजस्व   B. मोटर वाहन कर
C. मनोरंजन कर   D. निगम कर

47. सार्वजनिक क्षेत्र के उपक्रमों के विनिवेश से प्राप्तियों को भारत सरकार के बजट के निम्नलिखित उपशीर्ष में से किस एक उपशीर्ष में दिखाया जाता है?

A. राजस्व प्राप्तियाँ

B. गैर-कर राजस्व प्राप्तियाँ

C. गैर-ऋण पूँजीगत प्राप्तियाँ

D. ऋण पूँजी प्राप्तियाँ

48. निम्नलिखित में से कौन विश्व आर्थिक मंच का संस्थापक (Founder of World Economic Forum) है।

A. क्लॉस श्वाब

B. जॉन कैनेथ कैनेथ गॉलब्रैथ

C. रॉबर्ट–जुलिक

D. पॉल क्रुगमैन

49. निम्न में से किस एक के साथ तरलता जाल का मेल है?

A. उपभोग फलन   B. उत्पादन फलन

C. मुद्रा माँग फलन   D. श्रम माँग फलन

50. केंस के अनुसार मुद्रा की अपेक्षा माँग निम्न का एक फलन है

A. ब्याज की दर   B. आय का स्तर

C. बचत का स्तर   D. उत्पादन का स्तर

उत्तरमाला

1	2	3	4	5	6	7	8	9	10
A	B	C	C	B	B	A	A	C	D
11	12	13	14	15	16	17	18	19	20
D	A	D	B	D	C	B	C	B	D
21	22	23	24	25	26	27	28	29	30
A	C	B	C	B	C	C	B	C	C
31	32	33	34	35	36	37	38	39	40
A	C	A	C	C	A	C	B	C	A
41	42	43	44	45	46	47	48	49	50
A	A	B	B	B	D	B	A	C	A

———————

मॉडल पेपर-9

1. भारत में बेरोजगारी की समस्या मूलत: है—
   A. संरचनात्मक
   B. चक्रीय
   C. मौसमी
   D. घर्षणात्मक

2. भारत में मान्यता प्राप्त शेयर बाजारों की संख्या कितनी है—
   A. 19
   B. 20
   C. 21
   D. 17

3. दलाल स्ट्रीट कहां पर स्थित है—
   A. लंदन
   B. पेरिस
   C. मुम्बई
   D. नई दिल्ली

4. निम्न में से किस बैंक में कोई व्यक्ति अपना व्यक्तिगत खाता नहीं खोल सकता है—
   A. शहरी सहकारी बैंक
   B. क्षेत्रीय ग्रामीण बैंक
   C. भारतीय रिजर्व बैंक
   D. अनुसूचित व्यापारिक बैंक

5. हवाला क्या है—
   A. किसी विषय की पूर्ण जानकारी
   B. विदेशी मुद्रा विनिमय का अवैध कारोबार
   C. शेयर बाजारों में प्रतिभूतियों का अवैध लेनदेन
   D. कर अपवंचन

6. निम्न में से कौन-सी पंचवर्षीय योजना अपनी अवधि पूरी होने के एक वर्ष पूर्व ही समाप्त घोषित की गई थी—
   A. दूसरी
   B. तीसरी
   C. पांचवीं
   D. चौथी

7. 'खादी एवं ग्रामीण उद्योग आयोग' की स्थापना किस पंचवर्षीय योजना के अंतर्गत की गई थी ?
   A. तीसरी
   B. चौथी
   C. दूसरी
   D. पहली

8. विश्व बैंक का मुख्यालय निम्नलिखित में से किस स्थान पर स्थित है—
   A. मनीला
   B. वाशिंगटन डी.सी.
   C. न्यूयार्क
   D. जेनेवा

9. भारत में योजना व्यय मुख्यत: पूरा किया जाता है—
   A. आन्तरिक उधार एवं अन्य साधनों से
   B. भारत सहायता क्लब की सहायता से
   C. I.M.F. की सहायता से
   D. OECD देशों की सहायता से

10. निम्नलिखित में से कौन-सा कर पंचायत द्वारा एकत्रित किया जाता है—
    A. बिक्री कर
    B. सीमा शुल्क
    C. मेलों पर कर
    D. उत्पाद शुल्क

11. अंतर्राष्ट्रीय मुद्रा कोष (IMF) की मुद्रा S.D.R.—
    A. नोटों के रूप में छपी होती है।
    B. सोने के सिक्कों के रूप में होती है।
    C. चांदी के सिक्कों के रूप में होती है।
    D. बुक कीपिंग एंट्री होती है।

12. लिमिटेड कम्पनी से अभिप्राय है—
    A. जिसमें शेयर होल्डरों का दायित्व उनकी चुकता पूंजी की सीमा तक सीमित हो।
    B. जिसमें निश्चित शेयर निर्गमित किए गए हों।
    C. सरकारी स्वामित्व की कम्पनी
    D. पंजीकृत कम्पनी

13. भारत पर्यटन विकास निगम की स्थापना एक सार्वजनिक क्षेत्र के उपक्रम के रूप में कब की गई थी?
    A. 20 नवम्बर, 1993
    B. 18 अगस्त, 1995
    C. 1 अक्टूबर, 1966
    D. 5 जून, 1970

14. भारत में विद्युत उत्पादन का सर्वाधिक अंश किसका है—
    A. ताप विद्युत
    B. जल विद्युत
    C. नाभिकीय विद्युत
    D. तीनों का अंश बराबर है।

15. **CRISIL** का संबंध निम्नलिखित में से किस कार्य से है—
    A. कम्पनियों के साख पत्रों का मूल्यांकन करना
    B. उद्योगों को वित्तीय सहायता उपलब्ध कराना
    C. कृषि एवं ग्रामीण विकास हेतु वित्त व्यवस्था करना
    D. निर्यात व्यापार हेतु वित्त व्यवस्था करना

16. निर्यातों हेतु सुदृढ़ आधारिक संरचना उपलब्ध कराने के उद्देश्य से प्रथम 'ट्रेड पॉइन्ट' की स्थापना 16 अगस्त, 1994 को किस शहर में की गई थी?
    A. कलकत्ता
    B. नई दिल्ली
    C. मुंबई
    D. हैदराबाद

17. भारत के किस राज्य में क्षेत्रीय ग्रामीण बैंक अभी नहीं स्थापित किए गए हैं—
    A. सिक्किम तथा गोआ
    B. बिहार तथा राजस्थान
    C. अरुणाचल प्रदेश
    D. नागालैंड

18. **केलकर समिति** की सिफारिशों को ध्यान में रखते हुए कब से कोई नया क्षेत्रीय ग्रामीण बैंक स्थापित नहीं किया गया है:
    A. 1987
    B. 1988
    C. 1989
    D. 1990

19. भारतीय औद्योगिक पुनर्निर्माण बैंक (IRBI) की स्थापना किस वर्ष में की गई थी—
    A. 1975
    B. 1985
    C. 1990
    D. 1992

20. SIDBI का मुख्यालय कहां है—
    A. मुम्बई
    B. बंगलौर
    C. नई दिल्ली
    D. लखनऊ

21. नरसिंह समिति ने देश में बैंकिंग ढांचे को कितने स्तरीय बनाने की संस्तुति की थी—
    A. दो
    B. तीन
    C. चार
    D. पांच

22. 'ऑपरेशन फ्लड' कार्यक्रम का प्रारंभ कब हुआ था?
    A. 1951
    B. 1970
    C. 1975
    D. 1985

23. भारत में 20 रुपए एवं इससे उच्च मूल्य वर्ग के नोटों की छपाई किस प्रेस में होती है—
    A. करेंसी नोट प्रेस, नासिक रोड
    B. बैंक नोट प्रेस, देवास
    C. सिक्योरिटी प्रिंटिंग प्रेस, हैदराबाद
    D. उपर्युक्त तीनों में

24. केन्द्रीय राजस्व बोर्ड का विभाजन करके केन्द्रीय उत्पाद शुल्क व सीमा शुल्क बोर्ड एवं 'केन्द्रीय प्रत्यक्ष कर बोर्ड' का गठन कब किया गया था—
    A. 1950
    B. 1958
    C. 1963
    D. 1975

25. किस प्रकार के उर्वरकों की पूर्ति के लिए भारत पूर्णतः आयातों पर निर्भर है—
    A. नाइट्रोजनी
    B. फॉस्फेटिक
    C. पोटैशिक
    D. उपर्युक्त में से कोई नहीं

26. 'गोल्डन हैंड शेक स्कीम' किससे संबंधित है—
    A. विदेशी कम्पनियों को आमंत्रण
    B. सार्वजनिक उद्यमों में निजी निवेश
    C. भारतीय कम्पनियों द्वारा विदेशों में संयुक्त उपक्रमों की स्थापना
    D. स्वैच्छिक सेवा निवृत्ति

27. अनवरत योजना (Rolling Plan) किस अवधि के लिए बनाई गई थी?
    A. 1971 से 1978
    B. 1980 से 1985
    C. 1978 से 1983
    D. 1992 से 1997

28. भारत में भूमि क्षेत्र का लगभग कितना भाग वन से आच्छादित है—
    A. 1/5
    B. 1/4
    C. 1/3
    D. 2/5

29. विनिर्माण क्षेत्र के कुल उत्पादन में लघु उद्योगों का अंश लगभग कितना है—
    A. 15%
    B. 25%
    C. 40%
    D. 50%

30. निम्नलिखित में से कौन-सी स्कीम ग्रामीण विकास के लिए नहीं है—
    A. TRYSEM
    B. JRY
    C. IRDP
    D. CRY

31. सरकार की नई औद्योगिक नीति के अंतर्गत सार्वजनिक क्षेत्र के लिए आरक्षित उद्योगों की संख्या कितनी है—
    A. 5
    B. 3
    C. 6
    D. 7

32. भारत में आयकर प्रारंभ करने में कौन उत्तरदायी था—
    A. सर चार्ल्स वुड
    B. लार्ड मैकाले
    C. जेम्स विल्सन
    D. विलियम जोन्स

33. शून्य आधारित बजट का क्या अर्थ होता है—
    A. असीमित घाटे की वित्त व्यवस्था
    B. अनुत्पादक व्यय की कटौती न करना
    C. नए कार्यक्रमों का मूल्यांकन न करना
    D. हर बार नए सिरे से बजट तैयार करना

34. भारतीय खाद्य निगम (FCI) कब स्थापित हुआ था—
    A. 1990 में
    B. 1965 में
    C. 1966 में
    D. 1969 में

35. अन्त्योदय कार्यक्रम का उद्देश्य क्या था—
    A. शहरी गरीबी दूर करना
    B. अनुसूचित जातियों के स्तर में सुधार करना
    C. अल्पसंख्यकों को उन्नत करना
    D. गरीबों में सबसे अधिक गरीबों की मदद करना

36. दुर्गापुर इस्पात संयंत्र किसके सहयोग से बनाया गया था—
A. ब्रिटेन B. फ्रांस
C. USA D. जर्मनी

37. निजी क्षेत्र में देश में पहला निर्यात प्रोसेसिंग क्षेत्र (EPZ) कहां स्थापित किया गया था—
A. कांडला B. विशाखापटनम
C. नोएडा D. सूरत

38. 'नीली क्रांति' का संबंध निम्नलिखित में से किससे है—
A. नील की खेती
B. मुर्गीपालन
C. मत्स्य पालन
D. पीने योग्य जल की उपलब्धि

39. भारत में सहकारिता आन्दोलन का प्रादुर्भाव कब हुआ—
A. 1934 में B. 1914 में
C. 1904 में D. 1947 में

40. प्राइमरी गोल्ड कितने कैरट का होता है—
A. 20 B. 22
C. 23 D. 24

41. 'नीति आयोग' का गठन कब किया गया?
A. 1 जनवरी, 2016 B. 2 अक्टूबर, 2015
C. 15 मार्च, 2014 D. 1 जनवरी, 2015

42. राष्ट्रीय न्यादर्श सर्वेक्षण (NSSO) की स्थापना कब की गई थी—
A. 1950 B. 1951
C. 1952 D. 1947

43. औद्योगिक उत्पादन सूचकांक में सर्वाधिक भार किस क्षेत्र का है—
A. विनिर्माण B. खनन
C. विद्युत D. कृषि

44. राज्यों में सड़क मार्ग की लम्बाई में प्रथम स्थान किस राज्य का है—
A. महाराष्ट्र B. उत्तर प्रदेश
C. मध्य प्रदेश D. राजस्थान

45. ग्रामीण महिलाओं को आर्थिक सुरक्षा प्रदान करने के लिए एवं उनमें बचत की प्रवृत्ति को प्रोत्साहन देने के लिए 'महिला समृद्धि योजना' कब प्रारंभ की गई थी?
A. 2 अक्टूबर, 1992 B. 2 अक्टूबर, 1993
C. 2 अक्टूबर, 1995 D. 1 जनवरी, 1996

46. पूर्णरूप से पहला भारतीय बैंक कौन था?
A. स्टेट बैंक ऑफ इंडिया
B. रिजर्व बैंक ऑफ इंडिया
C. पंजाब नेशनल बैंक
D. इनमें से कोई नहीं

47. कम्पनी द्वारा लाभांश की घोषणा की जाती है—
A. निर्गमित पूंजी पर
B. अधिकृत पूंजी पर
C. अभिदत्त (Subscribed) पूंजी पर
D. कुल प्रयुक्त पूंजी पर

48. हिन्दू वृद्धि दर किस वृद्धि दर से संबंधित है—
A. प्रति व्यक्ति आय B. राष्ट्रीय आय
C. जनसंख्या D. साक्षरता

49. योजना में 'कोर सेक्टर' का तात्पर्य है—
A. कृषि B. रक्षा
C. लोहा एवं इस्पात उद्योग D. चयनित आधारभूत उद्योग

50. हरा सोना किसे कहा जाता है—
A. चाय B. कॉफी
C. सोना D. हारा कसीस

उत्तरमाला

1	2	3	4	5	6	7	8	9	10
A	D	C	C	B	C	D	B	A	C
11	**12**	**13**	**14**	**15**	**16**	**17**	**18**	**19**	**20**
D	A	C	A	A	B	A	A	B	D
21	**22**	**23**	**24**	**25**	**26**	**27**	**28**	**29**	**30**
B	B	B	C	C	D	C	B	C	D
31	**32**	**33**	**34**	**35**	**36**	**37**	**38**	**39**	**40**
B	C	D	B	D	A	D	C	C	D
41	**42**	**43**	**44**	**45**	**46**	**47**	**48**	**49**	**50**
D	A	A	C	B	C	C	B	D	A